JN411371

minerva

씨울과 연대

함석헌의 연대 사상

씨올과 연대

함석헌의 연대 사상

저자 | 강수택
펴낸이 | 조형준
펴낸곳 | 새물결출판사
1판 인쇄 | 2019년 3월 25일
1판 발행 | 2019년 4월 5일
등록 | 서울 제15-52호(1989.11.9)
주소 | 서울특별시 마포구 포은로 5길 46 2층 121-822
전화 | (편집부) 02-3141-8696 (영업부) 02-3141-8697 팩스 02-3141-1778
이메일 | saemulgyul@gmail.com
ISBN 978-89-5559-422-5(93300)

Ssial, 씨알과 연대
People and Solidarity

함석헌의 연대 사상

강수택 지음
Kang Soo-taek

새물결

|차례|

책머리에

촛불, 씨올 그리고 연대

함석헌은 세계역사, 특히 한국역사를 '고난의 역사'로 특징지었다. 그런데 2017년 이후의 시대를 살아가는 한국사회의 시민들은 고난 가운데서도 희망의 역사를 이야기하며, 실제로 직접 쓰고 있기도 하다. 물론 그 시작은 2016년 말에서 2017년 초까지 이어진 촛불혁명이었다. 촛불혁명은 수많은 일반 시민이 자발적으로 함께하면서 쓴 역사다. 그리고 놀랍도록 평화롭게 진행된 그것은 한반도를 넘어 전 세계로 분명한 메시지와 감동을 함께 전달했다. 마침내 대한민국에서는 불의하고 무능한 정권이 무너지고 시민의 뜻을 겸허히 받들겠다고 약속한 정권이 새로 출범했다. 그리고 오랜 기간 상시적인 전쟁의 위험 속에 놓여 있던 한반도에서 평화의 새 소식이 들려오고 있는 중이다. 물론 한반도 평화는 단지 한반도만이 아니라 동북아시아와 전 세계를 위한 평화이기도 하다.

그런데 함석헌이 제시한 고난의 역사관은 절망의 역사관이 아니라 희망의 역사관이다. 왜냐하면 그는 고난을 절망의 결정적 조건으로 여기는 관점을 거부하고 고난의 의미에서 미래의 희망의 씨앗을 찾아 제시하려고 했기 때문이다. 그리고 그러한 희망의 씨앗은 그가 씨ᄋᆞᆯ이라고 부른 평범한 일반 시민의 함께하는 마음, 생각, 실천을 통해 싹을 틔우고 자라서 마침내 꽃을 피우고 열매를 맺을 수 있다고 보았기 때문이다.

게다가 그는 희망의 실현을 위한 방법으로 철저히 비폭력적이고 평화적인 방법을 주장했다. 그는 일본제국뿐만 아니라 남한과 북한에서 극도의 폭압적인 정권을 두루 경험한 인물이었다. 그런 경험을 갖고서도 끝까지 비폭력 평화주의 노선을 견지한 그의 사상은 물론 3·1운동을 통해 표출된 한반도 씨ᄋᆞᆯ의 평화주의 정신을 바탕으로 형성된 것이지만 그러한 평화주의 정신이 한국 현대사에서 흔들림 없이 계승되어 마침내 촛불혁명 형태로 드러날 수 있도록 하는 데 크게 기여한 것도 사실이다.

어쨌든 그러한 비폭력 평화주의의 관점에서 그는 폭력과 전쟁의 위험을 야기하는 모든 체제를 거부했기 때문에 권위주의 정권의 민주화와 한반도 분단체제 극복의 필요성을 매우 강조했을 뿐만 아니라 실천에도 앞장섰다. 이처럼 그는 자신이 구체적으로 속한 한국사회의 민주화와 한반도 평화를 위해 많은 노력을 기울였지만 그의 시야는 언제나 한반도를 넘어 세계로 또한 민족을 넘어 세계시민에게로 열려 있었다. 그리하여 그는 한편으로 세계평화와 세계시민의 공생을 염원하면서 다른 한편으로는 그러한 세계평화와 세계시민의 공생을 위해 한국역사와 한반도 평화가 갖는 의미와 역할에 대한 사유를 적극적으로 펼쳤다.

이렇게 본다면 특히 씨ᄋᆞᆯ과 연대를 중심으로 펼쳐진 함석헌의 씨ᄋᆞᆯ사상은 비록 지난 세기에 제시되었지만 매우 선구적이며 미래 지향적이어서 오늘날의 한국사회와 한반도를 중심으로 전개되는 일련의 과정을 이해하는 데 매우 중요한 통찰을 제공함을 알 수 있다. 그런데 그의 사상의 의미는 21세기 초인 현재 진행되고 있는 역사 과정에 머물지 않는다. 서구문명 비판론적 함의를 강하게 지닌 그의 씨올사상이 근대 서구문명의 폐해를 극복하기 위한 여러 방향과 통찰도 제시하고 있기 때문인데, 거기에는 예컨대 인간 세계뿐만 아니라 전체 생명체도 연대관계로 인식하려는 생명연대주의 인식이 속한다. 그처럼 매우 현대적이며 미래 지향적이기까지 한 중요한 통찰을 함석헌의 씨올연대사상이 풍부히 담고 있음을 저자는 이 책을 통해 체계적인 방식으로 제시해보려고 한다.

이 책은 함석헌의 씨올 중심의 사회사상을 연대사상의 관점에서 해석한 책이다. 한국 현대사상사에서 함석헌의 씨올사상이 지니는 특별한 의미에 대해서는 재론할 필요가 없을 것이다. 다만 그의 사상 중 역사, 종교, 평화, 생명, 교육 등에 관한 사상은 그동안 역사학자, 신학자, 철학자, 교육학자 등을 통해 일찍부터 비교적 활발히 다루어져 왔으나 그의 사회사상에 대한 사회과학자들의 연구는 비교적 늦게 시작되어 아직 초보적인 상태에 머물러 있는 편이다. 그래서 저자는 그의 사회사상에 주목하면서 수십 년 전에 제시된 그의 사상을 오늘날의 시대정신이 강력히 요구하는 연대 가치의 관점에서 살펴본 결과, 놀랍게도 그의 사회사상을 바로 연대사상이라고 부를 수 있을 만큼 그가 연대의 가치를 중시했음을 알 수 있었다. 더 나아가 그가 그러한 연대 가치의 관점에서 사회를 인식했음도 알 수 있었다. 물론 그의 사회사상은 철저히 씨올 중심의 사상이다. 그렇기 때문에 그의 사회사상은 씨올 중심의 연대를 강조한 사상, 즉 씨올연대사상이라고 볼 수 있다. 그래서 저자는 바로 이런 관점에서 그의 사회사상을 해석하면서 이곳저곳에 흩어진 그의 사상의 단편을 체계적으로 정리했다.

이 책의 출간은 크게 세 가지 큰 의의를 지닌다. 첫째, 위에서 언급했듯이 한국 현대사상사에서 매우 중요한 위치에 있는 함석헌의 씨올사상 중 특히 사회사상을 체계적으로 정리해 제시함으로써 독자들을 그의 사회사상으로 안내하는 이정표 역할을 할 수 있을 것이다.

둘째, 그의 사회사상을 민주주의, 자유, 평등 같은 기성관념이 아니라 연대의 관점에서 해석함으로써 그의 사회사상에 대한 이해의 폭을 확연히 넓힐 뿐만 아니라 그의 사상을 새롭게 이해하는 계기가 될 수 있을 것이다. 물론 그동안 그의 공생 사상이나 같이 살기 운동 등에 대한 연구가 없지 않았지만 그러한 주제들에 대한 논의의 폭이 그렇게 넓지 않았을 뿐만 아니라 그러한 관념이 그의 사회인식에 대한 이해로 이어지는 경우도 드물었다.

셋째, 오늘날 시대정신이 강력히 요구하는 연대 가치의 관점에서 한국사회의 현실과 미래를 바라보고 한국의 현대 사회사상사를 되돌아보는 데는 인식틀이나 개념 도구가 많이 필요하다. 그런데 함석헌의 연대사상 같은 독창적 연대사상이 존재함을 밝히는 작업은 그러한 도구를 서구사회의 지적 자원에만 의존하지 않을 수 있음을 알려준다. 더 나아가 그의 연대사상처럼 서양사상과 함께 동양사상에도 뿌리를 내리고 있는 또 다른 한국의 연대사상을 발굴하고 발전시킨다면 서구의 연대사상의 한계를 보완하고 발전시키는 데도 기여할 수 있으리라는 희망과 기대감도 제공해준다.

책의 내용은 크게 두 부분으로 이루어져 있다. 1~3장은 함석헌의 씨올사상을 전반적으로 이해하는 데 필요한 핵심적인 배경 지식을 제공하고 있다. 여기서는 씨올, 생명, 인간, 정신, 역사 등에 대한 그의 사상이 체계적이면서도 압축적으로 소개되어 있다.

그리고 4~10장은 그의 연대사상을 본격적으로 다룬 부분인데, 그중 4장, 5장, 6장은 연대 현상에 대한 분석적 이해를 돕는 글이거나 연대 실천의 필요성과 방법을 제시한 글이다. 이와 달리 7장, 8장, 9장은 연대 가치를 중시하는 연대주의자들이 흔히 비판과 극복 대상으로 삼는 개인주의와 국가주의에 대해 그리고 그들이 중시하는 시민사회에 대해 함석헌이 지녔던 인식을 연대의 관점에서 살펴본 글이다. 마지막의 10장은 이 책의 결론부에 해당한다. 저자는 함석헌의 연대사상과 사회 인식을 종합적으로 살펴볼 때 그의 사회사상을 한마디로 씨ᄋᆞᆯ 중심의 연대사상, 즉 씨ᄋᆞᆯ연대사상이라고 특징지을 수 있다고 본 내용이 거기 담겨 있다. 저자는 『연대주의』에서 이미 제시된 바 있는 여러 관점을 적극 활용해 이 장에서 그의 씨ᄋᆞᆯ연대사상을 살펴보았는데, 이 점은 이 책이 저자의 이전 연구의 연장선상에 있음을 보여준다.

「들어가는 글」을 포함한 이 책의 전체 열한 장 중 4~6장의 내용은 함께 묶고 과감히 줄여 한 편의 논문 형태로 『사회와 이론』(제27집)에 발표된 바 있으며, 7장은 한 편의 독립 논문으로 『사회와 이론』(제24집)에 발표된 바 있다. 하지만 다른 일곱 장은 4~6장의 많은 부분과 함께 미발표 내용이다.

이 연구는 한국연구재단의 지원 아래 이루어진 것이어서 먼저 한국연구재단에 감사의 뜻을 전하고 싶다. 그리고 무엇보다도 인문사회과학 분야의 좋은 책을 그동안 꾸준히 출판해온 새물결출판사에서 이 책이 나올 수 있게 된 것을 영광으로 생각하며 이 책의 출판을 위해 여러모로 애써주신 조형준 대표를 비롯한 새물결의 모든 분께 진심으로 감사드린다. 끝으로 이 책이 나오기까지 오랜 기간 곁에서 성원해준 아내 박인옥과 두 딸 예랑, 예솔에게도 고마움을 전하고 싶다.

저자가 이 책을 쓰는 동안 함석헌 사상에 대한 기존의 여러 글로부터 많은 도움을 받았듯이 이 책도 함석헌 사상에 대한 연구의 진전에 보탬이 되기를 기대한다. 그리고 더 나아가 연대사상의 발전뿐만 아니라 연대정신에 기초한 사회의 발전에도 작은 힘이 되기를 희망한다.

2019년 2월

강수택

들어가는 글

씨올을 통해 모나디즘 넘어서기

1

이 책은 함석헌의 사회사상을 연대사상의 관점에서 체계적으로 살펴본 책이다. 주지하다시피 함석헌은 20세기, 특히 권위주의 정권 시기의 한국사회에서 사회개혁을 추구한 지식인 사회에 직간접적으로 많은 영향을 끼친 인물이다. 그는 때로는 사회운동가로, 때로는 사상가로 그리고 언론인으로서도 주목받는 많은 활동을 했다.

사후에는 그가 남긴 수많은 저술을 바탕으로 그의 사상을 재조명하는 일이 활발히 이루어지고 있다. 그런 가운데 2008년에는 서울에서 열린 제22차 세계철학대회에서 그의 사상을 소개하는 특별 분과가 마련되기도 했다. 그의 사상 중에서 그동안 많은 주목을 받은 것은 역사, 종교, 철학, 문명, 정치, 교육, 문학 등에 관한 것이며, 그의 정치사상과 사회적 실천의 배경이 되는 사회관이나 사회사상에 대한 연구는 예상 밖으로 그렇게 많지 않은 편이다.

하지만 사회에 대한 그의 기본 인식과 사회사상을 체계적으로 살펴보는 작업은 여러 면에서 필요하다. 그것은 무엇보다도 그의 사상 전반, 특히 역사, 정치, 사회운동, 언론, 이념 등 사회적 주제에 대한 그의 생각을 적절히 파악하는 데 필요하기 때문이다. 그리고 시대의 변화를 고려해 그의 사상을 발전적으로 재해석하는 데도 필요한 작업이기 때문이다. 그러나 더욱 중요한 것은 그로부터 영향을 받은 20세기 후반의 사회개혁적인 지식인 사회의 담론과 사회적 실천을 사회학적으로 파악하는 데 매우 의미 있는 배경적 지식이 될 것이기 때문이다.

그리하여 필자는 그의 사회사상 중에서 특히 연대사상에 초점을 맞추어 살펴보려고 한다. 연대 관념은 초기 사회학자로부터 고전 사회학자를 거쳐 현대 사회학자에 이르기까지 사회학자들의 가장 큰 관심사였다. 비록 함석헌은 사회학자가 아니었고 또한 연대라는 용어도 매우 드물게 사용했지만 흔히 씨ᄋᆞᆯ사상으로 불리는 그의 사상에는 연대사상이라고 볼 수 있는 내용이 매우 풍부하게 들어 있다.

그의 씨ᄋᆞᆯ사상이 강조하는 전체, 유기체, 화和, 평화, 사랑, 인仁, 협력, 공동체, 같이 살기, 하나 됨, 뭉침, 우애, 형제애 등 수많은 주제에 관한 내용이 연대사상으로 이해될 수 있다. 그런데 씨ᄋᆞᆯ사상은 위의 주제들과 함께 개체, 자유, 민권, 민주, 차이, 갈등, 저항, 투쟁, 혁명 등의 가치도 매우 강조한다. 그렇다면 이들 대립하는 관념은 도대체 그의 사상에서 서로 어떤 관계에 있는가? 그의 씨ᄋᆞᆯ사상은 연대에 관한 그런 매우 흥미로운 내용을 많이 담고 있다.

게다가 연대사상으로 가득 찬 함석헌의 씨ᄋᆞᆯ사상은 매우 중요한 철학적·정치적 함의도 지니고 있다. 그는 개인주의와 자본주의에 대해 매우 비판적이었지만 그런 입장을 지닌 사람들이 흔히 갖기 쉬운 국가주의 같은 집합주의에 대해서도 일찍부터 일관되게 매우 비판적인 입장을 취해 왔다. 그는 1901년생으로서 1989년까지 살았으니 일제 강점기와 전후 냉전기를 온통 경험했다. 그러므로 은연중에 국가주의로부터 영향을 받았거나 아니면 냉전체제로부터 사상적인 영향을 크게 받았을 법하다. 하지만 그는 국가주의와 심지어 민족주의에 대해 그것들의 한계를 뚜렷이 인식해 극복하려고 했을 뿐만 아니라 공산주의와 자본주의의 대립에 대해서도 어느 한 이념을 맹목적으로 지지하기보다는 그것들의 한계를 극복하려고 했다. 즉 그는 두 이념의 대립을 제대로 극복하고 역사 발전을 이루기 위해서는 대립하는 이 두 이념을 넘어서는 제3의 사상이 필요하다면서 그것을 정립하고 발전시키는 것을 매우 중요한 과제로 삼았던 것이다.

그는 씨ᄋᆞᆯ사상을 바탕으로 개인주의와 국가주의를 극복할 대안으로 전체주의를 제시했는데, 그것은 과거의 강압적인 '전체주의'와는 전혀 다른 것이다. 그가 제시한 전체주의는 비록 정치사상이나 사회사상에 국한되지 않은 매우 포괄적인 사상이지만 정치사상 혹은 사회사상의 측면에 국한해 본다면 그가 필요성을 제기한 제3의 사상의 토대 역할을 할 수 있는 것이다.

한편 서구의 현대 사회사상사에서는 일찍이 국가주의 같은 집합주의와 개인주의를, 그리고 사회주의와 자유주의를 함께 극복할 제3의 대안적인 사상의 관점으로서 연대주의가 근대적 연대 관념을 바탕으로 형성·발전되어 왔다. 연대주의는 개인주의와 자유주의의 한계를 극복하되 집합주의나 당시의 사회주의처럼 개인의 자유를 억압하는 방식이 아니라 협동조합처럼 자유로운 개인들의 연대를 통하는 방식으로 극복하려고 했다. 그리고 이 과정에서 집합체와 국가의 적극적 역할도 인정하되 개인의 자유와 권리를 우선시하는 방식이었다. 그런 연대주의 관점은 특히 제2차세계대전 종전 후의 서유럽 대륙에서 우파 이념과 좌파 이념에 깊이 스며들었다. 그 결과 극단적인 이념 대신 중도우파와 중도좌파 이념이 서유럽 대륙의 정치 지형에서 중추적 역할을 하면서 사회 전반을 진보적인 방향으로 끌어오는 데 기여했다. 물론 지금은 다시 반연대주의적인 극우 이념이 부활하면서 연대주의적인 관점과 충돌하는 양상을 보이고 있지만 연대주의는 그동안 서유럽 사회 전반에 깊은 영향을 끼쳐 왔다.

이렇게 본다면 연대사상을 풍부히 담고 있으면서 이를 기초로 개인주의와 국가주의, 자본주의와 사회주의를 함께 극복하려고 한 함석헌의 씨ᄋᆞᆯ사상과 근대적 연대 관념을 바탕으로 개인주의와 집합주의, 자본주의와 사회주의를 함께 극복하려고 한 서구의 연대주의 사상 사이에는 매우 큰 공통점이 있음을 알 수 있다. 그래서 필자는 이 둘 사이의 공통점에 관심을 갖고서 함석헌의 씨ᄋᆞᆯ사상을 살펴보았다. 그 결과 함석헌의 씨ᄋᆞᆯ사상이 갖는 독창성, 포괄성, 깊이 등의 면을 고려할 때, 비록 이 둘을 단순하게 비교할 수는 없지만 사회사상이라는 면에 국한해 본다면 두 사상이 기본 관점에서 매우 큰 공통점을 지니고 있음을 발견할 수 있었다. 그리하여 필자는 함석헌의 사회사상을 한국 사회사상사에서 탄생한 독창적인 연대주의 사상으로 여길 수 있다고 보고, 그것이 앞으로 더욱 계승·발전되기를 바라는 마음으로 살펴보게 되었다.

2

함석헌의 씨ᄋᆞᆯ사상은 안창호, 이승훈, 유영모 등으로 이어지는 한국 현대사의 정신적 산맥 속에서 형성되었다. 함석헌의 씨ᄋᆞᆯ사상을 깊이 연구한 박재순에 의하면, 독립협회 활동과 특히 신민회 결성을 통해 백성을 새롭게 함으로써 나라를 바로 세우려고 한 안창호의 씨ᄋᆞᆯ정신이 이승훈에게 계승되어 신민회 활동, 오산학교 설립, 3·1운동 등의 형태로 나타났다. 그리고 씨ᄋᆞᆯ정신을 바탕으로 이들 민족운동의 중심에서 활동한 이승훈은 유영모, 함석헌 등에게 씨ᄋᆞᆯ의 삶과 정신의 실천적 귀감으로서 깊은 영향을 끼쳤다. 이승훈의 영향을 크게 받은 유영모는 동양사상에 대한 깊은 탐구를 통해 씨ᄋᆞᆯ사상의 정신과 철학에 깊이를 더했는데, 유영모의 그러한 사상적 깊이와 이승훈의 역사적 실천의 귀감이 바탕이 되어 함석헌의 씨ᄋᆞᆯ사상이 나왔다는 것이다(박재순, 2010: 16 이하).

물론 함석헌의 씨ᄋᆞᆯ사상이 형성되는 데는 안창호, 이승훈, 유영모 외에도 큰 영향을 끼친 동서양의 사상과 인물이 많다. 이에 관해서는 아래에서 소개될 예정이지만 여기서 특별히 강조할 필요가 있는 점은 함석헌의 씨ᄋᆞᆯ사상이 형성, 발전되는 과정에서 역사적 실천의 맥락이 매우 중요한 역할을 했다는 것이다. 그리고 서양사상에 온전히 의지하기보다는 가능한 한 동양과 서양의 사상을 함께 깊이 고려하고자 노력했다는 것이다(함석헌, 1986ㄷ: 223 이하).

역사적 실천의 맥락에서는, 일제 강점기의 경우 민족독립이, 해방 후에는 민족통일, 민주화, 양극화 극복, 인권 등 국가와 민족이 당면한 과제뿐만 아니라 세계평화, 생태계 보존, 물질문명 극복 등 전 세계가 당면한 과제의 해결 방안을 모색할 필요성이 씨ᄋᆞᆯ사상의 중요한 계기가 되었다. 그리고 그러한 방안을 사상적으로 모색할 때 그는 서구의 기독교 사상이나 과학 사상과 함께 동양의 노자, 장자, 맹자, 불교, 간디 등의 사상을 고려했다(함석헌, 1989ㅁ: 292; 1982ㄱ: 66~68; 1963ㅁ: 139~140).

이처럼 그의 사상에서 실천적 동기가 매우 중요한 역할을 하다 보니 그의 저술은 『뜻으로 본 한국역사』 같은 일부 예외적인 글을 제외하고 대부분 시사적인 잡지의 글, 강연회 원고, 대담, 그리고 때로는 서신과 같이 비교적 짧고 자유로운 글의 형태를 취하고 있다. 물론 이들 자유로운 형식의 글 중에서도 비교적 긴 글이 없지 않지만 모든 글이 전문가보다는 일반 씨울을 대상으로 쓰였으며, 많은 경우 실천적 맥락에서 쓰여서 대부분 누구나 쉽게 이해할 수 있다.

그런데 이처럼 자유롭게 쓰인 짧은 글이 대부분을 차지함으로써 그의 주요 사상이 어느 한두 편의 글에서 체계적으로 자세히 제시되어 있기보다는 사상의 편린이 여러 글에 흩어져 있는 경우가 많다. 그렇기 때문에 이들 흩어진 편린을 찾아 조합해 그의 사상을 체계적으로 제시하는 작업은 결코 쉬운 일이 아니다. 게다가 그의 글이 쓰인 약 60년 동안 그의 사상에서도 크고 작은 변화가 있었기 때문에 그러한 변화까지 제대로 반영하면서 그의 사상을 체계화하는 작업은 더욱 많은 노력을 필요로 한다.

필자는 총 30권으로 발간된 『함석헌저작집』을 기본 자료로 삼아 여기저기 흩어진 그의 씨울사상을 연대사상의 관점에서 체계화하려고 시도했다. 이 과정에서 그의 글들을 가능한 발간된 시대 상황을 고려해 해석하려고 노력했으며, 때로는 관점의 변화를 드러내기도 했으나 그의 사상의 변화를 섬세한 부분까지 추적하는 데 이르지는 못했다. 그리하여 필자는 이 책을 통해 그의 사회사상의 변화를 자세히 추적하기보다는 사회사상을 체계화하는 것으로 만족하고자 한다.

어쨌든 함석헌의 씨울사상은 구체적인 현실적 주제부터 추상적인 철학적·종교적 주제에 이르기까지 매우 다양한 내용을 포함하고 있지만 사회사상의 면에서 볼 때는 무엇보다 특별한 엘리트가 아닌 일반 민중 중심의 사상, 곧 민중사상이라는 특징을 갖는다. 그리고 이와 함께 개별 씨ᄋᆞᆯ 같은 개체를 중시하면서도 이들의 하나 됨과 전체를 매우 강조하는 하나 됨의 사상이자 전체주의 사상이라는 특징도 갖는다.

민중사상으로서의 씨ᄋᆞᆯ사상은 권위주의 정권이 오랫동안 지배해온 한국사회에서 일반 민중의 자유와 권리를 보장하기 위한 민주주의 사상 역할을 하면서 정치민주화를 위한 실천적 노력에 크게 기여해 왔다. 그리고 한국사회에서 자본주의 경제 체제로 인한 사회적 불평등과 갈등이 심해지자 노동자, 농민 같은 사회적 약자의 경제적 권리와 사회적 위상을 향상시키기 위한 사회사상으로서의 역할을 하면서 경제민주화를 위한 실천적 노력에도 기여해 왔다. 즉 함석헌의 씨ᄋᆞᆯ사상은 그동안 한국 사회에서 정치적·경제적 민주화 운동에 기여해온 것이다.

이 과정에서 씨ᄋᆞᆯ사상은 민중신학, 민중사회학, 민중문학처럼 다양한 분야에서 독창적인 민중론이 발전하는 데 큰 영향을 끼쳤으며, 특히 사회과학에서는 민중론이 진보적인 시민론, 중민론 등의 형태로 발전하는 데 기여함으로써 사회 변동의 주체에 대한 한국 사회과학의 인식 지평을 넓히는 데 기여했다(정지석, 2006: 125; 백욱인, 1995: 210~211; 한상진, 1991: 140 이하).

하나 됨의 사상이자 전체주의 사상으로서의 씨ᄋᆞᆯ사상은 내부적으로 정치 갈등, 이념 갈등, 계급 갈등, 종교 갈등 등으로 인해 분열되어 있는 한국사회가 집단이기주의를 극복하고 전체의식을 회복해 씨ᄋᆞᆯ을 중심으로 진정한 의미에서 하나가 되는 사회를 추구했다. 뿐만 아니라 한반도의 분단을 극복해 통일된 민족국가를 이룩하려는 실천적 노력과 한반도를 넘어 동아시아와 세계평화에도 기여하려고 했다. 그 결과 실제로 함석헌의 씨올사상은 한국사회에서 공동체운동, 언론운동, 통일운동, 평화운동 등에 기여해 왔다.

이 과정에서 씨올사상은 사회, 국가, 세계평화적 통일과 관련이 깊은 주제, 예컨대 믿음, 같이 살기, 언론, 교육, 종교개혁, 공동체, 유기체, 역사, 민족, 통일, 평화, 생명, 새 문명 등 다양한 주제에 관한 담론과 사상을 발전시키는 데 필요한 새로운 통찰력을 많이 제공했다. 그리고 무엇보다도 현대사의 오랜 기간 동안 국내외적인 여러 환경으로 인해 폭력이 지배해온 척박한 한국사회에서 비폭력 사상이 확산되고 자리 잡게 하는 데 매우 큰 관심과 많은 노력을 기울였다. 그 결과 함석헌은 인도의 간디, 미국의 마틴 루터 킹처럼 한국사회의 상징적인 비폭력 사상가로 여겨지게 되었다.

3

비폭력 평화사상, 생명사상, 통일사상 등의 바탕이 되는 함석헌의 씨올사상에서 핵심이 되는 하나 됨의 사상과 전체주의 사상은 기본적으로 사랑의 원리에 입각해 있다. 그리하여 필자는 함석헌의 전체주의적인 씨올사상을 공공성의 관점에서 접근해 공공철학이라고 보는 관점과 달리 연대성의 관점에서 접근해 연대사상이라고 보려는 것이다(박재순, 2010: 51쪽).

필자는 연대정신과 대립하는 반연대정신을 모나디즘monadism이라고 부른 바 있다. 모나디즘이란 외부와의 연결성보다는 단절성을, 공통성보다는 개별성을, 외부의 영향보다는 내부의 힘과 논리를 강조하는 실체론적 사고로 다음과 같은 기본 정신을 특징으로 지닌다. 첫째, 모나드라는 개별 실체로부터 세계를 설명하려는 경향. 둘째, 개별 실체의 자립성과 자율성을 강조하며 실체의 파악을 위한 내재적 접근을 강조하는 경향. 셋째, 실체를 외부세계에 대해 닫힌 공간으로 파악하는 경향. 넷째, 부분과 전체의 이원론적 세계관을 주장하는 경향. 다섯째, 은연중에 유토피아적인 미래상을 드러내는 경향이 그것이다(강수택, 2012ㄴ: 311~316).

그런데 그러한 특징을 지닌 모나디즘 정신이 서구 근대사에서 가장 뚜렷한 형태로 표현된 것이 개인주의와 집합주의다. 물론 모든 개인주의를 모나디즘이라고 볼 수는 없을 뿐만 아니라 근대적 연대 관념 자체가 개인주의에 큰 빚을 지고 있다. 하지만 절대적 개인성을 지향하는 비교적 단순하고 과격한 경향의 개인주의인 절대적 개인주의에서는 반연대 정신이 뚜렷이 발견되기 때문에 이를 모나디즘의 대표적 유형으로 간주하는 데는 별 어려움이 없다(강수택, 2012ㄴ: 316~320).

그렇다면 집합주의는 왜 모나디즘인가? 집합주의는 흔히 개인주의와 대립하는 것으로 생각된다. 그런데 그런 인식이 전적으로 틀린 것은 아니지만 집합주의와 개인주의 사이에는 중요한 공통점도 존재한다. 대표적인 공통점은 실체론적 경향으로서, 개인주의가 개인을 일차적 실체로 간주하듯이 집합주의는 계급, 국가, 인종, 민족 등과 같은 집합체에 실체성을 부여하는 경향이 있다. 집합주의의 그러한 경향은 특정한 집합체를 물신화 혹은 우상화함으로써 한편으로는 집합체에 속한 개인의 예속을 그리고 다른 한편으로는 다른 집합체와의 투쟁을 초래할 위험이 크다는 점에서 뚜렷이 반연대적이다(강수택, 2012ㄴ: 321~325).

그러한 집합주의적 모나디즘 가운데 현대사회에서 가장 큰 문제가 되는 것은 국가주의와 민족주의이다. 그리고 개인주의적 모나디즘은 현대사회의 경제 영역에서 자본주의, 특히 시장주의의 옷을 걸친 채 매우 폭넓은 영향을 끼치고 있다. 그렇기 때문에 현대사회가 모나디즘을 극복하고 연대정신을 회복하기 위해서는 무엇보다 국가주의와 시장주의 문제를 함께 극복할 필요가 있다. 그런데 문제는 어떻게 이 둘을 함께 극복할 수 있는가하는 점이다. 국가주의 비판론자 중에는 시장주의자가 많고 시장주의 비판론자 중에는 국가주의자가 많은 것이 현실 아닌가?(강수택, 2012ㄴ: 326 이하).

바로 이 지점에서 필자는 함석헌의 씨ᄋᆞᆯ사상에 특별히 주목했다. 함석헌은 일찍부터 국가주의를 비롯한 여러 형태의 집합주의를 신랄하게 비판하면서 극복 필요성을 주장해 왔다. 그러면서 개인주의, 자본주의, 자유주의의 한계도 매우 뚜렷이 인식해 그것들을 극복할 것을 주장했다. 즉 반연대정신인 모나디즘에 해당하는 개인주의와 집합주의, 자본주의와 국가주의를 함께 극복할 것을 주장한 것이다. 그런 점에서 본다면 함석헌의 씨ᄋᆞᆯ사상은 매우 선구적이면서도 독창적인 한국의 모나디즘 비판 사상이라고 볼 수 있다.

그는 개인이든 집단이든 연대를 가로막는 원자주의, 폐쇄주의, 배타주의 경향에 의해 지배되는 것을 매우 경계하면서 그것들을 신랄하게 비판한다. 그는 그것들 뒤에는 이기심이 자리 잡고 있다고 본다. 개인의 이기심이든 집단 이기심이든 마찬가지라는 것이다. 그런 관점에서 그는 국가주의도 집단 이기심의 발로라고 본다. 그러면서 그는 하나라는 인식을 갖는 것이 중요하다고 강조한다. 개체와 전체가 그리고 나와 남이 하나라고 하는 인식이 중요하며, 그러한 인식의 바탕이 되는 믿음이 매우 중요하다고 본다(함석헌, 1977ㄴ: 191; 1968ㄴ: 138; 1961ㄷ: 90~93).

그렇다면 그러한 인식과 믿음은 어떻게 해서 가능한가? 그가 제시한 씨ᄋᆞᆯ로서의 인간관이 바로 여기서 매우 중요한 역할을 한다. 즉 그는 씨올사상을 통해 현대사회, 특히 한국사회가 당면한 모나디즘을 극복할 가능성과 방안을 제시하고 있는 것이다. 이처럼 그가 모나디즘에 해당하는 개인주의와 집합주의, 자본주의와 국가주의를 함께 극복할 필요성을 단지 주장한 데 그치지 않고 씨올사상을 바탕으로 극복할 방안까지 제시한 점에서 필자는 한국의 독창적인 연대주의 사상을 발견한 것이다.

함석헌의 씨올사상은 필자가 모나디즘이라고 부른 반연대정신과 그것에 기초한 반연대적인 사회질서를 극복하는 데 필요한 독창적인 통찰을 풍부히 제공해준다. 그런데 그의 씨올사상이 연대주의적인 통찰을 풍부히 제공할 수 있는 것은 무엇보다도 그가 제시한 씨올이 원자적 인간, 지배적 인간, 경쟁적 인간 등과 같은 비연대적 인간이나 반연대적인 인간이 아니라 바로 연대적인 인간이기 때문이다. 함석헌은 반연대적인 정신과 질서가 결국은 국가나 시장이 아닌 인간을 통해, 그리고 그러한 인간도 권력자, 자본가 혹은 어떤 특별한 영웅이 아닌 맨 사람, 즉 씨올을 통해 극복할 수 있음을 보여주려고 했는데, 이 씨올이 바로 연대적 인간이라는 것이다.

이렇게 연대적 인간인 씨올을 통해 개인주의, 집합주의, 시장주의, 국가주의 등과 같은 현대의 모나디즘을 극복하고 모두 같이 살아가는 연대사회 혹은 공생의 세계를 이룩할 독창적 방안을 제시한 함석헌 사상을 필자는 특별히 씨올연대주의 사상이라고 부르면서 이 책을 통해 자세히 소개하려고 한다.

이 책은 함석헌 사상 중에서 사회사상에 관한 책이며, 사회사상 중에서도 특별히 연대사상에 초점을 맞추어 살펴보는 책이어서 주된 논의가 연대사상을 중심으로 이루어질 것이다. 그런데 그의 사상에는 비록 연대사상 그 자체는 아니지만 그의 연대사상을 이해하는 데 기본이 되는 내용이 많다. 예를 들어 우주, 생명, 인간, 정신, 종교, 역사 등에 관한 그의 사상이 그것이다. 그리하여 그의 연대사상에 관해 본격적으로 살펴보기 전에 먼저 그의 사상 전반에서 기본이 되는 몇 가지 주제와 관념에 대해 간략히 소개하려고 한다.

그런데 종교, 생명, 과학 등과 같이 그의 사상에서 비교적 큰 비중을 차지하는 중요하고도 특징적인 주제지만 이 책에서는 연대 중심의 사회사상의 관점과 맥락에서 아주 간략히 소개되거나 언급되는 데 그치는 것도 있다. 그 결과 함석헌 사상을 이들 주제 중심으로 해석해온 관점에서는 필자가 이 책에서 다루는 사회사상 중심의 해석에서 미흡함을 발견할 수도 있을 텐데, 그러한 미흡함은 주로 종교, 생명 등의 주제를 필자가 다소 단순화시켜 해석하는 데서 기인할 것이다. 하지만 필자는 그러한 아쉬움을 무릅쓰면서 그의 사상의 기본적인 주제를 다소 간략하게 정리한 후 그것을 바탕으로 그의 사회사상, 특히 연대사상을 본격적으로 소개하려고 한다.

반연대 정신이 폭넓게 그리고 뿌리 깊게 자리 잡아가고 있는 오늘날의 한국사회에서 비교적 친숙한 언어와 사유로서 연대사상을 제시한 함석헌을 통해 한국인 사이에서 연대적 사유가 더욱 확산되고 연대 관념과 사상이 한국사회에 적합한 형태로 더욱 발전하는 계기가 되기를 희망해 본다.

1

씨올사상 개관

01

1 씨올이란?

1) 민民[1]

함석헌 사상을 한마디로 씨올사상, 씨올철학 등으로 표현할 만큼 씨올 개념은 그의 사상에서 핵심적 위치를 차지한다. 함석헌에 의하면 씨올은 민民의 순수한 우리말에 해당되지만 단어 자체로는 씨앗 혹은 종자를 가리킨다. 그가 민을 씨올로 표현하게 된 것은 유영모의 영향인데, 유영모가 『대학』 강의에서 민을 씨알로 표현한 것을 씨올로 고쳐 이미 1950년대부터 사용하기 시작했다(함석헌, 1959ㅇ: 91; 1970ㅋ: 263~264).

1 민과 민중으로서의 씨올에 대한 설명은 7장과 함께 『사회와 이론』 24집에 발표된 바 있다.

그렇다면 함석헌에게서 민의 의미는 무엇일까? 민은 사람 중에서 보통 사람을 가리키는데, 인人과 다른 점은 인이 보편적 개념인 데 비해 민은 정치적, 사회적 개념이라는 점이다. 즉 민은 "이른바 평민, 아무 지위 없는 사람들"로서, 왕王, 군君, 신臣 등과 대립된다는 점에서 지배와 피지배 관계를 함축하는 개념이다(함석헌, 1970ㅋ: 265).

한편 씨올은 씨와 올이 결합해 탄생한 단어로서 씨는 생명의 원형을 가리키며 올 또한 실實, 참 등을 뜻하므로 씨올을 사람에 적용하면 올 생명, 올 사람 혹은 나대로 있는 사람, 즉 맨 사람을 의미한다. 이와 달리 임금, 대통령, 장관, 학자, 군인, 상인, 죄수 등은 모두 각각의 옷을 입은 사람으로 우주에 실재하는 맨 사람이 아니다. 그런 의미에서 그는 씨올을 "모든 옷을 벗은 사람", "인간으로서의 자격을 잃지 않은 그냥 그대로의 사람" 등으로 표현하기도 한다(함석헌, 1959ㅇ: 91; 1977ㅁ: 306).

그렇다면 왜 씨알 대신 굳이 씨올인가? 함석헌의 설명에 의하면, 올은 알갱이를 뜻하는 알을 가리키지만 정신, 혼, 영을 의미하는 얼을 가리키기도 한다. 게다가 지금은 알과 얼이 분화되어 사용되지만 본래 알과 얼은 같은 것이었다. 또한 비록 지금은 거의 사용하고 있지 않지만 'ㆍ'는 모든 모음의 기본 되는 음이기도 한데 이처럼 기본이 되면서도 무시당해 거의 잊혀진 'ㆍ'의 제 모습을 되찾아 제소리를 내게 하는 것은 씨올에 대한 그의 생각과 흡사해 이를 상징으로 삼으려는 뜻도 반영되어 있다. 이처럼 함석헌은 씨올이 씨알보다 자기 생각을 훨씬 잘 표현할 수 있다고 보아 유영모의 씨알을 씨올로 바꾸어 표현하게 된 것이다(함석헌, 1970ㅊ: 270; 1979ㅋ: 218).

그가 민 대신 씨올이라는 표현을 굳이 사용하려고 한 데는 씨올이라는 표현이 갖는 그러한 장점 외에도 민이라는 표현에 대한 그의 거부감도 크게 작용했다. 우선은 민이 한자어라는 점에서 그는 민족의 주체성을 더 잘 살릴 수 있는 우리말 표현을 선호했다. 게다가 민은 오랜 봉건시대의 역사적·문화적 흔적을 지녀온 표현이며, 근대에 와서 사용된 국민은 국가주의 관념을, 인민은 공산주의 관념을, 서민은 무시하는 의미를 각각 지닌 채 사용되는 표현들이다. 그리하여 함석헌은 역사적이거나 관념적으로 오염된 이들 표현을 벗어버리고 오늘날 민주주의 시대에 적합한 새로운 표현이 필요하다고 보아 씨ᄋᆞᆯ이라는 표현을 적극적으로 사용하려고 했다(함석헌, 1970ㅋ: 266~268; 1971ㅌ: 257; 1979ㅋ: 218).

2) 민중民衆

그런데 민에서 나온 표현 가운데 민중은 그의 사상에서 다소 복잡한 성격을 띤다. 우선 그는 국민, 인민 등과 마찬가지로 민중도 기성관념에 의해 오염된 표현으로 보아 이를 버리고 씨ᄋᆞᆯ을 사용하고자 했다. 여기서 그가 민중에 들어 있다고 지적한 기성관념이란 사회적 의미가 강조된 관념이라는 점이다(함석헌, 1979ㅋ: 218). 다른 곳에서는 서민, 인민, 하민, 민초 등과 같이 민중에도 가치 없다고 인격을 깔보는 생각이 들어 있는 표현이므로 버려야 한다고 보았다(함석헌, 1989ㄴ: 246).

하지만 그가 많은 글에서 씨ᄋᆞᆯ과 민중을 같은 의미로 사용한 것도 사실이다. 예를 들어 1971년에 〈씨ᄋᆞᆯ의 소리〉에 게재된 한 글에서 그는 "씨ᄋᆞᆯ이란 말 들었습니까? 처음입니까? 민중이란 말입니다"고 했다(함석헌, 1971ㅍ: 144). 민중이 곧 씨ᄋᆞᆯ임을 밝힌 부분은 이 외에도 여러 곳이 있다(함석헌, 1959ㅇ: 91~92; 함석헌·한용상, 1983: 501; 함석헌, 2009: 253). 그리고 그는 자주 같은 글에서 이 두 표현을 섞어 쓰기도 했다(함석헌, 1970ㅇ: 280~281).

이렇게 본다면 씨올과 민중은 기본적으로 같은 개념이라고 할 수 있지만 함석헌은 민중이라는 표현이 통용될 때 갖는 부정적 이미지를 극복하기 위해 씨올이라는 표현을 의식적으로 사용하려 한 것으로 정리할 수 있다. 그렇다면 그의 민중 개념은 무엇을 의미하는가?

그에 의하면, 민중이란 무엇보다도 특별한 지위나 소유가 없는 사람을 가리킨다. 그것을 그는 "아무것도 아닌 사람", "가진 것이 없는 것", "그저 사람", "사회의 바닥" 등으로 표현했다(함석헌, 1957ㄱ: 125~126; 1959ㅈ: 190; 1961ㅅ: 66). 그런 관점에서 본다면 특권계급, 지배자, 권력자, 정치인 등은 민중에 속하지 않는데, 그는 1967년의 글에서 당시의 지배자와 민중 사이에는 완전한 적대의식이 흐르고 있다고 주장하기까지 했다(함석헌, 1967ㄱ: 211).

하지만 민중은 결코 스스로 먼저 다른 집단을 배제하거나 배척하는 특정한 세력 집단이 아니다. 오히려 그는 민중이야말로 "전체이기에 대적이 있을 리 없다"고 보았다(함석헌, 1959ㅈ: 190). 그런 관점에서 그의 민중 혹은 씨올 개념은 결코 특정한 신분이나 계급을 가리키지 않아서, 비록 그가 민중을 바닥이라고 표현하기도 했으나 하층뿐만 아니라 중산층도 포함한다. 뿐만 아니라 그는 중산층의 발달을 민중의 발달과 나라의 융성으로 파악할 정도로 민중의 일부인 중산층이 갖는 중요한 의미를 강조하기조차 했다(함석헌·송기득, 1978: 401; 함석헌, 1958ㄱ: 104).[2]

이처럼 그는 민중을 사회의 특정한 집단으로 규정하기보다는 사회 및 국가의 근본, 뿌리, 기반, 주체 등의 관점에서 파악했다. 다르게 표현

2 이처럼 하층과 중산층을 포괄하는 범주로 민중을 파악하면서 특별히 중산층 민중의 역할을 강조하는 관점은 한상진에 의해 중민中民 이론으로 발전한다(한상진, 1991: 93, 165, 314).

하자면 사회 및 국가의 출처, 바탕, 그리고 주인이 바로 민중이라는 것이다(함석헌, 1961ㄹ: 145; 1963ㅅ: 182; 1982ㄱ: 67). 그런데 지배자, 권력자 등 민중으로 불릴 수 없는 집단이 등장해 민중 위에서 민중을 업신여기면서 속이고 억압하고 주리게 만들었을 뿐만 아니라 스스로 사회와 나라의 주인 행세를 해 왔다는 것이다(함석헌, 1959ㅁ: 21; 1957ㄴ: 330~331).

물론 민중이 주인 노릇을 못한 데는 그들에게 속아 종노릇을 해온 민중에게도 책임이 있다. 하지만 민중은 억압이 견딜 수 없는 정도가 되면 일어나 자기를 억압해온 집단을 쫓아내고 주인 자리를 되찾는 혁명을 일으키는데, 그러한 혁명이 과거에는 그리 흔치 않았다. 그러다가 근대에 와서 과학이 발달하고 교육이 보급되는 등으로 인해 민중이 자각하기 시작하면서 이제 드디어 민중의 시대에 이른 것이다. 그 결과 비록 사회에 따라 차이가 있지만 이제는 자각한 민중이 사회와 국가의 주인으로 당당히 자기 목소리를 내면서 그들을 이끄는 시대가 되었다는 것이다(함석헌, 1959ㅁ: 21; 1968ㄱ: 36; 1989ㅁ: 312; 1963ㄴ: 116).

이처럼 그는 민중이 자기 역할을 회복하는 데서 시대적 여건의 변화가 얼마나 중요한지를 잘 인식하고 있었다. 그럼에도 불구하고 민중이 사회의 근본 혹은 바탕이 되는 점은 시대라는 민중 외부의 여건이 아니라 민중 자체의 속성에서 기인한다는 점이 중요하다. 그에 의하면 '그저 사람' 혹은 '맨 사람'으로서의 민중 혹은 씨알은 무엇보다도 사람과 사람, 인격과 인격의 만남에서 출발한다. 그것이 민중이 제도에 의해 규정되지 않는 '바닥'이라는 의미이다(함석헌·송기득, 1978: 401).[3]

3 민중의 성격을 생명 혹은 삶의 의지로 규정하는 것도 바로 민중의 인간적 속성 때문이다. 이에 관해서는 이어서 소개될 생명으로서의 씨알에 관한 논의에서 보다 구체적으로 설명하게

민중의 인간적 속성은 민중으로 하여금 평화롭게 사는 것을 본바탕으로 삼게 하는 토대이기도 하다. 물론 앞서 언급했듯이 민중은 지배자의 억압에 저항해 일어나 주인의 본분을 되찾으려고 할 수 있다. 하지만 함석헌에 의하면, "민중은 평화를 사랑하는 것인지라 안심하고 살게만 해주면 어느 정도 자유의 구속을 당해도 참는다"(함석헌, 1959ㅁ: 21).

민중이 평화를 사랑한다는 점은 민중으로 하여금 하나 됨을 소중히 여기게 하는 바탕이 된다. 물론 민중이 소중히 여기는 하나 됨은 집합주의적인 하나 됨이 결코 아니고 인격적인 구성원으로 이루어진 하나 됨인데, 그러한 하나 됨은 구성원 간의 믿음과 사랑을 기초로 이루어진다. 그리하여 함석헌에 의하면 민중 혹은 씨ᄋᆞᆯ은 "하나면서 여럿이요 여럿이면서 하나입니다. …… 하나이기 위해 서로 사랑해야 합니다. 여럿이기 위해 서로 겸손해야 합니다. 겸손하고 사랑하기 위해 서로 믿어야 합니다. 믿으면 하나입니다. 살았습니다. 믿지 않으면 헤어졌습니다. 죽었습니다"(함석헌, 1971ㅎ: 28).

물론 민중이 믿음과 사랑을 바탕으로 하나 되는 데서 함석헌은 결코 여론과 매스미디어의 중요성을 간과하지 않았다. 그래서 그는 분명하게 주장했다.

> 민중은 구슬입니다. 알알이 전체를 배는 씨ᄋᆞᆯ입니다. …… 신문이야말로 씨ᄋᆞᆯ을 하나로 꿰는 실입니다. 신문을 못 가지는 민중은 민중이 아닙니다. 그저 하나의 무리 군중밖에 되는 것 없습니다(함석헌, 1972ㄱ: 216~217).

될 것이다(함석헌, 1959ㅈ: 190; 1963ㅇ: 139; 1963ㅅ: 182 이하).

3) 생명

이상의 논의를 간략히 정리하면, 함석헌에게서 씨올이란 민 혹은 민중의 다른 표현으로서 특별한 지위나 소유가 없는 맨 사람을 가리킨다. 씨올은 사회와 국가의 출처, 바탕, 주인으로서 매우 소중하지만 오랜 역사에서 지배자에 의해 억압당하고 배척당하면서 살아 왔다. 하지만 이제 새로운 문명 시대를 맞이해 씨올은 자신의 본분을 자각하게 되었으며, 이로써 사회와 국가의 주인으로서의 위치를 회복하기 시작했다. 끝으로, 특별한 지위나 소유가 없는 사람이 씨올이라고 해서 씨올을 소극적으로만 규정하면 잘못이다. 왜냐하면 씨올은 생명, 투쟁, 인격, 단결, 평화, 믿음, 사랑 등과 같은 요소와 어느 누구보다도 더 밀접한 관계에 있기 때문이다. 그런데 이 요소들이 한결같이 현시대의 매우 소중한 정신이라는 점 때문에 우리는 씨올에 다시금 주목하게 된다.

김경재는 함석헌의 씨올이 가진 여러 속성 중에서 특히 생명이라는 속성에 주목해 이를 적절히 부각시킨 바 있다.[4] 그는 심지어 함석헌 사상의 다양한 핵심 어휘들이 모두 생명 현상과 관련되어 있다면서 그의 씨올사상의 핵심을 생명철학 혹은 삶의 철학으로 규정하기도 했다(김경재, 2009: 159).

씨올의 가장 중요한 속성이 생명이라는 점은 무엇보다 씨올이라는 어휘가 잘 가르쳐준다. 씨올의 씨는 바로 생명의 원형을 가리키기 때문이다. 물론 씨올을 민 혹은 민중이라고 불러도 이 어휘들이 결국은 사람

4 씨올과 밀접한 관계에 있는 것으로 위에서 열거한 요소 중 인격과의 관계에 대해서는 앞에서 간략히 언급되었으며, 단결, 평화, 믿음, 사랑 등과의 관계에 대해서는 뒤에서 언급될 것이다.

을 가리키므로 생명을 중요한 속성으로 여길 수 있다. 그러나 민 혹은 민중이 가리키는 사람은 앞에서도 언급했듯이 역사적·문화적 그리고 특히 정치적·사회적 특성에 의해 가려진 존재인데 씨ᄋᆞᆯ은 생명의 특성을 보다 뚜렷이 드러낸다.

그렇다면 씨ᄋᆞᆯ이 드러내는 생명의 특성은 무엇인가? 생명이 지닌 일반적 특성과 기본 원리에 대한 함석헌 사상은 2장의 생명론에서 소개될 것이기 때문에 여기서는 씨ᄋᆞᆯ이 생명으로서 갖는 몇 가지 중요한 특성만 간략히 언급하고자 한다.

생명은 무엇보다 생존 의지, 곧 삶의 의지를 지닌다. 그런데 생각하는 인간의 생존 의지는 일반 동식물의 그것과 달리 단지 본능과 감성에 의해 지배되지 않고 정신을 추구함으로써 특히 근대 인간에게서는 자존성과 자율성을 매우 중시하는 특징을 보인다. 물론 인간 생명체가 추구하는 정신은 자존성과 자율성에 머물지 않고 이를 넘어 우주 전체로 나아간다. 이 과정에서 인간 생명체는 끊임없이 새로운 것을 추구하면서 변화하고 성장하려고 한다.[5] 그런 관점에서 본다면 인간 생명체인 씨ᄋᆞᆯ은 근본적으로 자기 신체뿐만 아니라 인간으로서의 자존성과 자율성도 함께 지키려는 자이며, 여기서 더 나아가 자신과 인류의 성장을 도모하는 자임을 알 수 있다.

그런데 인간 생명체의 그러한 생존 의지와 성장 의지는 자연적인 혹은 사회적·역사적인 다양한 조건에 의해 억압되거나 왜곡되는 상황이 발생하는데, 인간은 그러한 상황에서 고난을 겪게 된다. 그러므로 고난은 인간 생명체가 자기를 지키고 성장하려는 과정에서 마주치게 되는 일종

5 인간의 특성에 대한 자세한 설명은 2장의 인간론에서 이루어질 것이다.

의 도전으로서, 그것을 극복할 때 비로소 인간 생명체는 더욱 성장할 수 있게 된다. 그런 관점에서 함석헌은 '고난은 생명의 한 원리'라고 주장했는데, 이처럼 고난과 그것의 극복 과정을 중시하는 그의 생명사상은 매우 역동적이며 진취적 성격의 것임을 알 수 있다(함석헌, 1965ㄱ: 447).[6]

어쨌든 인간 생명체가 고난을 경험하고 그것을 극복하는 것은 불가피한 일인데, 인간 중에서도 특히 씨ᄋᆞᆯ은 '아무것도 아닌 사람', '가진 것이 없는 것', '그저 사람', '맨 사람'으로서 특권계급, 지배자, 권력자, 정치인 등에 비해 훨씬 많은 고난을 겪는다. 그러면서도 씨ᄋᆞᆯ은 다른 누구보다 인간 생명체의 원형에 가까운 자로서 강한 삶의 의지를 소유하고 있다. 뿐만 아니라 전체를 품은 자, 전체의 뜻을 가장 잘 받아들일 수 있는 자여서 인간 생명체에 대한 부당한 억압과 왜곡에 가장 적극적으로 저항하고 극복해낼 수 있다.[7] 그러면서 이 과정에서 겪게 되는 온갖 고난에도 불구하고 결코 사라지거나 근절되지 않는 자이다(함석헌, 1995ㄴ: 261~262; 1979ㅊ: 276; 1970ㅁ: 290 이하; 1959ㅈ: 190; 1963ㅇ: 139; 1963ㅅ: 182 이하; 함석헌·박선균, 1987: 222).

이렇게 볼 때 씨ᄋᆞᆯ을 생명으로 보는 관점이 씨ᄋᆞᆯ을 민 혹은 민중으로 보는 관점을 보완해줌을 알 수 있다. 후자의 관점은 역사 혹은 사회에서 씨ᄋᆞᆯ이 점하는, 주변화 되어 있거나 낮은 위치를 부각시킴으로써 고난당하는 씨ᄋᆞᆯ의 처지와 저항하는 씨ᄋᆞᆯ의 모습을 잘 보여준다. 이에 비해 전자의 관점, 곧 씨ᄋᆞᆯ을 생명으로 보는 관점은 씨ᄋᆞᆯ이 추구하는 것이 물질

6 김경재는 함석헌의 씨ᄋᆞᆯ사상에서 발견되는 생명사상을 동아시아 자연철학이 지닌 생명사상과 기독교로 대표되는 서양 헤브라이즘의 생명사상이 융합된 결과로 보면서, 역동적이며 진취적인 특성은 헤브라이즘에서 연유한 것으로 해석했다(김경재, 2009: 160).

7 함석헌의 '전체' 사상은 4장에서 자세히 소개될 것이다.

과 정신을 모두 포함하는 의미에서의 인간 생명이며 그것도 끊임없이 변화, 발전하려는 생명임을 알려준다. 뿐만 아니라 온갖 고난에도 꿋꿋이 견뎌내는 씨올의 강인한 생존 능력과 무소불위의 독재 권력에도 굴하지 않는 씨올의 강력한 저항 잠재력이 어디서 오는지를 잘 설명해주며, 가진 것 없는 씨올이 어떻게 역사와 사회의 주인이 될 수 있는지 이를 바탕으로 잘 이해할 수 있게 해준다.[8]

2 씨올사상의 기본 원리와 주요 영역

1) 씨올사상의 기본 원리

씨올사상은 함석헌이 처음부터 체계적으로 구상해 제시한 것이 아니라 위에서 설명한 의미를 지닌 씨올 관념을 창안해 먼저 제시한 후 그가 관심을 가진 다양한 주제와 관련해 오랜 기간 동안 발전시킨 것이다 (함석헌·김동길, 1976: 329). 그 결과 그의 씨올사상의 포괄 범위는 매우 넓어 이를 전반적으로, 그러면서도 간략히 소개하기는 결코 쉽지 않다.[9]

8 그런 관점에서 김경재는 사회학적으로 단순화시킨 씨올 개념의 한계를 이렇게 비판한다. "진정한 씨올은 단순히 사회학적으로 사회계층의 맨 밑바닥에서 고생하고 천대받는 무지렁이를 두고 일컫는 말이 아니다. 정치적으로 억압받고, 경제적으로 수탈당하고, 문화적으로 소외된 사회신분 계층이라고 해서 다 씨올이 아니다. …… 씨올은 …… 씨올생명의 본바탕을 고난 속에서도 지켜나가고, 영혼의 순일성과 단순성을 잃지 않으려 노력하며, 생명의 유기체적 연대성에 민감하게 반응하며, …… 곧 자기가 나선형 역사의 입체적 구조물의 맨 마지막 기층임을 자각하는 생명체를 말한다. 여기에서 씨올은 역사에 대한 진정한 주인의식과 역사에 대한 핑계 없는 무한 책임의식을 지니게 된다"(김경재, 2003: 97~98).

9 씨올사상연구소장 박재순은 함석헌의 씨올사상을 생명, 생각, 평화, 역사, 나라, 하나님 등

그리하여 필자는 우선 여기서 함석헌 자신이 특별히 강조한 씨올사상의 몇 가지 기본 원리를 중심으로 그의 사상의 중심 원리 몇 가지만 간략히 소개하려고 한다. 그 후 씨올사상 전체를 10개 정도의 주요 영역으로 나누어 제시하고 그중 이 책의 주제와 관련성이 깊은 영역에 한해 하나씩 본격적으로 다루어보려고 한다.

함석헌은 자기의 씨올사상의 기본 원리를 "씨올 헌법"이라고 부른 바 있다. 그리고 세 가지 핵심 원리를 씨올 헌법의 첫째 장, 둘째 장, 그리고 셋째 장으로 각각 표현하면서 다음과 같이 설명했다(함석헌, 1970ㅁ: 290~297). 첫째 원리, 즉 씨올 헌법의 첫째 장은 씨올이 서로 열리고 고른 마음으로 소통할 때 보다 높은 지혜와 큰 힘에 이르게 된다는 것이다. 함석헌에 의하면 씨올은 원래 착하고 의젓한 존재여서 자랑이나 싸움을 거부하지만 제대로 되지 못한 자가 마치 영웅이나 지도자가 된 듯이 행세하면서 자신들을 강요하는 것은 결코 받아들이려고 하지 않는다. 반면 '서로 열리고 고른 마음', 믿는 마음으로 알아주고 공감하고 소통한다면 신이 나고 힘이 솟는 것이 씨올이라는 것이다.

둘째 원리, 즉 씨올 헌법의 둘째 장은 "전체는 부분을 모아놓은 것보다 크다"는 것인데, 그는 모든 씨올이 서로 열린 마음으로 소통하면서 용감히 제소리를 내게 되면 그것이 하나의 우렁찬 "어우름 노래[합창]"가 되어 결국 천지를 바꿀 수 있게 된다고 보았다. 즉 한 사람 한 사람으로는 이룰 수 없지만 전체 씨올이 제소리를 내면 그것이 전체의 소리가 되어 세계를 변화시킬 정도의 큰 일이 일어난다는 것이다.

마지막 셋째 원리, 즉 씨올의 셋째 장은 "부분은 전체 안에, 전체는

의 주제와 관련해 쉽게 풀어 소개한 단행본을 낸 바 있으므로 이들 주제와 관련해서는 이 책을 참조할 수 있다(박재순, 2013).

부분 안에"라고 표현될 수 있는 것으로, 세계혁명과 같은 큰 변화까지 일으키는 전체 씨올의 소리는 비록 개개인의 입에서 나오지만 각 개인의 소리가 아니라 "개인을 통해 전체가 직접 외치는" 소리라는 것이다. 그리고 그것은 비록 전체가 부르기 전에는 일어나지 않지만 처음부터 개인 속에 있던 것으로 씨올이 서로를 믿는 가운데 겸손하게 열린 마음으로 전체를 우러러볼 때 어느덧 제 속에서 제소리가 아닌 전체의 소리가 나오는 것을 알게 된다는 것이다.[10]

함석헌이 직접 열거한 이 세 가지 기본 원리 외에도 그의 씨올사상 전반을 이해하는 데 기본이 되는 여러 핵심적인 주장이 있다. 그런데 박재순은 씨올에게서 극명하게 드러나는 "스스로 함"이라는 생명의 근본 특성이야말로 함석헌의 씨올사상의 핵심이며, 이와 함께 고난 및 희생사상 그리고 또한 씨올이 역사와 사회의 진정한 주체라는 사상도 씨올사상에서 매우 중요하다고 본다.[11] 자주 혹은 자율로 이해되는 스스로 함을 그가 특별히 씨올사상의 핵심으로 여긴 것은 그것이 함석헌의 자유, 자연, 주체, 타인 존중, 저항, 평화, 믿음, 신뢰, 자람, 자기초월, 고난, 희생 등의 사상 모두와 밀접히 관련되어 있을 뿐만 아니라 씨올의 위대한 역량에 대한 깊은 신뢰로 이어져 씨올로 하여금 역사와 사회 창조의 진정한 주역이 되게 하는 원리이기도 하다고 보기 때문이다(박재순, 1989: 131 이하).[12]

10 특히 둘째 원리와 셋째 원리에서 씨올과 관련해 소개된 부분과 전체의 관계에 대한 논의는 4장의 전체론에서 다시 다루어질 것이다.

11 생명의 근본 특성인 스스로 함에 대해서는 2장의 생명론에서, 그리고 고난 사상과 역사 사상에 대해서는 3장의 역사론에서 각각 보다 구체적으로 다루어질 것이다.

12 박재순은 위에서 언급한 저서에서 씨올사상의 핵심을 다음 여섯 가지 주장으로 간략히 정리해 제시한 바 있다. ① 씨올사상은 껍데기를 깨고 알맹이로 살자는 사상이다. ② 십자가는

한편 김경재도 그의 씨올사상에서 근본이 되는 점을 정리해 제시한 바 있는데, ① "생명은 스스로 하는 것"이라는 생명의 근본 원리, ② 생명의 다른 원리로서의 고난 사상, ③ 개체생명과 전체생명의 공속성에 기초한 목적론적 역사관, ④ 만물을 생성론적, 과정적 실재로 파악하는 사상의 네 가지가 그것이다. 그중 첫째와 둘째는 박재순의 관점과 같은 것이며, 셋째의 공속성에 관한 사상은 함석헌이 직접 열거한 씨올 헌법의 셋째 원리에 해당한다. 넷째는 생명으로서의 씨올에 관한 위의 논의에서 부분적으로 발견되는 사상으로, 이 장에 이어지는 2장의 생명론과 3장의 역사론에서 보다 자세히 다루어질 것이다(김경재, 1989: 89 이하).

2) 씨올사상의 주요 영역

함석헌의 씨올사상이 포괄하는 범위는 우주론, 종교론, 문명론 등에서부터 국가론, 사회론, 인간론, 자아론 등에 이르기까지 매우 넓다. 그리고 이들 다양한 영역의 관념이 유기적으로 서로 연결되어 있는 경우가 많아 각각의 영역을 충분히 이해하기 위해서는 다른 영역에 대한 이해가 필요하다. 그런 점에서 볼 때 필자가 그의 사상 전반을 충분히 이해하고 소개하는 데는 한계가 있을 수 있지만 그의 사상이 포괄하는 영역에 어떤 것들이 있는지는 그의 문헌에서 다루어진 주제를 통해 어렵지 않게 파악할 수 있다.

함석헌의 씨올사상은 크게 10개 정도의 영역으로 나누어 살펴볼 수

모든 껍데기와 껍질이 깨지는 자리다. ③ 딱딱하고 쓴 것이 생명과 정신의 씨올이다. ④ 얼이 산 사람만이 참다운 사랑과 정의를 행할 수 있다. ⑤ 생각으로 생각을 뚫는다. ⑥ 씨올맹이는 영원하다(박재순, 2013: 19~44).

있는데, 우주·생명론, 인간론, 정신론, 지식·사상론, 종교론, 전체론, 역사론, 국가·평화론, 사회론, 연대론이 그것이다. 물론 기독교, 문명, 민족, 민주주의, 통일, 믿음, 사랑, 과학, 언론, 비폭력 저항운동, 윤리, 교육, 동양사상 등도 그가 특별히 큰 관심을 기울인 주제이다. 그런데 이 주제들은 내용에 따라서 그의 씨ᄋᆞᆯ사상의 이들 각 영역에 분류될 수 있다. 그리하여 이들 주제를 포함한 그의 씨ᄋᆞᆯ사상의 10개 영역 및 각 영역의 주요 주제를 간략히 제시하면 다음과 같다.

① 우주·생명론 — 우주, 생명, 진화, 자연 등

② 인간론 — 인간(/사람), 인류, 인격, 개인, 인간 혁명, 인생 등

③ 정신론 — 정신, 영(/혼), 뜻, 내면화, 윤리, 자유, 정의, 평화, 유심론-유물론 등

④ 지식·사상론 — 지성(/이성), 과학, 교육, 자본주의, 공산주의, 공리주의, 인도주의, 세계주의, 동양사상 등

⑤ 종교론 — 종교, 하나님, 예수, 기독교, 신앙, 교회, 종교개혁, 무교회, 퀘이커 등

⑥ 전체론 — 전체, 전체주의, 부분, 개체, 유기체 등

⑦ 역사론 — 세계사, 근대, 근대인, 한국사, 3·1운동, 해방, 역사, 고난, 저항, 현대문명, 서양문명, 동양문명, 위기, 혁명 등

⑧ 국가론·평화론 — 나라, 국가, 국가주의, 민족, 민족주의, 정치, 민주주의, 통일, 평화, 전쟁, 비폭력, 간디 등

⑨ 사회론 — 공동체, 시민사회, 제도, 조직, 계급, 민중 등

⑩ 연대론 — 믿음, 공감, 사랑, 하나 됨, 화和, 우애, 협력, 뭉침, 같이 살기 등

이 영역들은 서로 연관되어 있다. 특히 생명론과 인간론, 인간론과 정신론, 정신론과 지식·사상론과 종교론, 우주론과 전체론과 역사론, 사회론과 연대론 등은 서로 밀접히 연관되어 있는 영역이지만 편의상 이상의 10개 영역으로 나누어볼 수 있다. 이들 10개 영역 중 연대론, 사회론, 국가론, 전체론, 사상론은 이 책의 주제와 보다 직접적인 관련이 있는 영역이며, 나머지의 생명론, 인간론, 정신론, 종교론, 역사론은 이들 영역을 다루는 데 필요한 기본 관념과 기초가 되는 영역이다.

그리하여 필자는 이 장에 이어지는 2장과 3장에서 생명, 인간, 정신, 역사 등에 관한 그의 기본 사상을 간략히 정리해 소개한 뒤 4~6장에서는 그의 사상에서 연대사상에 해당되는 주제를 체계적으로 정리해 제시하려고 한다. 필자는 전체, 유기체, 하나 됨, 화和, 연대, 유대, 형제애, 우애, 같이 살기, 믿음의 조직, 인격적 조직 등이 연대사상에 해당하는 주요 관념이라고 판단해 그것들을 소개하면서 이들 관념과 씨올의 관계를 해명하게 될 것이다.

이렇게 함석헌의 연대사상을 주요 관념 중심으로 정리해 소개한 뒤에는 이를 바탕으로 그의 사상, 특히 사회사상을 연대주의 시각에서 재해석하려고 한다. 여기서 연대주의 시각이란 연대 가치의 실현을 저해하는 일체의 정신적 경향이나 조건을 거부하고 시민사회의 연대를 통해 연대 가치의 실현을 꾀하려는 정신적 혹은 이념적 관점이다(강수택, 2014: 47 이하). 그런 관점에서 필자는 7장에서 그의 시민사회 사상을 소개한 후 8장과 9장에서는 각각 그의 국가주의 비판론과 개인주의 및 자본주의 비판론을 제시하려고 한다. 그리고 이 책의 마지막 10장에서는 연대주의 시각에서 재해석된 그의 사상을 특별히 씨올연대주의로 부르면서 그것의 기본 관점과 시민사회, 정치경제체계, 생태계 등에 대한 그의 보다 구체적인 생각을 고찰해 제시하려고 한다. 물론 7~10장의 모든 논의에서 그의 씨올사상과의 관련성이 매우 중요하게 다루어질 것이며, 책의 마지막 부분에서는 그의 씨올연대주의 사상이 갖는 의미가 간략히 언급될 것이다.

3 씨올사상의 형성 및 발전 배경

김경재는 함석헌 사상의 전개 과정을 5단계로 나눈 노명식의 단계 구분을 받아들여 함석헌의 씨올사상의 발전 과정을 소개한 바 있다. 필자도 이들, 특히 김경재의 단계 구분을 참고해 함석헌의 씨올사상의 형성 및 발전 과정의 배경을 소개하고자 한다. 그리고 그것을 시대적 배경과 지적 영향으로 나누어 간략히 살펴보려고 한다(노명식, 2002: 18~25; 김경재, 2009: 157~159).

먼저 제1단계는 어린 시절부터 3·1운동까지의 시기로 김경재는 함석헌이 태어난 1901년부터 3·1운동에 참여함으로써 삶의 방향이 전환된 1919년까지로 이 단계를 제시했다. 함석헌이 태어난 때는 제국주의의 식민지 경쟁이 극심해 사회 전 분야에서 폐해가 심각하게 드러난 조선 말기였다. 그러다가 그가 열 살 되던 해 한일합방이 이루어져 어린 함석헌의 희망을 짓밟았으나 평양고등보통학교 3학년 때 자주독립을 요구하는 3·1운동이 일어나서 거기 직접 참여했다. 그는 한반도의 고난의 근대사를 직접 경험하면서 어린 시절을 보내는 동안 특히 숙부인 함일형으로부터 기독교, 민족애, 서구적 민주주의 사상의 영향을 많이 받았다. 그리고 3·1운동을 통해서는 고난의 역사를 극복하기 위한 민중의 저항

정신에 대한 특별한 경험을 하게 됨으로써 3·1운동이 자기 인생에서 결정적 전환점이 되었다고 고백하게 되었다(김경재, 2009: 157; 김진, 2001: 264~265; 김성수, 2001ㄱ: 32~33).

제2단계는 3·1운동부터 오산학교 재학 생활을 거쳐 동경고등사범학교를 다니면서 역사를 공부하고 우치무라 간조內村鑑三의 무교회 신앙을 배운 때까지로, 1919~1928년의 시기가 여기에 해당한다. 3·1운동 후 그는 평양고등보통학교로 돌아가는 대신 함석규 목사의 소개로 오산학교로 편입했다. 오산학교에서는 남강 이승훈 선생과 다석 유영모 선생을 만나 민족독립의 중요성, 성경, 동양철학 등을 배우는 한편 서구 사상가의 글을 많이 읽으면서 역사, 인생, 진리 등에 눈을 뜨게 되었다(김경재, 2009: 157; 김진, 2001: 264~265; 김성수, 2001ㄱ: 43 이하).

그는 1923년에 오산학교를 졸업한 후 그해 4월에 일본 유학을 떠났다. 그런데 마침 그해 9월에 관동대지진이 발생해 일본인 폭도에 의한 조선인 대학살을 경험했을 뿐만 아니라 처음으로 감옥 생활을 경험하게 되었다. 1924년에 동경고등사범학교에 입학해 역사교육을 전공하는 동안에는 당시 일본 유학생들에게 큰 영향을 끼치던 사회주의와 무정부주의 사상으로부터 큰 도전을 받았다. 그리하여 사상적 고민을 하던 중 김교신을 만나 그의 소개로 우치무라 간조의 성경공부모임에 참석하게 되었다. 그리고 이 모임을 통해 무교회주의를 배우게 되었을 뿐만 아니라 김교신 외에 송두용, 정상훈 등 뜻을 같이하는 동료도 만날 수 있었다(김진, 2001: 265~266; 김성수, 2001ㄱ: 51 이하).

김경재는 함석헌의 이 학창 시기가 그의 삶의 철학에 큰 영향을 끼친 중요한 사상가들을 독서를 통해 만나게 된 시기였을 뿐만 아니라 "종교와 과학, 역사와 윤리, 국가주의와 세계주의, 물질과 정신, 자유와 생명,

개체와 전체, 존재와 생성 등 상호 긴장과 갈등 관계에 있는 난제들에 관한 그 나름대로의 해답을 얻게" 되는 시기이기도 했다고 보았다. 함석헌은 왕이나 영웅 중심이 아닌 민중 중심으로 역사를 서술한 웰스H. G. Wells의 『세계문화사대계』를 이 시기에 읽고 역사에 큰 관심을 갖게 되는 등 많은 영향을 받았다. 또한 우치무라의 무교회주의는 고난을 강조하는 함석헌의 역사철학이 형성되는 데 그리고 이 시기에 처음 알게 된 간디는 그가 평생 민중 중심의 비폭력 운동을 전개하는 데 각각 큰 영향을 끼쳤다(김경재, 2009: 157~158; 함석헌·최일남, 1983: 18; 함석헌·이삼열, 1986: 112~113; 함석헌, 1986ㄷ: 226 이하).

제3단계는 일본 유학을 마치고 귀국해 오산학교에서 학생을 가르치면서 〈성서조선〉에 글을 발표하던 때로, 김경재에 의하면 1928~1938년의 시기가 여기에 해당한다. 이 시기는 일본의 식민지 탄압이 더욱 심해지던 때로 일본이 1931년에 만주를 침략하면서 한반도가 전쟁을 위한 군사기지로 변해갔으며, 이에 대항해 조선인의 항일운동도 활발해졌다. 이때 함석헌은 한편으로 기독교정신과 역사의식을 심화시키면서 다른 한편으로는 신앙 동지들과 함께 〈성서조선〉을 발간하고 거기에 기독교, 역사, 민족을 포괄하는 주제의 글을 적극 발표했다. 그의 대표적인 저서인 『뜻으로 본 한국역사』의 바탕이 된 '성서적 입장에서 본 조선역사' 원고가 처음 집필되어 발표된 것도 이 시기에 〈성서조선〉을 통해서였다(김경재, 2009: 158; 김진, 2001: 266; 김성수, 2001ㄱ: 57 이하).

제1단계와 제2단계가 함석헌이 씨올사상에 필요한 세계관을 형성하고 중요한 여러 사상과 지식을 습득한 단계였다면 제3단계는 그러한 바탕 위에서 그의 씨올사상의 원초적 형태가 역사철학으로 처음 모습을 드러낸 시기였다. 그는 자신의 역사철학을 통해 조선의 역사가 고난의 역사였음을 직시할 것과 이 고난이 지닌 위대한 뜻을 깨달아 고난을 극복할 사명이 의로운 약자, 즉 민중에게 있음을 주장했다. 그런데 그러한 역사철학을 구성하고 글을 쓰는 과정에서 그는 슈펭글러의 문명비평 사상과 특히 마치니G. Mazzini의 민중사상을 새로이 접하면서 큰 영향을 받았다. 그래서 『성서적 입장에서 본 조선 역사』를 쓰면서부터 본격적으로 시작된 민중에 대한 생각에 가장 큰 영향을 끼친 두 사람으로 간디와 함께 마치니를 지적하기도 했다(김성수, 2001ㄱ: 58 이하; 함석헌·이삼열, 1986: 112; 함석헌·안병무, 1980ㄴ: 433; 함석헌, 1986ㄷ: 225).

제4단계는 오산학교를 그만둔 때부터 해방을 거쳐 자유당정권 시기에 한국전쟁을 경험한 때까지에 해당하는데, 노명식은 1938~1953년으로 제시하는 데 비해 김경재는 1938~1957년으로 제시했다. 1937년에 일본이 중일전쟁을 일으켜 조선인을 전시체제로 몰아넣고 황국신민으로 만들기 위해 온갖 수단을 사용하면서 학교에서 조선어 사용과 조선역사 교육을 금지했다. 이에 함석헌은 1938년에 학교를 사임하게 되었고 그 후 해방이 되기까지 계우회 사건, 성서조선 사건 등으로 오랜 옥고를 치렀다. 해방 후에는 신의주 학생 사건에 관련되어 옥고를 치른 후 1947년에 월남해 유영모 선생과 재회하게 되면서 동양사상을 본격적으로 연구하기 시작했으며 현동완에게서 서구 퀘이커의 평화운동에 대한 이야기를 접하고 큰 감동을 받았다. 그리고 한국전쟁을 겪는 동안 신앙관과 역사관의 큰 변화를 경험해 1952년에 무교회 신앙에서 탈퇴하고 보다 넓은 종교와 기독교의 세계로 나아가게 되었다(김경재, 2009: 158; 노명식, 2002: 18; 김진, 2001: 267~268; 김성수, 2001ㄱ: 63 이하, 121).

이 단계는 역사적으로 격동의 시기였는데, 함석헌 개인으로서도 교사를 그만두고 농사를 지으면서 수차례 옥고를 치르고 월남해 서울에서 어려운 생활을 하던 중 전쟁까지 겪는 등 연속된 고난의 시기이자 깊은 영혼의 시련기였다. 하지만 그는 러스킨, 톨스토이, 불경을 읽고 유교, 도교 그리고 힌두교까지 깊이 연구하는 등 이 기간을 자기 사상의 폭을 넓히고 심화시키는 계기로 삼았다(김경재, 2009: 158; 노명식, 2002: 18; 김진, 2001: 267~268; 김성수, 2001ㄱ: 65 이하).

그러한 사상의 연단 과정을 거치면서 그는 1953년경부터는 당시의 기독교계와 지성인에게 충격을 주는 일련의 글을 발표하기 시작했다. 1953년에는 교회주의와 교파주의에 의해 지배되고 있던 기존의 기독교와 선을 긋는 자기 입장을 밝힌 시 「대선언」을 발표했으며, 1956년에는 한국의 기독교를 비판한 「한국의 기독교는 무엇을 하고 있는가?」를 〈사상계〉에 발표해 교계에서 격렬한 논쟁을 불러일으켰다.

제5단계는 그 이후 함석헌의 말년인 1989년까지로, 자유당정권 말기, 4·19혁명, 5·16쿠데타 및 박정희 군사정권 시기, 5·18광주민주화운동과 전두환정권 시기, 1987년의 민주화운동, 노태우정권 초기가 이 시기에 해당한다. 이때 함석헌은 사회에 대한 생각을 글, 강연 등의 형태로 매우 적극적으로 표명했는데, 1958년에는 〈사상계〉에 「생각하는 백성이라야 산다」를 발표하고 이 때문에 자유당정권에 의해 옥고를 치렀다. 그리고 5·16쿠데타 직후인 1961년 7월에는 5·16에 대한 입장을 밝힌 글 「5·16을 어떻게 볼 것인가?」를 〈사상계〉에 발표했으며 그 후에도 현대사의 주요 고비마다 권력의 위협과 압력에 굴하지 않고 자기 목소리를 드러냈다. 뿐만 아니라 1970년에 언론자유가 억압된 현실을 돌파하기 위해 직접 〈씨올의 소리〉를 창간하기도 했다(김경재, 2009: 158~159; 노명식, 2002: 20 이하).

그런데 이 단계는 함석헌이 자기 사상을 비로소 씨올이라는 용어를 통해 전개하게 된 시기이기도 하다. 그는 유영모가 1956년에 행한 강좌에서 민民을 씨알로 표현한 것을 처음 접한 뒤 이를 씨올로 바꾸어 사용하기 시작했다. 그리하여 그가 『성서적 입장에서 본 조선역사』를 자기의 새로운 관점에서 수정·보완하고 제목을 바꾸어 1962년에 발간한 『뜻으로 본 한국역사』에서는 1965년에 발간된 4판부터 씨올이라는 단어가 등장한다. 그렇지만 씨올에 대한 논의와 사상의 발전이 본격적으로 이루어지기 시작한 것은 그가 〈씨올의 소리〉를 창간한 1970년대에 이르러서였다(함석헌·최일남, 1983: 27; 함석헌·김동길, 1976: 330~331; 김경재, 2009: 159; 조광, 2003: 510).

제5단계에서 함석헌은 1960년대 초부터 퀘이커 모임에 참석하고 펜들 힐에 있는 퀘이커 학교를 방문하고, 1967년에 퀘이커 신자가 되는 과정에서 퀘이커 신앙과 사상의 큰 영향을 받게 되었다. 그리고 허드G. Heard, 샤르댕P. T. de Chardin, 타고르R. Tagore 등을 읽고 그들 사상의 큰 영향을 받은 것도 이 단계에서였다. 퀘이커 신앙과 사상은 특히 함석헌의 평화주의 운동 및 사상의 발전에 기여했을 뿐만 아니라 그가 제창한 '같이 살기 운동 같은 실천적 연대 운동 및 사상에도 큰 영향을 끼쳤다. 샤르댕은 종교와 과학의 관계에 대한 함석헌의 이해, 특히 진화론적인 우주관 및 생명관에 대한 그의 해석에 매우 큰 영향을 끼쳤으며, 타고르는 함석헌이 절대적인 진리가 특정한 종교에만 있다는 입장에서 떠나 적어도 도덕적 종교의 본질 혹은 진리는 하나라는 보편주의적인 입장을 확고히 하는 데 영향을 주었다(김진, 2001: 268 이하; 김성수, 2001ㄱ: 109 이하; 함석헌, 1972ㅇ: 235 이하; 1973ㅁ: 258; 1981ㄱ: 204 이하; 1978ㄱ: 131; 함석헌·김동길, 1976: 346~8; 함석헌·한용상, 1983: 476).

이처럼 제5단계는 함석헌이 그동안 형성한 자기 사상을 바탕으로 동서양 사상의 지평을 넓혀 가면서 씨ᄋᆞᆯ사상을 본격적으로 발전시켜 간 단계였다. 그런데 여기서 중요한 것은 그가 이 시기의 한국사회의 엄중한 고난의 현실을 다른 씨ᄋᆞᆯ과 함께 대면하고 극복하려는 실천적 노력을 진지하게 기울이는 가운데 자기 사상을 발전시켜 나갔다는 점이다. 그리하여 김경재는 함석헌의 제5단계를 "…… 함석헌이 붕새처럼 창공을 유유히 날며 금싸라기 같은 명문을 세상에 써내기 시작하고 군중 속에서 진리를 설파하던 진리공양(베풂)의 시기이자, 정의와 인권과 평화의 비폭력투쟁을 전개한 시기였다"고 묘사한 바 있다(김경재, 2009: 158).

2

생명, 인간, 정신

02

생명, 인간, 그리고 정신은 모두 함석헌의 사회사상과 역사사상을 이해하는 데 필수적인 요소다. 많은 사상가의 사상에서 인간관은 사회관과 역사관의 중요한 토대가 되지만 특히 함석헌 사상에서는 사회와 역사에 대한 견해를 정확히 파악하기 위해 그의 인간론을 이해하는 것이 필수적이다. 물론 인간 바깥의 어떤 구조를 중심으로 사회와 역사를 설명하는 사상에서는 인간론이 그렇게 중요한 역할을 하지 않겠지만 함석헌 사상은 그런 경우에 해당되지 않는다. 오히려 그의 사상에서는 사회와 역사의 의미 해석이 중요할 뿐만 아니라 인간의 윤리적 책임이 매우 강조되기 때문이다.

이처럼 인간이 그의 사상에서 매우 중요한 위치를 차지하고 있지만 그렇다고 해서 그의 사상을 좌우할 결정적인 위치에 있는 것은 아니다. 만일 인간이 그의 사상에서 핵심적 역할을 한다고 할 때는 몇 가지 전제 조건이 필요한데, 생명과 정신에 관한 이해는 그런 점에서 매우 중요하다. 생명과 정신은 모두 인간의 본질, 기원, 구조 등 인간을 이해하는 데 필수적인 요소지만 인간에게만 해당되는 것이 아니기 때문이다.

함석헌은 우주에서 가장 귀한 것이 생명이며 그것은 어떤 경우에도 절대 존중되어야 한다고 보았는데, 인간뿐만 아니라 인간 외의 수많은 생명이 여기에 해당된다. 그리고 그가 생명의 씨앗이자 나아갈 방향이라고 한 정신은 인간을 이루는 가장 중요한 구성요소이자 이들 생명체 중에서 인간에게 특징적인 것이다. 하지만 인간의 정신은 한계를 지니는 것으로 궁극적으로는 절대적 정신을 추구하게 되는데, 그것은 모든 것을 초월한 절대자의 영역에 속한다. 따라서 이 절대자의 영역을 부인하거나 배척하는 인본주의 혹은 인간주의 사상은 잘못된 것이라는 것이 함석헌의 관점이다.

1 생명과 인간

여기서는 먼저 함석헌의 생명론과 인간론을 간략히 살펴보려고 한다. 그의 생명론 속에서는 우주, 생명, 인간, 진화 등에 관한 설명이 유기적으로 이루어지지만 그의 진화론에 대해서는 뒤에서 보다 자세히 살펴보고, 인간론에 대해서는 생명론을 다룬 뒤에 이어서 자세히 살펴볼 것이다. 그리고 그의 인간론은 인간 구조, 특히 인격에 관한 그의 관점을 중심으로 소개될 것이다.

1) 생명론

함석헌의 생명론은 우주에 관한 설명에서부터 시작된다. 그에 의하면, 우주는 생명이 나타나기 훨씬 전부터 있었으나 우주의 광대한 공간 한 모퉁이에서 생명이 나타나게 된 것은 실로 너무나도 기이한 일로 창조된 것, 일정한 목적 아래 지어진 것이라고 하지 않을 수 없다. 이와 관련해 그는 두 가지 점을 특별히 강조하는데, 하나는 우주와 생명의 역사가 서로 밀접한 관계에 있다는 점이다. 그는 이를 뿌리와 꽃의 관계로 표현하면서 이 둘이 "하나를 이루는 삶"이라고, 그리하여 우주도 삶 그 자체라고 표현했다. 물론 생명이 없는 우주에는 영광이 없다. 왜냐하면 우주를 산 것으로 만드는 것은 이 생명의 힘이기 때문이다. 그런데 그동안 근대과학은 원시인과 달리 우주를 죽은 것으로 인식하고 약탈해 왔다. 하지만 이제 다시금 우주를 산 것으로 대하지 않으면 안 되는 때가 되었다는 것이 그의 관점이다(함석헌, 1964ㄴ: 47~50).

다른 하나는 우주와 세계를 "현상적"으로 대하기보다는 "의미적"으로 대할 것을 강조한 점이다. 현상적 태도는 단순한 지적 호기심에 근거한 것인 데 반해 의미적 태도는 "우리 인격의 근원에서 나오는 본질적인 경향"에 기초한 것이기 때문이다. 그가 특히 우주에서 생명의 기원을 찾으려고 할 때 의미적 태도를 갖지 않고는 결코 생명의 기원을 알 수 없다고 단언하는 것은 이 때문이다(함석헌, 1964ㄴ: 61~63).

어쨌든 우주에 생명이 나타남으로써 이제 우주는 새 시대를 맞게 되었다. 그렇다면 생명의 탄생은 어떻게 해서 이루어졌을까? 근대과학은 생명의 의미와 관계없이 순전한 현상적 탐색을 통해 생명의 기원을 설명하려고 한다. 그런데 생명은 물질로 이루어져 있지만 물질만으로 이루어진 것이 아니다. 그리하여 함석헌은 생명의 물질적 현상을 관찰해 생명의 기원을 추정할 수는 없다고 보았다(함석헌, 1964ㄴ: 51, 56~58).[1]

그러면서 그는 생명의 기원이 생명의 의미와 결코 다른 문제가 아니기 때문에 의미를 모르고는 기원을 알 수 없다고 보았다. 그에 의하면, 세계는 우연한 존재가 아니요 의미를 갖는 존재다. 근대과학자들이 동식물의 진화를 설명할 때 생존의 합목적성을 중요한 근거로 제시하는 것은 이들 생물의 의식과 관계없이 어떤 큰 의지 혹은 목적이 이들 생명의 대류大流 속을 흐르고 있음을 의미한다. 하물며 인간 생명에 대해서는 말할 것도 없다(함석헌, 1964ㄴ: 52, 61~62).

의미를 갖는 이 세계에서 이유 없이 존재하는 것은 없으며, 존재 이유야말로 존재의 기회와 양식을 결정한다. 그럼에도 불구하고 생명의 존재 이유를 생각하지 않고 기원을 말하는 것은 지극히 어리석은 일인데, 생명의 존재 이유에 대해 아무런 말을 하지 못하는 생물학과 같은 근대과학이 그런 경우다(함석헌, 1964ㄴ: 64).

반면 함석헌은 우주와 생명의 존재 이유와 기원을 사랑에서 찾았다. 여기서 의미하는 사랑이란 아가페적 사랑으로 "이 우주는 사랑으로" 되었으며, "사랑의 도가 우주의 도다." 그리고 "생명의 기원은 이 하나님의 사랑 곧 아가페에 있는 것이요 그 존재 이유도 이 아가페로써 일하는 하나님의 즐거움에 있는 것이다." "우주와 생명이 하나님의 무한한 사랑으로 되었다는 이 설명은" "진리"인데, 사람들이 받아들이려 하지 않는 것

1 그는 무생물에서 진화해 생물이 나왔다는 진화론이 사실이라고 보았다. 하지만 그러한 과정이 자연적으로, 우연히 이루어졌다는 과학의 인식은 잘못이며, 물질의 진화 과정에는 처음부터 끝까지 하나님의 창조 의지가 작용해 왔다는 것이 그의 관점이다(함석헌, 1964ㄴ: 60, 106).

은 이성에 부합하지 않기 때문이다(함석헌, 1964ㄴ: 66~67).

하지만

> 이성은 모든 것을 다 아는 것이 아닐 뿐만 아니라 가장 귀한 것을 알지 못한다. …… 하나님은 합리적 설명으로 아는 것이 아니요 …… 하나님을 모르고는 우주만물을 알 수 없다(함석헌, 1964ㄴ: 67~68).

> 이 생명의 세계는 하나님의 사랑이 나타남으로 된 것이라고 하지 않고는 도저히 그 모순을 풀 수 없는 것이 너무나 많다. 생명 현상 중에 가장 고귀한 인사人事에 이를수록 더욱 그러하다. 그러므로 우리는 하나님의 아가페로 이 우주와 생명이 창조된 것임을 믿는다(함석헌, 1964ㄴ: 68~69).

함석헌은 생명의 존재 이유와 기원 외에 생명의 특성과 기본 원리, 생명의 역사와 인간 생명, 생명과 정신의 관계 등에 대해서도 설명했다. 먼저 생명의 중요한 특성으로 그는 존엄성, 자율성, 생존성, 지속성, 성장성, 활동성, 비약성, 도전성, 통일성, 전체성 등을 강조했다. 그에 의하면 무엇보다도 생명은 우주에서 "가장 귀한 것"으로서 그 자체가 절대며 목적이다. 그러므로 생명은 어떤 경우에도 절대적으로 존중되어야 한다(함석헌, 1980ㄱ: 283~285; 1972ㅈ: 82~83; 1962ㄱ: 88).

다음으로 생명의 근본적 특성은 자율성, 즉 스스로 함에 있다. 그는 이 스스로 함을 생명의 근본 원리라고 부르면서 스스로 하지 못하는 것은 생명이 아니라고 표현하기도 했다. 그런데 자율성을 위해서는 생명의 자유와 독립이 전제되어야 한다. 그리하여 생명은 자유를 향한 노력이기도 하다(함석헌, 1961ㄱ: 68; 1980ㄴ: 308~309; 1955ㄱ: 191, 198 이하;

1964ㄴ: 64).

생명은 또한 살아 있는 것이지 죽은 것은 생명이 아니다. 설혹 죽게 되더라도 다시 살아나야 생명이다. 그리하여 함석헌은 "생명은 근본이 부활하는 것"이라고 표현했다. 살아 있다는 것에는 여러 의미가 있는데, 무엇보다 생명이 지속하고 성장한다는 의미가 있다. 여기서 그는 특별히 새로운 성장을 강조하면서, "참 새로운 것만이 존재의 권리를 주장할 수 있는 참것인데, …… 새로운 자람만이 생명이다. 자라지 못하는 것은 죽은 것이다"라고까지 했다(함석헌, 1974ㄱ: 204~205; 1982ㄱ: 60~61; 1950ㄴ: 161).

물론 살아 있는 생명은 결코 가만히 있을 수 없다. 그리하여 끊임없이 움직이고 활동한다. 이를 그는 "가만있지 못하는 것이 생명"이라고 표현했다. 이처럼 생명이 끊임없이 움직이며 특히 자유와 새로운 것을 추구한다면 때때로 구속과 낡은 것에 대한 도전도 피할 수 없다. 그렇다면 생명은 현재 상태를 단지 지속하는 데 그치지 않고 때때로 도전과 반역을 통해 미래로 비약하기도 함을 알 수 있다(함석헌, 1974ㄴ: 229~232; 1957ㄱ: 131; 1989ㄱ: 192 이하; 1964ㄴ: 64).

이처럼 지속성과 비약성이 공존한다는 것은 일종의 모순이다. 그런데 생명에는 다양한 모순이 공존한다. 함석헌은 생명에 공존하는 다섯 가지 핵심적 모순에 특별히 주목하면서 이들을 생명의 원리라고 불렀다. 첫째는 일一과 다多의 원리로, 생명의 모든 현상은 많으려 하면서도 많은 것이 하나가 되려는 경향이 있다는 것이다. 둘째는 확산과 수렴의 원리로, 늘 변하지 않으려고 하면서도 돌변하는 것이 생명이라는 것이다. 지속성과 비약성이 여기 해당된다. 셋째는 자유와 통일의 원리로, 모든 생명은 자신이 되려고 하면서도 하나로 통일되려는 경향이 있다는 것이다.

넷째는 생사의 원리로, 생명은 나지만 또 반드시 죽는다는 것이다. 다섯째는 의식과 몰아의 원리로, 생명의 반사인 의식은 결국 자아의식이면서 또한 지극한 의식에 들어가면 자아를 잊어버리기도 한다는 것이다(함석헌, 1961ㄱ: 65~66).

그런데 여기서 매우 중요한 점은 그러한 모순들이 생명 안에서는 하나로 통일된다는 점이다(함석헌, 1964ㄴ: 64). 함석헌에게서 통일 혹은 하나 됨은 가장 중요한 사상 중의 하나인데, 그는 생명의 중요한 특성으로 통일, 즉 하나 됨을 특별히 강조했다. 생명이 하나인 것은 아무리 작고 보잘것없어 보이더라도 모든 생명은 "전체의 나타남"이며 "우주적 대생명 곧 그 자체"이기 때문이다. 그리고 서로 다른 것을 하나로 만드는 화和가 생명의 원리요 사랑이 생명의 근본 원리이기 때문이다. 함석헌의 하나 됨, 전체, 화, 사랑의 사상에 대해서는 뒤에서 보다 자세히 살펴보게 될 것이다(함석헌, 1954: 274; 1974ㄴ: 229~232; 1972ㅈ: 82~83; 1976ㄱ: 106).

물론 생명에 관해 함석헌이 가진 관심의 초점은 일반 동식물이 아니라 생각하는 인간에게 있다. 하지만 여기서 의미하는 인간이란 단지 개인에 머물지만 않는다. 함석헌에 의하면 인간의 생명은 여러 층으로 이루어져 있다. 밑층에는 세포가 있고 그 위층에는 세포로 이루어진 유기체로서의 개인이 있고 또 그 위층에는 개인으로 구성된 민족이 있다. 여기서 세포가 생명이듯이 개인은 단순히 세포로 나눠지지 않는 더 높은 생명이며 민족 역시 개인의 단순한 합이 아닌 한층 더 높은 하나의 생명이다. 개인은 세포가 갖지 않는 자아의식을 가지며 민족은 개인보다 높은 민족적 자아의식을 갖는다(함석헌, 1970ㄱ: 281~283).

함석헌은 생명의 역사가 오랜 진화 과정을 거쳐 왔다고 본다. 물론 그가 수용한 진화론은 단선적 진화론이 아니다. 생명의 진화 과정을 인정하되 새로운 종의 출현을 일종의 창조라고 보기 때문이다. 즉 이전의 종에서 새로운 종이 출현할 때는 어떤 특별히 새로운 것이 가해져야만 하는데, 그것이 바로 창조의 결과라는 것이다.

> 신종은 다만 변형한 것이 아니요, 새로 창조된 것이다. 구종을 아무리 변형시켜도 어떤 새것을 가하지 않고는 신종이 안 된다. 이는 최근의 돌변화설이 뒷받침하는 바다. …… 신종은 변화만이 아니요, 창조다. 물적 현상으로 하면 만물은 진화된 것이요 근본 의미로 하면 각각 특수적으로 창조된 것이다. 그리하여 우주와 만물의 진화에는 처음부터 나중까지 아가페로서 일하는 하나님의 창조의지가 움직이고 있음을 본다(함석헌, 1964ㄴ: 105~106).

진화에 대한 그의 관점은 뒤에서 보다 자세히 소개될 것이다. 어쨌든 그처럼 생명이 오랜 진화 과정을 거치는 중에 생각하는 인간이 출현함으로써 생명의 역사는 일대 전환기를 맞이하게 된다. 즉 우주에 생명이 나타남으로써 우주가 새로운 시대를 맞이하게 된 것처럼 생명의 역사에서 생각하는 인간이 나타남으로써 특히 지구상의 생명의 역사는 새로운 시대를 맞게 된 것이다. 그런데 이 인간 생명의 역사도 현대에 와서 새로운 전기를 맞이하는데, 생각의 주체가 개인에서 전체로 바뀌게 된 것이 그것이다. 여기서 또한 함석헌의 전체 사상에 대한 이해가 필요한데, 그에 관한 자세한 소개는 뒤로 미루더라도 이제는 생각하는 인간의 주체가 더 이상 개인이 아닌 전체 인간, 예를 들면 민족, 대중 등으로 그리고 더 나아가 전체 인류로 확장되어 간다는 것이다(함석헌, 1966ㄱ: 300~301).

어쨌든 생명의 역사에서 생각하는 인간이 출현한 것은 생명이 최고 단계에 도달했음을 의미한다. 그것은 생명의 생명 된 점 혹은 생명의 절정이 물질에 있지 않고 정신에 있기 때문이다. 그리하여 앞으로 생명이 더 나아갈 방향도 더욱 정신적인 데 있으며, 궁극적으로는 절대계를 지향하는 것이 생명의 근본 속성이라고 그는 보았다(함석헌, 1964ㄴ: 107~108; 1953: 76~77; 1971ㄱ: 296~298; 1954: 246).

생명의 나아갈 방향인 정신은 영원하고 무한한 것이라고 했다. 그런데 이 정신은 바로 생명에서 나온다. 함석헌에 의하면 정신 혹은 생각이라는 것은 생명의 반사 혹은 반성이기 때문이다. 여기서 생명의 반성이란 생명이 자신의 근본을 돌아봄을 뜻한다(함석헌, 1961ㄴ: 312; 1961ㄱ: 66~67).

그리고 그러한 정신은 생명의 나아갈 방향일 뿐만 아니라 생명의 씨앗이기도 하다. 그가 강조한 대표적인 예로는 희생정신을 들 수 있는데, 전태일 같은 옳은 사람의 희생은 사회 전체의 정신을 소생시킴으로써 새로운 생명을 일으키는 반면 욕심과 같은 것은 생명을 낳지도 보지도 못한다는 것이다. 물론 그가 정신만 강조한 관념론자는 아니다. 그는 정신과 물질의 대립, 삶과 죽음의 대립, 활동과 휴양의 대립 같은 모순적 요소들의 대립이 오히려 무한한 생명의 양상을 낳으며 생명이 끝없이 향상하는 동기가 된다고 주장하기도 했다(함석헌, 1974ㄱ: 204~205; 1971ㄴ: 165~166; 1978ㄱ: 140~141; 1964ㄴ: 229~232).

2) 인간론

함석헌은 인간이 세 층으로 이루어진 구조를 갖고 있다고 보았다. 1970년의 글에서는 위로부터 정신, 이성, 감성의 세 층으로 이루어졌다고 했으나 1980년 글에서는 정신, 이성, 본능의 세 층으로 이루어졌다고 보았다. 두 설명의 차이는 맨 아래층에 관한 것인데, 비록 그가 제시한 맨 아래층의 특성인 감성과 본능이 서로 다른 것이지만 함석헌은 둘 다 이성보다는 아래 단계의 것이라는 데서 공통점을 찾았다(함석헌, 1970ㄴ: 136; 1980ㄷ: 218 이하).

그는 세 층 중 가장 인간다운 층을 중간의 이성 혹은 지성의 층으로 보았다. 그것은 그가 인간의 가장 인간다운 특성을 생각하는 데서 찾은 것과 마찬가지 관점이다.[2] 이 중간층을 향해 위의 정신 혹은 영성의 층과 아래의 감성 혹은 본능의 층은 서로 잡아당기는 힘을 행사하는데, 만약 이성이 정신 혹은 영성에 자신을 맡기면 인간이 인간 이상의 지경으로 올라가게 되지만 감성 혹은 본능의 끌어내리는 힘에 맡기게 되면 인간 이하로 떨어져 내려가게 된다고 보았다.[3] 여기서 함석헌은 본능의 위험성을 매우 우려하면서 이를 피하기 위한 정신의 필요성을 강조했다. 즉 그의 설명에 의하면 이성의 아래위에서 잡아당기는 힘 중 본능이 잡아당기는 힘이 지극히 강하고 끈질기기 때문에 인간이 만약 정신 층과 단절되면 이성 혹은 지성도 유지하지 못하고 본능의 종이 되고 만다는 것이다(함석헌, 1970ㄴ: 136; 1980ㄷ: 218 이하).

그에 의하면 인간의 근본은 인격에 있는데, 인간을 인격적 존재로 끌

2 물론 사람이 처음부터 분명히 생각한 것은 아니다. 엄격한 의미에서 볼 때 분명한 생각은 자아의식, 즉 자기가 생각한다는 인식에 기반해야 하는데, 사람이 그러한 인식을 갖고 생각하기까지는 참으로 오랜 시간이 걸렸다고 한다(함석헌, 1966ㄱ: 300~301).

3 그가 비록 정신 혹은 영성을 이성보다 높은 층으로 설정함으로써 근대 합리주의의 한계를 극복하려고 했으나 감성이 아닌 이성을 가장 인간다운 층으로 삼고 감성을 이성의 아래 층 내지는 이성 이전 단계로 간주한 것은 그의 시각이 근대 합리주의의 깊은 영향을 받았음을 보여준다.

어올린 것은 생존경쟁이 아니라 전체, 즉 절대자의 뜻을 섬기고 그와 하나 되려고 힘쓰는 정신적 갈망이다. 그것은 정신적인 것의 추구가 인간을 더욱 인간답게 발달시켰음을 의미한다(함석헌, 2008: 32~33; 1959ㄱ: 323).

그렇다면 인간의 근본인 인격이란 무엇인가? 함석헌은 인간이 비록 몸을 가졌지만 정신 혹은 영성을 지향하는 존재로서 그것을 향해 한없이 올라가려는 것이 바로 인격이라고 보았다. 그의 다른 표현으로는 인간이 가장 높고 깊은 인식에 이를 수 있고 가장 완전한 활동을 할 수 있게 하는 렌즈가 바로 인격으로서, 이 인격의 활동이야말로 인간의 최고 활동이다(함석헌, 1955ㄴ: 74; 1954: 239~247).

그러한 인격에서 가장 중요한 점은 자존성이다. 그리하여 인격은 자존하는 데 뿌리박은 후에야 비로소 힘 있는 생활을 할 수 있다. 그리고 그러한 인격의 자존성을 해치지 않는 것이 인간을 인격으로 대하는 가장 중요한 출발점이다. 만약 한 인간을 목적이 아닌 수단으로 대한다면 그것은 그의 자존성과 결국 인격을 해치는 일이 되는 데 반해 그를 동정심으로써 대한다면 그것은 그를 인격적으로 대하는 것이 된다(함석헌, 1979ㄱ: 313; 1961ㄱ: 68~69; 1962ㄱ: 88; 1955ㄴ: 72).

물론 인격의 자존성은 자유를 전제로 한다. 그러므로 인간을 강제로 압박하고 구속하는 것은 반인격적 행위가 된다. 함석헌에 의하면, "우리에게 인격은 무엇을 주고도 바꿀 수 없는 것이요, 그 인격의 본질은 자유다. 자유 없이 인격을 생각할 수는 없다." 물론 자유정신을 토대로 하는 인격주의적 인생관은 역사의 산물이다. 서구에서 자유의 정신은 문예부흥 이후 발달하기 시작해 현대 생활의 중축을 이루게 된 것이다. 그 결과 이제는 현대인에게서 자유의 인격을 완성하려는 정신은 어떤 경우에도 박탈할 수 없게 되었다(함석헌, 1955ㄱ: 191, 199).

그는 이처럼 자유와 자존성을 인격의 본질적 특징으로 삼았지만 그와 함께 자신을 객관화하고 초월할 수 있는 것도 인격의 본질로 여겼다. 그에 의하면 "자기를 사랑하면서도 자기를 객관화할 수 있는 것이 인격이다"(함석헌, 1970ㄱ: 286). 여기서 자기를 객관화하면 자기를 초월할 수도 있는데, 함석헌에 의하면 "인격의 본질은 자기초월"이기도 하다.

> 제가 저를 아는 것이 긍정이면서도 자기부정이 된다. 내 지식의 내용으로 된 것이 나일 수는 없다. 그러므로 인격은 자기반성으로 자기부정을 하고 자기를 부정하는 순간 자기는 자기 이상일 수밖에 없다. 이리하여 쉬임 없이 자기초월을 해가는 것이 인격이다"(함석헌, 1961ㄱ: 68).

하지만 인격은 결코 홀로 생기지 않는다. 그것은 인격이 다른 사람과의 관계를 전제로 하는 윤리적 개념이기 때문이다. 그에 의하면 인격은 "다른 인격을 존중할 줄 아는 것"이다. 그렇게 보면 믿고 존중하는 타인이나 이웃을 갖지 못하면 인격 관념이 생기지 않는다. 물론 타인이나 이웃은 나와 다른 부와 권력을 가질 수 있으며 취향을 달리할 수 있고 심지어 대립하는 입장에 있을 수도 있다. 하지만 인격은 그런 중에서도 "서로 하나인 것을 자각하는 데서" 나온다(함석헌, 1954: 254~255).

이런 관점에서 그는 "인격에 둘은 없다"고 주장했다.

> 네 인격, 내 인격 하는 것은 아직 낮은 단계에서 하는 말이지 꼭대기에 이르는 날 우리는 서로 뚫어볼 것이요 뚫어보면 너도 나도 없고 그저 한 몸이 있을 뿐이다. …… 이제 산 아래서 싸우는 이 싸움에서부터 네 인격, 내 인격,

선한 놈, 악한 놈이 따로 있지 않음을 믿어야 한다(함석헌, 1978ㄴ: 251).

그렇다고 모든 선악의 판단을 하지 말라는 것은 결코 아니다. 단지 개개인을 절대 선이나 절대 악으로 간주하지 말라는 의미이며 설혹 타인이 악인으로 판단되더라도 그러한 판단에만 머물지 말고 자신과 타인의 하나 됨에 대한 자각에까지 이를 것을 강조한 것이다. 그러므로 악한 제도와 같은 사회적 죄악에 대해서는 공공연히 싸울 것을 역설하면서 이를 통해 인격이 자랄 수 있다고 했다. 그러면서 그런 상황에서는 결코 비겁해서는 안 되며 책임감을 가져야 한다고도 주장했다. 그런 맥락에서 그는 "책임이라는 것은 인격의 본질"이라고도 표현했다(함석헌, 1957ㄴ: 332~333; 1963ㄱ: 274).

그런데 함석헌은 사람, 특히 개인만 인격체로 간주하지 않았다. 앞에서 언급했지만 인간의 생명은 세포, 개인, 민족 등의 여러 층으로 이루어져 있다. 여기서 개인이 인격체이듯이 민족도 하나의 살아 있는 인격적인 존재다. 물론 민족은 더 큰 전체인 인류에 속하는데, 인류가 민족보다 더 높은 자아의식을 갖게 될 때 인류도 하나의 인격적인 존재가 된다(함석헌, 1970ㄱ: 282~283).

이처럼 인류는 또 하나의 더 크고 알 수 없는 전체인 우주에 속한다. 앞에서 소개했듯이 함석헌은 우주를 죽은 것으로 여기는 인식을 비판하고 살아 있는 것으로, 하나의 산 인격으로 인식할 것을 주장했다. 그리고 우주는 궁극적인 전체인 하나님에 속하며 하나님 자신이 바로 인격적인 존재라고 보았다. 이에 대해서는 뒤에서 다루게 될 함석헌의 전체 사상에서 보다 자세히 살펴보게 될 것이지만 궁극적 전체인 하나님이 인격적 존재로서 사랑, 곧 아가페로 창조한 것이 바로 우주며 생명이며 그중 인간이라는 인격적 존재라는 것이다.[4] 그러한 그의 인격적 세계관은 윤리적 세계관이라고도 할 수 있는 것으로 근대과학주의가 그동안 설파해온 기계적 세계관과 분명히 대립하는 것이라고 할 수 있다(함석헌, 1964ㄴ: 48, 69; 1954: 246~247, 255; 1970ㄱ: 283).[5]

2 정신, 종교, 윤리

여기서는 함석헌의 정신론을 제시하려고 한다. 먼저 정신의 의미, 발달 과정, 그리고 현대문명에 대한 그의 설명을 간략히 소개하려고 한다. 이어서 그가 정신의 중요한 내용으로 삼은 종교와 윤리에 대한 설명, 특히 윤리의 구체적 내용에 해당하는 사회의 기본 가치에 대한 그의 관점을 정리해 소개하려고 한다.

1) 정신론

함석헌은 인간이 정신, 이성, 그리고 감성(혹은 본능)의 세 층으로 이루어져 있으며, 정신은 맨 위층에서 중간층의 인간 이성 혹은 지성을 위로 끌어올리려 한다고 보았다. 그러면서 그는 자주 인간을 정신적 존재라고 불렀는데, 그것은 인간이 단순한 물질적 존재도 또 다른 동물과 같

4 함석헌에게서 전체란 곧 인격이다. "전체는 자각된 인격들의 통일된 인격이다"(함석헌, 1970ㄱ: 286).

5 함석헌의 윤리적 세계관과 인격 사상은 셸러M. Scheler의 사상과 비슷한 점을 많이 보인다. 실제로 함석헌 스스로 자연주의적인 세계관을 비판하고 윤리적 세계관을 주장하면서 셸러를 인용한 바 있다(함석헌, 1961ㄱ: 72).

은 존재도 아님을 강조하기 위한 것이었다. 그는 인간이 다른 동물과 구별되는 점이 "정신", "혼", "높은 것을 생각할 줄 아는 능력", "목적의식" 등에 있다고 했는데, 이 모두가 정신의 다른 표현들이다. 물론 인간도 분명히 몸을 입고 있을 뿐만 아니라 본능과 감성을 가진 존재다. 그럼에도 불구하고 인간이 정신적 존재라고 하는 것은 다른 동물에게는 없는 정신을 지향하는 존재가 인간이라는 의미에서이다(함석헌, 1980ㄷ: 218 이하; 1989ㄱ: 192 이하; 1961ㄷ: 55~56; 1961ㄹ: 156; 1955ㄴ: 74).

그렇다면 정신이란 무엇인가? 함석헌에 의하면, 정신은 "우주의 밑바닥을 이루고 만물을 꿰뚫어 깔려 있고 그것을 이끌어가는 것"으로 "영원하고 무한하다"(함석헌, 1961ㄴ: 312). 물론 이처럼 영원하고 무한하고 불변하는 정신은 절대계에 속하는 것으로, 그것은 모든 것을 초월한 절대자인 하나님의 영역이다(함석헌, 1989ㄱ: 203; 1954: 242 이하).

한편 인간의 정신활동은 진선미 같은 가치를 추구하는데, 현실적으로 도달하는 것은 유한하고 상대적인 것이지만 궁극적으로는 끊임없이 절대적인 것을 추구한다. 그 결과 인간의 정신은 자라가게 되는데, 개인적으로도 지혜와 더불어 자라며, 역사적으로도 인간의 정신은 발달해 왔다(함석헌, 1954: 242~244).

> 사람의 정신 발달 과정을 보면, 소박하고 단순하게 구체적·현실적인 것에 붙은 데서부터 점점 추상적·정신적인 것으로 자라나갑니다. 거기에 따라 사물을 이해하고 교섭하는 정도가 점점 높고 넓어집니다(함석헌, 1954: 244).

그러한 인간 정신의 발달이 마침내 이르게 되는 지점은 인격적 인식과 활동이다.

그러나 정신은 마침내 정신적 인격 자각에까지 이르고야 말았습니다. 인제 저의 최고 활동은 인격 활동입니다. 그는 인격이라는 렌즈를 통해서만 가장 높고 깊은 인식에 이를 수 있고, 가장 완전한 활동을 할 수 있습니다. 이 의미에서 인간이 가장 깊이 가장 완전히 하나님을 안다면 그것은 인격적일 수밖에 없습니다(함석헌, 1954: 244~245).

그동안의 인간 역사를 보더라도 단순한 원시사회로부터 점점 복잡해지고 서로 교섭하는 과정을 거쳐 오늘날 문화인의 단계까지 오면서 "그 방향이 정신적 인격의 완성이라는 데" 있었다. 비록 그사이에 부침과 곡절이 많았고 앞으로도 그럴 테지만 그는 대체적인 방향은 정신적 인격을 완성하는 데서 변함이 없을 것이라고 보았다(함석헌, 1954: 245).

함석헌은 인간 역사는 결국 정신의 역사라고 보았다.

역사를 졸여 들어가면 결국 정신적인 것이 되고 만다. …… 인간이 인간된 까닭은 내적 생활에 있는 것이요, 정신적인 것이 없으면 사람의 역사가 없다. …… 그러므로 인류역사는 결국 정신의 역사다. 정신을 향한, 정신에 의한 성장의 역사다(함석헌, 1964ㄴ: 201~202).

그에 의하면 생각하는 인간이 지구상에 출현한 이후 정신계가 열리면서 인간 역사는 정신적으로 발달해 왔다. 앞으로도 우주는 물질적으로 한정되어 있으므로 인간이 물질적으로 발전할 여지가 없기 때문에 "인간이 만약 발전을 한다면 이제는 '내적'인, 이 '안'으로 '정신'적인 데로 할 거다. …… 물론 우리가 아직은 모르니까 그 안에 무엇이 어떤 형식으로 될는지 추측할 수야 없지요." 그렇지만 그는 지구가 파멸해도 정신

세계는 건재할 것이라고 보았다. 함석헌은 인간 역사의 그러한 전반적 과정을 한마디로 "내면화" 과정이라고 즐겨 표현했다(함석헌, 1966ㄱ: 301; 1981ㄱ: 205 이하; 1971ㄱ: 297~298).

이처럼 인류의 소망은 정신적 발전에 있는데, 함석헌의 진단에 의하면, 오늘날의 문명, 특히 서구의 근대문명에 와서는 본래 있던 정신이 죽어가고 있다. 철학에서 실증주의가 강해지고 과학이 발전하면서 이성이면 충분하다는 생각에서 정신을 하나의 꿈같은 것으로 부정해버렸다는 것이다. 그 결과 현대문명은 기술 만능 문명이 되고 말았다. 여기서는

> 물질을 존중하고 정신의 다스림은 없어지고 기계만이 남게 됐습니다. 정신은 사람의 마음에 반영이 되니 인정·인심·도리에 호소할 수나 있지만, 기계는 어디까지나 가혹·잔혹한 기계지 별수 없습니다.

그런데 사람은 "서로서로 차고 찬 기계의 종이 되어버리고" 말았다는 것이다(함석헌, 1982ㄱ: 66; 1980ㄷ: 221; 1970ㄷ: 178~179; 1964ㄱ: 293).

과학적 합리주의는 또한 종교를 부인하면서 인본주의와 세속주의 문명도 낳았다. 사람들이 속을 보지 않고 겉만 보고 "모두 껍데기를 위해 사는" 것은 그러한 세속주의 문명의 대표적인 모습이다. 세속주의 문명이 등장하게 된 데는 생존경쟁의 철학도 큰 역할을 했다. 왜냐하면 그것은 힘만 숭배하게 해 세계 곳곳에서 국가주의 강화와 정신의 약화를 낳았기 때문이다(함석헌, 1995ㄱ: 231; 1986ㄱ: 202~203).

물론 생존경쟁 사상이 경제적으로는 자본주의의 심화를 초래했다. 그에 의하면 생명의 세계에서는 정신이 모든 것이지만 "자본주의 사회

에서는 돈이 왕이다." 그러므로 그러한 문명에서는 사람들이 "될 수 있다면 남을 내 마음의 종으로 부리고 나는 턱 앉아서 놀아도 좋다는" 생각을 한다. 즉 그들은 순전히 먹고 노는 것만 중시하고 "정신이라는 건 아예 없는 사람들이다"(함석헌, 1953: 74, 77; 1989ㄱ: 213).

함석헌은 현대문명을 이렇게 진단하면서 "이대로 간다면 그놈의 문명은 그대로 망하고 말 것"이라고 보았다. 그리고 "인류의 소망이 있다면 정신 면으로 발달해야 하는 것인데 …… 본래 있던 정신이 죽어가고 있으니까 정신 면으로 다시 고쳐나지 않고는, 이걸로는, 이 몸뚱아리로는 소망이 없다"고 주장했다(함석헌, 1989ㄱ: 213; 1982ㄱ: 66).

그렇다면 어떻게 해야 하는가? 그는 "병이 깊어갈수록 고급약을 쓰는 모양으로 사람이 하는 일이 잘못될수록 고치는 방법은 더 도덕적이고 더 정신적이어야 한다"고 보았다. 그리하여 우선 "지금은 어떻게 해서든지 사람의 정신적인 씨를 이 몸속에서 꺼내서 살게 하는 것이 중요"하다는 점을 강조했다.[6] 그리고 "이제라도 자고 병들고 줄어져 있는 혼을 깨워 일으켜야 한다"고 주장했다(함석헌, 1974ㄷ: 179~180; 1986ㄱ: 204; 1961ㅁ: 43).

그러면서 그는 오늘의 문제가 다름 아닌 정신의 문제이므로 지식이나 기술을 더하기보다 인생관, 역사관, 국가관을 근본적으로 새롭게 하고 또한 내쫓은 하나님을 다시 모셔오면서 종교를 새롭게 하는 등의 노력이 필요하다고 보았다. 그리고 이를 위해서는 정신의 일대 전환이 필요하다고 역설했다.[7] 왜냐하면 정신이 새로워지면 거기서 새로운 세계

6 함석헌은 정신의 씨앗이 남아 있을 만한 희망터를 가정에서 찾으려고 했다(함석헌, 1986ㄱ: 205).

7 옛날부터 정신에 문명의 특색이 있던 동양사상을 재음미할 것을 그는 제안했다(함석헌,

관과 인생관이 나올 것이며, 새로운 세계관과 인생관이 서면 교육, 정치, 종교 등도 저절로 새로워지게 될 것이기 때문이다(함석헌, 1964ㄱ: 289 이하; 1995ㄱ: 231; 1979ㄴ: 95~96).

그러한 관점에서 그는 현대문명의 위기를 걱정하는 사람들이 위기 극복 방안으로 국가 관념, 경제 조직, 사상 등의 변화를 외치는 것의 한계를 지적하면서 근본정신의 변화가 그것들의 변화보다 먼저 필요하다고 역설했다. 왜냐하면 "근본정신이 변하지 않고는 이 운동들이 있을 수 없다"고 보았기 때문이다. 여기서 변화된 새로운 근본정신이란 이들 정치, 경제, 사상의 근본이 되는 세계와 생에 대한 보다 높고 통일된 새로운 체험을 의미한다고 그는 설명했다. 그런데 이 새로운 체험은 사상과 철학 이상의 것이다. 왜냐하면 사상과 철학을 통해서는 세계가 근본적으로 변하지 않기 때문이다. 그에 의하면 그러한 변화는 앎知이 아닌 믿음信에 의해 이루어지는데, 그것은 서구의 근대가 성립되기 위해 문예부흥을 넘어 종교개혁과 종교 전쟁이 필요했던 역사에서 확인된다. 어쨌든 바로 그러한 관점에서 함석헌은 현대문명의 위기를 극복하고 오늘날의 문제를 해결하기 위해 종교의 개혁이 매우 중요하다고 보았다(함석헌, 1950ㄴ: 160 이하).[8]

1995ㄱ: 231).

8 물론 현대인에게 종교는 낡아빠진 것이며, 하나님은 사실상 죽은 것이다. 하지만 그러한 문명의 결과는 오늘날 세상의 분열, 혼란, 모순, 충돌 같은 모습이다. 그리하여 함석헌은 "하나님의 부활로부터 시작하지 않으면 안 됩니다"고 주장했다. "텅 빈 공허만 있고 어둠이 깊음 위에 있는 그들의 가슴속에 생명의 영이 알을 품는 암탉 모양으로 운동하기를 시작하지 않으면 안 됩니다. 그리하여, '빛이 있으라!' 하는 한 마디가 나와야 합니다. 사상운동이 아닙니다. 경제개혁이 아닙니다. 정치혁명이 아닙니다. 철학이나 신학의 수립이 아닙니다. 신의 부활입니다, 신앙입니다. 필요한 것은 제2의 종교개혁입니다"고 주장했다(함석헌, 1950ㄴ: 167~168).

2) 종교, 윤리, 사회적 가치

(1) 종교론

함석헌에 의하면, "정신적인 것의 중심이 되는 것은 종교다." 그러므로 인류의 역사가 정신의 역사라면 결국 종교의 역사이기도 하다. 물론 그런 관점을 비판하면서 종교란 특정한 시대의 반영에 지나지 않는다고, 또한 정치, 경제, 예술, 학문 등과 마찬가지로 문화의 일부분에 해당되는 것이지 다른 것들보다 특별한 지위를 갖는 것이 아니라고 하는 현대인이 많다. 하지만 함석헌은 그런 비종교적 인식이 근대과학의 산물로, 잘못된 것이라고 지적하면서 "종교는 문화의 반영이 아니요, 분명히 원천"임을 강조했다(함석헌, 1964ㄴ: 202~203, 208).

어쨌든 함석헌의 정신 사상의 중심에는 종교사상이 자리 잡고 있다. 그렇다면 함석헌에게서 종교란 무엇인가? 그에 의하면 무엇보다 종교는 '생명이 저 나온 근본을 돌아보는 것', 즉 생명의 반성이다. 그것은 앞에서 정신이 생명의 반성이라고 설명한 것과 같은 맥락에서다(함석헌, 1961ㄱ: 67).

그가 강조한 종교의 다른 본질은 통일 혹은 하나 됨이다. 그의 주장을 옮기면 다음과 같다.

> 종교는 통일입니다. 하나 됨입니다. 개인으로는 몸과 마음의 하나 됨, 하나로는 국민이 하나 됨, 우주적으로는 만물과 하나님이 하나 됨을 이루자는 것이 종교입니다. 어지럽다는 것은 이 하나 됨이 깨진 것입니다. …… 기원전 6~7세기나 기원후 1세기는 다 그런 어지러움의 시대입니다. 그때 나서 세상을 건진 것이 석가요 공자요 예수입니다. 그들은 인류 사상에 새로운 통일을 준

이들입니다. 그런 시대의 변동이 오는 원인은 유물사관을 주장하는 사람들의 말과 같이 생산방법의 개량으로 말미암는 경제 조직의 변동에 있습니다. 그러나 그것은 나타나 뵈는 현상이고 그보다 더 깊은 까닭을 찾으면 그것은 무한히 발전하자는 정신 그 자체의 바탈에 있습니다(함석헌, 1961ㄷ: 46~47).[9]

여기서 그가 거론한 것은 몸과 마음의 하나 됨, 국민의 하나 됨 그리고 만물과 하나님의 하나 됨이다. 물론 그중 그가 가장 강조한 것은 우리, 특히 내가 하나님께 가까이 가는 것, 그리하여 마침내 하나님과 하나 되는 것이다. 그래서 하나님과 하나 되기 위해 하나님을 믿는 것이 중요하다고 보았다.[10]

종교란 우리가 영원불변하는 하나님께 점점 더 가까이 나아가며 그분을 알고 그분과 교섭하는 일입니다(함석헌, 1954: 244).

하나님을 믿어야 합니다. …… 하나님을 믿음으로 말미암아 그와 하나 됨을 얻고 그와 하나 되면 우리의 이 '나'가 변해 새 '나'가 될 것입니다(함석헌, 1961ㄷ: 93).

9 '바탈'은 유영모와 함석헌 글에서 자주 등장하는 우리말 표현으로 본성에 가깝다.
10 그는 하나님의 존재를 다음과 같이 세 가지로 설명했다. "하나님은 하나이신 이입니다. 하나이기 때문에, 독일무이獨一無二하기 때문에 거룩합니다. 참입니다. …… 하나님은 산 인격입니다. 산 인격이기 때문에 영원합니다. 영입니다. 영원이기 때문에 모든 유한적 존재를 낳을 수 있습니다. 영적이기 때문에, 정신적이기 때문에 모든 육적인 것의 원본이 될 수 있고 또 궁극의 의미가 될 수 있습니다. …… 하나님은 아버지입니다. 인간이 발견한 최고의 비유가 그것입니다. 만물의 근본은 사랑입니다. 만물의 벌어진 관계도 사랑입니다. 만물의 돌아가 닿을 곳도 사랑입니다"(함석헌, 1954: 246~247).

그는 근본 희망이 하나님에게 있다고 보았다. 그리하여 근본 희망, 곧 절대의 희망이 살아나기만 하면 모든 희망이 회복될 수 있다고 했다. 그런데 반대로 모든 귀한 것의 근원인 하나님을 믿지 않게 된다면 상황은 전혀 달라진다는 것이다(함석헌, 1995ㄴ: 261~262).

> 하나님을 믿지 않으면 물질적인 것밖에 알 것이 없습니다. 그들은 그저 돈이요, 권력이요, 안락이요, 명예면 그만입니다. 그것의 종국은 경쟁이요 전쟁밖에 될 것이 없습니다. 그리고 전쟁의 종말은 너도나도 멸망하는 수밖에 아무것도 없습니다(함석헌, 1981ㄴ: 133).

이처럼 함석헌은 하나님을 믿음으로써 하나님과 하나가 되는 것의 중요성을 강조했지만 이와 함께 현실 종교가 흔히 범하는 매우 중요한 잘못을 피할 것도 주장했다. 그것은 영원불변하는 하나님을 믿는다고 해서 마치 우리가 절대적 진리를 모두 알고 있는 듯이 고집하는 관념에 빠져버리는 것이다. 함석헌이 보기에 오늘날의 종교는 그러한 잘못에 빠져버린 결과로 아무런 현실 지도 능력이 없는 관념적인 것이 되어버렸다. 물론 이와 정반대로 오늘날의 정치는 변하는 현실만 추구하는 혼란 중에 아무런 목적의식도 의미의식도 없는 권력의 난투가 되어 있지만 말이다(함석헌, 1970ㄱ: 284).

함석헌에 의하면, "하나님은 처음부터 하나님이지 자라서 될 수 있는 것이 아니지만 우리는 우리의 자람에 따라 보다 더 크게 하나님을 체험하고 또 보다 더 큰 하나님을 체험함으로써 우리 자신이 자라게 된다"(함석헌, 1970ㄱ: 284). 즉 하나님은 영원불변하는 절대자이지만 이

하나님을 알아가는 우리의 지식과 정신은 언제나 유한하고 상대적인 것으로서 자라가고 발전해가는 과정에 있다는 것이다.

이런 관점에서 함석헌이 제시하는 미래의 종교는 인격의 종교, 논리의 종교, 맘의 종교일 뿐만 아니라 깨달음의 종교요, 변화를 추구하는 노력의 종교이기도 하다. 그 결과 미래의 종교는 더욱 정신적인 종교, 영적인 종교로 되어갈 것이라고 그는 보았다(함석헌, 1955ㄴ: 73~74).

> 종교는 본래 지상 문제의 법관이 되잔 것 아니다. 거기는 스스로 맡아 처리하는 자가 있다. 종교가 할 일은 위에 있다. 위란 곧 영이요 진리다. …… 인간은 영을 지향한 존재다. 한없이 올라가잔 것이 인격이다. 백만 년의 인류 역사는 파란곡절은 많아도 언제나 마지막에 향하는 점은 하나에 있었다. …… 영靈! 그것은 보아도 보이지 않는 세계다. 그 보이지 않는 세계를 향해 인생을 이끌고 나가는 것이 종교다. 그것은 늘 모험이요, 늘 돌격이요, 늘 비약이다. 그렇기 때문에 많은 실패를 거듭했다. …… 이제 인류는 그전보다 훨씬 더 분명하고 넓게 제 사는 세계의 테두리와 역사가 나가는 방향을 내다보게 되었다. 정신화·영화靈化라는 데로 그 지침이 결정적으로 놓여 있다. 그를 위해 미래의 종교는 더 영적으로 순화되기를 힘쓸 것이다(함석헌, 1955ㄴ: 74~75).

끝으로 함석헌의 종교관에서 결코 간과될 수 없는 점은 그가 종교의 윤리적·도덕적 성격을 강조한 것이다. 그는 간디가 종교의 본질을 도덕이라고 주장한 내용을 소개했다. 그러면서 스스로도 그와 비슷하게 종교의 도덕적 역할을 강조했다(함석헌, 1982ㄴ: 294).

따지고 따져 들어간다면 결국 종교란 살아 있는 동안에 악과 싸우라는 거요. 악과 싸워서 온전히 이겼나? 물론 완전히 이기진 못하지요. 이기진 못하더라도 싸우고 싸워 만신창이가 됐더라도 어쨌거나 ……. 그래도 옳으냐 그르냐를 아는 것이 사람이 동물과 다른 점인데, 좋으냐 언짢냐 아는 것은 그건 동물도 알아요(함석헌, 1981ㄷ: 223).

물론 그는 일반적으로 통용되는 도덕의 한계를 인정했다. 그리고 하나님이 그러한 도덕의 선악에 관해 분명히 알고 있지만 이보다 더 높은 지경에서 이를 초월해 있는 존재라는 사실도 지적했다. 그러한 통상적인 도덕의 관점을 초월하는 하나님의 존재는 예수의 속죄 사건을 통해 잘 드러났다. 그런 가운데 함석헌은 예수의 속죄가 갖는 의미를 일종의 윤리적, 인격적 정신 활동을 일으킨 것이라고 해석함으로써 종교, 특히 기독교 정신의 윤리적·인격적 성격을 부각하려고 했다(함석헌, 1982ㄴ: 294; 1954: 275).

(2) 윤리

함석헌의 정신 사상을 이해하는 데서 매우 중요한 또 하나의 관념은 그의 윤리와 도덕 관념이다. 그에게서 윤리와 도덕 혹은 도의道義는 특별히 다르지 않은 관념으로 보이는데, 앞서 살펴보았듯이 그의 윤리와 도덕 관념은 이미 그의 종교사상에도 부분적으로 반영되어 있다.

그에 의하면 윤리란 생명적·유기적 통일을 뜻한다. 그런 관점에서 그는 "우주의 근본이 윤리 체계"이며 "정신적 질서는 반드시 윤리적인 것이어야" 한다고 주장했다(함석헌, 1959ㄴ: 33~35). 물론 우주와 인류를 자연 현상으로만 간주하려는 자연주의적 관점도 있다. 서구사회의 근대

인을 지배하는 관점이 그것이다. 근대인의 관점에서 볼 때

> 이 세계는 윤리적 질서가 아니다. 인간이나 동물이나 저나 나나 다 생존경쟁의 본능을 갖고 살아가는 것뿐이다. 그러니 힘 있고 재주 있으면 잘사는 것이고 없으면 못사는 것이다. …… 세계와 인생의 근본에 윤리적 의미를 부인하고 생물의 행렬에 참여해 생존경쟁의 문명의 달음질을 한 결과는 오늘의 세계적 어지러움과 고민에 이르렀다"(함석헌, 1961ㄱ: 71~72).

하지만 함석헌은 윤리주의적 관점에서 그러한 자연주의적 관점을 비판하면서 자연적 속성에 가까운 인간의 본능이나 감정이 도의를 통해 정신으로 고양된다고 주장했다. 그리고 그러한 도의가 없으면 인류에게 국가도 문명도 존재하지 않는다고 보았다.

> 국가의식이나 문화의식은 결코 그러한 생물적인 원인만으로 일어나는 것이 아니다. 그러한 자연적 조건으로 인해 유발된 단체감정이 우주에 근원을 두는 도의적인 것에 의해 변질되고 향상되지 않으면 전체의식이 되지 못한다. 역사적·사회적 전체의식이란 도의를 그 혼으로 하고 생명으로 한다. 그것으로 인해 감정이 높아져 정신이 되고 본능적 욕구가 변해 이상이 된다. 그러므로 우주와 그 근원을 같이하는 도의 없이는 국가도 없고 문명도 없다. 이 사실은 태고의 모든 문명이 반드시 고상한 종교를 갖고 있는 것을 보면 알 수 있다(함석헌, 1964ㄴ: 180).

그런데 이처럼 윤리 혹은 도덕을 우주의 근본으로 여기는 그가 보기에 도덕과 종교를 무시하는 경향은 특히 오늘날의 정치계에서 매우 뚜렷

해, 그는 정치계의 그러한 경향을 신랄하게 비판했다. 그리고 국가의 기원이 종교에 뿌리박은 우주적 도의 관념에 있으며, 오늘날의 국가 역시 단지 인간의 생활 도구에 불과한 것이 아니라 그 자체가 하나의 가치로서의 의미도 갖는다면서 정치와 도덕의 서로 뗄 수 없는 관계를 강조했다.

> 도의, 국가, 문명 이 세 가지는 한 나무의 뿌리와 줄기와 가지와 같이 서로 연결된다(함석헌, 1964ㄴ: 180).

그렇다면 그의 윤리 혹은 도덕에서 선이란 무엇인가? 그에 의하면, "선이란 전체와 전체의 완전한 조화적 통일이다"(함석헌, 1959ㄴ: 38). 역사를 살펴보면, 한 시대의 선이 다른 시대에는 선이 되지 못하는 경우가 많으며 한 나라에서의 선이 다른 나라에서 선이 되지 못하는 경우가 많다. 하지만 이처럼 늘 변하는 선은 낮은 단계의 선으로 진정한 의미의 선이 되지 못한다. 참된 선, 즉 최고 높은 수준의 선은 불변하는 것이며 모든 행동의 표준이 되는 것인데 과연 그러한 선에 해당하는 것이 있는가? 함석헌은 전체가 바로 그러한 선에 해당하는 것이라고 보았다. 하지만 최고선으로서의 이 전체의 내용은 말할 수 없다. 왜냐하면 전체는 이 변하는 내용을 넘어선 것이기 때문이다(함석헌, 1959ㄴ: 35~36).

> 전全은 부분을 합한 것이 아니다. 부분의 합인 내용으로서의 전은 늘 변한다. 역사가 발달되어감에 따라 사회는 점점 커진다. 그러나 어느 때나 전체란 것이 사람의 모든 도덕 행위의 목표가 된 것은 변함이 없다. 어떤 때는 한 집이 전체일 때가 있었다. 그때는 집을 위하는 것이 선이었다. 또 어떤 때는 나라

> 란 것이 전체일 때가 있었다. 그때는 나라를 위하는 것이 최고선이었다(함석헌, 1959ㄴ: 37).

이처럼 통일을 이루는 전체의 뜻이 선이라면, 윤리적 행위로서의 선한 행위란 자기중심적 생각을 완전히 극복하고 전체의 뜻을 따르는 행위를 가리킨다. 그런 행위를 하는 사람은

> 전체의 마음에 꼭 든 사람, 전체가 사랑하는 사람이다. 그렇기 때문에 그는 성령의 사람이다. 즉 자기 개인으로서는 완전히 죽은 사람이요 전체의 뜻을 남김없이 알고, 알 뿐만 아니라 그 뜻을 실현할 수 있는 능력을 가진다.

그런 사람은 무엇이 참된 선인지 모르며, 또한 무엇이 선인지를 깨달았더라도 실현할 능력을 갖지 못하는 사람과 대조된다(함석헌, 1973ㄱ: 234~235).

함석헌은 선을 알지 못하고 설혹 알더라도 실천하지 못하는 사람의 경우를 다음과 같이 설명했다.

> 선은 사사로이 할 수 있는 것 아니다. 거지와 강도를 만들어내는 제도를 지지하고 있으면서 거지에게 밥그릇이나 주고 도둑을 잡아 엄벌을 해도 그것은 선이 아니다.

이 설명은 함석헌이 "사회적 죄악"과 공공연히 싸워야만 선을 이룰 수 있고 인격이 자랄 수 있다는 점을 특별히 강조한 것인데, 여기서 우리는 그가 선악 판단의 근거를 개인적 행위에서 찾기보다는 사회 제도나

사회 구조 같은 보다 포괄적이며 전체적인 것에서 찾으려 했음을 알 수 있다(함석헌, 1957ㄴ: 333).

(3) 사회적 가치

이처럼 선과 악의 근거를 전체에서 찾는 함석헌의 윤리관에서는 사회의 기본 가치가 매우 중요한 역할을 한다. 거기에 해당되는 것으로는 자유, 평등, 사랑, 평화, 정의 등 많은 가치가 있는데, 그중 자유, 정의, 사랑의 가치를 특별히 강조했으며 평화의 가치도 매우 중시했다.

① 자유

먼저 자유란 구속이 없는 상태로, 인간의 궁극적 소원일 뿐만 아니라 역사의 방향이기도 하다. 그리하여 함석헌은 "점점 더 자유로운 데로 나아가는 것이 역사"라고 이를 표현했다(함석헌, 1961ㄷ: 39~40; 1973ㄱ: 242). 어쨌든 이 역사 과정에서 서구의 경우는 문예부흥 이후에 자유의 정신이 본격적으로 발달하기 시작해 근대에 이르면 모든 생활의 중축을 이루게 된다. 정치, 경제, 학문, 예술, 종교 등 어느 영역이든지 이제는 자유 없이는 생각할 수 없게 된 것이 현실이다. 하지만 이보다 더 근본적인 것은 근대인의 인격 자체를 자유 없이는 생각할 수 없다는 점이다. 왜냐하면 그들의 인격의 본질이 자유이기 때문이다(함석헌, 1955ㄱ: 191, 198 이하).

결국 자유는 근대 이후 오늘날까지 인격과 모든 생활의 중심 원리이자 기본 가치가 되었는데, 자유의 그러한 위상은 앞으로 더욱 강화되리라는 것이 함석헌의 관점이었다. 물론 자유의 확장은 결코 저절로 이루어진 것이 아니며 씨ᄋᆞᆯ의 수많은 노력과 희생의 대가라고 할 수 있다.

그리고 앞으로도 그러한 노력과 희생이 필요할 것이다. 군사정권이 통치하던 한국에서는 많은 자유가 구속당했는데, 특히 가장 기본적인 자유에 속하는 사상의 자유와 언론자유가 심각하게 제약되었다. 그리하여 함석헌은 씨올에게 서로 단결해 자유의 실현을 위해 국가주의에 대항해 단호하게 싸울 것을 주장했다(함석헌, 1971ㄷ: 45~46; 1980ㄹ: 305; 함석헌·송석중, 1983: 509~510).

> 어느 민족의 역사든 정치 없는 역사는 없고 정치를 완전히 초월해버린 문화도 없으며 아무리 훌륭한 문화를 낳아놓았다가도 결국은 정치적 혼란으로 망해버리는 것이 역사지만, 그래도 정치와 싸우는 것을 내놓고는 역사의 생명은 없습니다. 싸우는 것이 곧 생명이요 싸우는 것이 곧 자유입니다. …… 그런데 비겁하면 자유 없고 자유 없으면 사람 아닙니다(함석헌, 1973ㄴ: 123, 125).

함석헌은 북유럽의 스칸디나비아 국가들을 방문하면서 그들의 발전에 크게 감동받았다. 그러면서 그들 나라의 발전이 그렇게 오래되지 않은 점과, 또한 무엇보다 정신만 바로잡히면 그들 나라처럼 쉽게 발전할 수 있으리라는 깨달음에서 큰 위안을 얻었다. 그는 특히 이들 국가의 발전이 자유정신과 매우 깊은 관계에 있음을 주목했다. 그가 보기에 그들 국가는 세계에서 자유의 기풍이 가장 강한 국가들이었다. 그런데 그들 국가에서 자유정신이 크게 발전할 수 있던 깊은 원인은 함석헌 의견으로는 종교에 있었다. 동양의 다른 종교들과 비교할 때 기독교의 하나님은 굉장히 강한 정의의 신이라는 점 때문이다. 여기서 사회정의 관념이 발전할 수 있었으며 이를 바탕으로 자유정신이 발전했다는 것이다(함석헌,

1971ㄹ: 181).

② 정의

함석헌은 자유와 함께 정의를 매우 중요한 사회적 가치로 간주했다. 그가 정의를 얼마나 중요하게 취급했는지는 "우주에는 정의의 법칙이 꿰뚫어 흐르고 있다"는 것이 인류역사의 중요한 기본 전제 혹은 공리라고 표현한 데서 쉽게 알 수 있다(함석헌, 1964ㄴ: 159).

그에 의하면 정의란 무엇보다도 자기의 개인적 뜻을 따르지 않고 사회 전체의 뜻을 따르는 것이다. 이렇게 본다면 정의는 곧 사회적 선과 크게 다르지 않다. 하지만 그는 여기에다 특별히 다음 두 가지 내용을 덧붙인다. 하나는 공정 혹은 공평이다.

> 사람은 근본이 사회적 존재다. 그러므로 인간관계가 가장 중요하다. 그러나 인간은 각각 떨어져서는 못사는 것이면서도 자주성을 갖고 생각하는 개인으로 되어 있는 것이므로 판단과 주장이 늘 서로 맞서고 엇갈리기 쉽고 하는 일이 서로 얽히고 충돌을 일으키기 쉽다. 그러므로 인간 살림에서 무엇보다 먼저 요청되는 것은 공정 공평이다(함석헌, 1973ㄱ: 233).

더구나 사람들 사이에는 힘, 돈, 지식, 감정, 양심 등의 정도에서 매우 큰 차이가 존재한다. 특히 현대세계에서는 힘과 돈을 많이 가진 사람이나 집단이 그렇지 못한 사람이나 집단을 지배하려는 경향과 또한 힘이나 돈을 숭배하려는 경향이 매우 강하다.[11] 그렇기 때문에 그들 사이에

11 함석헌은 현대세계에서 힘의 숭배와 돈의 숭배가 만연해 있는데 정의는 존재하지 않는다고 보았다. 그러면서 현대세계가 그렇게 된 것은 군국주의, 제국주의, 산업주의의 국가관 때문이라고 지적했다. 또한 한국사회는 그런 점을 모르고 선진국이 지나간 길을 따라가려고 부국

서 공평을 실현하는 것은 결코 쉬운 일이 아니지만 그들을 조화해서 통일을 이루기 위해서는 꼭 필요한 것이 바로 공정 혹은 공평을 실현하는 일, 즉 정의를 이루는 일이다(함석헌, 1973ㄱ: 233).

그러한 공평을 통한 정의는 평등한 인간관에 기초해 있다. 함석헌에 의하면, 사람은 외모, 재능, 소유 등의 면에서 모두 같을 수가 없지만 모든 사람에게 씨앗이 들어 있다는 점에서는 누구나 평등하다. 그렇기 때문에 누구든 외모, 재능, 소유 등과 무관하게 소중하게 존대 받아야 한다. 그리고 어떤 사람이 단지 힘과 돈을 많이 가졌다는 이유로 부당하게 특별한 대우를 받거나 반대의 이유로 부당한 차별을 받아서는 안 된다는 것이다(함석헌, 1986ㄱ: 203).

함석헌이 덧붙인 정의의 다른 중요한 내용은 약자보호다. 그는 메소포타미아 문명이 인류에게 가져다준 소중한 선물 중의 하나로 함무라비 법전을 들었다. 그러면서 이 법전의 의의를 두 가지로 설명했는데, 하나는 세계 최초의 성문법전이라는 것이며 다른 하나는 정의의 주장이 매우 강한 법전이라는 것이다. 여기서 그가 정의의 내용으로 설명한 것이 바로 약자보호에 주의를 기울인다는 것이었다(함석헌, 1964ㄴ: 192).[12]

또한 그는 동양에 비해 서양문명에서 정의 관념이 더욱 강한 배경으로 기독교 도덕, 특히『구약성경』이 정의를 매우 강조한다는 점을 들었다. 그러면서 근거로 "하나님은 고아와 과부를 돌보시는 이다", "불쌍한 것을 너희가 돌보지 않으면 안 된다", "의를 강물같이 흐르게 하라" 등

강병만 외는 어리석음을 범하고 있다고 비판했다(함석헌, 1973ㄱ: 233).

12 그는 함무라비 법전이 그러한 정의를 강조한 배경을 다음과 같이 설명했다. "이는 필시 메소포타미아가 여러 민족의 교통하고 씨름하는 곳인 결과에서 나온 것일 것이다. 각색 인종을 포함해 하나의 제국을 이루는 그 나라에서, 무력의 폭위가 가장 많이 있을 수 있는 그곳에서, 무엇보다도 요구된 것은 정의일 것이다"(함석헌, 1964ㄴ: 192).

의 구절을 인용했는데, 여기서도 그가 약자에 대한 돌봄을 중시하는 정의관을 갖고 있음을 확인할 수 있다(함석헌, 1979ㄷ: 35).[13]

약자보호라는 의미의 정의는 인권이라는 현대적 가치와 큰 공통점을 갖고 있다. 비록 인권은 만인에게 부여된 보편적 가치이지만 현실에서 모든 사람이 누리지는 못하는 것이 인권이다. 인권을 누리지 못하고 침해당하는 사람이 대부분 사회적 약자라는 점에서 본다면 생명권 같은 가장 기본적인 권리뿐만 아니라 그들의 정치적, 경제적, 사회적, 문화적 권리를 보호하는 것이야말로 바로 약자를 보호하는 것이며 정의를 구현하는 것이다.

인권이란 약자보호를 의미하며, 그것이 곧 정의라는 그러한 관점에 대해 함석헌은 씨ᄋᆞᆯ론을 통해 매우 흥미로운 설명을 제공하고 있다. 그에 의하면, 인권의 권權이란 본래 저울대를 가리키는 글자다. 그런데 저울대가 제 역할을 하려면 수평적이어야 한다. 만약 저울대 자체가 평평하지 않으면 물건을 결코 공평하게 다룰 수 없다. 따라서 물건을 공평하게 다루기 위해서는 저울대의 중앙을 정확하게 골라 표시한 후 그것을 마찰이 적은 칼날 같은 것 위에 올려놓아야 한다(함석헌, 1980ㄴ: 313).

그러한 저울대의 상징은 인권에 대한 소중한 교훈을 제공하는데, 첫째는 인권의 핵심이 공평성이라는 점이다. 인권은 인간 생명의 근본 원리로 모든 인간에게 똑같이 주어진 것이기 때문에 지위, 계급, 성별 등과 무관하게 철저히 공평하게 다루어져야 한다는 것이다. 둘째는, 공평성의

13 약자에 대한 관심과 지원을 강조하는 그러한 정의관은 공리주의적 윤리관과 대조된다. 왜냐하면 공리주의 관점에서는 언제나 다수가 우선적인 관심의 대상이며 소수자는 영원히 주변화 될 수밖에 없기 때문이다. 바로 그런 점에서 함석헌은 공리주의 윤리관의 상징적 구호인 '"최대다수의 최대행복'"이라는 말이야말로 비록 제법 진리와 비슷해 보이긴 하지만 사실상 "모든 사회악을 만들어내는 근본"이라고 비판했다(함석헌, 1973ㄱ: 234).

기준에 관한 것이다. 그는 정왈복명靜曰復命이라는 노자의 말을 인용하면서 어떤 사람의 말도 아닌 하늘말씀만이 공평한 말씀이며 이 말씀을 얻으려면 정靜해야 된다고 보았다. 이를 다르게 표현하면 공평성은 오직 전체의 뜻에 있으며, 그것은 아무런 지위도 소유도 없는 맨 사람, 즉 인간 본성을 잃지 않은 평범한 씨ᄋᆞᆯ의 마음을 알아 그 자리에 설 때 획득된다는 것이다. 이렇게 본다면 씨ᄋᆞᆯ 입장에 서는 것이야말로 인권 실현의 지름길이며 공평을 실현하는 일, 즉 정의를 이루는 일이기도 한 것이다(함석헌, 1980ㄴ: 313).

③ 사랑

약사보호라는 의미의 정의는 인권을 넘어 사랑이라는 그의 사상의 가장 중요한 가치로 이어진다. 인권이 근대 역사의 산물인 데 비해 사랑은 훨씬 이전부터 매우 소중한 가치로 계승되어 오면서 서양에서는 특히 기독교의 핵심 가치로 자리 잡아 왔다. 그러다가 함석헌에 의하면 근대 초의 프랑스혁명기에 자유 및 평등과 함께 사랑이 핵심적인 사회적 가치로 부각되었으나 제대로 실현되지 못했다(함석헌, 1980ㄷ: 223~224).[14]

이들 사회적 가치가 제대로 실현되지 못한 이유는, 서로 모순 관계에 있는 자유와 평등의 가치가 조화를 이루면서 함께 실현되기 위해서는 종교적 신념에 바탕을 둔 사랑의 마음이 무엇보다 요구되는데 그것이 그동안 부족했기 때문이라고 그는 설명했다. 그러한 문제점은 한국에서도 발

14 프랑스혁명의 3대 구호를 흔히 자유, 평등, 박애라고 한다. 함석헌이 여기서 사랑이라고 한 것은 박애, 즉 형제애에 해당되는 것이다. 그런데 그가 박애 대신 사랑이라는 표현을 사용한 것은 바탕이 되는 깊은 영적인 체험 혹은 정신적 체험의 필요성을 강조하는 데 사랑이 더욱 적합하다고 여겼기 때문으로 보인다(함석헌, 1930: 156~157).

견되는데 그것은 4·19혁명을 통해 자유와 평등의 과제가 분명하게 주어졌으나 이제까지는 "깊은 고등한 종교적 체험" 혹은 "보이지 않는 정신적 체험"에서 오는 사랑이 부족해 이 과제들이 제대로 달성되지 못했다는 것이다(함석헌, 1980ㄷ: 223 이하).

함석헌은 사랑을 "생명의 근본 원리" 혹은 "만물의 근본"이라고 표현했다(함석헌, 1954: 247, 274). 그만큼 그는 사랑의 가치 혹은 원리를 중요하게 생각했다. 그렇다면 도대체 사랑이란 무엇인가? 그는 다른 사람이나 물건을 나와 하나로 보는 것이 사랑이라고 보았다. 다른 사람에 대해서는 "이웃 사랑하기를 네 몸과 같이 하라"는 계명이 사랑의 정신을 잘 표현해준다. 다른 사람뿐만 아니라 다른 생물이나 물건에 대해서도 그것을 "나 살기 위한 수단"으로 여기지 않고 "나와 하나"라고 여기는 태도가 사랑의 정신이다(함석헌, 1964ㄷ: 161~162).

중요한 것은, 그러한 사랑의 정신이 우리가 살고 있는 새로운 시대의 철학으로 되고 있는 점이다. 이에 관해 그는 이렇게 설명한다.

> 힘의 철학이 지금까지 지배해왔지만 이제는 힘의 철학으로는 인류 평화가 이루어질 수 없습니다. …… 힘의 철학은 현실만 봅니다. 이제 사랑의 철학 시대입니다. 그것을 모르고 자꾸 힘을 양성하고 힘만 믿고 있으니 인간이 멸망을 자초하고 있는 것입니다. 지금이야말로 사랑의 철학 시대입니다. 새로운 관념을 가져야 할 때가 온 것입니다. …… 힘의 대결로 곧 인류가 공멸한다는 것을 인간들이 알게 되었습니다(함석헌, 1968ㄱ: 35~36).

> 이젠 세계만이 아니라 온 생명, 동물·식물까지도 한 식구로 생각을 아니 하고는 살아갈 수 없는 단계까지 왔어. 이제 만약 핵전쟁을 한다면 우리만이 아니

라 짐승들조차 사라져요. 어쨌거나 그것들도 살려야 하겠는데, 종자가 없어져 가니까. 그럼 이 앞으로는 …… 참 의미로 인간이 하나 되는 것, 내 나라 네 나라 그따위가 아니라 너도나도 하나로 살게 되는 것, 그럭하지 않고는 살아갈 수 없는 시대가 될 겁니다. 사랑으로 해서 그럴 때가 올 거다 …… 역사를 그렇게 봐야 참으로 보는 법입니다(함석헌, 1989ㄴ: 261).

물론 사회에는 힘과 사랑 외에도 법이 있어 힘을 통제하고 질서와 평화를 유지하는 것이 사실이다. 함석헌은 법의 그러한 기능을 부인하지 않았지만 법이 제 기능을 발휘하기 위해서는 사랑의 정신에 기반을 두어야 한다고 지적했다.

나라를 이루어가는 힘에 셋이 있다. 하나는 무력이요 또 하나는 법이요 다음은 사랑이다. …… 그들이 만드는 법은 좋은 일을 할 수도 없거니와 해를 미칠 수도 없다. 살리지도 못하지만 죽일 힘도 없다. 법이 이利가 되는 것은 우리 속에 사랑이 살아 있기 때문이요, 법이 해를 미치는 것도 그 자체의 힘이 아니라 우리 속에 사랑이 식었기 때문이다(함석헌, 1964ㄷ: 161~162).

함석헌은 그러한 사랑이 참, 즉 진실과 함께 씨ᄋᆞᆯ의 바탕이라고 보았다. 그렇기 때문에 "씨ᄋᆞᆯ은 거짓 없이 자기를 사람으로 대해주는 마음을 보면 곧 자기를 내놓고 마음을 열어 대해줍니다." 하지만 반대로 "자기를 사람으로 대접해주지 않고 수단으로써 일을 하는 것을 보면 그만 전적으로 속을 닫아버립니다"(함석헌, 1972ㄱ: 216). 그렇다고 그것이 씨ᄋᆞᆯ은 현실에서도 언제나 참된 존재이며 사랑을 행하는 자라는 의미는 아니다. 다만 씨ᄋᆞᆯ이 사랑과 참 같은 전체의 뜻을 품고 있는 자들이어서,

권력과 부의 소유로 인해 그러한 것들을 깨닫거나 실천하기 어려운 자들과는 다르다는 것이다.

물론 씨ᄋᆞᆯ도 사랑과 참을 실천하기 위해서는 많은 훈련을 필요로 한다. 그런 관점에서 함석은 씨ᄋᆞᆯ의 공동체 훈련의 필요성을 특별히 강조하기도 했다.

> 공동체 훈련을 안 하면 씨ᄋᆞᆯ 노릇을 못 한다. 공동체 훈련을 안 하면 안 된다. 이 앞에 우리가 새 역사를 짓는 씨ᄋᆞᆯ 노릇을 하려면 그렇게 하나가 되기 전에 자기 부근의 가능한 한도 안에서 크게 욕심 부리지 말고 공동체 훈련을 해야 한다. 사랑을 하는 것, 대적을 위해 기도하는 것, 우리가 악을 대적을 하기는 하지만 그 사람을 미워해서는 안 된다는 것, 그런 것을(함석헌, 1989ㄴ: 269).

사랑의 정신을 특별히 강조한 함석헌은 민주주의도 사랑의 관점에서 설명한 바 있다. 즉 그는 민주주의란 사람이 사람을 미워하지 않고 사랑하는 것이라고 보았다. 흔히 말하는 정치 체제로서의 민주주의란 씨ᄋᆞᆯ이 주인인 정치 체제를 가리킨다. 하지만 그에 의하면 민주주의는 언제나 멀리 있는 것이 아니고 "지금 여기서"부터 바로 행할 수 있는 것이다. 왜냐하면 그것은 바로 민주주의란 다른 것이 아닌 사랑이기 때문이다. 그는 질문한다.

> 사람이 사람을 사랑하는 것이 민주주의요. 내게 밉게 구는 사람일수록 이제부터 민주주의로 대하면, 내게 반대하는 사람일수록 이제부터 사람으로 대하면, 민주주의가 될 터인데, 괜히 다르게 멀리 생각하기 때문에 안 되지 않아

요?(함석헌, 1989ㄷ: 186).

끝으로 그는 그러한 사랑의 가치도 정의와 조화를 이룰 필요성이 있다고 보았다. 자유는 있되 정의가 없는 곳에서는 힘이나 돈의 논리가 지배하면서 사회적 악이 횡행할 수 있으므로 이를 방지하기 위해서는 정의가 확고히 자리 잡는 것이 매우 중요하다. 하지만 공평이라는 의미의 정의는 있되 사랑이 없는 곳에서는 약한 인간이 설 자리가 좁아진다. 인간에게는 어린 시기와 노인 시기가 있기 때문에 인간은 누구나 잠재적 약자다. 그러므로 엄격한 정의의 기준만 존재하며 사랑이 없는 인간 세계는 누구에게나 결국 비참하고 고통스런 세계가 될 것이다. 이와 반대로 사랑은 있되 정의가 없으면 이 또한 결코 바람직한 세계가 될 수 없다. 왜냐하면 인간의 사랑에는 한계가 있으므로 그러한 세계는 결국 무질서한 세계나 힘의 논리가 작용하는 불의한 세계로 되기 쉽기 때문이다. 게다가 사랑의 참된 가치는 정의 관념이 확고히 자리 잡은 곳에서 오히려 더욱 빛을 발한다. 그러므로 사랑과 정의는 각각 제 역할을 하면서 함께 조화를 이룰 필요가 있다(함석헌, 1962ㄴ: 204).

④ 평화

함석헌에 의하면 평화는 세계의 궁극적 원리다. 세계는 복잡한 힘으로 얽혀 있는데, 이 얽혀 작용하는 힘이 어느 고른 상태, 즉 질서와 조화에 이르지 않고는 세계가 서갈 수 없다. 우리가 세계에 대해 능히 생각하고 알고 교섭할 수 있는 것은 하나의 세계가 질서 잡히고 법칙 있는 세계가 된 이후에 이르러서다. 그렇게 되기 전에는 설혹 우리가 상상하더라도 "혼돈, 어지러움, 허무, 두루뭉수리밖에 없다." 우리가 세계를 알 때는 이미 거기에 질서, 조화, 평화가 있었다(함석헌, 1972ㄴ: 44~45).

그렇다면 평화는 어떻게 이루어질 수 있는가? 먼저 함석헌은 우리가 마땅히 해야 하는 것, 즉 참을 실천할 때 평화를 얻게 된다고 주장했다.

> 평화는 우리가 우리의 할 의무를 다한 데 대한 열매로 혹은 선물로 오는 것이지, 한 것 없이 그저 오는 것도, 마구 강제로 취해지는 것도 아닙니다. 우리가 마땅히 해야 할 것을 한 마디로 참이라 합시다. 참을 하면 평화는 자동적으로 옵니다. 자동적이란 내가 혹은 누가 하는 것 아니고 생명 그 자체가 한다는 말입니다. 평화는 하나님의 손에 있습니다. 그러므로 우리 할 것은 다만 참에 있습니다. 참이 무엇입니까. 만물·만사를 하나로 깨달아 하나에 사는 일입니다. 스스로 하늘나라의 씨올이 되는 일입니다(함석헌, 1977ㄱ: 145).

다음으로 그는 생명을 절대 존중하는 것이야말로 평화의 조건임을 강조했다. 평화가 이루어지지 않을 때 발생하는 가장 심각한 상황은 바로 전쟁인데, 전쟁을 통해 어떤 목적을 달성하려는 것은 결국 생명을 경시하는 마음에서 나온다고 할 수 있다(함석헌, 1962ㄱ: 88; 1987: 322).

생명을 존중하고 특별히 다른 사람의 인격을 존중하는 태도에서 나오는 행위가 바로 사랑이다. 그리하여 함석헌은 설혹 상대방이 원수 혹은 악한 자더라도 평화를 추구한다는 것은 상대방을 사랑하는 것이며, 거기에는 필히 자기희생이 따르게 된다는 점을 강조했다.

> 나는 …… 평화주의를 믿는다. 원수를 사랑하기를 힘쓰는 자다. …… 평화는 칼이 아니고도 사회 질서가 유지될 만큼 사람들의 혼의 해방이 돼서만 될 수 있는 일이다(함석헌, 1958ㄴ: 123~124).

…… 우리가 평화주의자면 자기희생은 본래부터 각오해야 하는 것입니다. 왜 그러냐? 우리가 싸우는 것은 저쪽을, 사회의 악한 것들을 세상에서 없애기 위해서가 아닙니다. 그것은 저들이 나의 이웃이기 때문에, 우리와 한 몸을 이루는 한 지체이기 때문에 하는 것입니다. …… 사랑으로 하는 싸움입니다. 사랑의 싸움이기 때문에 첫 번에 잘못하면 그 잘못한 것을 말해줘야지요. 안 들으면 들을 때까지 해야지요. 죽일 수는 없습니다(함석헌, 1981ㄹ: 114).

이처럼 평화를 추구하면 희생과 고난이 따르고 때로는 죽음을 맞이하게도 되지만 이 길이야말로 결국은 진정으로 사는 길이며 또한 새 시대와 새 나라에 이르는 길이라는 관점에서 함석헌은 평화의 가치, 평화의 정신을 끝까지 추구할 것을 주장한 것이다.

평화주의를 그대로 행하면, 고난의 짐을 철저히 지면, 신비를 참으로 붙잡으면 죽을 것입니다. 그러나 죽으면 살 것입니다. …… 우리가 낡은 시대의 철학, 종교에 마비된 마음을 씻어서 우리 속에 스스로 밝아진 새 종교, 새 철학으로 말을 하면 그 순간에 이 세계가 죽는 동시에 그 좁은 문 저쪽에 이때까지 알지도 못했던 새 나라가 열릴 것입니다(함석헌, 1963ㄴ: 124).

평화주의자의 구령은 '자기희생'입니다. 자기희생 않고는 평화운동 안 되지요. 그렇다고 모든 사람이 턱턱 죽자는 것이 아니라 내가 부족하지만 정성으로 기도하고 노력하면 하나님이 역사하실 것을 믿는 것이지요. 내가 하는 게 아니고 위에서 올 것이니까. 그 자리에 가면 죽고 사는 것이 문제가 없어지지요. 노자, 장자는 생사가 따로 있는 것 아니라고 했는데 그런 자리에까지 가야 되는 것이야요(함석헌·한용상, 1983: 491).

이처럼 사랑의 태도로 자기희생을 기꺼이 감수하려는 평화의 정신은 "무엇에도 꺾이지 않는 강함과 무엇도 용납할 수 있는 너그러움"이라는 모습으로 나타난다. 그런데 그러한 평화의 정신은 아무나 쉽게 추구하기 어려운 것으로 보인다(함석헌, 1972ㄷ: 76).

하지만 함석헌은 사람이 원래 평화의 동물이었다고 한다. 즉 사람의 원래 됨됨이가 평화적이지 폭력적인 것이 아니기 때문에 폭력, 전쟁 같이 사람의 됨됨이에 모순되는 행위나 마음은 오래 지속될 수 없다는 것이다. 게다가 평화 정신의 추구는 전체의식 없이는 이루어질 수 없는데, 무식하고 약한 보통의 씨ᄋᆞᆯ을 포함한 모든 사람은 누구나 속에 전체의식을 품고 있다.[15] 물론 이 전체의식은 많은 경우에 잠자는 상태로 잠재되어 있지만 어쨌든 진실, 자유, 정의, 그리고 특히 사랑과 같은 가치의 근원이 되는 것이다(함석헌, 1987: 320~322; 1972ㄷ: 74, 80).

따라서 평화의 길은 사람들, 특히 씨ᄋᆞᆯ이 품고 있는 이 잠자는 전체의식을 깨우는 것이며 이들의 혼을 불러일으키는 것이다.[16] 함석헌은 씨ᄋᆞᆯ의 전체의식이 깨어 이들이 세계사적이며 우주사적인 비전을 갖게 된다면 그때 기적이 일어난다고 했다. 여기서 함석헌이 "세계사적인" 혹은

15 함석헌은 전체의식이 없을 때 "그것을 이루는 각 분자는 이기주의에 떨어질 수밖에 없고 배타적이 되므로 거기는 싸움이 일어나고야 만다"고 보았다(함석헌, 1972ㄷ: 74).

16 함석헌은 특별히 씨ᄋᆞᆯ과 평화의 밀접한 관계를 강조하면서 평화를 위한 씨ᄋᆞᆯ의 역할을 크게 기대했다. "씨ᄋᆞᆯ은 말하자면 내재의 평화, 극소세계평화다. 본질적인 평화다. 씨ᄋᆞᆯ의 바탈이 평화요 평화의 열매가 씨ᄋᆞᆯ이다. 그러므로 씨ᄋᆞᆯ의 목적은 평화의 세계 이외에 있을 수 없다. …… 씨ᄋᆞᆯ이 스스로를 닦고 다듬으려 할 때도 세계평화의 이상을 잊고서 될 수 없다"(함석헌, 1972ㄴ: 45~46).

"우주사적인" 비전이라고 부른 것은 세계 혹은 우주의 위기를 극복하려는 비전이다. 그에 의하면 이 시대는 생명의 씨가 아주 지구 위에서 멸망해버릴 위험이 있는 시대다. 이 위험은 무서운 핵무기와 독가스와 병균을 가리키는 것으로, 그것들에 의한 지구 생명의 멸망은 "아마도 막막한 우주에서 단 하나뿐인" 이 생명이 아주 없어지는 것을 의미한다. 그러므로 그러한 위기를 극복하려는 것이야말로 이 시대의 세계사적 비전이며 또한 우주사적 비전이기도 하다는 것이다(함석헌, 1972ㄷ: 74, 80~82).

그런데 함석헌이 평화를 위한 사랑과 자기희생의 필요성을 강조했다고 해서 불의에 대한 저항과 투쟁을 결코 소홀히 했거나 거부한 것은 아니었다. 그는 불의와의 싸움을 피하는 비겁함이 결코 평화일 수 없다면서 평화의 정신에 입각한 저항, 즉 비폭력 저항의 필요성을 강조했다.

> 내가 반항을 좋아한다면 또 그만큼 못지않게 순종, 온건, 평화도 좋아한다(함석헌, 1959ㄷ: 147).

> 영국 역사가 그랬던 것같이, 미국 역사, 인도 역사가 그랬던 것같이, 우리 역사는 평화와 반항의 두 정신으로 섞어 짜지 못하나? …… 죄악을 정말 이기는 참 반항은 평화정신으로만, 비폭력으로만 될 것 아닌가? 모든 사람이 다 자유로 온전한 발달을 할 수 있는 참 평화, 창조적인 평화는 죄악의 세력에 대해 한 몸을 내놓고 날쌔게, 끈덕지게 결러대서만 될 것 아닌가? 남은 몰라도 나는 젠틀과 리볼트의 두 바람이 마주쳐 돌아가는 회오리바람을 탄 사람이다. 반항은 하지만 미워하진 말자, 싸우기는 하지만 주먹질은 말자(함석헌, 1959ㄷ: 150).

그러한 비폭력 저항 같은 평화운동은 철두철미한 정신운동에 해당된다고 할 수 있다. 겉으로 드러난 제도나 조직의 변경을 위한 다른 사회운동이나 정치운동과 달리 평화운동은 속마음과 관련된 것이어서 강한 신념을 필요로 한다. 여기서 그가 의미한 신념은 긍정적 태도로 모든 것에 어떤 의미가 있음을 믿는 것이다. 성공해도 의미가 있고 실패해도 의미가 있다. 허망한 것은 하나도 없다(함석헌, 1972ㄷ: 76).

이처럼 그는 평화의 가치를 구현하기 위해 신념, 곧 믿음에 근거한 깊은 정신적 체험과 노력의 필요성을 매우 강조했다.[17] 하지만 이와 함께 보다 구체적 제안으로 새로운 세계적인 평화기구를 세우는 일도 시급히 필요하다고 보았다. 물론 유엔 같은 국제기구가 있지만 그의 견해로는 이들 현행 기구가 세계평화를 위한 역할을 제대로 하지 못하고 있다. 그래서 유엔을 강화하든지 아니면 그것을 폐지하고 보다 힘 있는 새로운 기구를 세우든 어쨌든 보다 실효성 있는 세계적 평화기구가 필요하다고 주장했다(함석헌, 1972ㄴ: 47; 1972ㄷ: 81; 1989ㄷ: 197).

그는 그러한 세계평화를 위한 우리민족의 역할에 큰 기대를 걸었다. 함석헌은 우리민족의 근본정신이 평화에 있다고 보았다. 우리가 남의 나라를 침략한 적이 별로 없다는 사실이 증거라는 것이다. 또한 그는 우리민족이 본래 단일민족이므로 평화 추구의 전제조건인 전체의식을 갖기도 쉽다고 보았다. 물론 현대사에서 보면 남북한의 소수 권력숭배자들이 이데올로기의 이름으로 강요하는 집단주의를 용감히 물리칠 만큼 우리

17 함석헌에 의하면, 평화주의를 주장하기는 무력주의 혹은 폭력주의를 주장하기보다 훨씬 어려운 일이다. "평화주의를 죽음이 뭔지 모르는 천치 바보가 하는 말인 것처럼 알아서는 아니 된다. 우리 다 같이 죽도록 싸웁시다 하는 말은 하기 쉽다. 그러나 그것은 대개의 경우 거짓말이 되어버린다. 대적이 악의를 가진 줄 알면서 평화를 말할 때는 죽음보다 더 무서운 것이 있고 무기보다는 더 강한 것이 있다는 것을 알아서 하는 말이다"(함석헌, 1972ㄹ: 274).

민족의 전체의식이 강하지 못해 남북한의 분단이 여전히 유지되고 있다. 그럼에도 불구하고 그는 우리민족이 잘만 하면 이제부터라도 세계평화운동에 앞장설 수 있으리라고 보았다. 3·1운동과 4·19혁명 같은 비폭력 운동이 우리민족의 평화적 성격과 세계평화운동에 앞장설 수 있는 가능성을 잘 보여준다는 것이다(함석헌, 1972ㄷ: 74 이하; 1963ㄴ: 122 이하).

끝으로 그는 평화의 실현을 위해 정의가 필요하지만 참된 정의의 실현을 위해서는 평화의 방법이 요구된다면서 평화와 정의의 상호 의존 관계를 강조했다. 즉 "평화는 정의 없이는 실현되지 않는다." 제국주의와 군국주의의 역사에서 볼 수 있듯이 힘과 돈을 많이 가진 집단 혹은 국가가 지배하려는 세계에서는 평화를 파괴하는 전쟁과 대립이 끊임없이 이어진다. 그리하여 평화의 실현을 위해서는 정의가 필요하지만 문제는 정의를 어떻게 실현할 수가 있는가 하는 점이다. 여기서 그는 특별히 강조하기를, 평화의 실현을 위한 정의는 결코 폭력을 통해 실현될 수 없으며 오직 사랑을 통해 평화적으로만 정의가 참되게 실현될 수 있다고 했다 (함석헌, 1973ㄱ: 232).

> 평화주의가 이긴다. 인도주의가 이긴다. 사랑이 이긴다. 영원을 믿는 마음이 이긴다. 그래서 그는 정의를 참되게 실현하고야 말 것이라 했다. 사랑은 길이 참는 것이기 때문이다(함석헌, 1973ㄱ: 240).

3 맺음말

지금까지 함석헌의 생명론, 인간론, 그리고 정신론에 대해 살펴보았다. 정신론에서는 정신의 의미와 특징, 정신의 발전 과정, 현대문명의 진단과 극복 방안 등에 대한 그의 사상을 소개했을 뿐만 아니라 그가 정신적인 것의 중심에 해당한다고 표현한 종교에 대해서도 종교의 본질, 현실 종교의 문제점, 미래의 종교상 등을 중심으로 살펴보았다. 이와 함께 정신의 가장 중요한 표현 형태인 윤리에 대해서도 윤리의 의미, 정치와의 관계, 선의 의미와 판단 근거 등을 중심으로 살펴보았을 뿐만 아니라 그의 윤리 사상에서 매우 중요한 내용을 이루는 사회의 기본 가치인 자유, 정의, 사랑, 그리고 평화에 대한 그의 사상도 각각 간략히 소개했다.

생명, 인간, 그리고 정신에 관한 함석헌의 사상은 여러 사상가의 영향을 받아 형성된 것이지만 그중에서도 특히 샤르댕의 『인간 현상』이 우주, 생명, 인간, 진화, 정신, 전체 등 지금까지 살펴본 함석헌 사상 전반에 지대한 영향을 끼쳤다(함석헌, 1978ㄱ: 131; 1981ㄱ: 204 이하).

이것은 그가 가톨릭신부이면서 동시에 고생물학자로 이들 주제를 신학이 아닌 과학의 방법으로 다루려고 했기 때문인데, 그가 취한 과학의 방법은 우주, 생명, 그리고 인간을 물질로만 파악해 기계론적으로 설명해온 것과 다르다. 그는 이들 현상이 물질로 이루어진 점을 충분히 고려하면서도 이들 현상에 내포된 정신에 특별히 주목하는 방식으로 이들 현상과 특히 생명과 인간의 역사를 설명했다(샤르댕, 1997). 함석헌 역시 종교인으로서 인간과 세계의 이해를 위해 종교, 정신, 의미 등이 매우 중요하다고 여기면서 이와 함께 근대과학이 그동안 이룩해온 업적도 매우 소중히 여기는 입장을 갖고 있었다(함석헌, 1961ㅂ: 85; 1971ㄱ: 297).

어쨌든 생명, 인간, 그리고 정신에 관한 함석헌의 그러한 사상은 곧 이어서 다루게 될 그의 역사 사상, 전체 사상, 그리고 이 책의 중심 주제인 연대사상을 이해하는 데 필요한 기본적인 배경 지식이 될 것이다. 물론 그의 생명론, 인간론, 그리고 정신론은 각각 그 자체로도 사상의 넓이와 깊이를 보여줄 뿐만 아니라 여러 현대사상의 발전을 위한 풍부한 통찰을 제공하기도 한다. 하지만 그의 사상의 타당성이나 의미에 대해 살펴보려면 그것들을 둘러싼 보다 자세한 논의가 필요한데, 그것은 이 글의 목적이 아니므로 여기서는 생명, 인간, 정신에 관한 그의 사상을 간략히 정리해 소개하는 데 그치려고 한다.

3

씨올과 역사

03

함석헌의 가장 널리 알려진 저서는 『뜻으로 본 한국역사』다.[1] 그는 관동대지진이 일어난 1923년에 일본으로 간 후 다음 해에 동경고등사범학교에 입학해 역사교육을 전공했으며, 졸업 후에는 모교인 오산학교에 부임해 학생들에게 역사를 가르쳤다. 유학시절의 전문적인 역사학 및 역사교육에 대한 훈련과 졸업 후 오산학교에서 역사를 가르치면서 심화시킨 역사에 대한 사색을 바탕으로 그는 1934년부터 이듬해까지 〈성서조선〉에 '성서적 입장에서 본 조선역사'를 연재했는데, 이 글이 해방 후인 1950년에 같은 제목의 단행본으로 출간되었다가 1954년에 증보재판으로 간행된 후 1962년에 출간된 3판부터 『뜻으로 본 한국역사』라는 제목으로 바뀌었다. '씨ᄋᆞᆯ'이라는 단어는 1965년에 간행된 4판에서부터 등장했다(김삼웅, 2013: 61 이하; 조광, 2003: 509~510, 518 이하).

1 교수신문사는 2001년에 이 책을 철학 부문의 '우리 시대의 고전'으로 선정한 바 있다(이세영, 2001).

이 책은 일제 강점기인 1930년대 중엽에 처음 쓰인 이후 몇 차례의 수정과 보완 과정을 거쳐 오늘날의 판본으로 완성되었다. 『뜻으로 본 한국역사』의 그러한 완성 과정은 그의 역사 인식의 변화 과정을 보여주는데, 가장 뚜렷한 변화는 3판에서 나타난다. '성서적 입장에서 본'이라는 원래 제목이 3판에서 '뜻으로 본'으로 바뀐 것인데, 그것은 단순한 제목의 변화를 넘어 역사 인식의 변화를 의미하는 것이었다.

함석헌은 1930년대에 처음으로 이 글을 썼을 때 철저히 기독교적 관점, 성경적 관점에서 역사를 서술하려고 했다. 그것은 이 시기에 그 자신이 개인적으로 확고한 기독교 신앙을 견지하고 있었을 뿐만 아니라 당시의 다양한 역사철학을 따져보았을 때도 제대로 된 역사철학의 가능성이 오직 성경을 통해서만 발견될 수 있다고 확신했기 때문이다.

> 이 글이 이 글 된 까닭은 『성경』에 있다. 쓴 사람 생각으로는 성경적 입장에서도 역사를 쓸 수 있는 것이 아니라 『성경』의 자리에서만 역사를 쓸 수 있다. 똑바른 말로는 역사철학은 『성경』밖에는 없기 때문이다. 서양에도 없고 동양에도 없다. 역사는 시간을 인격으로 보는 이 『성경』의 자리에서만 될 수 있다(함석헌, 1950ㄱ: 15).

하지만 3판은 기독교와 성경에 대한 그러한 인식에 그동안 큰 변화가 있었음을 보여준다. 그는 이제 기독교가 유일한 참 종교요 『성경』만이 완전한 진리라는 생각을 갖지 않게 되었다. 그리하여 모든 종교가 결국은 하나요 역사철학도 성경에만 있지 않고 민족과 시대에 따라 다양한 모습을 띨 수 있다고 보았다. 게다가 그에게서 세계주의적이고 과학주의적인 인식이 매우 뚜렷해졌다. 그래서 그는 일체의 국가주의나 교파주의를 배척했으며 또한 독단주의를 거부하고 이성을 존중하는 관점에서 "과학과 종교가 충돌하는 듯한 때는 과학 편을 들어 그것을 살려주고 신앙은 과학 위에 서서도 성립이 될 수 있는 보다 높은 것을 찾아야 한다"고 보았다. 즉 유일한 진리로서의 기독교 및 성경 중심의 역사관으로부터 종교 다원주의, 세계주의, 과학주의 관점을 적극 수용하는 역사관으로 전환되었던 것이다. 이런 관점에서 그는 특히 교파주의적인 부분과 독단적인 내용을 삭제하는 등 전체 원고의 내용을 대폭 수정하고 제목도 변경해 3판을 냈다고 밝힌 바 있다(함석헌, 1965ㄱ: 20~22).

이러한 변화에도 불구하고 그가 처음 쓴 글에서 보여준 역사 인식의 큰 틀은 유지되었다. 그것의 대표적인 내용은 해석을 중시하는 역사 인식과 고난의 역사로서의 한국사 인식이며, 그 외에도 그의 독창적인 역사 인식의 많은 부분이 처음부터 완성본까지 일관되게 유지되었다.[2] 그리하여 필자는 그의 생각의 부분적인 변화를 고려하면서도 전반적으로 일관되게 유지되어온 역사 인식을 중심으로 이 책의 내용을 살펴보면서 그와 함께 『성서적 입장에서 본 세계역사』를 비롯한 그의 다른 저술 속의 역사 관련 내용을 참조해 그의 역사 사상을 간략히 정리하려고 한다.[3]

2 박재순은 함석헌의 근본적인 역사 인식에 특별한 변화가 없다고 보면서 『뜻으로 본 한국역사』에서 드러난 함석헌의 역사관을 생명사관, 민족사관, 정신사관, 민중사관, 보편적 세계사관, 섭리사관으로 특징지은 바 있다(박재순, 2005: 54; 2014: 46). 조광은 고난사관과 특히 종말론적 사관이 함석헌의 이 책에서 일관되게 유지된 관점이며 독일 신관념학파 역사철학의 영향으로 역사의 동인으로 정신을 강조한 점이나 역사의 현재성과 해석의 중요성을 강조한 점 등도 그의 일관된 역사 인식이라고 보고 있다(조광, 2003: 528 이하).

3 그는 원래 『성서적 입장에서 본 조선역사』, 『성서적 입장에서 본 세계역사』, 『기독교사』를 3부 자매편으로 출간하려고 했다. 『성서적 입장에서 본 조선역사』는 1950년에, 『성서적 입장에서 본 세계역사』는 1964년에 각각 출간되었으나 1940년에 평양경찰서에 붙들려 갔을 때 원고를 잃어버린 『기독교사』는 결국 출간되지 못했다(함석헌, 1964ㅂ: 13~14).

1 역사와 뜻

왜 역사인가? 함석헌은 인간의 삶에서 갖는 역사의 중요성을 나무와 대지의 관계로 설명했다. 즉 마치 나무가 대지에 확고하게 뿌리내리고 있어야 흔들림 없을 뿐만 아니라 양분을 빨아올릴 수 있듯이, 인간의 삶도 사실이라는 대지에 깊이 뿌리내려야 흔들림 없을 뿐만 아니라 대지로부터 충분한 영양을 공급 받아 위로 발전해갈 수도 있는데, 여기서 역사는 인생과 함께 인간의 삶에서 대지에 해당하는 사실의 양면이라는 것이다(함석헌, 1965ㄱ: 31~32).

인간의 삶의 근거가 되는 사실은 인생적인 면과 역사적인 면이라는 상호 의존적인 양면으로 이루어져 있는데, 인생적인 면에서 개인적인 생활 체험이 나오고 역사적인 면에서 세계적 역사 이해가 나온다. 생활 체험은 살아 있는 현실의 인간으로서 하는 "주관적"인 것이지만 역사 이해는 "자기 존재의 배경이 되고 생활의 근원이 되고 활동의 터전이 되고 정신의 교섭자가 되는 이 세계를 …… 의미적으로 파악하는 정신으로서 하는" "객관적"인 일이다. 그의 보다 더 정확한 표현에 의하면 생활 체험이 "전체 속에서 나를 보는 것"이라면 역사 이해는 "나 속에서 전체를 봄"이다(함석헌, 1965ㄱ: 32~33).

그런데 그는 현대에 와서 역사 이해가 심각하게 부족해진 결과 현대 문명의 위기가 초래되었다고 보았다. 그에 의하면, 생활 체험과 역사 이해가 모두 오늘날 요동하고 있지만 그중에서도 특히 역사 이해가 너무 부족한 상황이다. 그것은 역사의 진행이 급속도로 이루어지고 있으므로 "역사를 전혀 새로운 각도에서 보지 않으면 안 되게" 되었는데, 아직 이 새로운 역사 인식이 확립되지 못했기 때문이다. 근대 이후 오늘날까지 생리학, 사회학, 심리학 등과 같은 근대과학과 기술이 급속히 발달했으며 교통이 편리해져 생활이 세계화되면서 과거의 세계관이 거의 해체되었으나 "새것은 아직 얼거리도 잡지 못한" 것이 현 상황이며 그것이 현대가 당하는 비참의 원인이다. 그리하여 그는 현대의 위기를 극복하려면 무엇보다 먼저 근본적으로 새로워진 세계 이상이 필요하며 이를 위해서는 역사에 대한 새로운 인식과 이해가 요구된다고 주장했다(함석헌, 1965ㄱ: 33~36).

그렇다면 역사의 인식과 이해는 어떻게 이루어지는가? 이 질문에 대한 그의 생각을 파악하려면 먼저 역사의 정의에 대한 그의 설명을 살펴볼 필요가 있다. 첫째, 그에 의하면 역사는 "결코 지나간 것이 아니다. 현재 안에 아직 살아 있다. 완전히 끝맺어진 것이 아니라 되어가고 있는 것이다." "역사에 적히는 과거는 …… 이미 죽어버린 단순한 과거가 아니요, 우리 현재의 살림 속에 살아 있는 말하자면 산 과거다." "역사는 …… 새 세계관을 지어내는 풀무다." 둘째, 역사는 단순한 사실의 기록이 아니다. 지난 사실을 모두 기록할 수도 없고 그럴 필요도 없다. 역사는 과거의 사실 중 현재와 살아 있는 관련이 있는 것을 선택해 기록하는 것이다. 즉 단순한 사실의 기록이라기보다는 "사실이 가지는 뜻"의 기록인 것이다. 셋째, 역사는 기록이되 개별적인 부분의 기록이 아니고 부분 사이의 살아 있는 관계인 체계 혹은 통일을 이룬 전체의 기록이다. 그리하여 그는 이렇게 주장했다. "역사는 하나다. 하나밖에 없는 것이 역사다"(함석헌, 1965ㄱ: 42~44).[4]

그러면서 그는 덧붙여서 역사란 비록 기록이지만 개개의 사실 자체

4 이 세 번째 관점에서 그는 한국역사도 세계 역사의 일부라는 인식을 매우 분명히 했다(함석헌, 1965ㄱ: 44).

를 기록하는 것이 아니라 그것들로 이루어진 하나의 살아 있는 것, 즉 하나의 살아 있는 뜻을 드러내는 것이라는 점에서 단순한 기록이라기보다는 풀이 혹은 해석이라고 주장했다. 역사를 사실의 기록이라기보다는 뜻의 해석이라고 본 그러한 그의 인식, 특히 역사의 뜻을 설명하면서 현재와의 관련성을 강조한 그의 인식 등은 실증주의 역사관과는 뚜렷이 대조되는 것으로, 조광에 의하면 1920~1930년대 일본 사학계에서 맹위를 떨치던 크로체B. Croce를 비롯한 독일 신관념학파 역사철학의 영향을 받은 것이었다(함석헌, 1965ㄱ: 44; 조광, 2003: 531~533).

그러한 그의 반실증주의적 역사 인식은 그로 하여금 "우리가 아는 사실에는 주관의 렌즈를 통하지 않은, 있는 그대로의 객관적 사실이란 없다"고 주장하는 데까지 나아가게 했다. 그에 의하면

> 주관을 막아내는 사실이란 있을 수도 없고, 또 있다 가정하더라도 그것은 우리 살림과는 아무 관련을 갖지 않는 것이요, 따라서 역사의 대상이 되지도 않는다. 사실은 결국 사실이라고 알려진, 혹은 해석된 사실이다. 있는 그대로가 아니라, 이미 현재적으로 골라진 것이다.

결국 적어도 역사에서는 우리가 아는 객관적 사실은 처음부터 없다(함석헌, 1965ㄱ: 44~45).

그렇기 때문에 역사의 해석이 객관성을 주관적으로 왜곡시키는 작업이 아닌가 하고 염려하는 것은 어리석은 일이다. 역사 자체가 처음부터 주관적으로 선택되고 해석된 사실에 대한 작업이기 때문에 그는 역사의 생명이 역사적 판단과 해석 자체를 금하는 데 있지 않고 자기의 사적 유익을 위해 역사적 판단을 왜곡시키지 않는데, 즉 바름을 지키는 데 있

다고 주장했다. 그리고 이를 위해서는 "서로 충돌하는 작은 나, 거짓 나, 사私"가 아닌 "누구의 나에도 통할 수 있는 참 나", "산 나"의 관점에서 뜻을 깊이 "뚫어보는, 해석하는 힘"이 필요하다고 보았다(함석헌, 1965ㄱ: 45).

그렇다면 그가 말하는 뜻이란 무엇인가? 역사를 뜻의 해석으로 이해한 점에서 본다면 뜻이란 기본적으로 의미를 가리킨다. 하지만 그가 살아 있는 뜻이라고 했을 때 그것은 단순한 의미를 넘어 역사의 깊은 의미를 찾으려는 의지와 그러한 의미를 실현하려는, 즉 역사를 창조하려는 의지까지 함축한다. 그리하여 그런 관점에서 그는 뜻이라는 말을 의미와 의지의 두 가지로 사용했다고 밝힌 바 있다.

> 뜻이라는 말을 나는 두 가지로 씁니다. 하나는 의미meaning라는 뜻에서고 또 하나는 의지will라는 뜻에서입니다. …… 역사는 의미를 갖는 것이요 의지로써 이루어집니다(함석헌, 1967ㄱ: 202).

그러면서 또한 그는 하나를 찾는 마음이 뜻이라고도 설명했다.

> 여럿인 가운데서 될수록 하나인 것을 찾아보자는 마음, 변하는 가운데서 될수록 변하지 않는 것을 보자는 마음, 정신이 어지러운 가운데서 될수록 무슨 차례를 찾아보자는 마음, 하나를 찾는 마음, 그것이 뜻이란 것이다(함석헌, 1965ㄱ: 48).

즉 찾는 마음, 즉 찾으려는 의지가 뜻이라는 것인데, 여기서 찾는 대상은 여럿이 아니라 "될수록 하나인 것"이다. 말하자면 그가 찾으려는 역사의 뜻은 부분적이거나 혼란스럽거나 변하는 의미가 아니라 역사를 꿰뚫는 가능한 한 하나의 질서 잡히고 변하지 않는 의미인 것이다.

어쨌든 그는 역사를 통해 이 뜻을 찾아 얻을 때 비로소 "죽었던 돌과 나무", "떨어졌던 과거와 현재", "서로 원수 되었던 너와 나의 행동"이 각각 미美, 진眞, 선善으로 살아나게 된다고 보았다(함석헌, 1965ㄱ: 48).

그런데 문제는 역사에서 뜻을 붙잡는 해석이 해석하는 사람의 관점에 따라 달라진다는 것이다. 그렇기 때문에 뜻이 하나가 아닌 여럿이 되며 뜻을 해석하는 역사 또한 관점에 따라 다양한 역사가 되고 말 것이다. 하지만 함석헌은 역사의 그러한 다양성이 당연한 것이라고 보면서도 여기에 머물지 않고 참 역사, 바른 역사를 찾으려고 했다. 그리하여 마치 우리 몸이 산 속에 있으면 산의 부분만 볼 수 있지만 산의 꼭대기나 산 위에 있게 되면 산 전체를 볼 수 있듯이, "역사가 참 역사가 되기 위해서는 …… 우주, 인생을 굽어보는 자리에서 쓴 것이라야" 하기 때문에 역사를 뛰어넘는 자리에서 역사를 보는 것, 즉 그러한 사관이 매우 중요하다고 보았다. 역사의 시작이자 끝머리인, 즉 역사의 알파와 오메가인 사관 중에서도 이처럼 역사를 뛰어넘는 사관을 가져야만 참 역사를 알 수 있다는 것이다(함석헌, 1965ㄱ: 48~50).

그렇다면 역사를 뛰어넘는 사관은 어디 있는가? 그동안 유심사관, 유물사관, 민족사관, 계급사관 등 다양한 사관이 제시되어 왔다. 하지만 그에 의하면 종교야말로 "우주, 인생 속에 있으면서도 우주, 인생을 뛰어넘자는 것"이다. 그러므로 인생과 역사를 정말 뛰어넘는 자리는 종교적인 자리이며, 따라서 종교적인 자리에 서는 것, 즉 종교적 사관을 통해 비로소 참 역사를 알 수 있다면서 종교적 사관의 중요성을 특별히 강조했다(함석헌, 1965ㄱ: 50).

그러한 관점에서 그는 역사의 뜻을 중심으로 세계역사의 큰 테두리를 제시했다. 그것은 역사의 참 뜻이 하나이듯 역사란 하나이기 때문이다. 즉 한국역사는 세계역사와 따로 있는 것이 아니라 한 부분이므로 한국역사를 바로 알기 위해 적어도 세계역사의 테두리를 이해하는 것이 필수적이기 때문이다. 그는 세계역사의 테두리를 이해할 때 비로소 한국역사의 뜻을 제대로 알 수 있게 된다고 보았다. 즉 한국역사에 대한 평가와 세계역사 속에서의 한국인의 사명에 대해 이해할 수 있게 된다는 것이다(함석헌, 1965ㄱ: 44, 67~68).

그가 제시한 세계역사의 테두리는 세 가지 요점으로 간략히 정리될 수 있다. 첫째, 세계역사는 "사랑하는 사람을 찾는 이야기", 즉 아가페 운동의 역사다. 물론 인류역사의 과정은 수난의 과정이었으며, 비참의 연속이었다. 하지만 "모든 악은 선의 뒷면"이다. 그렇기에 그는 세계역사의 뜻이 가르치는 첫째 교훈이 어려운 때서, 진 자에게서, 고통에서 보다 감격스럽고 보람 있고 귀한 것을 찾는 것이라고 보았다. 전쟁에서 정의를 배우고 고통에서 사랑을 깨달으면서 영원한 사랑을 사모하며 찾아가는 과정이 인류역사라는 것이다(함석헌, 1965ㄱ: 68~72).

둘째, 세계역사는 자람의 과정이며, 영원의 층계를 올라가는 운동이다. 그는 순환론적 역사관을 비판하면서 인류역사는 죽은 것이 아니라 산 것이기 때문에 그저 끝없이 되풀이되지 않고 "적게 보면 되풀이하는 듯하면서 크게 보면 자란다"고 주장했다. 그러면서 역사의 운동을 수레바퀴나 나선 운동으로 비유하는 것이 좋다고 보았다.[5] 그리고 그런 관점에서 역사의 단계론을 제시했는데, 역사를 인생의 단계에 비유해 발생

5 그런 이유에서 김경재는 함석헌의 역사 인식을 "나선형 진보사관"이라고 표현했다(김경재, 2003: 80).

기, 성장기, 단련기, 완성기의 네 단계로 나누어볼 수 있다고 했다(함석헌, 1965ㄱ: 72~75).

셋째, 동양 역사와 서양 역사의 관계다. 그는 동양 역사와 서양 역사의 특징을 대조하면서 이처럼 동서양이 서로 다른 길을 걸어온 것을 우연히 그렇게 된 것으로 보기보다는 뜻을 찾아야 할 일로 보았다. 정신을 맡은 동양과 물질을 맡은 서양이 서로 도와 보다 높은 것을 드러내는 기회로 삼는 것이 그러한 뜻이라는 것이다. 역사의 시작이 동양에서 이루어졌으나 특히 근대에 와서 서양에서 물질문명이 발달했다. 그러나 현대의 서구문명은 폐해가 극심해졌기에 이제 동양이 동서 종합을 통해 서양을 건지고 세계역사가 한 단계 더 높은 새 지경으로 올라가게 해야 할 기회라는 것이다. 그러면서 그는 한국역사의 좌표와 사명이 바로 그러한 세계역사의 테두리와 방향 안에서 찾아져야 한다고 주장했다(함석헌, 1965ㄱ: 79~81).

2 역사와 고난

함석헌은 한국역사가 그동안 세계에서 유례를 찾을 수 없을 정도로 천재, 지변, 고역, 질병, 압박, 착취, 내란, 외적 침입, 분단 등으로 많은 고난을 당했다면서 한국사를 고난의 역사라고 특징지었다.[6] 그러면서 한국역사에 고난이 많았던 이유가 한민족의 성격이 "역사의 목적이 되고 진전의 원동력이 되는 이 뜻을 찾는 데 다부지지 못하기 때문에, 다시

6 함석헌은 자신의 고난의 역사관에 가장 큰 영향을 끼친 인물로 예수, 마치니, 간디 3명을 들었다(함석헌·김동길, 1973: 314).

말해서 주체성·심각성이 부족하기 때문이라고" 지적하면서 "이 부족을 보충하고 …… 우주사적 수난의 메시아의 사명을 다하기 위해 우리를 자극하자는 대생명의 공의公意가 움직여서 이 고난은 오는 것이라고" 주장했다(함석헌, 1967ㄱ: 202~203; 1965ㄱ: 95~96).[7]

물론 함석헌이 고난의 역사라고 부른 것은 한국역사만이 아니었다. 앞에서 언급되었듯이 세계역사, 즉 역사 자체가 고난의 과정이다. 그것은 세계역사가 사랑하는 사람을 찾는 이야기, 즉 아가페 운동의 역사이기 때문이다. 그에 의하면 개인의 일생의 모든 행동 뒤에는 인격적 주체가 있듯이 세계사 뒤에도 하나의 인격적 주체가 있는데, 그것이 바로 아가페다. 그런 점에서 그는 인간의 역사를 아가페의 역사라고 보았는데, 아가페란 고난과 심지어 죽음에서도 깨달아 배워 사모하고 추구하는 것이다. 그리하여 그는 "아가페란 죽음에 의해 사는 자"라고까지 표현했는데, 바로 그런 관점에서 "우리 역사는 아가페의 역사이므로 고난의 역사"라고 주장한다. 또한 "하나님은 사랑"이라면서 "고난에 의해 사랑을 배우는, 사랑을 행하는 인류역사는 '하나님께로'의 과정"이라고 주장한 것도 이와 같은 맥락에서다(함석헌, 1964ㄴ: 23~25; 1965ㄱ: 97, 446).[8]

이처럼 한국역사뿐만 아니라 세계역사를, 즉 인류역사 자체를 고난이 가득 찬 역사로 보면서도 거기서 긍정적이며 희망적인 뜻을 찾아내려고 아가페 운동의 관점에서 고난의 역사를 재해석한 그의 고난사관은 매우 독창적인 역사관이라고 볼 수 있다. 어쨌든 그는 그러한 고난사관에

7 함석헌의 역사관을 고난사관의 관점에서 정리한 대표적인 글로 노명식의 글을 참고할 수 있다(노명식, 1989).

8 함석헌에 의하면 역사를 아가페의 역사라고 할 때의 이 '아가페'는 공자에게서는 '인', 노자에게서는 '도', 석가에게서는 '자비' 혹은 '빔' 등에 해당된다(함석헌, 1965ㄱ: 54, 79).

입각해 일찍부터 특별히 한국역사에 대해 자세히 서술하면서 고난의 역사로서의 한국역사에 숨어 있는 적극적인 뜻을 보여주려고 했다. 그것은 그가 일제 강점기의 역사 교사로서 한민족의 젊은이들이 극심한 가난과 고난의 유산으로 인해 좌절하지 않을까 염려해 그들에게 새로운 희망과 사명감을 불러일으키고자 하는 마음에서였다. 그리하여 그는 오산학교 교사로 재직하면서 그러한 역사관을 담은 '성서적 입장에서 본 조선역사'를 〈성서조선〉에 연재했던 것이다(함석헌, 1965ㄱ: 96~97; 함석헌·김동길, 1973: 313).

그는 세계역사를 하나의 교향악에 비유하면서 한국역사는 세계역사의 테두리 안에서 개성적인 음색을 지닌 악기로 연주되는 방식으로 진행되어 왔다고 보았다. 그러면서 한국역사의 개성을 알기 위해서는 그가 한국역사의 기조라고 표현한 세 가지 면, 즉 한반도의 지리, 한민족의 특징, 그리고 그가 하나님의 뜻이라고 표현한 역사의 뜻을 파악할 필요가 있다고 주장했다(함석헌, 1965ㄱ: 83~86).[9]

9 한국역사가 고난의 과정이었던 이유를 그가 지리적 조건으로 설명한 것은 당시에 풍미하던 지리적 결정론의 영향 때문이었다. 이만열은 당시 식민주의사관을 주장하던 사람들이 지리적 결정론으로 한국역사의 타율성을 강조하는 경향이 있었다면서 함석헌이 지리적 결정론을 수용한 것을 일제하 교육의 영향으로 보았다(이만열, 1991: 72~73). 한국역사가 고난의 과정이었던 다른 이유로서 그가 한국인의 혹은 한민족의 성격을 제시한 것은 당시의 민족사관의 영향 때문이었다. 그는 당시의 역사학계에서 유행하던 경향 중에서 영웅과 계급을 각각 역사의 동인으로 간주한 영웅사관과 계급사관을 단호히 거부하는 대신 민족을 동인으로 삼은 민족사관을 수용했다. 비록 그는 처음부터 배타적 민족주의 내지 국수주의적 민족주의에는 반대한 열린 민족주의자이자 세계주의자였지만 어쨌든 지금까지 전개되어온 역사에서 그리고 특히 일제의 식민지로 떨어진 한국역사에서 민족은 특별히 중요한 담지자로서의 역할을 수행해 왔다고 보았다. 하지만 해방 이후 그는 '민족' 중심의 역사가 이제는 마감되었다고 보았다. 비록 민족이 더 이상 중요하지 않다는 것은 아니지만 대신 '사회'가 더 중요해졌고 '세계 인류' 전체의 관점이 훨씬 더 중요하게 되었다는 것이다. 그런 인식에 따라 그는 역사에서 민족 대신 민중을 훨씬 더 강조하게 되었고, 그것이 마침내 그의 씨ᄋᆞᆯ 역사관으로 발전하게 되었다(이만열,

그중 그는 거의 정해진 객관적 조건인 지리와 민족이 역사의 기조를 결정하는 데 중요한 요소지만 셋째 요소인 하나님의 뜻 혹은 역사의 뜻이 그것들보다 더 결정적인 요소라고 보았다. 왜냐하면 역사를 우연한 것으로 보지 않는 그의 관점에서 본다면 한국의 지리와 한민족의 기질도 결코 우연한 것일 수 없으며, 하나님의 뜻에 의해 비로소 존재 이유가 부여될 수 있기 때문이다. 그리하여 결국 세계역사에서 독특한 개성을 지닌 한국역사를 알기 위해서는 무엇보다도 한국역사 위에서 일하는 하나님의 계획 내지는 섭리, 즉 역사의 뜻을 알도록 노력해야 하는데, 그것의 핵심이 고난의 역사라는 것이다(함석헌, 1965ㄱ: 93~95).

함석헌이 보기에

> 한국역사의 밑에 숨어 흐르는 바닥 가락은 고난이다. 이 땅도 이 사람도 큰일도 작은 일도 정치도 종교도 예술도 사상도 무엇도 무엇도 다 고난을 드러내는 것이다(함석헌, 1965ㄱ: 97).

여기서 중요한 것은 고난 자체가 아니라 고난을 이기는 것이다. 왜냐하면 고난을 이기는 자에게는 고난이 매우 유익한 것이지만 고난에 저버리는 자에게는 망하게 하는 재난이 될 수 있기 때문이다. 그런데 그가 보기에 그동안의 한국역사는 오랜 고난에 눌려 생명이 망가지고 말았다. 그리하여 원래는 그렇지 않았는데 "고려시대 이래 종교, 문학, 미술, 풍속할 것 없이 모든 것이 줄곧 시드는 길을" 밟아 왔다고 그는 묘사했다(함석헌, 1965ㄱ: 430).

1991: 72~73; 조광, 2003: 543 이하; 함석헌, 1967ㄱ: 205~206; 함석헌·송기득, 1978: 406 이하; 함석헌·최일남, 1983: 19~20).

함석헌은 여기서 반전을 일으킨다. 그러한 고난은 결코 자연 현상이나 잔혹한 운명의 장난이 아니라 하나님의 섭리라는 것이다. 왜냐하면 "고난은 생명의 한 원리"이기 때문이다. 고난 없는 인간의 삶은 상상할 수 없다. 하지만 그런 소극적 의미를 넘어 고난은 인간의 삶을 더 나은 생명으로 이끄는 계기가 된다. 그가 보기에 특히 인생과 역사에 관해 고난에는 많은 뜻이 있다. 예컨대 고난은 인생과 역사를 깨끗하게 하며, 심화시키며, 위대하게 만든다. 뿐만 아니라 고난은 인생과 역사를 하나님에게로 이끈다. 이스라엘 종교와 인도 철학의 발전 과정이 보여주듯이 인류는 고난을 통해서만 생명의 근원인 하나님을 찾아 왔다는 것이다(함석헌, 1965ㄱ: 131, 447).

그렇기 때문에 그는 고난을 피하기부터 하고 비탄만 하는 것을 어리석은 태도로 간주한다. 그보다는 오히려 우리의 약한 점을 드러내기 위해, 그리고 보다 강해지기 위해 고난을 받아야 한다고 보았다. 그는 "장차 올 새 역사에서 우리 사명을 다할 수 있는 자격자가 되기 위해" "우리가 가진 낡은 모든 것을 사정없이 빼앗아가는 고난의 좁은 문이 필요하다"고 주장했다(함석헌, 1965ㄱ: 448~449).

물론 그러한 고난이 결국 의미 있으려면 그것을 견뎌내 마침내 극복해야만 한다. "생명을 마비시키는 숙명철학"을 비롯한 모든 낡은 것을 과감히 벗어버리고 과감히 일어서야 한다. 그리고 우리 안과 밖에 있는 모든 불의와 싸워야 한다. 이 싸움을 위해서는 힘이 필요한데, 그는 이 힘이 사명을 깨닫는 데서 온다고 보았다.

> 까닭이 곧 힘이다. 사람은 정당한 까닭만 있으면 하나님과도 겨뤄대려 한다. 그러므로 사명의 자각이야말로 재생의 원동력이다. …… 거의 쇠망하도록

지친 민족일수록 세계적 사명을 자각시킬 필요가 있다"(함석헌, 1965ㄱ: 449, 455~456).

이런 관점에서 그는 고난의 역사를 가진 한민족 혹은 한국인에게 특별한 세계적 사명이 주어져 있음을 강조하면서 이 사명이 무엇인지 보여주려고 애썼다. 앞서 살펴본 세계역사의 테두리에 대한 그의 설명에서 세 번째는 동양문명과 서양문명의 관계에 관한 것이었다. 이 설명에 따르면 근대의 서구문명에 기초한 현대의 세계문명은 극심한 폐해를 노출하고 있기 때문에 이제는 동양이 동서 문명의 종합을 통해 현대문명의 위기를 극복하고 문명을 더욱 발전시켜야 한다. 바로 이 역할을 수행하는 데 그는 한국인의 사명이 있다고 보았다.

그리고 그에 의하면 지금까지의 인류 문명은 약육강식을 근본 원리로 한 문명이었으며, 인류역사는 폭력을 통한 쟁탈의 역사였다. 그러나 그 결과가 인류의 파멸임이 드러난 지금 인류는 그러한 원리의 잘못을 차츰 깨닫기 시작했다. 그리하여 인류가 패망하기를 자처하지 않는 한 미래 문명의 방향, 앞으로의 역사의 방향은 완전히 전환될 수밖에 없다. 물론 생명은 싸움이므로 역사에서 싸움이 그칠 수는 없다. 하지만 이전의 폭력, 미움, 쟁탈의 싸움의 역사는 이제 지나가고, 대신 도덕, 진리의 싸움의 역사가 시작될 것이다(함석헌, 1965ㄱ: 460~461, 465).

그렇게 되면 과거에 폭력을 사용하지 않아서, 악하지 않아서 큰 고난을 당하던 민족도 앞으로는 높은 도덕과 진리를 바탕으로 세계역사에 크게 기여할 수 있다. 더구나 한민족처럼 가진 것이 없는 민족은 방향을 전환하기 더욱 쉬우며, 평화를 사랑하느라 고난을 많이 경험한 민족은 이미 도덕성이 높은 민족인 데다가 고난을 통해 더욱 높은 도덕을 발전시키기에 좋다. 그렇기 때문에 그는 한민족, 한국인이 비상한 도덕, 진리, 용맹으로 싸울 힘을 잘 준비한다면 그러한 세계적 사명을 누구보다 더 적극적으로 감당할 수 있으리라고 주장했다(함석헌, 1965ㄱ: 122, 461, 465; 함석헌·김동길, 1973: 299).

함석헌의 고난사관은 그의 역사 단계론에서도 발견된다. 앞에서 세계역사의 테두리에 대한 그의 설명을 소개할 때도 언급했지만 그는 역사를 인생의 단계에 비유해 발생기, 성장기, 단련기, 완성기로 나누었다. 여기서 단련기는 기원 후 오늘날까지의 시기로, 회의의 시대요 괴로운 싸움의 시대요, 다듬음의 시대다.[10] 그에 의하면 이 시대는 현세적이며 동적이며 이성적이며 분석적인 서구민족이 주도했으나 이제 차츰 주도권이 동양으로 옮겨지려 하고 있는데, 지금은 인류 문명이 전쟁으로 끝맺느냐 아니면 새 문명으로 들어가느냐의 갈림길에 놓여 있다. 마지막 완성기는 현실 속의 단계라기보다는 우리 마음에 있는 환상으로, 언제 올지 모른다. 하지만 한마디로 아가페로 특징지을 수 있는 이 마지막 완성기라는 환상이 있음으로써 역사가 그것에 이끌리어 나아간다. 그렇게 본다면 우리가 오늘날 속해 있는 현대문명의 직접적 배경이 되는 근현대의 세계역사는 중세역사와 함께 역사의 마지막 완성을 향해 나아가는 고난의 역사에 해당된다(함석헌, 1965ㄱ: 75~79).

그러한 역사 단계론을 그는 한국역사에도 적용했다. 그는 단군조선시대를 발생기로, 그리고 열국시대와 삼국시대를 성장기로 각각 묘사했다. 그리고 고려시대는 성장기에서 단련기로 넘어가는 과도기에 해당하는 것으로, 본격적인 단련기 혹은 시련기는 조선시대부터 지금까지 이어

10 발생기는 인류의 등장 시기인데, 아직은 정확히 언제부터 언제까지인지 알기 어려우며, 성장기는 인류의 큰 문화권이 형성되고 동서양에서 위대한 정신적 지도자가 배출된 시기이다.

지고 있는 것으로 묘사했다. 이처럼 그는 조선시대 이후 일제 강점기와 한국전쟁 시기를 거쳐 오늘날까지의 한국역사를 극심한 고난의 시기로 묘사하면서도 한국역사가 그러한 고난의 상태로 끝나지 않고 완성기를 향해 앞으로 나아가고 있다는 점을 제시함으로써 한국역사에 대한 자부심, 사명감, 그리고 미래에 대한 희망을 고취시키려고 했던 것이다(함석헌, 1965a; 135 이하; 조광, 2003: 537~542).

이렇게 보면 함석헌의 고난사관은 목적론적 사관임을 알 수 있다. 앞에서 김경재가 그의 역사관을 나선형 진보사관이라고 표현한 것을 소개한 바 있다. 즉 역사는 반복하는 듯이 보이지만 단순히 반복하는 것이 아니라 길게 보면 앞으로 나아간다는 의미다. 역사가 앞으로 나아간다는 의미에서 그의 역사관을 진보사관이라고 부를 수 있다. 하지만 그의 진보사관은 나선형적이라는 점에서 단선적인 진보사관과 다르다. 게다가 그의 진보사관은 역사가 앞으로 나아가는 것이 기계적으로 혹은 어떤 객관적 원리에 의해 자연적으로 이루어지지 않고 뜻에 따라, 즉 주관적 의지를 통해 이루어진다고 본다는 점에서 기존의 진화론적 역사관이나 심지어 변증법적 역사관과도 구별된다.[11] 그러면서 아가페가 실현되는 완

11 함석헌은 인류와 세계의 진화를 부인하지 않았지만 다윈의 진화론 같은 기존의 자연주의적 진화론은 거부했다. 마찬가지로 그는 역사에서의 진화 현상 자체를 부인하지 않았지만 역사를 자연주의적 진화 과정으로 설명하거나 특히 생존투쟁, 경쟁 등을 기본 원리로 삼아 설명하는 방식의 진화론적 역사관은 단호히 거부했다. 그는 진화론 중에서도 생존투쟁을 통한 진화를 주장한 다윈의 진화론을 거부하고 협동을 통한 진화를 주장한 크로포트킨P. A. Kropotkin의 진화론을 높이 평가했으며, 기계론적이며 단선적인 진화론 대신 돌연변이설, 창조적 진화론 등을 옹호했다(함석헌, 1959ㅁ: 24~25; 1964ㄴ: 27 이하, 106). 역사 혹은 사회의 진화에 대한 함석헌의 인식과 관련해서는 그를 사회진화론자로 보는 김영호와 이를 비판하는 김상봉 사이의 논쟁을 참고할 수 있다(함석헌, 1964ㄴ: 25 이하; 김영호, 2009: 9, 11; 김상봉, 2010: 95 이하). 그리고 김경재는 역사의 모순이 "이성의 간계"에 의해 변증법적으로 지양된다고 본 헤겔의 변증법적 역사관과 달리 함석헌은 역사의 주체인 씨ᄋᆞᆯ의 저항과 거룩한

성기를 역사의 마지막 단계로 설정했다는 점에서 그의 역사관은 목적론적 특징이 매우 뚜렷한 역사관이자 종말론적 역사관이라고도 할 수 있다.[12]

3 역사, 민중, 씨울

함석헌의 목적론적인 고난사관에 의하면 역사에 주어진 과거와 현재의 고난은 미래의 발전과 궁극적으로는 역사의 완성을 위한 뜻으로 이해되며, 마찬가지로 지금까지 한국역사를 점철해온 고난은 세계역사의 발전과 완성을 위한 숭고한 뜻으로 읽힌다. 그렇다면 역사적 고난의 그러한 뜻은 누구에 의해 주어지며 또한 누가 정확히 파악하게 되는가? 더구나 함석헌이 말한 역사의 뜻이 단지 역사의 의미를 가리킬 뿐만 아니라 그러한 의미를 찾고 실현하려는 의지까지도 포함한다면 역사의 발전과 완성을 위한 고난의 의미를 실현하려는 역사의 담지자 혹은 주체는 과연 누구인가? 그러한 질문과 관련해 제시된 함석헌의 역사 인식에는 크게 두 가지가 있는데, 섭리사관과 민중사관이 그것이다.

섭리사관은 함석헌의 종교적 역사관의 매우 중요한 특징이다. 이 종

자기희생을 통해 이 모순이 극복되는 것으로 본다는 점에서 두 역사관이 서로 뚜렷이 구별된다고 지적한 바 있다(김경재, 2003: 93).

12 조광은 "'역사적 관념주의'의 범위 안에 드는 종말론적 역사 인식, 목적론적 역사 인식"이 함석헌의 역사 인식의 가장 중심적 특징이라면서 함석헌이야말로 목적론적 역사 인식을 기반으로 한국역사(조선역사)의 전개 과정을 본격적으로 이해하려고 한 첫 번째 연구자였다고 주장했다(조광, 2003: 542, 544). 김상봉 역시 함석헌의 역사 인식을 목적론적이라고 특징지었다(김상봉, 2005: 53).

교적 사관에 의하면, 역사는 우연의 결과가 아니라 생명의 근본인 하나님의 뜻에 의해 시작되었고 또한 인도되어 왔으며 앞으로도 그러다가 언젠가 종말에 이르게 된다. 이처럼 역사의 출발, 과정, 종말이 모두 하나님의 뜻에 의해 이루어지는 것으로 보는 역사 인식을 한마디로 섭리사관이라고 부른다. 특히 고난사관과 관련해 그러한 고난의 역사가 진행되는 과정을 그가 하나님의 뜻, 섭리와 관련시킨다는 점이 특히 주목할 점이다(함석헌, 1965ㄱ: 60~61).

> 하나님은 섭리의 하나님이요, 역사는 그 나아가는 바퀴를 그 섭리의 축으로 꿰었다(함석헌, 1965ㄱ: 61).

하지만 그가 역사를 하나님의 섭리로 보았다고 해서 하나님이 당신 뜻대로 역사를 일방적으로 끌어간다고 생각한 것은 아니다. 그는 하나님이 우주에 "자유의지"를 넣었다는 점을 특별히 강조했는데, 그것은 "생명의 근본 원리는 스스로 함"이며, 하나님도 "스스로 하는 정신"이기 때문이다. 따라서 그는 하나님이 죽은 기계를 좋아하지 않으며, "자기를 항상 자유하는 생명을 가진 인격을 통해 나타내기를 쉬지 않는다"고 보았다. 그리고 그런 관점에서 인간의 자유의지와 하나님의 섭리 사이의 관계를 이렇게 표현했다.

> 그는 우리에게 자유의지를 주고 우리가 자라서 자기에게 오기를 바란다. 그리고 그 자유의지 위에서 손을 펴고 일한다. 간섭을 하는 것이 아니라 기르고 보호하고 이끈다. 그러므로 아가페다(함석헌, 1965ㄱ: 61).

함석헌의 그러한 섭리사관은 인간의 관점에서 볼 때 결코 숙명론이 아님을 알 수 있다.[13] 그리고 인간에게 부여된 자유의지도 절대적인 것이 아님을 알 수 있다. 그의 표현에 의하면

> 사람은 자유지만 또 넘을 수 없는 절대의 너에게 얼굴을 맞대인 자유다. …… 자유의 값은 제 마음대로 하는 데 있지 않고, 도리어 제 마음대로 하지 않는 데, 자진해 하나님에게 바치는 데 있다. …… 무조건이 아니다. 어떤 조건이 있다. 그것이 도덕이다.

즉 인간에게는 자유의지가 부여되어 있지만 이 자유의지는 무조건적인 것이 아니고 도덕적 책임이 따르는 것이라는 주장이다. 그런 관점에서 그는 자유의지를 가진 인간은 동시에 역사에 대해 도덕적 책임도 갖는 존재라고 보았다. 그리고 인간이 도덕적 책임자라면 인간의 역사도 도덕적 의미를 갖게 되므로 역사는 단순한 진화나 문화의 발달을 넘어 도덕적 향상 혹은 발달 과정을 의미한다고 주장했다(함석헌, 1965ㄱ: 61~64).

민중사관은 그의 종교적 역사관에 직접 속한 것은 아니지만 그의 고난사관뿐만 아니라 역사 인식 전반의 특징을 이해하는 데도 매우 중요하다. 그는 섭리사관에 의거해 인간의 역사를 하나님의 뜻이 인간을 통해 실현되는 과정으로 보았다. 즉 아래에서는 인간이 그리고 위에서는 하나님이 역사를 이루어간다는 것이다.[14] 물론 앞에서 그가 지리, 민족, 하나

13 인간의 관점에서 숙명론에 가까운 섭리사관을 김경재는 통속적 섭리사관이라고 부르면서 그것과 함석헌의 섭리사관은 근본적으로 다르다는 점을 강조한 바 있다(김경재, 2003: 95).
14 그런 관점에서 그는 역사를 하나님과 사람의 대화라고 표현하기도 했다. "역사는 하나님

님의 뜻을 역사의 기조를 결정하는 중요한 요소로 간주했다고 지적한 바 있듯이 인간과 하나님 외에 우주의 자연적인 조건도 역사과정에서 중요한 영향을 끼치는 요소지만 그것은 거의 정해진 객관적인 조건이기 때문에 그는 하나님의 뜻을 실현하는 역사의 담지자 혹은 주체로서 자유의지를 가진 인간의 역할에 특별히 주목했고, 인간 중에서도 특히 혈연에 근거해 오랫동안 지속되어온 인간 공동체인 민족에 주목했다.

물론 그가 역사의 담지자로서 특히 민족에 주목한 데는 '성서적 입장에서 본 조선역사'를 처음 집필하던 당시가 한반도에서는 민족의 극심한 수난기여서 민족사관의 영향이 컸던 시기였을 뿐만 아니라 세계적으로도 민족주의의 영향이 매우 강한 시기였던 배경이 작용했다. 그러나 그가 보기에 제2차세계대전이 끝난 현대에 들어서 민족주의는 퇴조하고 세계주의가 훨씬 강화되었다. 게다가 국내에서는 이승만정권의 폭압통치, 박정희정권의 군부통치 등이 이루어지고 또한 한국전쟁을 경험하면서 민족을 역사의 담지자로 보는 인식에 변화가 요구되었다. 즉 하나님의 뜻 혹은 역사의 뜻을 실현할 주체로서 민족 중에서도 지배자, 권력자, 정치인 등이 아닌 일반 대중, 즉 민중을 분리할 필요가 있었던 것이다(함석헌, 1978ㄱ: 148~150; 1968ㄹ: 258~260; 함석헌·송기득, 1978: 407~408).

그리하여 이전에는 민족을 곧 민중과 동일시하곤 했던 그가 이제는 민족 구성원 중에서도 지배집단에 속한 일부 소수를 제외한 나머지 일반인을 민중, 즉 씨ᄋᆞᆯ로 여기면서 특별히 그들에게 역사의 담지자 역할을 맡기려고 했다. 그리고 더 나아가 민족 경계가 약화되고 세계가 하나로

과 사람의 대화다. …… 역사는 인간의 인격과 거기에 절대적으로 대립하는 초월적인 인격 사이에서 묻고 대답하는 것일 수밖에 없다"(함석헌, 1959ㅅ: 223).

되는 시대의 변화상을 반영해 민족 경계와 무관하게 이처럼 지배집단에 속하지 않은 세계의 모든 일반인을 역사의 담지자이자 주체인 민중 혹은 씨올로 불렀다(함석헌, 1968ㄷ: 263 이하; 함석헌, 1963ㅅ: 182~185).

그렇지만 민중이 역사적 역할을 담당할 수 있기 위해서는 역사의 소리를 듣고 뜻을 잘 깨달아야 한다. 그리하여 함석헌은 귀를 열어 역사의 소리를 듣는 민중을 깬 민중 혹은 깬 씨올이라고 부르면서 민중이 역사적 책임을 잘 감당하려면 똑똑히 깨어 있어야 한다고 주장했다. 이처럼 민중이 깨어 있어야 하지만 어쨌든 사적 이해관계 때문에 역사의 뜻을 왜곡하지 않고 바르게 깨닫고 해석할 수 있는 사람은 지배집단의 사람이 아닌 민중이다.[15] 그것은 비록 민중도 이해관계와 전혀 무관한 사람이 아니지만 그들은 가진 것이 없거나 가벼워서 그것을 쉽게 떠나 역사의 뜻을 바르게 해석할 수 있기 때문이다. 게다가 더 근본적으로는 역사의 뜻을 찾는 것이 전문적으로 법칙을 찾는 작업이 아니라 정신과 생명을 찾는 일이어서 누구보다도 인격과 생명을 중시하는 민중의 눈을 필요로 하기 때문이다(함석헌, 1974ㄴ: 229 이하; 1964ㄴ: 21 이하; 1959ㅈ: 190; 함석헌·송기득, 1978: 401).[16]

이처럼 그는 특히 현대에 와서 깨어 있는 민중에게 역사의 담지자 역할을 적극적으로 부여했지만 사실은 오랜 고난의 역사에서 고난의 주

15 함석헌의 역사이론에서 민중의 관점과 씨올의 자리야말로 바른 역사 해석의 관점과 자리라는 점을 설명한 다른 글로는 김경재의 글을 참조할 수 있다(김경재, 1990: 102 이하).

16 그런 관점에서 그는 전문 역사가들에게 비록 그들이 역사적 사실의 자세한 기록을 주된 과제로 삼지만 역사적인 뜻의 해석을 요구하는 민중을 위해 결국에는 민중의 역사, 즉 씨올의 역사를 쓸 것을 요청했다. "왜 그렇게 씨올에 대해 무정한가? 요리사를 둔 것은 주인의 건강을 위해서가 아닌가? 전문 역사가를 둔 것은 씨올의 먹을 역사를 마련해주기 위하여서다. 한 권의 씨올의 역사를 써낸 후에야 그의 책임은 다해지는 것이다"(함석헌, 1965ㄱ: 45~46).

역이 바로 민중이었다는 점에서 본다면 그에게서 민중사관은 고난사관의 바탕이었다고 할 수 있다.

> 나라의 주인공이면서도 짐승 대접을 받고 어려운 때가 오면 아낌없이 팔아넘김을 당하던 민중이야말로 비통한 역사의 주인공입니다(함석헌, 1968ㅅ: 302).

그에 의하면, 한 나라가 외국 군대에 의해 침탈당하면 가장 심하게 고통당하는 것은 민중이다. 군주나 지배집단은 나라의 주인공인 민중을 버리고 적에게 항복하거나 아니면 다른 비굴한 방식으로 살아남는 일이 비일비재하지만 민중은 결코 자신을 팔아넘기지 않는다. 오히려 임진왜란 때 의병이 되어 일본군에 대항한 것처럼 민중은 가진 것 없이도 나라의 주인으로서 목숨을 바치면서까지 책임을 감당하려고 한다. 이처럼 고난의 역사에서 수많은 무명의 민중이 죽이면 죽고 버리면 버림을 당하지만 그러면서도 민중은 "겸손히 끈질기게 용감하게 그냥 살아남아" 전쟁 같은 고난이 지난 후 다시 삶을 꽃피운다. 그 결과 고난의 과정에서 왕조나 지배 세력은 바뀌어도 한 나라가 이어지고 나라의 문화가 계승되는 것은 바로 그들 민중을 통해서라고 그는 주장했다(함석헌, 1968ㅅ: 302; 1968ㅇ: 310 이하).[17]

물론 과거의 수많은 역사는 군주나 귀족 같은 지배집단의 역사로 기술되어 왔다. 그것은 민중이 나라의 주인, 역사의 주인이었지만 아직 충분히 싹틀 시기가 되지 못해 잠잠히 있었기 때문이다(함석헌, 1975ㄹ:

17 함석헌이 『뜻으로 본 한국역사』에서 한국역사를 씨ᄋᆞᆯ의 역사라는 관점에서 서술한 내용을 간략히 정리한 글로는 김기승의 글(2006: 78 이하)을 참고할 수 있다.

170~171).[18]

그는 인간 역사를 원시공동체 시대, 개인의 시대 혹은 영웅의 시대, 그리고 전체의 시대의 세 시기로 구분한 바 있다. 그중 원시공동체 시대는 개인의 몸은 있었지만 인격이 없던 때다. 두 번째 시대는 공동체에 대한 개인의 반항이 일어나기 시작한 시대로, 영웅의 시대로부터 시작되었으나 군주에 의한 절대적 지배 체제 아래서 민중이 인간으로서의 자아의식을 발전시키면서 스스로를 인격적 개인으로 생각하게 된 시대다. 세 번째의 전체의 시대는 제2차세계대전 이후의 현대에 해당하는데, 그의 표현을 따르면, "민중이 개인으로 생각하는 것이 아니라 전체로서 생각" 하는 시대다. 즉 세계 전체 민중의 관점에서 생각하는 시대다(함석헌, 1975ㄹ: 169~172).

그러한 그의 설명에 의하면, 민중이 역사의 주인이었으며, 특히 고난의 역사에서 고난의 주역이었지만 오랫동안 나라와 역사에 주인으로 참여하지 못했는데, 그것은 개인적으로나 집단적으로 주인으로서의 자의식을 충분히 깨우치지 못해서였다. 하지만 민중이 근대에 와서 개인으로서의 자의식을 뚜렷이 갖게 되었고, 더 나아가 현대에 와서 세계 전체 민중의 관점에서 생각할 수 있게 되면서 이제부터 인류역사는 "민중이 참여하는 역사"로서 정말 시작된다고 주장했다(함석헌, 1968ㄷ: 263).

그리고 앞으로의 인류 문명 자체가 점점 더 민중에 속한 것이 되리라고 예상했다.

이 앞의 사람의 문명은 점점 더 민중의 것일 것이라는 점입니다. 지금까지 문

18 그는 오늘날까지도 훌륭한 군주나 지도자로 인정받는 자는 대개 민중, 즉 백성을 주인으로 알고 대했던 자들이라고 보았다(함석헌, 1975ㄹ: 171).

명은 일부 특별한 사람들의 것이었습니다. 생각해서 지어내는 것은 특별한 재주를 타고나고 생활조건을 넉넉히 받아가지고 난 사람만이 했고 일반 씨올들은 그저 따라갔습니다. …… 그리 큰 해가 아니 되는 한 자유를 어느 정도 양보하고라도 좀 문제없이 살아보자는 것이 민중입니다. 그런데 지금은 그렇게 아니 되게 됐다는 말입니다. …… 사람들은 이제 깨기 시작했습니다. …… 민주주의의 표어는 전체입니다. 누구나 다 사람입니다. 하나도 빠져서는 아니 됩니다. 이 앞으론 점점 그런 길로 나갈 거란 말입니다(함석헌, 1963ㄴ: 114~115).

민중사관에 대한 이상의 논의를 간략히 정리하면, 첫째, 민중은 역사의 기조를 결정하는 요소인 인간의 가장 오랜 공동체인 민족의 핵심 구성원이다. 하지만 함석헌은 현대에 와서 민족의 관점보다 세계의 관점이 훨씬 더 중요해진 시대정신을 반영해 민족 경계를 뛰어넘을 수 있는 개념으로 민중 개념을 넓혀 이를 역사의 가장 중요한 담지자, 즉 역사의 뜻을 실현할 주체로 삼았다. 둘째, 역사의 뜻을 실현하기 위해서는 이 뜻을 바르게 잘 파악할 수 있어야 하는데, 민중은 다른 집단에 비해 이 점에서 가장 유리하고 적합한 집단이다. 셋째, 민중이 역사의 뜻을 충분히 깨닫고 역사적 역할을 자각하게 된 것은 근대 이후이며 특히 현대에 와서 매우 뚜렷해졌다. 하지만 민중은 과거에 주인으로 인정받지 못했을 때도 언제나 주인이었기 때문에 고난의 과정에서 가장 심한 고난을 당하면서도 생명력을 발휘해 역사를 이어 왔다. 그러다가 마침내 현대에 와서 그들 민중이 중심이 되는 시대가 시작되었으며, 앞으로의 인류 문명은 더욱 더 그러한 방향으로 전개되리라는 것이다.

이처럼 함석헌은 민중, 즉 씨올을 역사의 주인으로 여겼지만 그렇다고 그들을 결코 흠 없는 집단으로 미화하지는 않았다. 민중 중에는 자의식을 갖지 못한, 즉 아직 깨지 못한 민중도 있으며, 오랜 고난의 역사 속에서 부정적 특성을 갖게 된 경우도 있으며, 사적 이해관계와 무관하지 않으며, 같은 민중 출신이면서도 민중을 배반한 교육자, 종교인 등에 의해 속기도 하는 등 역사의 담지자로서 극복되어야 하는 여러 부정적인 모습에 대해서 그는 자주 언급했다. 그럼에도 불구하고 그는 민중, 곧 씨올이 근본적으로는 여러 면에서 우주와 생명의 원리에 가장 가까운 사람들이어서 그러한 부정적인 특성을 깨닫고 극복하는 것이 가능하다고 보았다(함석헌, 1959ㅇ: 91; 1979ㅊ: 276).

그러면서 그는 민중에게 특히 믿음이 매우 중요하다는 점을 강조했다. 즉 민중 자신 속에 하나님의 뜻, 역사의 뜻이 있음을 믿고 이를 바탕으로 서로를 끝까지 믿으며 사랑함으로써 하나가 되어야 할 것을 주장했다. 그리고 하나가 되기 위해서는 서로 사랑해야 하지만 사랑하기 위해서는 서로를 믿어야 한다는 점을 특별히 강조했다. 믿음을 통해 각자가 절대자를 만나 그 뜻을 깨닫고 그것을 바탕으로 서로를 믿어 하나가 될 때 민중은 자기 한계를 극복하고 역사의 뜻을 구현하는 고귀한 역할을 능히 감당할 수 있다는 것이다(함석헌, 1970ㅁ: 297; 1973ㄷ: 308; 1964ㄹ: 232~233; 1971ㅎ: 28~29).

4 맺음말

함석헌은 이처럼 고난사관과 민중사관으로 역사를 파악하면서 한국역사를 서술한 최초의 인물이다. 그는 한국역사에 대한 서술을 통해 민중이 오랫동안 큰 고난을 당해온 뜻이 무엇인지 알려주면서 민중 곧 씨ᄋᆞᆯ이 바로 역사의 주인임을 깨닫게 하려고 노력했다. 그것은 결국 민중을 향해 일제의 탄압이든 한국전쟁이든 아니면 군사독재든 어떤 고난에 처해 있더라도 그것이 결코 절망에 빠지거나 자포자기할 일이 아님을 알려주고자 한 것이었다. 그리고 그러한 고난이 오히려 깨달음, 교육, 훈련 등을 통해 보다 온전한 새로운 역사와 문명으로 나아가는 과정이라는 희망을 보여주면서 그들 민중 곧 씨ᄋᆞᆯ에게 희망을 실현할 역사적 책임의식을 부여하려는 것이었다.[19]

그러한 함석헌의 역사 사상은 그의 사상 전반에서 가장 먼저 그리고 체계적으로 제시된 것이어서 가장 널리 소개되어 있을 뿐만 아니라 연구 및 논의도 가장 많이 이루어져 있다. 그중 역사학자의 몇몇 논의를 그의 사상에 대한 평가를 중심으로 간략히 소개하면 다음과 같다.

먼저 이만열은 함석헌의 역사학이 뚜렷한 역사관을 갖고 전개되었다는 점, 고난으로써 인류를 구하는 숭고한 책임을 부여함으로써 고난의 역사를 축복의 역사로 대전환시킨 점 등을 높이 평가한 반면 당시에 풍미하던 지리적 결정론을 그가 수용한 것은 역사 인식의 한계를 드러낸

19 그가 한국역사를 고난의 역사, 민중의 역사로 보았다고 해서 한국인이 외부의 힘에 의해 고난당한 점만 주목하고 월남전 참전 사례처럼 한국인이 다른 약한 민족에게 고난을 가한 점을 무시한 것은 아니다. 그리고 그러한 가해자로서의 책임을 오직 미국과 일부 권력자에게만 돌리고 민중에게는 면죄부를 준 것도 아니다(함석헌, 1971ㅁ: 181~183; 1978ㅂ: 210~211). 사실 국내에서만 보더라도 지역차별, 성차별, 연령차별, 학력차별 등으로 인해 더욱 많은 고난을 당한 사람과 상대적으로 혜택을 누린 사람이 있는데, 그러한 차별의 책임을 일부 권력 집단에게만 돌릴 수는 없는 일이다. 그러므로 고난의 역사를 전반적으로 볼 때는 민중이 피해자로서 살아왔지만 그들이 때때로 국내외에서 가해자로서의 역할을 수행한 점에 대해서는 통렬하게 반성해야 할 점도 민중은 역사의 뜻으로 발견할 수 있어야 할 것이다. 그럴 때 비로소 민중이 더욱 자리갈 수 있으며 또한 그들을 통해 진행되는 한국역사도 세계사에 더욱 의미 있는 기여를 할 수 있게 될 것이다.

것이라고 평가했다(이만열, 1991: 72~73).

조광은 함석헌이 역사에 미친 지리적 요소뿐만 아니라 "성격적 특질" 혹은 혈연적 요소에도 지나치게 집착했다는 점을 한계로 지적했으며, 이와 함께 "조선사의 역사서술에서 정신적 요소를 지나치게 강조함으로써 역사의 동인을 단순화시켰다"는 점도 지적했다. 하지만 함석헌이 목적론적 역사 인식을 갖고 조선사의 전개 과정을 본격적으로 이해하려고 한 첫 번째 연구자였을 뿐만 아니라 이미 1930년대에 근대적인 역사 연구 방법을 활용해 확실한 역사 개설서를 남긴 드문 인물이기도 하다는 점 등에 대해서는 높이 평가했다(조광, 2003: 515, 544~545).

한편 김기승은 함석헌의 역사 인식이 "역사적 사실 확립의 논리성과 과학성이라는 관점"에서는 좋은 평가를 받기 어렵지만 "역사적 사실의 의미 파악과 현재적 의미 관련성의 포착, 보편적 인류로서의 삶과 민족적 삶에 관한 직관과 통찰"은 탁월한 요소라고 보았다. 그러면서 특히 그의 씨ᄋᆞᆯ사관에 대해 1980년대 이후 한국 역사학계의 중심 흐름으로 자리 잡은 민중주의적인 한국사학의 선구적 업적이라고 높이 평가했다(김기승, 2006: 96, 99).

이제 끝으로 함석헌의 역사 사상에 대한 소개를 마무리하면서 그의 역사 사상이 가진 연대론적 의미를 간략히 언급하고자 한다. 그의 민중사관은 영웅적 개인들의 영향력을 통해 역사가 진행되는 것으로 보는 영웅사관을 거부한다. 그러면서 다른 한편으로는 국가 중심의 역사관 즉 국가주의 역사관도 거부한다. 여기서 그가 의미하는 국가주의란 국가지상주의 혹은 배타적 국가주의라고도 표현할 수 있는 것으로, 일부 정치 집단이 국가 이름으로 민중의 자유를 억압하면서 전체 민중의 뜻이 아니라 자신들의 뜻을 권력을 통해 관철시키는 것을 정당화하는 논리이다.

따라서 국가주의 역사관은 곧 일부 정치권력 집단의 영향력을 통해 역사가 진행되는 것으로 보는 관점으로 민중사관은 이를 거부한다. 설혹 민중이 깨지 못한 과거에는 그러한 국가주의 역사관이 어느 정도 현실을 설명하는 데 유효했을지 몰라도 이제 민중이 깨어 있는 현대에 와서는 그러한 관점은 더 이상 수용될 수 없다는 것이다.[20]

이처럼 함석헌의 민중사관이 일부 정치권력 집단이나 정치적 지배집단 중심의 국가주의 역사관을 거부한다고 해서 피지배자 중심의 집단주의 역사관이나 계급사관을 수용한 것도 아니다. 물론 그의 민중 개념이 지배자, 권력자, 정치인, 특권계급에 속하지 않은, 즉 특별한 지위나 소유가 없는 사람을 가리킨다는 점에서는 그의 민중사관이 그러한 역사관과 비슷해 보인다. 하지만 그가 의미하는 민중은 특정한 사회적 신분이나 계급이 아니며 힘으로 다른 집단을 타도거나 지배하려는 세력 집단은 더더욱 아니다. 그보다는 사회의 근본, 바탕, 주인으로서 특정한 정치세력이나 사회계급의 관점이 아니라 전체의 관점에서 사회 발전을 도모하며 역사의 뜻을 찾으려고 하는 자들이다. 그런 점에서 본다면 함석헌의 민중사관은 피지배집단이나 특정한 계급을 역사의 담지자로 여기는 역사관과 구별되는데, 특히 이런 역사관에서 집단의 배타성과 수단으로서의 물리적 힘이 강조될수록 차이는 더욱 뚜렷해진다.

물론 그의 민중사관은 사회와 역사의 주인인 민중을 속이고 억압하는 집단을 신랄하게 비판하면서 그것을 가능하게 하는 모든 불의를 시정하려는 민중의 노력을 매우 중요하게 여긴다. 하지만 그가 보다 궁극적인 목표로 삼은 것은 특정한 개인, 집단, 계급 등의 타도나 배척도 또 민

20 국가주의에 대해서는 8장에서 보다 집중적으로 소개될 것이다.

중의 지배도 아니고 전체의 관점에서 모두가 하나로 되는 것이며, 그것을 위해 아가페를 실현하는 것이다. 그리고 그와 같은 목표를 이루어가는 과정에서 무엇보다 민중 곧 씨올이 역사의 주인으로서의 깨달음과 책임의식을 갖고 서로를 끝까지 믿음으로써 하나가 되도록 애쓸 것을 강조했다.

그렇게 본다면 그의 역사관에서는 연대론적 인식이 매우 중요한 바탕을 이루고 있음을 알 수 있다. 그가 민중을 역사의 주인이나 담지자로 삼은 것은 역사에서 영웅적 개인의 역할이나 정치권력, 경제적 부와 같은 비인격적 자원을 매개로 형성된 집단의 역할보다는 인격적 협력과 연대의 역할을 훨씬 더 중시했기 때문이다. 특별한 지위나 소유를 갖지 않은 민중이 고난의 중심에 있으면서도 역사적 역할을 담당할 수 있다고 본 것은 그들이 누구보다 더 잘 연대할 수 있다고 보았기 때문이다.[21]

뿐만 아니라 민중이 서로 연대해 추구하는 목표로서 그가 제시한 것도 다른 집단과의 경쟁을 통한 승리, 투쟁을 통한 지배 등이 아니라 역사의 뜻을 실현하는 것이었다. 그런데 이 뜻의 핵심이 바로 전체의 관점에서 모두가 하나 되어 화和를 이루는 것이라는 점에서 본다면, 차이를 넘어 연대와 평화를 추구하는 현대의 발전된 연대주의적 인식을 거기서 발견할 수 있다.[22]

21 민중과 연대의 밀접한 관련성에 대해서는 6장과 특히 7장에서 자세히 소개될 것이다.

22 그가 민중의 궁극적 목표로 제시한 하나 됨과 화和는 일차적으로 한 나라 안에서의 사회적 관계나 세계적 차원의 국제관계에 해당되지만 그것을 넘어 우주 차원에서 인간과 자연을 포함하는 생태계에도 해당된다. 뿐만 아니라 이처럼 사회적인, 국제적인, 그리고 생태적인 하나 됨과 화의 출발점은 민중이 궁극적 전체 곧 절대자인 하나님과 만나서 하나가 되는 것이다. 그렇게 본다면 그의 사상에서 발견되는 연대주의적 인식은 고전적인 사회적 연대와 국제적 연대를 넘어 현대의 생태적 연대에 대한 것으로까지 확장될 수 있으며, 심지어 민중과 하나님의 대화와 하나 됨에 대한 그의 사상은 신학적 연대에 대한 것으로까지 발전될 여지도 있다.

함석헌은 초창기의 역사관을 아가페가 핵심인 성서적 사관에 입각해 구축했으며, 이후에 다른 여러 사상을 수용해 발전시키는 과정에서 1950년대에는 생존투쟁을 기본 원리로 삼는 다윈주의적 진화론을 신랄하게 비판하면서 협동과 상호부조 원리를 중시하는 크로포트킨 사상을 적극 수용한 바 있다. 게다가 1960년경에 샤르댕의 『인간 현상』을 읽고 그의 사상 전반에 걸쳐 매우 깊은 영향을 받았는데, 앞의 2장에서 다룬 생명, 인간, 정신과 이곳 3장에서 언급한 진화, 그리고 곧 이어서 다루게 될 4장과 5장의 주제인 전체, 하나 됨처럼 그의 역사철학을 이해하는 데 기초가 되는 많은 중요한 관념에 샤르댕의 사상이 깊은 영향을 끼쳤다. 이처럼 함석헌의 역사철학에 매우 큰 영향을 끼친 샤르댕은 개인주의와 집합주의의 한계를 지적하면서 사랑을 통한 하나 됨을 매우 강조한 사상가일 뿐만 아니라 자신에게 매우 큰 영향을 끼친 창조적 진화론자 베르그송H. Bergson처럼 다윈주의적 진화론의 의미와 함께 한계를 매우 뚜렷이 인식하고 극복하기 위한 대안을 제시한 인물이었다(함석헌, 1972ㅇ: 239, 244; 1978ㄱ: 131; 1981ㄱ: 204 이하; 샤르댕, 1997: 223 이하).

이런 과정을 통해 발전된 함석헌의 역사 인식은 19세기 말~20세기 초에 다윈주의적 진화론과 그것의 영향을 받은 자유주의적 개인주의를 신랄하게 비판하면서 상호 의존, 협동, 연대사상을 발전시킨 서구의 고전적인 연대주의 사상가들의 기본적인 문제의식과 매우 큰 공통점을 갖고 있다. 그런 관점에서 본다면 연대론적 인식이 그의 역사관의 바탕을 이루고 있는 것은 당연한 결과로 보인다(강수택, 2012ㄴ: 44 이하, 56 이하, 102 이하).

4

전체와 유기체

04

1 전체론

1) 전체란?

함석헌 사상에서 '전체' 관념은 매우 큰 비중을 차지하지만 정작 정확한 의미를 파악하기는 쉽지 않다. 물론 전체란 형식적으로는 부분과 대조되는 관념이므로 그가 특별히 주목한 부분이 무엇이며 부분으로 이루어진 전체는 부분과 구별되는 어떤 특징을 지니는지를 살펴봄으로써 그의 전체 관념을 어느 정도 파악할 수 있을 것이다. 따라서 그가 특별히 주목한 부분이란 무엇이며, 그러한 부분으로 이루어진 전체와 부분의 관계에 대해서는 곧이어 살펴보려고 한다.

하지만 함석헌 사상에서는 비록 전체가 부분으로 이루어진 것이 사실이지만 전체는 부분의 단순한 합 이상이며, 또한 부분이 모여 전체를 이룬다기보다는 처음부터 전체가 있어서 부분이 나타나게 된다. 그런 점에서 본다면 그의 전체 관념의 정확한 의미를 부분에 대한 이해를 통해 파악하는 데는 한계가 있으며 오히려 그와 반대로 전체의 고유한 특징을 파악함으로써 비로소 부분의 성격을 이해할 수 있다.

(1) 부분들의 종합과 유기체, 통일체, 협동체

함석헌에게서 전체란 적어도 다음 세 가지 의미를 갖는 관념이다. 첫째, 부분들의 종합을 의미한다. 예를 들어 함석헌이 생활 철학에 대해 쓴 글에서 전체를 종합이라는 뜻으로 사용하면서 부분 혹은 분석과 대조하고 통일과 등치시키고 있는 것을 발견할 수 있다.

> 현대는 학문이 매우 전문적으로 발달하는 때이므로 공부하는 사람의 생각이 부분적인 관찰에 붙잡혀버리기가 쉽습니다. 그러나 지혜는 전체에만 있습니다. …… 상식은 부분적인 연구에서 오는 것이 아니고 전체적인 종합을 하는 데서, 인생을 조감하는 데서 오는 것입니다. …… 현대 사상의 큰 잘못은 분석만 할 줄 알고 종합·통일을 못 하는 데 있습니다. …… 부분적이고 분석적인 연구도 참으로 하려면 전체적인 입장에서만 할 수 있습니다(함석헌, 1961ㄷ: 51~53).

그런데 여기서 의미하는 종합이란 부분들의 단순한 산술적 합 이상의 무엇을 포함하는 것이다. 함석헌은 이를 빈번히 부분들 간의 유기적 관계로 설명했다. 그런 의미의 전체는 인간 유기체에서 쉽게 확인된다. 개인은 수많은 세포로 이루어져 있지만 이 수많은 세포가 단순히 한 곳에 모인다고 인간이 되는 것은 아니다. 그들이 모여 인간 생명체의 탄생에 필요한 모든 조건을 충족시킬 수 있게 유기적으로 결합될 때 비로소 거기서 하나의 전체로서의 생명체가 탄생한다(함석헌, 1970ㄱ: 282).

함석헌은 유기체에서 발견되는 부분과 전체의 그러한 관계를 현대 사회, 민족, 나라 등에도 적용했다. 그리하여 우리가 들어서고 있는 현대 사회는 근대 역사에서 탄생한 개인들이 자발적으로 결합해 이루는 새로운 통일체 혹은 전체로서 개인들의 유기적이며 인격적 관계를 특징으로 하는 유기적 사회라고 보았다(함석헌, 1971ㄱ: 296; 1972ㅁ: 28). 그는 나라에 대해서도 "우리 개인의 한 몸은 수많은 세포가 모여서 되는 것인데, 마치 모든 세포가 각각 한 개의 생명체면서 또 합해 한 몸을 이루어 한 주체 밑에 있듯이, 우리 각 개인이 각각 제 인격의 자주성을 가지면서 또 연합해 한 주체 밑에 하나를 이루는 것이 나라"라고 설명하고 있다(함석헌, 1961ㄴ: 318~319).[1]

전체의 이 첫 번째 의미와 관련해 특별히 주목할 점은 종합으로서의 전체를 이루는 부분 간의 관계에 대한 것이다. 그가 전체를 특별히 유기체로 묘사할 때 부분 간의 관계는 유기적 관계로, 부분이 서로 의존하는 관계 혹은 부분 간의 조화로운 관계임을 가리킨다(함석헌, 1972ㄷ: 67; 1959ㄴ: 35). 때때로 그는 이와 비슷하게 전체를 통일체 혹은 협동체로 묘사하기도 했는데, 통일체란 유기체 관념과 달리 안에 모순적이며 심지어 대립적인 요소들도 포함할 수 있지만 그것들은 통일의 원리에 따라 보다 높은 단계에 이른 것이다. 부분들 간의 대립을 통한 변증법적 종합

1 그는 유기체론의 관점을 민족에 대해서도 적용해 이렇게 설명한다. "세포도 하나하나 산 것이지만 세포보다는 개체가 한층 더 높은 생명이다. 마찬가지로 개인 개인도 다 산 것이지만 민족은 개인보다는 한층 더 높은 생명이다. 세포가 살았지만 정말 참 사는 것은 보다 높은 개체의 자아의식을 통해서만 될 수 있듯이 개인의 참 사는 것도 민족 전체가 철저한 보다 높은 자아의식에 이르러서만 될 수 있다"(함석헌, 1970ㄱ: 283).

도 그런 경우에 속한다(함석헌, 1950ㄴ: 161~162). 한편, 협동체란 독립적 개인들 간의 자발적 협동 관계로 이루어진 단위로 함석헌은 전근대적인 전체와 대조되는 현대의 전체를 협동체로 묘사하기도 했다(함석헌, 1971ㅁ: 178).

어쨌든 이처럼 유기체, 통일체, 협동체 등의 관념으로 묘사되는 종합으로서의 전체에는 기본적으로 공유하는 정신이 존재하는데, 사랑 혹은 화和의 정신이 그것이다(함석헌, 1977ㄴ: 191; 1972ㅂ: 75). 함석헌이 생명 유기체의 근본 원리를 사랑과 화에서 찾는다는 것은 이미 앞서 언급된 바 있다. 게다가 협동체의 협동 원리와 통일체의 통일 원리 역시 공통적으로 사랑 혹은 화의 정신에 기초해 있는데, 이에 대해서는 뒤에서 보다 자세히 다룰 것이다.[2]

(2) 자라고 생각하는 인격체

전체의 두 번째 의미는 자라고 생각하는 인격체라는 것이다. 그는 전체는 고정된 것이 아니라 부단히 자란다고 보았다. 인류역사에서 인간의 활동 범위는 동굴로부터 골짜기, 버덩[높은 평지], 큰 강 유역, 반도, 대륙으로 점차 확장되어 왔다. 그러면서 가족을 전체로 생각하다가 민족으로, 인류로, 우주로, 더 나아가 정신계로까지 전체를 넓혀 왔다(함석헌, 1978ㄱ: 147; 1961ㄷ: 51; 1970ㄱ: 283~284).[3]

2 "전체는 관대한 것이요 뜨거운 것이다"(함석헌, 1972ㄷ: 76)는 표현과 "부분이 있어야 전체가 있지만 전체는 부분의 총합만은 아니다. 그보다 이상이다"(함석헌, 1970ㄱ: 282)는 표현은 전체의 이 첫 번째 의미를 잘 드러내는 표현들이다.

3 "그러나 인류도 마지막 전체가 될 수는 없다. 그 밑에는 우주라는 또 하나의 더 크고 더 알 수 없는 테두리가 놓여 있다. 지금 문명의 성격은 세계적인 데 있지마는 어느 의미로는 인간의 자각은 벌써 우주에 들어가기 시작했다. 달나라다 우주탐험이다 하는 일에서 무엇이 나

또한 그는 전체를 인격적 존재로 여겼다. 인격적 존재란 기본적으로 정신을 추구하는 존재로 자존성, 자율성, 성찰성, 윤리성 등의 특징을 갖는다. 물론 인격체가 그런 특징을 발휘하기 위해서는 무엇보다 스스로 생각할 수 있어야 하며 또한 자아의식을 소유해야 한다. 그런데 함석헌에 의하면 가족, 민족, 인류 등 인간은 근본적으로 정신을 추구하는 존재이며, 그들 전체에서 그동안 자아의식이 자라왔을 뿐만 아니라 이제는 생각도 점점 더 자란 전체로서 하게 된 시대에 들어섰다(함석헌·김재준, 1971: 193; 함석헌, 1970ㄱ: 282~283).

이런 관점에서 그는 개인처럼 가족과 민족을 그리고 나라도 인격적 존재로 여겼으며, 인류와 심지어 우주조차도 인격적 존재라고 묘사했다. 그러면서 그들 모든 인격체 위의 인격체이자 궁극적 전체가 바로 하나님이라고 설명했다.[4] 그가 전체를 "자각된 인격들의 통일된 인격"이라고 표현한 것은 바로 그런 의미에서다(함석헌, 1970ㄱ: 282 이하; 1961ㄴ: 313; 1954: 246, 255).

이처럼 그가 전체를 인격적 존재로 여겼기 때문에 전체가 자란다는 것은 단지 전체의 외형적 범위가 확장된다는 것만 의미하지 않고 정신적으로 성장한다는 것도 의미한다. 정신에 관해 다룬 2장에서 이미 언급했

올지는 아직 알 수 없다. 그것은 넓다 넓다 못해 거의 무한해 하나의 둘레를 이루었다. 그 밖을 나가면 정신계라는 더 알 수 없는 지대한 둘레가 있다. 그것은 믿음으로만 들어갈 수 있는 정말 살아 있는 전체다"(함석헌, 1970ㄱ: 283~284)

4 하나님은 절대계에 존재하는 인격체이지만 현상계에서는 전체로 나타난다는 것이다. 함석헌은 현상계의 모든 전체는 부단히 자라간다고 보았는데, 그것은 하나님을 포함해 우주, 세계, 나라, 민족 등 현상계의 모든 전체에 대한 인간의 인식이 자라간다는 의미로, 절대계의 존재자인 하나님 자신이 자라간다는 의미는 아니다. 함석헌은 하나님을 인격적 절대자로 간주했기 때문에 그의 관점은 범신론과 분명히 구별된다(함석헌·송기득, 1978: 387 이하; 함석헌, 1970ㄱ: 284).

듯이 그는 원시사회로부터 현대사회에 이르는 그동안의 인간 세계의 변화는 정신적 인격의 완성을 지향하는 것이었다고 보았다. 더구나 우주에서 인간이 물질적으로 발전하는 데는 한계가 있기 때문에 앞으로도 인간의 발전은 내적 방향, 즉 정신적 방향으로 이루어질 것으로 여겼다.

결국 인류역사에서 전체는 외형적 크기와 정신의 발전이라는 면에서 자라 왔다. 그러므로 더욱 자란 전체의 관점에서 본다면 과거의 전체는 미숙한 전체다. 예를 들면 인류가 전체로 된 시대에 여전히 민족을 전체로 여기는 것은 미숙한 생각이며 우주가 전체로 된 시대에는 그것이 더욱 미숙한 생각일 수밖에 없다.

(3) 궁극적 실재 혹은 그 역사적 구현자로서의 씨ᄋᆞᆯ

전체의 마지막 세 번째 의미는 궁극적 실재다. 앞에서 지혜는 부분이 아닌 전체에만 있다고 했는데 함석헌은 전체가 지혜의 근원일 뿐만 아니라 진리, 선, 아름다움, 생명, 그리고 사랑의 궁극적 근원이기도 하다고 보았다.

먼저 그에 의하면, 천재의 시대가 지나간 지금은 진리가 개인이 아닌 전체에만 존재한다(함석헌, 1970ㄹ: 109).[5]

5 그런데 인류역사에서 보면 전체가 자람에 따라 진리의 근원으로서의 궁극적 실재도 변해 왔다. "골짜기에 살던 때는 가족이 전체였으므로 진도 선도 미도 가족에 있었습니다. 큰 강과 바다를 터전으로 하고 사는 때는 민족이 전체였습니다. 그러므로 종교도 철학도 민족의 지상명령을 받았습니다. …… 이제 인간은 좀 더 높은 봉우리에 올랐고 전체의 모습은 좀 더 크게 좀 더 분명하게 넓어져서, 돌아가는 지구를 발밑에 내려다보는 때가 왔습니다. …… 이제 인생과 자연을 합한 전체 우주를 볼 때 거기는 싸움이 아니고 대립이 아니고 큰 조화, 깊은 협동이 있는 것을 봅니다. 이제 철학은 하나 됨이 철학일 것입니다. 그것이 절망 전체를 살리는 진리일 것입니다"(함석헌, 1961ㄷ: 51).

나도 아니요 너도 아니요, 나와 너를 초월한, 나와 너를 다 같이 낳아놓고 이끌어가는 전체 속에 하나를 이루어서만 너 나를 다 살리는 진리를 실현할 수 있습니다. …… 인간이 스스로 제출한 문제를 이기려면 개인주의를 초월한 산 전체로써 생각하는 데 이르러서만 할 수 있습니다(함석헌, 1970ㄹ: 109~110).

진리는 언제나 전체에 있습니다. 지상명령 혹은 기본적인 조건을 내보여 주는 것은 전체입니다(함석헌, 1961ㄷ: 51).

또한 전체는 선의 소재지이기도 하다. 윤리에 대해 다룬 2장에서 언급했듯이 함석헌에게서 선이란 통일을 이루는 전체의 뜻이며 선한 행위란 자기중심적 생각을 극복하고 전체의 뜻을 따르는 행위이다. 그리하여 그는 선이 결코 어느 한 개인이나 집단 혹은 세력에 있지 않고 전체에 있음을 강조하면서 선을 위한 투쟁도 전체를 위해 전체의 이름으로 행해져야 하며 비폭력투쟁의 방법으로 이루어져야 한다고 주장했다.[6]

어떤 당파도 전체보다 더 클 수도 없고 더 강할 수도 없습니다. 당파는 거짓이지 참이 아닙니다. 전체만이 참이요 선한 것이기 때문입니다. …… 다만 전체만을 위해 전체의 이름으로 싸우기를 원하기만 하면 됩니다(함석헌, 1978ㄷ: 195~196).

만일 악하다고 그 사람을 미워하면 나도 그 사람보다 나을 것이 없다. 선은

6 그는 선악 판단의 근거를 개인적 행위보다는 사회 제도나 사회 구조, 그리고 그보다는 문명 전체에서 찾으려고 했다(함석헌, 1957ㄴ: 333; 1959ㄴ: 35).

전체에 있다. 그러기에 비폭력투쟁을 하는 것은 악과 싸우는 것이지 그 사람을 미워해서가 아니다(함석헌, 2008: 23).

전체는 또한 아름다움의 소재지이기도 하다. 그는 세종로 네거리에 세워진 충무공상을 다각도로 분석해 비평하면서 "아름다움은 전체에 있습니다"고 주장했다. 충무공상이 아름답기 위해서는 "저 설 자리에 서야 하고, 제 무게를 모자라지도 않게 지나치지도 않게 가져야" 하지만 위치도 규모도 전혀 적당하지 않다는 것이 그의 관점이었다(함석헌, 1968ㅅ: 294).

전체는 생명의 근원이기도 하다.[7] 생명에 대한 2장의 논의에서도 언급되었듯이 전체성과 통일성은 생명의 가장 중요한 특징이다. 하지만 이보다 더 근본적인 점은 어떤 생명도 바로 전체로부터 왔다는 것이다. "생명은 아무리 작고 낮아 뵈는 버러지의 것이라도 전체의 나타남입니다. 우주적 대생명 곧 그 자체입니다"고 했다. 그것은 한 방울의 물도 큰 바다와 물이라는 점에서 다를 바 없는 것과 마찬가지라는 설명도 그는 덧붙였다(함석헌, 1972ㅈ: 82). 그러면서 그는 또한 "이 생명의 세계는 하나님의 사랑이 나타남으로 된 것이라고 하지 않고는 도저히 그 모순을 풀 수 없는 것이 너무나 많다. …… 그러므로 우리는 하나님의 아가페로 이 우주와 생명이 창조된 것임을 믿는다"고 했다(함석헌, 1964ㄴ: 68~69). 이렇게 본다면 크든지 작든지 어떤 생명도 생명이라는 면에서는 본질적으로 다를 바 없으며, 그들 모두는 인격적 존재이자 궁극적 전체인

7 생명의 근원이 전체라면 결국 개인의 삶과 죽음이 모두 전체에 달려 있다고 할 수도 있다. "개인은 전체의 구체적인 나타남입니다. 선도 전체의 것, 죄도 전체의 것, 삶도 죽음도 전체에 있습니다"(함석헌, 1963ㄴ: 115).

하나님의 사랑으로 창조되었다는 것이 그의 관점임을 알 수 있다.[8]

또한 여기서 한 가지 더 알 수 있는 점은 전체와 사랑의 관계다. 앞서 함석헌이 사랑을 생명의 근본 원리로 규정했음을 지적한 바 있다. 그것은 궁극적 전체인 하나님의 사랑으로 모든 생명이 창조되었기 때문이며 무엇보다도 모든 생명을 창조한 하나님 자신이 사랑의 인격체이기 때문이다.

> 하나님은 사랑이라, 고난에 의해 사랑을 배우는, 사랑을 행하는 인류의 역사는 '하나님께로'의 과정이다. 하나님을 아는, 하나님에게 돌아가는 길이다. 티끌에서 영에, 자연신관에서 인격신관에, 본능 생활에서 신적 생활에(함석헌, 1964ㄴ: 25).

함석헌은 하나님이 만물을 창조한 것은 필연이었다고 설명한다. 이 필연은 "법칙적 의미의 필연이 아니요, 사랑의 필연"인데, 그것은 바로 하나님 자신이 사랑이기 때문이다. 그리하여 만물의 창조는 "하나님 자신의 내부에서 나오는 금할래야 금할 수 없는 사랑의 흐름에서 나온 것"이며, 그것이 바로 "은총"이라고 표현했다(함석헌, 1964ㄴ: 101~102).

8 물론 그는 생명과 전체의 관계를 구체적 사회 현실에 적용하기도 했다. 그는 남북통일의 과제를 염두에 두면서 남과 북의 당국자들에게 이기심을 극복할 것과 "지극히 높은 도덕적·정치적 모든 정치활동을 총합한 생명운동"의 관점에서 통일의 과제에 접근할 것을 주장했다. 그리고 그런 맥락에서 "그렇기 때문에 이때 이기심을 활짝 벗어버리셔야 합니다. 생명은 전체에만 있습니다"고 했는데, 그것은 모두가 남과 북의 관점이 아닌 전체의 관점에 설 때만 비로소 살 수 있음을 의미한다(함석헌, 1972ㅅ: 161). 이처럼 구체적인 사회현실의 맥락에서 생명이 전체에 있다고 표현한 것은 그가 자기중심적 의식을 극복하고 전체의식에 순종하는 것을 선으로 규정한 공공선 관념이나 다수의 지배가 아닌 전체의 뜻에 따르는 것을 민주주의로 규정한 민주주의 관념에 가깝다고 볼 수 있다(함석헌, 1973ㄱ: 234; 1963ㄴ: 115).

이처럼 만물은 궁극적 전체인 사랑의 인격체에서 나왔기에 일반 동식물이든 사람이든 민족이든 인류든 그들 각각의 개체를 이루는 부분 개체들 사이의 관계나 그들 부분 개체와 전체 개체 사이의 참다운 관계도 사랑 혹은 화和의 관계이지 강제적 관계가 아니다. 이처럼 부분 사이의 관계나 부분과 전체 사이의 관계가 조화를 이루는 개체가 바로 유기체로서의 전체이다(함석헌, 1977ㄴ: 187).

물론 인간 사회나 국가를 보면 과거처럼 구성원 사이의 강압적 관계로부터 오늘날 상호 이해와 협력에 기초한 유기적 관계로 변해온 것을 알 수 있다. 비록 궁극적 전체인 하나님은 자신이 처음부터 사랑이지만 모든 상대적 전체들은 그렇지 못한 상태에서 하나님의 사랑을 점차 더욱 배워가는 과정, 그리하여 자라가는 과정에 있음을 그것이 말해준다(함석헌, 1971ㄱ: 296; 1972ㅂ: 76).

이처럼 함석헌은 전체를 진리, 선, 아름다움, 생명 그리고 사랑의 궁극적 근원이라는 의미에서 궁극적 실재로 간주하면서 때로는 이 궁극적 실재의 역사적 구현자 또는 담지자로서의 씨올을 전체로 묘사하기도 했다. 그에 의하면 "우주에서는 하나님이 전全이요 역사에서는 사람(민중)이 전全이다"(함석헌, 1961ㄱ: 17). 그가 역사에서 전체라고 본 사람은 민중 혹은 씨올로, 하나님과 민중의 관계를 그는 머리와 발의 관계로 비유했다.

> 하나님이 머리라면 그의 발은 민중에 와 있다. 거룩한 하나님의 발이 땅을 디디고 흙이 묻은 것, 그것이 곧 민중이다. …… 민중이 하나님의 발이라 하는 말은 민중은 보이는 전체란 말이다. 도덕적으로 말할 때엔 문제는 전체에 있다. 공의公義라 하는 그 공公은 곧 전체인데 그 전체를 우리는 모른다. 하늘 위

에 가 있는 머리를 알 리가 없다. 우리가 알 수 있는 것은 이 땅에 내려와 있는 그 발뿐이다. …… 그래 민중이 보이는 전체라 하는 것이다(함석헌, 1957ㄷ: 251~252).

하나님이 전체지만 우리는 민중이나 씨ᄋᆞᆯ을 통해서만 전체를 알 수 있다는 것이다. 왜냐하면 "개개의 씨ᄋᆞᆯ은 속에 '전체'를 품고" 있기 때문이다(함석헌, 1979ㄹ: 337). 물론 이 말은 민중 혹은 씨ᄋᆞᆯ이 완전하다는 의미가 결코 아니다.

씨ᄋᆞᆯ은 어느 씨ᄋᆞᆯ도 다 완전한 것은 하나도 없지만 믿음으로 전체를 부를 수 있습니다. 제 모자람을 스스로 알면서도, 누구를 가르치잔 것도 아니요 누구에 추종하잔 것도 아니요 다만 전체의 음성을 듣고자 하는 겸손하게 열린 마음으로 전체를 우러러보면 어느덧 제 속에서 제소리는 아닌 소리가 나오는 것을 알게 될 것입니다(함석헌, 1970ㅁ: 297).

즉 씨ᄋᆞᆯ은 누구나 연약하지만 속에 잠자는 전체의식을 품고 있어서 그것이 깰 때 기적이 일어난다는 것이다(함석헌, 1972ㄷ: 80).

2) 전체와 개체: 전체주의

전체의 의미에 대한 설명에서 이미 언급되었듯이 부분과 전체의 관계에 대해 함석헌은 부분의 존재를 무시한 채 전체를 중시한다든지 반대로 전체를 무시한 채 부분을 중시하는 시각을 거부한다. 대신 그는 부분에 대한 충분한 존중을 전제로 전체를 부분보다 더 중시하는 입장을 개진하면서 자신의 그러한 입장을 전체주의라고 불렀다.

여기서는 부분으로서의 개체 혹은 개인과 그들로 이루어진 전체 사이의 관계에 대한 함석헌 사상을 살펴보려고 하는데, 이를 위해 우선 개체와 개인에 대한 그의 관점을 간략히 정리할 필요가 있다.

(1) 개체와 개인

'개체'란 모든 생물의 개별적 존재 형태를 그리고 '개인'은 인간 개체를 각각 가리킨다. 함석헌에 의하면 "구체적으로 존재하는 생명"인 개체는 "역사적으로 즉 상대적으로 완성되어 있는 것"으로서 기機, 곧 vital force를 존재의 핵심으로 갖는다. 그런데 그러한 기를 가진 개체가 활동하는 과정에서 "생과 사, 자와 타, 시와 비, 성과 패의 모든 현상이 일어난다." 하지만 생명이 개체 형태로 존재하는 매우 큰 장점이 있다. 그것은 개체에 종족적 생명 전체가 들어 있기 때문에 생명의 "모든 개체가 다 불행하고 어느 한 개체만이 생존하더라도 곧 전체가 살게" 되는 것이다. "생명이 만일 커다란 단세포 모양으로 한개 전체로 존재했다면 벌써 죽었을는지 모르고, 죽지 않는다 해도 발달은 매우 국한되었을 것이다. 그의 환경에 작용하는 길은 오직 하나일 수밖에 없었을 것이고, 오직 한 번의 위험에 단번에 아주 멸절해 버렸을지도" 모르기 때문이다(함석헌, 1955ㄴ: 26~27).

한편 개인은 생물적 개체일 뿐만 아니라 정신적 개체이기도 하다. 개인은 궁극적 전체의 뜻 혹은 절대의지에 따른 존재, 특히 생명체라는 점에서는 일반 생물 개체와 마찬가지지만 주체적으로 절대정신을 추구하는 인격적 개체라는 점에서 일반 생물 개체와 구별된다(함석헌, 1955ㄴ: 29).

이런 점에서 개인은 정신적으로 자라가는 존재다. 물론 개인은 일생을 통해서도 정신적으로 자라가지만 인간 역사에서도 그동안 많이 자라왔으며 지금도 그러한 성장 과정에 있다. 그에 의하면, 원시공동체 시대에는 인간이 개인으로 깨지 못했으나 이후 차차 깨면서 자아의식을 갖고 자기 인격을 주장하기 시작했다. 특히 근대에 들어 인간은 개인으로 매우 많이 자라 개인주의의 확산을 낳기에 이르렀다. 하지만 그러는 동안에 문명이 더욱 발달했으며 인간관계는 유기적인 것이 되었다. 그렇게 해서 새로 진입하게 된 시대를 함석헌은 전체의 시대라고 불렀으나 그것은 개인이 깨지 못한 상태의 원시적인 전체가 아니고 깰 대로 깬 개인들의 자각을 통해 찾게 된 전체이다. 그러므로 그것은 오늘의 인간이 개인으로서 성인기에 들어섰음을 보여주는 것이다(함석헌, 1978ㄱ: 146).

이처럼 개인은 정신적 개체라는 점에서 일반 생물 개체와 다른 특징을 갖지만 둘은 또한 개체라는 점에서 매우 흥미로운 특징을 공유하기도 한다. 함석헌은 이 개체 속에 "신비롭게 결합되어 있는 반대되는 두 힘"이 있으며, 그것이 인간의 역사든 일반 생물의 자연사든 역사의 진전을 가능하게 한다는 점에 주목했다. 이 두 힘을 생물학에서는 유전과 돌연변화라고, 인간 역사에서는 통일과 자유 혹은 보수와 진보라고 한다. 역사가 하나님의 예정이면서 동시에 인격의 노력의 산물인 것은 이 두 힘이 신비하게도 개체적 인격 속에 결합되어 있기 때문이라는 것이다(함석헌, 1955ㄴ: 28).

> 인격은 역사의 산물이다. 그러나 역사를 짓는 것은 인격이다. …… 역사는 개성에 있어서 낡으면서도 늘 새롭고, 필연이면서도 자유롭고, 하나님의 예정 속에 있으면서도 도덕적이다(함석헌, 1955ㄴ: 28~29).

(2) 전체와 개체

전체와 개체 혹은 개인 사이의 관계에 대한 함석헌 사상의 핵심은 "부분은 전체 안에, 전체는 부분 안에"라는 명제와 "전체는 개체들의 합 이상이며 개체보다 우선한다"는 명제로 요약할 수 있다(함석헌, 1970ㅁ: 296; 1970ㄱ: 282).

첫째 명제에 대해 함석헌은 "아무리 개인이라 그래도 전체 속에 내 살림이 있는 거고 전체라 그래도 내 개인의 주체 없는 생각이나 활동은 있을 수 없다"고 풀어 설명하기도 했다(함석헌, 1981ㄷ: 218). 여기서 우선 "전체는 부분 안에'라는 표현은 부분 혹은 개인 없는 전체란 없음을 의미한다는 것을 알 수 있다. 전체가 그것을 이루는 부분들 내지는 개인들을 전제로 한다는 점에는 이견이 있을 수 없다. 물론 개인과 전체의 관계에서 볼 때 원시공동체처럼 전체 공동체가 개인을 무시하고 지배할 수도 있다. 하지만 인간 역사에서 개인이 깬 이후로는 개인을 전적으로 무시한 전체는 존속할 수 없다.

그리고 "부분은 전체 안에"라는 표현은 전체 없는 부분이 없음을, 개인의 삶이 전체를 전제로 함을 의미하는 것으로 이를 보다 구체적으로 표현한 것이 둘째 명제다. 여기서도 전체가 개체의 합 이상이라는 점에 대해서는 전체의 의미에 대한 앞선 논의에서 이미 다루어진 바 있다. 그리하여 전체가 개체보다 우선한다는 내용을 중심으로 살펴보면 이렇다.

> 400조 세포가 첨부터 모여서 하나의 유기체를 이룬 것은 저희끼리 한 것이 아니다. 첨부터 전체가 있어서 된 것이다. 그것은 신비이다. …… 아래에서 그런 것같이 위로도 그렇다. 개인이 모여서 민족을 이룬 것 같지만 그것은 겉에 나타난 것이고 속을 말한다면 첨부터 민족이 있어서 우리 개인들이 나게

됐다(함석헌, 1970ㄱ: 282).

유기체의 탄생 없이는 유기체를 이루는 개별 세포들은 태어나지 않는다. 그리고 개인의 탄생도 그가 속한 혈족이나 문화공동체 없이는 생각할 수 없다. 그런 점에서 본다면 두 사례에서 전체가 개체를 우선한다고 말할 수 있다.[9] 하지만 그런 의미의 개체-전체 관계를 확대 적용하는 데는 제한이 따른다. 특히 개인과 전체의 관계에서 보면 더욱 더 그렇다. 개인의식이 깨기 이전의 원시공동체 사회에서는 분명히 전체가 개인보다 먼저 존재했지만 개인의식이 뚜렷이 깬 근대사회, 특히 개인주의적인 계약사회는 개인에게 철저히 의존한다는 점에서 여기서는 개인이 전체에 우선한다고 할 수 있기 때문이다.

물론 그의 전체 관념은 그러한 계약사회에는 잘 부합되지 않는다. 그리하여 그는 개인주의가 지배하던 시대를 지난 현대에 와서 다시 전체의 시대가 도래했으며, 이처럼 새로운 전체의 시대에는 전체가 개인보다 우선한다고 보았다. 그것은 무엇보다 현대가 "유기적 사회의 시대"여서 비록 개인이 충분히 존중되지만 그들로 단순히 환원될 수 없는 유기체적 특성을 사회 전체가 갖기 때문이다(함석헌, 1972ㅁ: 28 이하; 1978ㄷ: 202).

세상이 달라지니 이제는 개인이 모여서 사회를 이룬다는 그런 생각은 할 수

9 전체가 개체, 특히 개인보다 선행한다는 관점은 일찍이 셸러에게서도 발견된다. 셸러에 의하면 사회와 역사 영역은 개인에 앞서 존재하며, 그렇기 때문에 개인이 속한 사회의 다른 구성원들에 관한 지식이 개인의 자아의식보다 선행한다. "'우리' 없이 '나'는 존재하지 않는다. '우리'는 발생학적으로 보아 언제나 '나'보다 앞서 내용적으로 완성되어 있다"(셸러, 2011: 106 이하).

없게 되었습니다. 지금은 반대로 전체가 있어서 개인이 있다고 설명해야 되게 됐습니다(함석헌, 1981ㄹ: 125).

그런데 여기서 전체가 개인보다 우선한다는 것은 시간적으로 먼저 존재한다는 의미를 넘어 가치와 영향력 면에서 우선한다는 의미도 갖고 있다.

개인의 가치를 강조했던 지나간 시대에는 각자가 스스로 살기를 강조해서 좋을 수 있었습니다. 그러나 지금은 인간 존재의 근본이 개인이 아니고 전체인 것을 알게 된 때입니다"(함석헌, 1981ㄹ: 126).

그리하여 공자의 "격물치지 성의정심 수신제가 치국평천하格物致知 誠意正心 修身齊家 治國平天下"라는 말을 이제는 거꾸로 읽어야 한다고 보았다. 즉 "물건을 연구해 지식을 얻고, 지식을 얻어서 뜻을 정성되게 하고, …… 집을 가지런히 해서 나라를 다스리고, 나라를 다스려서 천하를 평화하게 할 수 있다"는 것이 아니라 "세계평화가 이루어져야 나라가 옳게 되고 나라가 옳게 돼야 우리 집이 옳게 될 수 있고 집이 옳게 돼서야 내가 옳게 될 수 있다"는 식으로 바뀌어야 한다는 것이다(함석헌, 1981ㄹ: 124~125). 전체가 먼저 바로 되어야 개인이 바로 될 수 있다는 것이다.

(3) 전체주의

전체보다 개인을 우선시하는 관점이 개인주의라면 개인 혹은 개체보다 전체를 우선시 하는 관점을 '전체주의'라고 부를 수 있다. 그리하여 함석헌은 전체주의를 주장했다. 물론 그가 주장한 전체주의는 히틀러나

무솔리니 같은 파시스트들의 전체주의와는 다르다. 그들은 전체를 폭력을 통해 강제로 실현하려고 했으나 함석헌은 "개인이 완전히 자라 그 자유를 충분히 발휘하는 가운데 자진해서 하는 사랑에 의해서" 전체에 도달하려고 했다(함석헌, 1973ㄷ: 309).[10]

또한 그들의 전체주의는 국가와 민족이라는 전체를 목표로 삼았지만 함석헌의 전체주의는 국가주의를 극복하고 "전 인류를 하나의 생명체로 아는 전체주의"를 추구했으며, 심지어 더 나아가 인류뿐만 아니라 온 생명을 아우르는 전체주의를 추구했다(함석헌, 1973ㄷ: 309).

> 민족도 오히려 작아. 이젠 세계만이 아니라 온 생명, 동물·식물까지도 한 식구로 생각을 아니 하고는 살아갈 수 없는 단계까지 왔어. 이제 만약 핵전쟁을 한다면 우리만이 아니라 짐승들조차, 독사고 호랑이고 간에 다 사라져요. 밉고 곱고가 없어. 어쨌거나 그것들도 살려야 하겠는데, 종자가 없어져 가니까. 그럼 이 앞으로는 그런 의미에서, 참 의미에서 전체주의가 될 거다(함석헌, 1989ㄴ: 261).

이런 입장에서 그는 파시스트들이 주장한 전체주의를 "가짜 전체주의" 혹은 "강제적 전체주의"라고 불렀으며 자신이 주장한 전체주의를 그것과 구별하기 위해 때때로 "참 의미의 전체주의" 혹은 "보다 높은 단계의 전체주의"라고 부르기도 했다(함석헌, 1978ㄱ: 145; 1972ㄴ: 53; 1977ㄴ: 190).

10 함석헌의 전체주의는 폭력을 거부하고 사랑의 방법을 추구하기 때문에 비폭력노선을 견지한다. 함석헌은 "비폭력을 실현하려면 철저하게 자기희생을 각오해야 한다"고 보았다(함석헌·송기득, 1978: 390, 392).

그런데 비록 파시스트들이 주장한 것이 가짜 전체주의기는 했으나 그에 의하면 "가짜 전체주의가 나왔던 것은 이제 앞으로 정말 참 의미의 전체주의 시대가 오는 증거"라고 볼 수 있다. 이처럼 새로운 시대의 중요한 특징은 "개인이 깰 대로 깨어서 자기존재가 본래부터 서로 고립된 것이 아니라 하나이었던 것을 알고자 하는" 데 있다(함석헌, 1978ㄱ: 145~146).[11]

본래 인간은 "생김새와 모양부터 말, 생각, 행동에 이르기까지 전체의 것 아닌 것이 없다." 그리고 "모든 도덕, 모든 법률, 모든 풍속에서 사람의 사상과 행동을 규정하는 권위는 전체에 있다"(함석헌, 1978ㄱ: 146~147). 그런데 생각은 각 개인이 하게 되어 있으므로 이제까지는 개인이 스스로 완전히 자주하는 것으로 알고 생각했다. 하지만 이제는 "개인 뒤에는 …… 언제나 전체가 서 있어서 생각과 행동을 결정하고 있었다"는 것을, "개인은 전체의 구체적인 나타냄"임을 알게 되었다. 그리하여 다시 도래하는 전체 혹은 전체주의 시대에서는 사람들이 "개인의 가치를 완전히 인정하면서 전보다도 높은 전체의식에 들어"가게 되는 것이다(함석헌, 1978ㄷ: 202).[12]

11 함석헌은 인간역사가 전체의 시대 혹은 전체주의 시대로 진입하게 되면서 한국사회가 더 큰 어려움을 겪게 되었다고 보았다. 한국사회의 경우는 "봉건시대의 껍질은 아직 채 벗지 못한 때, 즉 다시 말해서 개인의 자유를 완전히 얻지 못하고서 갑자기 새로 오는 전체주의의 물결에 들이닥치게 됐다는 것이다. 그러므로 …… 잘못했다가는 다시 봉건주의적인 옛 껍질 속으로 물러가게 될 염려가 있다"는 것이 이유였다. 하지만 그에 의하면, "역사는 결코 후퇴할 수는 없다. 설사 봉건시대에 돌아가려 해도 그렇게 할 수는 없다는 것이다." "인류역사는 절대로 그것을 허락 아니한다"는 것이 그의 생각이었다(함석헌, 1977ㄴ: 190).

12 이처럼 사람들이 고립된 개인으로서 생각하던 것으로부터 전체의식을 기반으로 생각하게 되는 변화를 함석헌은 생각의 주체가 개인으로부터 전체로 변화하는 것이라고 표현하기도 했다(함석헌, 1978ㄷ: 202). 하지만 그는 분명히 말하기를 "생각하는 주체는 역시 개인이니까, 미래에 전체사회가 된다 하더라도 생각의 주체가 개인임은 변할 수 없을 거야. …… 생각은

뿐만 아니라 개인이 전체의 나타남이며 전체가 없이 개인이 없다면 함석헌은 개인이 전체에 빚을 지는 셈 혹은 은혜를 입는 셈이므로 은혜를 갚아야 한다고 보았다. 마치 부모가 있어서 내가 있다면 내가 부모께 은혜를 갚아야 하며 민족과 나라가 있어서 내가 있다면 내가 반드시 민족과 나라에 은혜를 갚아야 하는 것과 마찬가지라는 것이다(함석헌, 1970ㅂ: 142~143).[13]

함석헌의 전체주의적 윤리는 개인이 전체에 은혜를 갚는 것을 넘어서 전체를 위한 개인의 자발적 희생까지 요구했다.

> 지금은 인간 존재의 근본이 개인이 아니고 전체인 것을 알게 된 때입니다. 개인은 스스로를 전체 속에 죽여서만 살아날 수 있습니다"(함석헌, 1981ㄹ: 126).

심지어는 개인이 전체에 이용당하는 것을 감수할 것도 요구했다.

> 전체에는 이용당해도 좋습니다. 전체는 모든 사람을 이용합니다. 쓸 때는 쓰고, 다 쓰면 사정없이 버릴 것입니다. 이용당해도 그런 줄을 알고 당하면 좋

개인으로 하는데 그 내용에 전체가 들어 있는 것"이라고 했다(함석헌·송석중, 1983: 505). 어쨌든 그는 전체 안에서 개인의 자유가 절대로 보장되면서 개인이 전체로서 생각하는 곳에서 진정한 개인의 발달과 새로운 인류의 등장이 이루어질 것이라고 보았다. 그런 관점에서 그는 개인의 진정한 발달을 막고 병들게 하는 개인주의와 그것의 변종인 집단주의를 신랄하게 비판했다(함석헌, 1968ㄴ: 138).

13 함석헌의 은혜론은 부르주아L. Bourgeois의 사회적 부채론을 연상시킨다. 부르주아에 의하면 사람들은 태어날 때부터 이전 세대와 또한 같은 세대의 다른 사람들로부터 사회의 빚을 지게 되므로 이를 미래 세대나 혹은 같은 세대의 다른 사람들에게 되갚을 책임이 있다. 그런 관점을 함석헌의 은혜론과 비교하면 둘 사이의 큰 유사성을 발견할 수 있다. 다만 부르주아가 강조한 부채와 책임은 타자, 즉 다른 세대나 같은 세대의 다른 사람에 대한 것이었는 데 비해, 함석헌이 강조한 것은 자신이 속한 전체 혹은 공동체에 대한 것이었다는 차이 정도일 뿐이다.

습니다(함석헌, 1973ㄷ: 305).

물론 함석헌의 전체주의는 개인의 가치를 완전히 인정하는 위에서 전체를 추구하는 입장이어서 은혜 갚음, 희생, 도구화 등이 모두 전체의 강제가 아닌 개인의 자발성에 의해 이루어질 것을 요구한다. 그러나 개인이 아무리 높은 수준의 전체의식을 갖고 있더라도 개인과 전체 사이에는 언제나 긴장과 불화가 발생하기 쉽다.

그렇다면 이처럼 개인과 전체 사이의 불화로 인해 발생하는 문제는 어떻게 해결할 수 있을까? 함석헌은 제3의 인격의 희생을 해결 방안으로 제시하면서, 그것이 모든 사회에서 제사에 드려진 희생의 의미이며, 예수에 의한 인격적 희생의 의미라고 해석했다.

> 언제나 옳은 사람이 자진해서 하는 희생은 전체 사회의 정신을 소생시킨다. 새 생명을 일으킨다.

그에 의하면, 전태일의 죽음도 그러한 희생의 한 예로서 "정부라는 형식으로 나타나는 전체와 노동자 사이의 막히고 맺힌 것을 풀기 위해 자기를 제물로 바친 것"이라고 보았다(함석헌, 1971ㄴ: 165~166).

2___유기체론

1) 유기체란?

함석헌에 의하면 유기체란 "하나의 산몸", 혹은 "하나의 산 생명체"

를 뜻하는 것으로, 첫째 특징은 전체에서 부분을 떼면 전체도 부분도 모두 죽어버리기 때문에 부분을 떼어놓지 못한다는 데 있다.

> 유기체에서는 한 몸이기 때문에 지체를 가를 수 없고 억지로 가르면 전체도 지체도 다 죽어버린다(함석헌, 1972ㅁ: 29).

유기체의 두 번째 특징은, 부분이 전체에서 떨어지지 않고 붙어 있더라도 부분에 문제가 생기면 전체에도 문제가 발생한다는 점이다.

> 생명도 하나요, 인격도 하나요, 마음도 하나입니다. …… 어느 한 부분이 제 노릇을 못 하면 앓는 것은 그 부분만이 아니고 전체 몸입니다(함석헌, 1974ㄴ: 232).

세 번째 특징은, 이처럼 부분의 문제가 전체의 문제로 되기 때문에 한 부분의 문제를 예방하고 해결하는데 모든 다른 부분과 전체가 기여한다는 점이다.

> 사람이 어느 부분이 아프면 온 전신이 아파하고 만져주고 돌봐 줍니다. 나라도 그와 마찬가지입니다. 한 사람의 불행은 전체의 불행입니다. 어리석다 모질다 하는 것일수록 사랑하고 도와줄 필요가 있습니다(함석헌, 1974ㄴ: 232).

그런데 함석헌은 그러한 특징을 갖는 유기체가 일반 생물 유기체뿐만 아니라 고등한 동물인 인간에게도 해당되며, 더 나아가 사회에도 적

용된다고 보았다.[14]

> 유기란 말은 하나의 산몸이란 말이다. 이제 사회는 많은 개인이 모인 곳이 아니라 사회 전체가 하나의 산 생명체라는 말이다. 그것을 이해하지 않고는 우리의 모든 과거를 바로 이해할 수 없고, 모든 미래를 바로 붙잡을 수 없다(함석헌, 1972ㅁ: 29).

한편 사회는 유기체라고 할 수 없고 유기적 조직일 뿐이어서 개인의 자유를 옹호해야 한다는 헉슬리A. Huxley의 관점에 대해, 함석헌은 역사에서 이제 개인의 단계는 지나갔고 새로운 단계가 시작되었기 때문에 전체라는 것을 부정할 수 없다고 역설했다. 그러면서 그는 전체를 부정하는 개인주의와 개인을 부정하는 전체주의를 모두 지양하는 새로운 길을 모색하려는 것이 자기 입장임을 밝혔다. 그러한 그의 관점에 의거해 제시된 것이 앞서 살펴본 그의 새로운 전체주의론인데, 그는 자신의 유기체론이 이 새로운 전체주의론의 관점에도 잘 부합하는 것으로 생각해 이를 보다 적극적으로 전개하려고 했던 것이다(함석헌, 1970ㅅ: 130).

2) 유기적 사회

(1) 사람은 사회적 존재

함석헌에 의하면 사람은 나면서부터 사회적 존재다. 그의 다른 표현으로는 "인격이란 것은 있기는 개個로 있으나 그 바탕 성性은 사회적인

14 사회를 유기체로 보는 관점을 사회학에서는 일반적으로 사회유기체의 관점이라고 부르는데, 콩트, 스펜서 등 19세기 사회학자들에게서 많이 발견된다.

것이다"(함석헌, 1959ㄹ: 47). 물론 한때는 개인을 사회로부터 독립된 존재로 여기거나 사회와 대립하는 존재로 여긴 적도 있다. 하지만 사회과학, 특히 사회학과 역사학이 발달하면서 인간을 보는 관점이 많이 변하게 되었는데, 함석헌은 그것을 인간의 자기 발견 과정에서 일대 획을 긋는 것이라고 보았다(함석헌, 1986ㄴ: 238; 1936: 213).

어쨌든 종래에는 "사람을 개인적으로만, 즉 개인을 자족적인 것으로만 보던 것이 지금은 인간이란 근본에 있어 사회적 존재요 개인이라는 것은 단순한 추상에 불과하다고" 생각하게 되었다(함석헌, 1936: 213). 그리하여 이제는 "사람의 행동을 결정하는 것은 개체가 아니요 전체"라고 생각하게 되었다. "자유는 내 마음의 파산波山에 있으나 자유롭게 하는 것은 전체의 대양이다"(함석헌, 1959ㄹ: 47~48).

이 새로운 관점에서는 "개인의 생각이 아무리 선해도 개인의 생각만으로는 아무것도 아니다"(함석헌, 1959ㄹ: 48). 대신 참 선은 "인간이 자기 중심의 의식을 완전히 극복하고 전체의식에 대해 순종하는 태도로 나올 때" 이루어진다. "자기 개인으로서는 완전히 죽은 사람이요 전체의 뜻을 남김없이 알고, 알 뿐만 아니라 뜻을 실현할 수 있는" 사람이 참 선을 행할 수 있게 된다는 것이다(함석헌, 1973ㄱ: 234~235).

물론 과거에 개인을 자족적 존재로 생각한 것은 사람이 스스로를 개인으로 깨닫게 되면서였고, 이제는 그러한 생각이 잘못임을 깨달아 사람이 사회적 존재라는 인식을 분명히 하게 되었지만, 함석헌에 의하면, 사람은 처음부터 홀로 살지 않고 모여서 산 존재, 즉 집단생활을 하는 존재였다(함석헌, 1989ㄹ: 179).

그러한 사람이 "목축을 하고 농업을 배우고 금속을 써서 기구의 개량·발명을 행하는 동안에 인류의 생활은 놀랄 만한 변천을 보게 되었다."

특히 농업 때문에 "유랑성을 억제하고 한곳에 정주하지 않으면 안 되게 되었다." 다음으로 정주 생활을 하면서 사교성이 늘어갔고 사회 제도가 생기게 되었다. "일정한 곳에 모여 살게 됨에 따라 한도 모르는 사람의 충동·욕망이 서로 견인·반발의 복잡한 작용을 하여 비로소 타협·제도의 필요를 느끼게" 한 결과다. 이로써 이제 "사람이 사회생활을 하게 된 것이다." "사람이 본래 사회적 존재인 이상 인류가 생존할 때부터 사회가 존재했던 것은 물론이다. 그러나 그는 매우 산만한 자연적 사회에 지나지 않았다. 이제 사회라는 것은 그보다는 긴밀한 관계 위에 서는 그리고 의식면상意識面上에 분명히 그려진 의식적 사회다." 인간으로서의 의식을 갖고 살아가는 단체 혹은 사회인 것이다(함석헌, 1964ㄴ: 156~157).[15]

(2) 유기적 사회와 기계적 사회

함석헌은 유기체적 특징을 띠는 사회 혹은 유기적 관계로 이루어진 사회를 유기적 사회라고 불렀다. 그러면서 그는 20세기 초의 기계적 사회가 이제는 유기적 사회로 전환되기 시작했다고 주장했다. 기계적 사회는 앞서 언급된 개인의 시대 혹은 개인주의 시대의 특징적인 사회였다면 유기적 사회는 전체 혹은 전체주의의 시대를 배경으로 출현한 사회다. 그리하여 그는 현대를 "유기적인 사회의 시대" 혹은 "유기적인 전체의 시대"라고 표현하기도 했다(함석헌, 1972ㅁ: 29~30).

> 지금 우리는 유기적인 사회의 시대에 들어섰다. 20세기 초까지만 해도 개인주의의 시대였다. 그러므로 그때는 아무리 복잡한 사회라도 인간관계는 기계

15 함석헌은 그러한 사회가 약 7~8천 년 전에 세계의 곳곳에 있었다고 본다(함석헌, 1964ㄴ: 157).

> 적인 관계에 지나지 않았다. 그러나 이제는 극도로 발달한 기술로 인해 인간 관계가 복잡하다 못해 도를 넘어 질적으로 변해 유기적인 관계에 들어섰다 (함석헌, 1972ㅁ: 29).

여기서 기계적 관계란 "개체를 전체에서 떼어놓을 수 있고 떼어놓아도 질적으로 변화되는 것이 없는" 관계인데 비해 유기적 관계는 하나의 몸을 이루기 때문에 "전체에서 부분을 떼놓지 못하는" 관계, 즉 "떼면 전체도 부분도 다 죽어버리는" 관계다. 그러므로 기계적 사회에서는 "나라가 그 국민 가운데 어떤 분자를 무시하고도 서갈 수 있고, 세계가 어느 민족이 망하는 것을 그냥 버려두고도 서갈 수 있었지만" 현대의 유기적 사회에서는 그럴 수 없게 되었다. 이제는 "민족이니, 국가니, 계급이니, 종파니 해서 서로 뗄 수 없다. 떼면 전체 곧 인류가 망하게" 되는 것이 유기적 사회라는 것이다(함석헌, 1972ㅁ: 29; 1971ㅂ: 462).

그렇다면 기계적 사회가 유기적 사회로 전환된 원인은 무엇인가? 먼저 위의 인용문에서 보면 "극도로 발달한 기술"이 인간관계를 복잡하게 만들고 마침내 상호 의존적으로 변하게 한 원인이라고 함석헌이 언급한 것을 발견할 수 있다(함석헌, 1972ㅁ: 29). 다른 글에서는 전근대사회가 기계적 사회로 된 것부터가 일차적으로 과학기술의 발달 때문이며, 이 과학기술의 발달이 더욱 진행되면서 이제는 기계적 사회를 지나 유기적 사회로 진입하게 되리라는 그의 주장을 발견할 수 있다(함석헌, 1971ㅂ: 461).

과학기술의 발달은, 함석헌에 의하면, 인위人爲의 증대를 의미한다.

> 원시시대 사람은 자연만으로 살았는데, 점점 자연을 알게 되고 그것은 그것

을 모방하는 인위가 느는 데 이르게 했다. 이제는 인위, 자연의 경계선이 점점 없어져 간다. …… 잊어서 아니 되는 것은 기계가 발달하면 할수록 사람이 자연만 아니라 보다 더 많이 인위로 살아가게 되면 될수록 인간과 인간 사이가 자꾸 더 밀착된다는 사실이다(함석헌, 1971ㅂ: 462).

즉 과학기술이 발달하면 사람이 자연적 삶 대신 인위적 삶을 더욱 더 많이 살아가게 되고 그 결과로 인간관계가 더욱 복잡해질 뿐만 아니라 더욱 밀착됨으로써 유기적 사회가 출현했다는 것이다.[16]

이처럼 그는 과학기술의 발달이 전근대적 사회를 근대의 기계적 사회로 만들고, 더 나아가 이제는 유기적 사회에 진입하도록 했다고 보았다. 하지만 그는 과학기술의 발달만으로 저절로 기계적 사회가 유기적 사회로 전환된다고 본 과학기술결정론자는 아니었다. 앞에서 살펴보았듯이 기계적 사회의 배경인 개인의 시대가 유기적 사회의 배경인 전체의 시대로 전환된 것은 전체의식, 화和의 정신, 자발성, 인격성 등 정신적인 면에서 인간이 성장해왔기 때문이다.

이런 관점에서 그는 기계적 사회가 유기적 사회로 전환되는 데는 과학기술의 발달이 요구되지만 과학기술의 발달 과정에서 발생하는 부작용을 극복하려면 이를 넘어서는 정신의 발달이 필수적임을 강조했다. 더구나 그는 개인의 시대의 기계적 사회가 이해관계를 바탕으로 한 계약사회여서 기반이 매우 취약하다고 보았다. 그리고 이 취약성을 법과 제도

16 그런데 여기서 의미하는 과학기술이란 자연과학과 공학기술만 가리키지 않고 근대 학문 전반을 포괄하는 것으로 보인다. "예수는 종교적 가르침으로 '네 원수를 사랑해라!' 했지만, 이제는 국제적인 규모로 과학적으로 그것을 하지 않으면 아니 되게 됐다. 닉슨의 중공 방문이 뭔가. 원수지만 어쩔 수 없이 사랑해보자는 것 아닌가. 그것이 역사적 현실이다. 그것이 지금이 유기적 사회라는 증표다"(함석헌, 1971ㅂ: 462).

로 극복하려는 노력도 성공할 수 없다고 보았다. 결국 그는 그러한 취약한 기계적 사회를 넘어서려면 자발적 협력 같은 정신문화의 발달이 필수적으로 요구된다고 주장했는데, 이를 통해 그가 유기적 사회의 성립과 발전에서 과학기술의 발달 이상으로 전체의식, 공감, 자발적 협력, 봉사 등과 같은 정신문화의 중요성을 매우 강조한 것을 알 수 있다(함석헌, 1971ㄷ: 45).

그런데 함석헌 이전에 서구사회에서 일찍이 사회적 관계를 기계적 관계와 유기적 관계로 나눠 사회변동을 설명한 사상가들이 있었다. 그중 가장 대표적인 사상가로는 퇴니스F. Tönnies와 뒤르켐E. Durkheim이 있는데, 먼저 독일 사회학자 퇴니스는 『공동사회와 이익사회』(1887년)에서 전근대적 공동사회가 유기적 관계에 기초한 데 비해 근대적 이익사회는 기계적 관계에 기초해 있다고 주장한 바 있다. 그리고 퇴니스의 그러한 주장을 검토한 바 있는 프랑스 사회학자 뒤르켐은 『사회분업론』(1893년)에서 퇴니스 주장과 반대로 전근대사회는 기계적 연대를 그리고 근대의 산업사회가 유기적 연대를 각각 특징으로 한다고 주장했다(Tönnies, 1887: 3 이하; Durkheim, 1978: 121; Durkheim, 1984: 31 이하).

이들 사상과 비교할 때 함석헌의 유기적 사회론은 퇴니스의 관점과 뒤르켐의 관점의 대립을 넘어서는 새로운 관점을 제시했음을 보여준다. 즉 19세기를 산 두 사상가 중 퇴니스는 당시의 근대사회를 기계적 사회로 규정하면서 근대사회로의 이행을 부정적으로 평가한 반면 뒤르켐은 이를 유기적 사회로 규정하면서 그러한 이행을 긍정적으로 평가했다. 이에 비해 함석헌은 비록 이 시기의 근대사회가 기계적 사회였지만 20세기 초를 지나면서 유기적 사회로 전환되기 시작한 것으로 파악했다. 이 관점은 사회 변동의 방향에 관해서는 뒤르켐의 견해에 그리고 19세기의 서구의 근대사회의 성격 규정에 관해서는 퇴니스의 견해에 가까운 새로운 관점을 제시하고 있다.

또한 비록 그가 사회 변동의 방향을 뒤르켐처럼 기계적 사회로부터 유기적 사회로의 전환으로 보았지만 뒤르켐이 이 전환의 일차적 원인을 분업의 발달에서 찾은 데 비해 함석헌은 과학기술의 발달에서 찾은 점도 새롭다. 물론 함석헌도 뒤르켐처럼 고도의 분업화로 인해 이제는 상호협조가 불가피해졌음을 인식하고 있었으며 또한 두 사람 모두 그러한 전환에서 종교와 도덕 같은 정신적 요소가 하는 역할을 강조했다(함석헌, 1959ㅁ: 25).[17]

3) 유기적 사회, 공동체, 시장, 국가

함석헌이 중시한 개념 가운데 유기체 혹은 유기적 사회와 혼동하기 쉬운 대표적인 것으로 공동체가 있다. 그에 의하면, 사람은 본래부터 공동체 생활을 했으며, 근대에 생존경쟁 사상이 등장해 이를 바탕으로 개인주의, 집단주의, 그리고 국가주의가 확산되기 전까지는 구성원의 공생공존을 추구하는 공동체 관념이 자리 잡아 왔다(함석헌, 1989ㄹ: 179~180; 1986ㄱ: 202~203).

함석헌은 특히 국가주의에 대한 경계를 매우 강조했는데, 국가주의에 기초한 국가 간 경쟁이 무기경쟁을 심화시키고 그 결과로 전쟁의 위험이 커진다면서 이를 극복하기 위한 인류의 대안으로 그는 공동체 형성의 필요성을 강조했다. 그리고 먼저 소규모 공동체의 형성과 확산으로부

17 하지만 뒤르켐과 비교할 때 함석헌은 정신적인 면을 처음부터 그리고 훨씬 더 뚜렷하게 강조했다.

터 시작해 차츰 인류 전체를 아우르는 공동체로까지 나아가야 한다고 보았다(함석헌·최일남, 1983: 33~34; 함석헌·박선균, 1987: 221; 함석헌, 1982ㄴ: 321).[18]

여기서 보면 함석헌에게서 공동체는 근대 이전부터 있던 공동체와 현대의 공동체를 모두 포괄하고 있음을 알 수 있다. 어쨌든 공동체와 유기적 사회에는 전체를 중요하게 여기는 공통점이 있다. 이 둘 사이의 차이점은 유기적 사회에서는 개체를 전체와 함께 매우 중요하게 여기는데 비해 공동체에서는 개체를 덜 중시한다는 점이다.

물론 공동체에는 전근대적 공동체뿐만 아니라 현대적 공동체도 있다. 그중 전근대적 공동체는 개체를 무시하거나 설사 무시하지 않더라도 공동체 전체를 훨씬 더 중요하게 여기지만 현대적 공동체는 개체에 대한 기본적 존중을 전제로 공동체 전체를 중시한다. 이렇게 보면 현대적 공동체는 유기적 사회와 비교적 가깝지만 현대적 공동체에 비해 유기적 사회가 개체 사이의 관계와 개체와 전체 사이의 관계를 훨씬 더 분명한 상호 의존 관계 혹은 조화 관계로 규정하는 경향이 있다.[19]

그렇다면 개체를 특별히 중시하는 시장과 유기적 사회 사이의 관계에 대한 함석헌의 관점은 무엇인가? 그는 자본주의 시장경제가 봉건제도에 반항해 등장하면서 인권 옹호, 자유 신장, 경제 향상 등의 큰 기여

18 그는 공동체 형성의 필요성뿐만 아니라 공동체 훈련의 필요성도 매우 강조했다. 그에 의하면 공동체는 개인의 약함을 보완해줌으로써 개인의 나라 사랑 실천의 중요한 수단이 된다(함석헌, 1989ㄴ: 269 이하).

19 근대의 기계적 사회나 유기적 사회로부터 현대적인 공동체가 아닌 전근대적인 공동체로 되돌아가려는 입장을 함석헌은 보수주의로 규정하면서 보수주의로 되돌아가는 경향, 즉 퇴화는 "한동안 남아 있을 수 있지만 그것이 대세는 되지 못한다"고 주장했다(함석헌, 1971ㅂ: 460~461).

를 했다고 본다. 하지만 자본주의가 여러 심각한 모순도 드러내게 되었는데 가장 중심 되는 모순은 없는 사람의 고통과 계급대립이 심해진 것이다. 그것은 있는 사람 혹은 경쟁에서 유리한 지위에 있는 사람이 전체의식을 결여한 채 경쟁을 통해 자기 지위를 보존하거나 실리를 확보하는 데 몰두하기 때문이다(함석헌, 1959ㅂ: 240; 1959ㄴ: 45 이하).

이처럼 없는 사람의 고통과 계급대립이 심한 자본주의 사회는 유기적 사회와 뚜렷이 대조된다. 함석헌에 의하면 특권계급이 지배하는 자본주의 사회는 개인의 시대에 특징적인 사회인데 비해 유기적 사회는 전체의 시대에 특징적인 사회다. 개인의 시대에서는 생존경쟁 사상과 힘 혹은 돈의 논리가 경제와 정치를 지배하려고 했으나 이제는 개인의 시대가 지나가고 전체의 시대가 도래하면서 자본주의도 자유방임하고서는 도저히 살아갈 수 없게 되었다. 즉 "공정가격이라거나, 국가경영이라거나, 누진세법을 쓴다든가, 형식이야 무엇이 되었든 간에, 어느 정도 통제를 하지 않고는 …… 도저히 사회생활의 터져나감을 막을 수가 없게 되었다"는 것이다(함석헌, 1986ㄱ: 202~203; 1959ㄴ: 20).[20]

그는 유기적 사회의 경제 체제에 대한 윤곽을 제시하지 않은 채 서구의 선진 자본주의 사회처럼 자본주의의 여러 모순을 시정하기 위해 최선을 다할 필요가 있음을 강조했다. 그러면서 다행히 전체의 시대가 도래하면서 이제는 자본주의에 대한 어느 정도의 통제를 통해 그러한 모순을 시정하지 않을 수 없게 되었다고 주장했다. 그럼에도 불구하고 그는 자본주의적인 자유경제와 공산주의적인 통제경제가 모두 기본적으로는 유

20 물론 자본주의의 모순을 극복하기 위한 방안으로 공산주의 경제가 제시되기도 하지만 함석헌은 전형적인 통제경제인 공산주의 경제는 자본주의 경제보다 더 나쁘다고 보았다(함석헌, 1990: 173; 1950ㄴ: 160).

기적 사회의 경제에 부합하지 않는다고 보았다(함석헌, 1959ㅂ: 240).[21]

다음으로 유기적 사회와 국가 사이의 관계에 대한 함석헌의 관점을 간략히 살펴보자. 먼저 그는 나라와 국가를 구분한다. 나라는 집, 즉 가족이 커진 것으로 개별 구성원의 상호 신뢰와 사랑에 기초한 유기체로서의 특성을 지닌다. 그리하여 그는 "집을 이루어 나가는 원리가 나라를 다스려 나가야 한다"라고, "나라는 집처럼 되어야 이상"이라고 주장한다. 집이란 "시간·공간의 제약 밑에 낱사람이 그것을 이기고 영원 무한에 참여하려고, 사랑과 믿음으로 하나 되어 일하는 정신적 생명체"이듯이, 나라도 그렇게 되어야 한다는 것이다(함석헌, 1964ㄹ: 227).

또한 나라는 유기체적 특징을 갖는다. 우리 개인의 몸이 유기체이듯이 "우리 각 개인이 각각 제 인격의 자주성을 가지면서 또 연합해 한 주체 밑에 하나를 이루는 것이 나라"라는 것이다. 그래서 "나라에서는 개인의 개성을 절대로 대접하지 않으면 안 된다. 그러면서도 나라는 나라로서 전체를 주장하는 주체가 된다"(함석헌, 1961ㄴ: 319). 그리고 유기체에서는 "어느 한 부분이 제 노릇을 못 하면 앓는 것은 그 부분만이 아니고 전체 몸"이다. 이와 마찬가지로 나라에서도 "한 사람의 불행은 전체의 불행"이다. 그래서 라는 "어리석다 모질다 하는 것일수록 사랑하고 도와줄 필요가 있다고" 여긴다(함석헌, 1974ㄴ: 232).

그러한 나라와 달리 국가는 몇몇 집단이 권력에 기초해 형성한 일종의 제도라는 것이 함석헌의 관점이다(함석헌, 1964ㄹ: 227).

21 그는 정치나 경제에 관여하는 사람들의 생각이 제일 뒤져서 개인의 시대로부터 전체의 시대로의 전환을 따라가지 못한 채 극보수적인 것을 고집한다고 보았다. 이에 비해 "사상·문학·예술하는 사람들은 비교적 앞서서 우리 문명이 변동함을" 안다고 보았다(함석헌·송석중, 1983: 504).

> 국가라고 하는 것은 생명이 아니야요. 살아가기 위한 하나의 제도일 뿐이에요. 옷 같은 거예요. …… 사회가 살아가려면 우선 체계가 있어야 한다고 그러잖아요. …… 나라라고 할 때는 사회적인 거고, 국가라고 그럴 때는 아주 몇이서 정당 조직하듯이 하는 거예요. …… 그 사람들이 짜가지고 할 때 필요한 건 뭔고 하니 힘이예요. 반대자의 입을 닫게 만들 만한 무력이 있어야 된다는 것 아니에요?(함석헌, 1989ㅁ: 311).

나라와 비교하면 국가는 "나라에서 사랑과 믿음은 없어지고 꾀와 힘으로 하는 제도와 강제만 남게 된" 것이다. 그래서 나라에서는 모든 구성원이 존중을 받지만 국가에서는 "적은 수의 몇이 잘나고, 높고, 감열하게 되었고, 거의 전부의 씨올은 못나고 낮고 간난한 것이" 되어버린다. 그리고 나라에서는 참다운 전체의식이 자리 잡아 있지만 국가에서는 대체로 전체의식보다는 집단의 이해관계를 추구하는 집단주의가 지배한다(함석헌, 1964ㄹ: 227; 1986ㄱ: 203).

그럼에도 불구하고 국가가 자신을 전체라고 주장하면서 국민의 복종을 강요해온 것은, 함석헌에 의하면, 국민을 속이는 것이었으며, 그러한 전체는 참다운 전체가 아니었다.

> 개체와 개체의 관계는 세포와 몸 전체와의 관계와 마찬가지로 사랑으로, 화和로 되는 것이지 법으로 묶음으로 강제함으로 되는 것 아니다. 그런 의미에서 모든 국가는 속이는 자였다. …… 실지에 있어 모든 국가는 전체라는 가면을 쓴 집단주의였다. 집단은 크거나 작거나 말할 것 없이 개인주의, 이기주의의 확대된 것밖에 아무것도 아니다(함석헌, 1977ㄴ: 191).

결국 사회적 성격과 특히 유기체적 특성을 갖는 나라는 유기적 사회와 다르지 않지만 정치적 성격과 특히 집단주의적 특성을 갖는 국가는 자본주의 시장경제와 마찬가지로 유기적 사회와 뚜렷한 대조를 이룬다. 더구나 국가 간 경쟁이 치열해지면서 국가지상주의, 즉 국가주의가 득세한 결과 제국주의, 세계대전, 냉전체제 등이 초래되었다는 점에서 그는 국가주의와 그에 기반한 국가에 대해 매우 신랄한 비판을 가했는데 이에 관해서는 8장에서 보다 집중적으로 살펴보게 될 것이다.[22]

끝으로 나라 및 국가와 깊은 관련이 있는 민족과 민족주의가 유기적 사회와 어떤 관계에 있는지에 대해 간략히 살펴볼 필요가 있다. 그런데 함석헌은 민족과 민족주의를 구분해 민족에는 긍정적 의미를 부여하면서 민족주의에 대해서는 매우 부정적인 태도를 보였다. 그는 먼저 민족이란 단순한 관념이 아닌 자연적 사실이라고 보았다. 그리하여 사람은 개인으로서 살아가듯이 민족 구성원으로서도 살아가는데, 민족으로서의 삶이 없다면 개인으로서의 삶도 있을 수 없다고 했다(함석헌, 1959ㄴ: 57; 1970ㄱ: 281).

그러한 개인과 민족의 관계를 그는 개체와 전체의 관계로 그리고 유기체의 관계로 설명했다. 그에 의하면, 수많은 세포로 이루어진 개별 유기체가 세포보다 훨씬 더 높은 생명이듯이 민족 역시 개인보다 훨씬 더 높은 생명이다. 물론 민족이 개인보다 더 높은 생명이기 위해서는 민족

22 함석헌은 원래 씨올의 공동체였던 나라와 일부 권력 집단이 지배하게 된 국가를 구분함으로써 국가주의를 극복하려고 한 것이다. 그런데 가끔은 그도 이 둘을 뚜렷이 구분하지 않은 채 나라를 널리 통용되는 용법인 근대적 국가의 의미로 사용하기도 했다(함석헌, 1968ㄷ: 265~266).

전체가 보다 높은 자아의식, 즉 민족적 자각이라는 보다 높은 전체의식을 필요로 한다. 그런데 인류의 역사는 과거의 부족 단위로부터 마침내 민족 단위로 전체의식이 확대되어 왔음을 보여준다(함석헌, 1970ㄱ: 283; 함석헌·송기득, 1978: 389).

문제는 오늘날 전체의 시대에 접어들면서 전체의식이 민족 단위로부터 인류 세계로 더욱 확장되고 있는 점이다.

> 생이 발달함에 따라 씨올은 부족에서 마침내 민족으로, 그리고 오늘날에는 세계로 이어지는데, …… 이젠 이 세계는 어쩔 수 없이 유기적인 사회, 전체사회가 돼서 미워도 고와도 한데 살 수밖에 없게 되었고, 그렇지 못하면 전체가 멸망하게 돼 있어요. 그래서 우리는 모두 '하나'로 생각할 수밖에 없어요(함석헌·송기득, 1978: 389).

이처럼 새로운 시대에는 사람의 생각이 민족 단위를 넘어서 인류 세계로 나아가야지만 비로소 전체의식에 도달할 수 있다는 것이다(함석헌, 1970ㄱ: 283).

그럼에도 불구하고 함석헌은 오랜 역사를 통해 계승되어온 민족으로서의 삶이 여전히 중요하다고 보았다. 비록 사람들의 전체의식이 민족을 넘어 세계로 나아가야 하지만 생명으로서의 민족이 행해야 할 역할이 있다고 보았기 때문에 그는 "민족적으로 생명을 충실하게 하지 않고 건너뛰어 세계 운운하는 것은 공상이다"라고까지 주장했다. 그러면서 그는 "이런 의미에서 우리는 아직 민족문화를 실현해야 할 것이 많이 있다"는 점을 강조했다(함석헌, 1959ㄴ: 57~58).

또한 여기서 그는 민족과 민족주의를 구분하면서 민족주의에 대한 뚜렷한 경계심을 표현했다. 그에 의하면 민족은 자연적인 사실이지만 민족주의는 권력을 추구하는 집단이 민족국가를 표방하면서 인위적으로 불어넣는 관념이다. 그러한 민족주의가 비록 과거에는 통일이나 해방의 깃발이 되기도 했지만 전체의 시대에 진입한 오늘날에는 국수적인 경향으로 인해 "나아가는 역사의 방해물"이 되어 "쓰레기통에 들어가게" 되었다(함석헌, 1959ㄴ: 58; 1970ㄱ: 283; 1989ㅁ: 312).

이렇게 본다면 개인이 자라서 보다 높은 전체의식을 갖게 된 민족은 높은 수준의 생명체로서 유기적 사회와 공통된 특성을 소유할 수 있다. 더구나 오늘날처럼 "어쩔 수 없이 유기적인 사회, 전체사회가 된" 세계에서의 민족은 더욱 그렇다. 반면 권력을 추구하는 집단이 민족국가의 이념으로서 인위적으로 형성한 민족주의는 집단주의적인 국가처럼 유기적 사회의 특징과 뚜렷한 대조를 이룬다. 특히 인류 세계가 전반적으로 유기적 사회, 전체사회로 전환되기 시작한 오늘날에는 민족주의가 더 이상 시대에 부합하지 않을 뿐만 아니라 오히려 시대에 역행하는 것이 되고 말았다는 것이 그의 관점이다.

> 지금의 미·소도, 지금의 자본주의·공산주의도 모두 도둑질이다. 민족주의·국가주의도 모순된 짓이다. 세계는 개인에서 전체로 유기적 관계를 맺어간다(함석헌, 1983ㄱ: 284).

4) 유기적 사회와 씨ᄋᆞᆯ

기계적 사회에서는 고통당하는 씨ᄋᆞᆯ이 있더라도 그대로 사회가 유지되지만 오늘날의 유기적 사회에서는 씨ᄋᆞᆯ의 고통이 전체사회의 고통이 되므로 이 고통을 해결하기 위해 전체사회가 나서지 않을 수 없다. 왜냐하면 이 고통이 심해지면 전체사회가 심각한 해를 입을 수 있기 때문이다.

이렇게 본다면 기계적 사회가 유기적 사회로 전환되는 것은 누구보다도 씨올이 바라는 바일 것이다. 그런데 함석헌에 의하면 실지로 유기적 사회로의 전환에는 누구보다도 씨올의 역할이 컸다. 유기적 사회로의 전환에는 과학기술의 발달과 함께 구성원 사이의 전체의식, 공감능력, 자발적 협력 의지 등도 매우 중요한 역할을 했다는 그의 인식을 앞에서 살펴본 바 있다.

그런데 국가권력을 추구하는 집단이나 자본주의 시장경제에서 이윤을 추구하는 데 몰두하는 집단은 유기적 사회의 특성과 대립적이다. 그렇다면 유기적 사회로의 전환에 요구되는 정신적 자원은 도대체 누가 제공해 왔는가? 함석헌은 바로 씨올이 그러한 역할을 수행해 왔다고 본다.

> 오늘 인류가 당하는 대부분의 문제는 정치문제인데 그것을 만든 것은 결코 평화에 살기를 본바탕으로 하는 민중, 곧 씨올이 아니고 정치가들이다. 그러한 불행한 역사과정에 있으면서도 선善은 역시 이겼다. 그래서 군주·영웅·군인의 싸움이 쉬는 날이 없었는데도 씨올은 그 밑에서도 견디며 선한 노력을 쌓아 인도人道 사상은 발달했고 세계가 하나 되는 단계에 들었다. 이제 이 인간 사회는 정치의 분립주의, 배타주의에도 불구하고 유기적인 인격관계에 들었다. 이미 서로 떨어지거나 그중 어느 부분을 무시하고는 전체가 살 수 없는 지경에 이르렀다(함석헌, 1972ㄷ: 66~67).

물론 그렇다고 씨올이 모두 도덕적으로 결함이 없는 성인이라는 의미는 아니다. 많은 씨ᄋᆞᆯ이 이기주의, 당파주의 같은 심각한 문제에 빠져 있을 수 있다. 하지만 그러한 문제가 아무리 심각할지라도 씨ᄋᆞᆯ에게는 그것이 생리의 본질도 정신의 바탕도 아니라는 것이 그의 관점이다. 그렇기 때문에 그는 "바람이 불면" 씨ᄋᆞᆯ이 잠에서 깰 수 있다고 보았다.(함석헌, 1972ㄷ: 67~68). 그러면서 그는 다음과 같이 주장했다.

> 바람은 불기 시작했다. 한순간에 역사의 묵은 깍지를 벗을 수 있다. 우리가 사는 이 시대는 막다른 시대지만 막다랐기 때문에 비약의 시대다. 이 민중은 비약을 할 것이다(함석헌, 1972ㄷ: 68).[23]

또한 씨ᄋᆞᆯ은 생각, 의견, 취향 등 매우 다양한 특색을 가진 자들이기도 하다. 그리하여 함석헌은 그들이 유기적 사회의 주체가 되기 위해서는 무엇보다도 한마음을 이루어야 한다고 보았다. 여기서 의미하는 한마음이란 같은 생각을 갖는 것이 아니라 생각을 달리하면서도 하나가 되어 사는 것이다. 이를 위해서는 무엇보다도 자유로운 의사소통이 이루어지는 열린 사회가 필요하다. 그런 사회에서 서로가 마음으로 손을 잡고 자유롭게 의사소통하는 가운데 전체의식에 도달할 수 있게 되며, "전체의식으로 꿰뚫린 개인들이 모인 데서만", 즉 "나 속에 전체를 보고 전체 속에 나를 보아서만" 비로소 씨ᄋᆞᆯ이 주체로 설 수 있게 된다는 것이다(함석헌, 1971ㄷ: 45~46; 1961ㄴ: 320).[24]

23 그는 씨ᄋᆞᆯ이 비약하기 위해 우선해야 할 과제를 세 가지 제시했다. 서로 사람으로 대접하는 것, 공동체 살림의 훈련을 쌓는 것, 그리고 언론자유를 지키는 것이 그것이다(함석헌, 1972ㄷ: 69).

24 그런데 현실적으로 언론자유가 보장되지 않으면 어떡하나? 함석헌은 정부가 언론의 제약을 풀어줄 것을 기다리고만 있으면 안 되며, 누구보다 씨ᄋᆞᆯ이 주체가 되어 언론자유의 빠른

3 맺음말: 전체, 유기체, 연대

함석헌의 전체 사상은 샤르댕으로부터 깊은 영향을 받은 것이었다. 함석헌은 그에게 가장 큰 감명을 준 사상가 중의 하나인 샤르댕이 "이때까지는 생각하는 주체가 개인이었으나 앞으로는 전체로서 생각하지 않으면 아니 되는 시대가 된다"고 한 내용을 접하고는 무릎을 치고 고쳐 앉아 생각에 잠겼었다고 고백하기도 했다(함석헌, 1972ㅇ: 244).

실제로 샤르댕의 전체론에는 함석헌의 전체론의 많은 핵심 요소가 들어 있다. 종합, 유기체, 인격체, 궁극적 실재, 개체와 개인, 정신, 사랑 등에 대한 관념과 전체의 확장에 대한 관념이 예다(샤르댕, 1997: 217, 228, 240 이하). 하지만 함석헌의 전체론에는 씨올론처럼 샤르댕 사상에 없는 독창적 내용이 들어 있을 뿐만 아니라 샤르댕의 전체론에서 발견되는 관념도 함석헌의 독자적 사상에 자연스레 그리고 깊숙이 녹아들어서 그의 사상 전반을 힘 있게 떠받치고 있음을 알 수 있다.

그런데 샤르댕의 영향은 전체론뿐만 아니라 유기체론에서도 발견된다. 유기체론은 19세기 서구의 많은 사상가가 관심을 갖고 전개한 이론이며 사회유기체 관념이나 유기적 사회 관념도 스펜서H. Spencer, 뒤르켐 등 널리 알려진 19세기 사회사상가를 통해 어렵지 않게 접할 수 있다. 그렇기 때문에 함석헌이 어느 유기체론자로부터 어떤 영향을 받았는지 정확하게 확인하기는 어렵다. 하지만 그가 큰 영향을 받은 것으로 고백

실현을 위해 실천적 노력을 기울일 필요가 있음을 강조했다(함석헌, 1989ㄴ: 271).

한 사상가 중 역시 샤르댕 사상에서 그의 유기체론과 유사한 관점을 발견할 수 있다. 뿐만 아니라 그는 사회유기체론에 대한 헉슬리의 비판적 관점을 샤르댕의 관점에서 반박하기도 했다(샤르댕, 1997: 170, 235, 243; 함석헌, 1970ㅅ: 130). 그런 점들을 볼 때 함석헌의 전체 사상뿐만 아니라 그와 밀접한 관계에 있는 유기체 사상도 샤르댕에게서 큰 영향을 받은 것을 알 수 있다.

이처럼 샤르댕의 영향을 받아 형성된 함석헌의 유기적 사회론을 사회학에서 대표적인 사회유기체론자로 알려진 스펜서의 사회유기체론과 비교해보면, 먼저 두 사람이 각자 산 당시 사회를 유기체적 특징을 갖는 사회 혹은 유기적 관계로 이루어진 사회로 본 데서 공통점을 발견할 수 있다. 하지만 스펜서가 모든 사회를 일종의 유기체로 간주한 데 비해 함석헌은 현대에 와서 비로소 사회가 유기체적 특성을 갖게 된 것으로 본 점에서는 차이가 있다. 이처럼 함석헌이 사회의 유기체적 특성을 사회변동의 결과로 본 관점은 뒤르켐과 비슷한데 이에 대해서는 앞에서 언급한 바 있다.

또한 함석헌의 유기적 사회론은 콩트, 스펜서, 뒤르켐 등과 같은 전통적인 사회유기체론과 달리 사회 지체들 간의 관계를 항상 조화로운 관계로만 보지 않고 갈등의 필요성을 적극 수용하는 관점을 보인다. 함석헌에게는 기본적으로 생명에는 생과 사, 정신과 물질, 활동과 휴양 같은 모순과 대립이 내재해 있으며, 이 모순과 대립이 생명의 무한한 양상과 끝없는 향상의 계기라고 하는 변증법적 인식이 있다. 그런 관점에서 그는 역사도 자유와 속박, 옳은 것과 그른 것, 정신과 물질, 씨올과 권력 등의 대결을 통한 해방의 과정으로 이해했다(함석헌, 1964ㄴ: 229; 1973ㄹ: 94).

그는 모든 지체가 서로 밀접한 관련성을 맺고 있는 유기적 사회라고 하더라도 속에서는 여전히 전체의식보다는 이기적이거나 집단적인 이해관계를 더 추구해 사회 전체나 다른 지체에 큰 해악을 끼치는 지체와 이를 가능하게 하는 제도가 존재한다고 보았다. 마치 몸에서 아픈 부분이 존재하는 것과 마찬가지인데, 이 경우 몸의 아프지 않은 부분이 질병과 싸워 건강을 회복해야 하듯이 사회에서도 사회적 악과 싸워서 그것을 몰아내야 한다는 것이다. 그리하여 부당한 지배자처럼 악을 행하는 개인이나 집단과 싸워야 하지만 그들을 몰아내기 위해서가 아니라 그들의 잘못을 극복하기 위해 그들을 감싸 안으면서 싸워야 한다는 것이다. 그는 그러한 싸움을 통해서만 인격의 발전과 자유의 신장이 이루어지며 그것을 바탕으로 유기적 사회가 한 단계 더 도약할 수 있다고 보았다(함석헌, 1973ㄴ: 122 이하; 1981ㄹ: 114; 1967ㄴ: 109~110).[25]

마지막으로, 함석헌의 전체론과 유기체론에서 발견되는 연대론적 함의를 간략히 살펴보고자 한다. 그의 전체론과 유기체론은 20세기 초까지 서구사회를 지배한 개인주의와 경쟁 철학이 더 이상 타당하지 않게 되었다는 인식에서 출발하는데, 그러한 인식은 부르주아와 페쉬H. Pesch

25 "생명은 싸움입니다. 몸에서는 병과의 싸움이요, 정신에서는 악마와의 싸움이요, 그리고 생활의 역사에서는 정치와의 싸움입니다. …… 병은 싸워야 합니다. 그러나 미워해서는 아니 됩니다. …… 싸우는 것은 큰마음을 가지고야 할 수 있습니다. 하늘 마음입니다. …… 지배자와 피지배자가 다 싸우는 것이 무서워 무사주의에 빠져버릴 때 사회는 사람 사는 곳이 아니고 짐승의 무리가 돼버립니다. …… 사람으로 살았으면 마땅히 생사를 잊고 선악을 초월한 자리에서 권력관계를 떠나서 싸워야 합니다. 그래야 자유가 있습니다. 그래야 살았습니다"(함석헌, 1973ㄴ: 122~125). "우리가 싸우는 것은 저쪽을, 사회의 악한 것들을 세상에서 없애기 위해서가 아닙니다. 그것은 저들이 나의 이웃이기 때문에, 우리와 한 몸을 이루는 한 지체이기 때문에 하는 것입니다. 아무리 약하고 어리석은 자라도 버려서는 아니 되기 때문에 하는 것입니다. 사랑으로 하는 싸움입니다"(함석헌, 1981ㄹ: 114).

같은 고전적 연대주의자들의 기본 인식이기도 하다(강수택, 2012ㄴ).

그의 전체 관념도 연대 관념과 공통점을 갖고 있는데, 그가 전체를 자주 유기체로 묘사하고 때때로 협동체로 묘사한 점이 그렇다. 유기체 혹은 유기적 관계의 가장 큰 특징은 지체들 상호 간의 밀접한 연관성 혹은 상호 의존성으로, 밀접한 연관성은 모든 연대주의 사상가들이 강조한 내용이며 상호 의존성은 뒤르켐의 연대론에서 보듯이 유기적 연대 관념의 가장 중요한 특징이다.

특히 그가 유기체적 관점을 사회에 적용해 제시한 유기적 사회론은 뒤르켐의 유기적 연대론 같은 근대적 연대론과 매우 흡사하다. 이렇게 본다면 함석헌의 유기체 혹은 유기적 사회 관념과 유기체로서의 전체 관념은 연대주의자들의 연대 관념과 상당한 공통섬을 갖고 있다고 볼 수 있다.[26]

더구나 함석헌이 전체를 독립적 개인 간의 자발적 협동 관계로 이루어진 협동체로 묘사한 내용은 연대주의자들의 연대 관념과 거의 다를 바 없다.[27] 그리고 그가 사랑 혹은 화和의 정신을 협동체 혹은 유기체로서의 전체에 기본이 되는 정신으로 여긴 점도 연대주의 관점과 일치한다. 이 점에 대해서는 다음 장에서 보다 자세히 다룰 예정이다.

이처럼 그의 전체론과 유기체론은 연대주의자들의 연대론과 많은

26 대표적인 연대주의 사상가 부르주아는 사회를 유기체로 간주해 개인과 일차적 공동체가 유기체의 세포가 되며 국가는 유기체를 규제하는 중심 기관이라고 보았다. 페쉬는 도덕적인 유기체적 사회관을 주장했는데, 그것은 사회를 도덕적 유기체로 보는 관점이다. 페쉬의 도덕적 유기체적 사회관과 함석헌의 전체주의적 유기체적 사회관 간에는 많은 공통점이 발견된다(강수택, 2012ㄴ: 103~104, 109; Pesch, 1905: 379~380).

27 그가 전체를 협동체로 묘사하면서 이에 대해 보다 구체적으로 논의한 바는 없지만 필자가 6장에서 집중적으로 다루게 될 주제들이 내용적으로는 여기에 해당되는 것으로 볼 수 있다.

공통점을 갖고 있지만 그들이 서로 불일치하거나 심지어 대립하는 점도 없지 않다. 예컨대 그는 전체를 유기체 혹은 협동체로 묘사하기도 했지만 인격체, 궁극적 실재, 궁극적 실재의 역사적 구현자 등으로도 간주했다.

여기서 함석헌이 개인을 인격체로 간주한 것은 연대주의자들의 인식과 일치하는 부분이다. 그런데 더 나아가 개인으로 이루어진 민족, 나라, 전체 인류도 인격적 존재로 여긴 점에 대해서는 논란이 있을 수 있다. 하지만 그의 그러한 인격론이 그들의 자유와 자존성을 존중하고 그들에게 자기 객관화와 초월 능력을 요구하는 윤리적 관점을 강조한 것이라는 점에서는 논란의 여지가 없다.

다만 민족이나 나라를 개인보다 더 높은 수준의 유기체나 인격체로 간주한다든지 전체 인류를 그보다 더 높은 실체로 간주한다면 그것은 연대주의 관점과 충돌하게 된다. 개인의 인격을 가장 중시하며, 상위 집단보다는 하위 집단을, 하위 집단보다는 개인을 더 우선시하는 연대주의 관점에서 볼 때, 비록 부분의 단순한 합이 전체는 아니지만 부분보다 전체를 더 높은 수준의 실체로 간주하고 거기에 더 큰 가치를 부여할 수는 없기 때문이다.[28]

또한 같은 맥락에서 전체를 궁극적 실재나 궁극적 실재의 역사적 구현자로 간주하는 관점도 전체를 이루는 부분적 개체, 특히 개인을 소홀히 하는 대신 전체를 지나치게 강조하는 오류를 낳을 위험을 안고 있다. 그리고 그가 자기 입장으로 제시한 전체주의도 비록 종래의 강제적 전체주의와 달리 개인의 가치를 완전히 인정받는 구성원이 자발적으로 전체

28 이처럼 개인의 인격을 가장 중시하며, 개인이나 하위 집단을 더 우선시해 그들의 자발성과 상위 집단의 지원 의무를 강조하는 원리를 연대주의에서는 보조성subsidiarity 원리라고 부른다(강수택, 2012ㄴ: 310; 강수택, 2014: 59).

를 추구하는 것이지만 개인과 전체 사이에서 현실적으로 긴장과 불화가 발생할 때 전체보다는 개인이 희생되거나 도구화될 위험성이 훨씬 크다. 함석헌의 전체론에서 이런 점들은 연대주의자들의 연대론과 충돌할 가능성이 있는 내용이다.[29]

29 자율적 개인을 전제로 전체를 강조한 함석헌의 전체론과 유기적 사회론은 종래의 개인주의와 강제적 전체주의에 대한 대안으로 제시된 것이다. 하지만 이와 함께 사회유기체론에 대한 헉슬리의 도전을 염두에 둔 함석헌 방식의 해결책이었다고 볼 수도 있다.

5

하나 됨과 화和

05

이 글의 제목에서 하나 됨은 '통일'의 함석헌 식 우리말 표현에 해당한다. 그리고 화和는 쉬운 표현으로 '조화'를 의미한다고 할 수 있지만 그는 화와 관련된 여러 표현, 예컨대 조화, 인화人和, 총화, 화해, 화합, 화목, 평화 등에 관해 폭넓게 다루었다. 그런데 하나 됨과 화는 얼핏 보기에 공통점을 가지면서도 충돌하는 관념으로 여겨질 수 있다. 하지만 그의 사상에서는 둘이 매우 밀접한 관계에 있을 뿐만 아니라 비슷한 뜻으로 사용되기도 한다(함석헌, 1972ㄴ: 44).

어쨌든 이 두 관념은 모두 앞서 살펴본 전체 및 유기체 관념의 중요한 속성이며, 다음 장에서 살펴볼 실천적 연대 관념의 바탕이 된다. 그리고 예컨대 정치 영역에서의 남북통일, 화해, 평화 등과 같이 구체적인 여러 주제에도 적용된다. 이처럼 하나 됨과 화는 함석헌 사상의 많은 기본 관념과 구체적 주제와 관련되어 있는 매우 중요한 관념이다.

1 하나 됨에 관해

1) 전체와 생명의 속성으로서의 하나 됨

함석헌 사상에서 하나 혹은 하나 됨이란 앞서 살펴본 생명, 인간, 정신, 역사, 전체, 유기체 등 그의 사상에서 중심 되는 다른 많은 관념과 밀접한 관련을 맺고 있는 매우 중요한 관념이다. 그는 하나 혹은 하나 됨을 일一 혹은 통일로 표현하기도 하면서 그것이 특히 전체와 생명의 가장 중요한 속성이라고 보았다.[1]

전全이란 '하나'요 생生이란 '하나'입니다(함석헌, 1950ㄴ: 165).

앞 장에서 살펴본 전체 관념의 가장 중요한 의미인 종합, 유기체, 통일체 등은 모두 전체가 하나임을 알려준다. 그리고 그들 전체 관념이 공유하는 기본 정신이 화和 혹은 사랑의 정신이라는 점은 비록 현실에서 다양한 요소가 공존하며 심지어 대립과 모순이 존재하더라도 전체가 하나로 되는 경향의 근거를 보여준다.

그가 전체를 인격적 존재로 묘사한 것도 전체가 하나임을 알려준다. 왜냐하면 인격체란 자아의식을 필요로 하는데, 전체가 인격적 존재라는 의미는 자아의식으로서의 전체의식이 존재함을 의미하기 때문이다. 그런 의미에서 그는 전체를 자각된 인격의 통일된 인격이라고 표현했다.

1 그는 하나 됨을 통일로 표현하기도 했으며 영어로는 unity라고 표기한 바 있다. 그러므로 그의 사상에서 하나 됨이란 통일의 순수 우리말 표현에 해당된다고 볼 수 있다(함석헌, 1985: 188).

생명에 관해서도 2장에서 살펴보았듯이, 모든 생명 현상에는 많으려 하면서도 하나가 되려는 경향과 다양한 모순이 공존하면서 이 모순이 하나로 통일되는 경향이 있다.[2] 또한 모든 생명은 하나의 전체가 나타난 것일 뿐만 아니라 전체 관념의 기본 정신이기도 한 화和와 사랑이 생명의 원리라는 점에서도 하나 됨 혹은 통일이 생명의 가장 중요한 속성임을 알 수 있다.

2) 나, 가족, 나라, 세계의 하나 됨

이런 관점에서 그는 나, 가족, 씨올, 나라, 세계, 그리고 우주는 모두 전체로서 하나가 되어야 함을 강조했다. 여기서 나의 하나 됨은 가족, 씨올, 나라, 세계 등 다른 모든 하나 됨의 출발점이 되는데, 함석헌은 나의 하나 됨을 인격 통일, 자아의 통일, 참사람이 되는 것 등으로 표현했다. 그러면서 그는 내가 하나 되기 위해 무엇보다 내 속에 있는 영과 육의 대립과 갈등이 해소되어야 한다고 보았다. 그에 의하면, 그것은 나와 하나님의 연락 혹은 하나 됨을 통해 가능한데 그것을 가능하게 하는 것이 믿음이다(함석헌, 1959ㅂ: 246 이하; 1961ㄴ: 323~324).

모든 통일의 근본이 되는 것은 믿음이다. 나와 하나님이 서로 믿게 되어 내가

2 그는 많으려 하면서도 하나가 되려는 생명의 경향을 생명의 다多-일一의 원리 혹은 다이일多而一 경향이라고 부르면서 생명의 진화도 그런 관점에서 설명했다. 즉 생명의 진화에서는 복잡화 혹은 다화多化 과정이 우선적 원리이지만 이와 함께 일화一化, 즉 통일을 향한 움직임도 동시에 존재한다는 것이다. 여기서 다화 혹은 복잡화가 밖을 향하는 발산이라면 일화一化는 안을 향한 수렴 혹은 내면화로서 밖에서 오는 위험을 줄이고 힘을 비축하는 데 필요하다는 것이다(함석헌, 1964ㄴ: 101~102).

나를 믿게 되고, 내가 나를 믿으면 남이 나를 믿어주고 내가 또 남을 믿게 된다. 우리 사회에 물고 뜯고 의심하고 시기하는 싸움이 많은 것은 자신 없는 사람, 따라서 절대적인 주체가 되는 하나님을 믿는 맘이 없는 사람끼리 모이기 때문이다. 모든 힘은, 힘의 근본인 전능자가 곧 나의 바탈이요 내 속에 있음을 믿는 데서 나온다(함석헌, 1961ㄴ: 324).

나의 하나 됨이 나와 하나님의 하나 됨을 통해 이루어지듯이 함석헌은 가족, 나라, 세계의 하나 됨도 모두 하나님과의 하나 됨, 즉 전체의식을 통해 이루어질 수 있다고 보았다. 이 전체의식은 가족, 나라, 세계에 각각 통일 의식을 제공하며, 그것을 통해 가족, 나라, 세계는 구성요소들이 이기주의에 빠져 배타적으로 되고 상호 갈등하게 되는 것을 극복할 수 있다는 것이다(함석헌, 1972ㄷ: 74).

그는 인간 발달에서 가정의 중요성을 매우 강조하면서 현대 가정의 붕괴를 매우 심각하게 염려했다. 또한 원시사회의 가족 혹은 씨족으로부터 근대의 민족과 현대의 인류에 이르기까지 나라의 범위가 확장되면서 종족, 계급, 종교 등 이질적이거나 심지어 적대적인 요소로 인해 사회적 갈등이 심화되었으며, 우리나라의 경우는 정치적·이념적 대립으로 인해 남북한이 분단된 처지에 놓여 있다. 뿐만 아니라 세계적으로는 민족국가 사이의 이해관계 대립으로 인해 20세기에 들어와 유래를 찾아볼 수 없는 세계대전을 두 차례나 겪었을 뿐만 아니라 이후에도 세계 곳곳에서 전쟁이 끊어지지 않고 벌어져 왔다.

이런 점에서 그는 가족, 나라, 세계의 하나 됨이 절실함을 역설하면서 다음과 같은 두 가지 점을 특별히 강조했다. 첫째는 가족, 나라, 세계가 각각 하나 된다는 것이 구성원 혹은 구성요소들이 모두 같아진다는 것이 아니라 서로 다르면서 하나 됨을 의미한다는 것이다.[3] 함석헌의 하나 됨은 자유를 중시하는 다원 세계를 전제로 하는 관념이다. 그러므로 서로 다른 개인과 집단을 강제로 혹은 획일적으로 통일시키려는 것은 그의 관념과 대립한다(함석헌, 1971ㄷ: 45; 함석헌·한용상, 1983: 500).

그렇다면 서로 다른 개인이나 집단은 어떻게 하나가 될 수 있을까? 그는 각자가 자기의 고유성을 지키면서 서로 하나가 되려면 "손을 잡아야" 한다고 주장했다. 여기서 "손을 잡는다"는 것은 함께하려는 의지를 상징적으로 표현하는 행위로 연대 행위를 의미한다고 볼 수 있다. 또한 그는 하나가 되기 위해 손을 잡으려면 우선 마음으로 잡아야 하며 그것을 위해서는 마음이 하나가 되어야 한다고 설명했다(함석헌, 1971ㄷ: 45).

여기서 한마음이 된다는 것은 함께 살려는 마음을 갖는 것으로 함께 살려는 자들은 서로 같은 생각을 가질 수 있지만 반드시 그래야만 하는 것은 아니다. 왜냐하면 인간 정신의 수준이 낮았던 과거에는 같은 생각을 강요했지만 그런 시대가 지나 지금은 서로 다른 생각을 갖고 어떻게 함께 사느냐가 중요한 시대가 되었기 때문이다(함석헌, 1971ㄷ: 45).

그리하여 그는 한마음을 갖기 위해서는 같은 생각보다는 인격적 태도가 훨씬 더 중요하다고 보았다. 왜냐하면 하나 됨은 생물 유기체에서 보듯이 자연 현상이기도 하지만 인간의 삶에서는 근본적으로 정신적 활동이기 때문이며, 게다가 다원 세계의 개인과 집단은 자존성을 매우 중시하기 때문이다. 각각 제 인격의 자주성을 주장하면서도 서로의 인격을 존중하게 되면 자연스레 인격적 관계가 형성되어 한마음을 이루게 되는데 함석헌이 추구한 하나 됨은 바로 그러한 인격적 통일이었다(함석헌,

3 "참 하나 됨은 일색이 되는 것이 아니라 서로 각각 무한히 다르면서도 하나 되는 것이다"(함석헌, 1977ㄷ: 224).

1961ㄴ: 318~319; 1978ㄹ: 217).[4]

물론 그는 인격적 통일과 함께 유기적 통일도 강조했다. 그것은 그가 생물 유기체론에서 가져온 발상이지만 인간의 삶은 순전히 자연적으로 이루어지기보다는 정신적 활동을 통해 이루어진다고 보았기 때문에 결국 그것은 인격적 통일과 크게 다르지 않다. 다만 인격적 통일이 서로의 성숙한 정신적 관계를 더 강조한다면 유기적 통일은 서로의 조화 관계를 더 강조하는 관념이라고 볼 수 있다(함석헌, 1971ㄷ: 46; 1961ㄴ: 318~319).

둘째는 가족, 나라, 세계가 각각 하나 되는 데서 그는 나의 하나 됨이 출발점이 된다고 보면서도 현실적으로 그들이 각각 하나 되기 위해서는 세계의 하나 됨이 나라의 하나 됨을 위한 선결조건이며, 나라의 하나 됨 역시 가족의 하나 됨과 나의 하나 됨을 위한 선결 조건이라고 주장했다.

인류역사에서 전체가 크게 자란 오늘날의 관점에서 보면 나보다는 가족이, 가족보다는 나라가, 나라보다는 세계가, 세계보다는 우주가 각각 더욱 큰 전체가 되어 있다. 그래서 그는 전체론의 관점에서 세계의 하나 됨과 평화가 이루어져야 나라의 하나 됨이 이루어지며 또한 그것이 이루어져야 가족의 하나 됨이, 그런 다음으로는 나의 하나 됨이 각각 이루어진다고 보았다. 하지만 개인의 시대를 통과해 전체의 시대에 들어선 오늘날에는 전체의식으로 하나가 된 인격적 개인의 역할이 전체의 역할과 마찬가지로 중요하다고 보았기 때문에 나의 하나 됨, 즉 인격 통일의 중요성을 특별히 강조한 것이다.[5]

4 인격 통일과 인격적 통일은 다른 개념이다. 인격 통일은 나의 하나 됨을 다르게 표현한 것이며, 인격적 통일은 개인이나 집단 사이의 인격적 관계에 기초한 하나 됨을 가리킨다.

5 인격 통일을 보다 강조한 것은 인격론의 관점에서이며, 세계의 하나 됨과 나라의 하나 됨을

그리하여 공자의 '격물치지 성의정심 수신제가 치국평천하'를 이제는 "세계평화가 이루어져야 나라가 옳게 되고, 나라가 옳게 돼야 우리 집이 옳게 될 수 있고, 집이 옳게 돼서야 내가 옳게 될 수 있습니다"고 거꾸로 읽어야 되는 시대가 되었다면서도 이렇게 주장했다(함석헌, 1981ㄹ: 124~125).

> 나라를 통일하고 세계를 통일하려면 먼저 내가 한 사람, 곧 참사람이 되어야 한다. 통일 못 된 것은 참 인격 아니요, 참 인격 아니고는 남을 한 사람도 움직일 수 없다. 한 사람도 못 움직이는데 나라와 세계를 어떻게 움직일까. …… 그런 의미에서 고래 모든 성현의 말씀은 일치한다. 『대학』에 '평천하'의 근본이 몸 닦는 데 있다 한 것, 희랍의 고언에 '너 자신을 알아라' 한 것, 예수께서 '하늘나라 너희 안에 있다' 한 것은 다 한 말이다(함석헌, 1959ㅂ: 250).[6]

3) 남북통일과 세계평화

어쨌든 그는 개인, 가족, 나라, 세계 등이 모두 각자 하나 되어야 함

보다 강조한 것은 전체론의 관점에서이다. 그의 사상에서 전체론과 인격론은 함께 핵심을 이루면서 서로 긴밀히 연결되어 있는 관점이다.

6 '제가치국평천하'의 근본으로 수신을 강조한 공자의 말을 긍정적으로 인용한 내용은 1959년에 발표된 글에서 발견된다. 함석헌이 매우 깊은 영향을 받은 샤르댕의 첫 저서 『인간 현상』 불어판이 1955년에 그리고 영어번역본은 1959년에 처음 출간되었기 때문에 이 글은 그가 아직 샤르댕의 전체 사상을 접하기 전에 쓴 글이다. 이에 비해 공자의 말을 거꾸로 읽어야 한다고 주장한 내용은 전체에 관한 그의 사상이 확고해진 1981년에 발표된 글에서 발견된다. 1959년의 글은 비록 샤르댕의 영향을 받기 전에 쓴 것이지만 하나 됨 혹은 통일에 대한 그의 사상은 이 글에서 분명히 드러나 있다.

을 강조하는 가운데 나라의 하나 됨을 역설하는데 특히 많은 노력을 기울였다. 그는 무엇보다도 우리나라가 고질적인 당파 싸움으로 인해 분열과 대립이 매우 심한 상태라고 보았다. 당파주의는 자기 확신의 부재와 자주성 상실에서 오는 것으로 당파주의에 매몰되면 시야가 좁아져 상대방을 배척하게 되고 그 결과 극심한 대립을 일삼게 된다는 것이다. 그러한 분열과 대립은 사람들의 전체의식을 흐리게 만들어 각종 집단주의가 확산되는의 원인이 된다. 그런데 그는 우리나라에서는 특히 권력자의 집단주의가 나라의 혼란을 일으키는 가장 심각한 요인이라고 지적하면서 전체의식의 회복을 통해 각종 집단주의를 극복하고 나라가 하나 되도록 만들어야 한다고 주장했다(함석헌, 1972ㄱ: 211~212; 1972ㄷ: 75).

그런데 그가 하나 되는 나라라고 했을 때 그것은 대한민국에 국한된 것이 아니었다. 그는 나라와 국가를 구별했는데, 나라는 유기체적 성격을 갖는 일종의 공동체로서 유기체적 한민족에 기반을 둔 것으로 간주했다. 이에 비해 남한과 북한은 몇몇 집단의 주도로 권력에 기초해 형성된 일종의 제도라는 의미에서 국가라고 보았다. 그러므로 진정으로 하나 되는 나라는 남북한이 통일된 나라 즉 통일된 민족국가를 의미했다. 그리하여 그는 남북분단의 극복이라는 의미에서 나라의 하나 됨을 강조했는데, 그것을 위해서도 전체의식의 회복을 통한 집단주의 극복을 방안으로 제시했다(함석헌, 1978ㄱ: 147; 1956ㄱ: 200; 1959ㅂ: 246 이하; 1972ㄷ: 75).

그는 1972년의 글에서 남북한의 두 정권이 모두 집단주의적이어서 상호 개방과 교통을 원하지 않는다고 보았다. 그리하여 남북한의 민중에게 강한 전체의식을 불러일으키는 것이 필요하므로 "우리가 할 일은 남한에서만이라도 우선 민중 속에 전체의식을 불러일으켜 그것으로 정부에 압력을 가해 개방적 정책을 취하도록 하는 일"이라고 주장했다. 그렇게 하면 아무리 폐쇄적인 북한이더라도 북한 민중에도 반응을 일으킬 수 있으리라고 본 것이다(함석헌, 1972ㄷ: 75).[7]

그런데 남북한 통일은 세계평화와 밀접한 관계에 있다. 함석헌에 의하면, 그동안의 근대사는 민족국가를 단위로 한 국가주의와 제국주의에 의해 지배되어 왔다. 그러나 현대에 와서 교통과 통신 기술 같은 과학기술의 급속한 발전, 특히 핵무기 개발로 인해 세계가 빠르게 하나가 되고 있다. 그 결과 종래의 민족국가에서 발생한 문제가 곧 세계적 문제가 되며 거꾸로 세계의 문제가 곧 민족국가에도 파급된다. 그런 이유에서 남북한의 긴장완화와 통일은 곧 세계평화에 기여하게 되며, 거꾸로 세계평화 없이는 남북한의 긴장완화와 통일도 어렵다는 것이 그의 관점이다. 앞에서 세계의 하나 됨이 나라의 하나 됨을 위한 선결조건이라고 언급한 것은 바로 그런 의미에서이다(함석헌, 1959ㅁ: 21~22; 1959ㅂ: 248; 1989ㄷ: 197; 함석헌·박선균, 1987: 220~221).[8]

함석헌은 이처럼 세계가 빠르게 하나로 되고 있는 시대의 흐름에 주목하면서 낡은 민족주의나 국가주의에 근거해 민족국가 간 경쟁에 집착

7 그는 다른 글에서 남북한 간의 불가침조약, 군비축소, 평화의 국시화 등 보다 구체적인 남북통일 방안을 제시하기도 했다(함석헌, 1971ㅅ: 182 이하; 1989ㄷ: 193 이하).

8 그에 의하면 "남북을 통일하는 것은, 옛날에 생각하던 것같이 우리도 강한 국가를 만들어 열강이 서로 싸우는 속에 영웅답게 참여하기 위해서가 아니다. 이제 그런 것은 다 지나가고 세계가 하나가 되는 날이 온다. 벌써 오고 있다." 남북통일의 필요성을 이제는 국가주의 관점이 아닌 세계통일의 관점에서 받아들여야 한다는 것이다(함석헌, 1959ㅂ: 248). 또한 그는 다음과 같이 주장했다. "통일문제를 생각할 때 반드시 잊어서 아니 될 것은 세계평화 문제다. 그것은 둘이 서로 한데 관련된 문제기 때문이다. 우리나라 통일문제는 세계평화 문제의 한 부분이요, 세계평화가 이루어질 기운이 돌아오기 전에 우리나라 통일은 이루어질 수 없다. 그러므로 통일을 어서 빨리 되게 하는 방법은 세계평화 운동을 적극적으로 하는 데 있다." 즉 남북통일을 세계평화의 관점에서 접근해야 한다는 것이다(함석헌, 1961ㄴ: 324).

하는 것을 거부했다. 그리고 핵무기를 둘러싼 논의에서 보듯이 국가 간의 협조만이 시대의 요구에 부응하는 길이며, 세계평화와 인류의 안녕에 기여하는 길이라고 주장했다. 이처럼 그는 이제 낡은 민족주의와 국가주의를 넘어 세계주의 관점에서 세계평화와 하나 됨을 적극 추구해야 하는 시대가 되었음을 강조하면서 그러한 움직임이 유럽을 중심으로 강하게 일어나고 있다고 역설했다(함석헌, 1964ㅁ: 159; 함석헌·박선균, 1987: 220).[9]

4) 사상과 종교의 역할

함석헌은 나라의 하나 됨과 세계의 하나 됨을 위해 사상과 종교의 역할이 매우 중요하다면서 새로운 사상과 종교의 필요성을 강조했다. 그에 의하면, 민족통일로서의 남북통일은 단순히 정치적 또는 경제적 통일 같은 외적 통일이 아니라 근본이 정신적 또는 내적 통일에 있다. 왜냐하면 민족이란 기본적으로 정신적인 것이기 때문이다(함석헌, 1978ㄹ: 216~217; 1971ㄷ: 46).

이런 관점에서 그는 남북통일에 필요한 사상과 종교에 대한 견해를 적극 피력했는데, 먼저 사상이나 이념의 경우 남북한이 각각 표방하는 대립적인 두 사상보다 더 높은 새로운 사상이 필요하다고 주장했다. 세계적인 냉전체제가 붕괴하기 전에 사망한 그의 관점에서는 두 진영이 죽기를 각오하고 다투는 상황에서 자본주의나 공산주의의 어느 한쪽의 승리를 전제로 하는 통일은 가능하지 않다고 본 것이다. 그리하여 그는 남

9 그는 세계주의 관점에서 이제 나라도 민족을 단위로 하는 것이 아니라 세계를 단위로 하는 나라, 즉 세계라는 한 나라밖에 없다고 주장하면서 세계국가와 세계시민이라는 표현을 쓰기도 했다(함석헌, 1978ㄱ: 149; 1979ㅁ: 348; 1959ㅂ: 246; 1959ㅁ: 21).

북한이 함께 이념의 중립을 선언할 것을 제안했다(함석헌, 1979ㅂ: 328; 함석헌·송석중, 1983: 509).

하지만 그의 중립론은 단지 양 진영으로부터의 독립을 통한 민족통일 모색이라는 민족주의 혹은 국가주의적 관심을 넘어 세계평화에 기여한다는 세계주의적 관심과도 결부되어 있었다. 그에 의하면 냉전체제 당시 미국과 소련을 중심으로 양 진영이 극단적으로 대결한 것은 단순한 이해관계 때문만은 아니었고 사상, 이상, 그리고 인간성의 충돌 때문이었다. 그러므로 양 진영의 대립을 해소하고 세계평화에 기여하기 위해서는 자본주의와 공산주의라는 대립하는 두 사상보다 더 높은 새로운 사상과 정신을 통한 중재와 화해가 필수적이라는 것이다(함석헌, 1961ㅅ: 103~104).[10]

함석헌이 더 높은 사상을 중립론이라고 부른 것은 그것이 아직 인간의 사상으로 나오지 않아 이름 붙이기 힘들었기 때문이다. 하지만 분명한 것은 자본주의와 공산주의는 모두 책임을 져야 하는 심각한 문제를 갖고 있기 때문에 공산주의가 이겨서도 안 되지만 자본주의가 일방적으로 이기는 것도 타당하지 않다는 것이다. 결국 그가 추구한 새로운 제3의 사상은 자본주의와 공산주의의 한계를 극복하고 그들 각각의 상대적 장점을 계승해 발전시킨 변증법적 종합에 해당하는 사상, 그의 다른 표현으로는 인류의 전체의식에 부응하는 사상이 될 것이다(함석헌·송석중, 1983: 509; 함석헌, 1961ㄴ: 327).

10 "우리 할 것은 새것에 있다. 새문명의 출발을 하는 데 있지 않을까? 새것이 무엇일까? 서로 싸우는 이편도 아닌 저편도 아닌 어느 편보다도 높은 그러면서도 그들을 다 구원하는 중도적인 것이어야 한다. …… 그럼으로써 우리는 세계참여를 할 것이요, 우리의 세계사적 사명을 다할 것이다"(함석헌, 1961ㅅ: 96).

그런데 이처럼 함석헌은 하나 됨, 특히 나라의 하나 됨과 세계의 하나 됨을 위해 새로운 사상이 필요함을 주장하면서 이와 함께 신앙, 즉 종교의 필요성도 강조했다. 남북통일의 필요조건을 설명한 글에서 그는 경제력, 다듬어진 국민 성격, 높은 사상, 그리고 신앙을 열거하면서 특히 신앙의 역할을 매우 강조했다. 즉 그는 신앙 없이는 나머지 세 가지를 갖추기 어려우며 설혹 이 세 가지가 갖추어지더라도 신앙 없이는 남북통일이 될 수 없다고 본 것이다(함석헌, 1961ㄴ: 322~323).

왜냐하면 초월하는 힘, 변화하는 힘을 가진 신앙 없이는 서로 다른 견해와 사상을 가진 개인이나 집단이 자기중심적 관점이나 입장을 넘어 전체의 뜻에 부합하는 사상을 받아들이기 어렵기 때문이다. 그리고 남북통일에 필수적인 국론 통일은 인격 통일을 이룬 사람들이 제공하는 올바른 견해와 사상을 통해 가능한데, 인격 통일은 하나님과의 연락 없이는 어렵기 때문이다. 여기서 하나님과의 산 연락에 들어가는 것이 신앙, 곧 믿음이므로 함석헌은 "모든 통일의 근본이 되는 것은 믿음"이라고 주장한다(함석헌, 1961ㄴ: 323~324).

또한 함석헌은 나라와 민족이 인격적 유기체라는 관점에서도 종교가 필수적이라고 주장했다. 이 유기체에서 "종교는 정신이요 정치는 행동"이다. 그렇기 때문에 "민족을 통일해 한 나라를 이루는 데 이 종교 없이 될 수 없다." 그런데도 남북통일의 과제에 종교를 생각하지 않고 정치적으로만 접근한다면 그것은 "보잘것없는 껍데기 수작"에 불과하다고 보았다. 비록 남북분단이 외세의 정치적 관계에 의해 발생했지만 그것을 극복하는 데는 종교가 필수적이라는 것이다(함석헌, 1961ㄴ: 313~314).[11]

종교, 특히 새로운 종교는 남북통일 같은 나라의 하나 됨을 위해서뿐만 아니라 (세계평화 같은) 세계의 하나 됨을 위해서도 필수적이다. 함석헌에 의하면, 지금까지 인류가 세계의 문제를 해결하려 할 때 가장 많이 취한 방법이 전쟁이지만 전쟁은 가장 졸렬한 방법이다. 그래서 오래전부터 성현들은 전쟁 대신 "서로 하나 되는 길"을 방안으로 제시해 왔는데, 그것이 종교이며, 실제로도 "고래로 혼란에 빠진 시대에 새 통일을 준 것은 언제나 고등한 윤리를 가진 종교"였다(함석헌, 1954: 255~256).

그런데 국가 간 경쟁이 현대에 와서는 원자 핵무기 개발을 둘러싼 경쟁을 통해 세계적 핵위협을 노출시키게 되었다. 그리하여 함석헌은 그런 상황에서 세계의 문제를 해결하는데 무엇보다도 절실히 요구되는 것이 새로운 종교 혹은 종교개혁을 통한 새로운 정신의 확립이라고 보았다. 왜냐하면 원자 핵무기로 인한 세계의 멸망을 막기 위해서는 핵무기보다 절대적으로 강한 것이 나와 세계가 새롭게 하나 되도록 해야 되는데, 오직 정신만이 절대적으로 강한 원리가 될 수 있다고 보았기 때문이다(함석헌, 1950ㄴ: 165~166).

함석헌에 의하면 절대적으로 강한 정신의 중심은 사상이나 철학이 아니고 종교다. 그런데 현대인에게 종교는 낡아빠진 것이며 하나님은 사실상 죽었다. 그 결과 현대세계는 하나 되지 못한 채 분열, 혼란, 모순, 충동, 고민 등으로 가득 차게 되었다. 따라서 그는 그러한 문제를 극복하고 세계의 하나 됨을 이루기 위해 무엇보다도 종교의 개혁을 통한 새로운 종교가 필수적으로 요구된다고 본 것이다(함석헌, 1964ㄴ: 202; 1950

11 "병이 날 때는 밖에서 병균이 침입해서 되어도 그 병이 나을 때는 내 속에서 힘이 나와서 물리쳐야 하는 모양으로 나라에 문제가 생길 때는 정치적 관계로 생기어도 거기 대한 대답은 국민의 정신으로, 신념으로 해야 한다. 그런데 통일 문제를 외교, 정책으로만 다루려 하니 무슨 일인가?"(함석헌, 1961ㄴ: 314).

ㄴ: 166 이하).[12]

함석헌은 세계평화와 하나 됨을 위한 종교의 역할을 이처럼 매우 강조하면서도 종교 현실에 대해서는 매우 비판적인 태도를 가졌다. 그가 가장 비판한 것은 종파주의로 인한 종교 간 분열과 갈등이었다. 그의 관점에서 볼 때 종교의 가장 중요한 속성과 목적은 하나 됨, 곧 통일에 있는데, 종교가 개인, 나라, 세계 등을 하나로 만들기보다는 스스로 분열되어 갈등을 일삼는다는 것이다(함석헌, 1961ㄷ: 46).[13]

또한 그가 비판한 것은 종교의 세속화로 인한 부패였다. 종교는 절대자와의 인격적 관계에 들어감으로써 절대자의 뜻, 전체의 뜻에 따라 우주와 세계에 통일의 원리를 제공하는 역할을 하는 것이다. 그런데 그가 볼 때 현실의 종교는 국가주의 같은 세속적 영향력에 의해 순수한 정신을 잃어버린 채 권력 집단 같은 특정한 집단의 관점이나 입장을 대변하는 계급의 종교, 부분의 종교로 변질되어 있다(함석헌, 1954: 256; 1980ㄹ: 301; 1966ㄱ: 308).

현실 종교의 그러한 문제점들은 근대 이후 벌어진 종교와 과학 사이의 불필요한 대립과 더불어 현대사회에서 종교의 기반을 와해시키는 요

12 "새 통일이 필요합니다. 원자탄에 맞아서 뒤죽박죽이 된 이 세계를 또 살과 뼈가, 혼과 넋이 산산이 흩어져 우주 끝에서 우주 끝으로 흩어진 이 인생을 다시 모아 살려내는 통일이 필요합니다. …… 그럼 이제 필요한 것은 새 창조입니다. 누가 그것을 하느냐? 하나님 이외에 없습니다. 그런데 그 하나님이 현대인에게는 죽었습니다. 하나님의 부활로부터 시작하지 않으면 안 됩니다. …… 사상운동이 아닙니다. 경제개혁이 아닙니다. 정치혁명이 아닙니다. 철학이나 신학의 수립이 아닙니다. 신의 부활입니다. 신앙입니다. 필요한 것은 제2의 종교개혁입니다"(함석헌, 1950ㄴ: 167~168).

13 "종교는 통일입니다. 하나 됨입니다. 개인으로는 몸과 마음의 하나 됨, …… 국민이 하나 됨, 우주적으로는 만물과 하나님이 하나 됨을 이루자는 것이 종교입니다"(함석헌, 1961ㄷ: 46).

인이 되었다. 그 결과 현대사회는 "대조화를 이루는 붙들어 매는 끈"이 사라짐으로써 사회 각 부문의 큰 발전에도 불구하고 조화를 잃은 사회가 되었다. 비록 무지로 인해 불행했지만 사회 각 부문이 종교로 서로 조화를 이루고 하나 된 원시사회와 그것은 대조적인 모습이다(함석헌, 1966ㄱ: 308~309).

그리하여 그는 종교의 추락한 위상을 회복해 현대세계를 하나 되게 하는 본연의 역할을 감당할 수 있기 위해 현실 종교의 그러한 문제점들을 극복하고 새로운 종교로 거듭나야 한다고 주장했다. 저만이 진리라고 주장하는 종파주의를 극복하고 "결국 모든 종교는 하나요 그 하나가 가지가지의 나타남에 지나지 않는다는 세계종교"가 되어야 할 것이며, 또한 계급의 종교, 부분의 종교로부터 벗어나 절대자의 뜻, 전체의 뜻에 따라 세계에 하나 됨의 원리, 곧 통일의 원리를 제공하는 전체의 종교로 거듭나야 한다(함석헌, 1961ㅂ: 85).

그런데 종교의 그러한 변화는 단지 함석헌의 당위론에서만 찾을 수 있는 이상적인 내용만은 아니다. 그가 보기에 그러한 새로운 종교의 등장은 이제부터 실제로 진행되리라고 예상되는 변화다. 왜냐하면 과거와 달리 이제는 과학도 세계의 통일성을 주장하므로 "앞으로 인류는 종교와 과학의 하나 된 믿음에서 하나 되는 우주적인 정신을 등뼈로 삼고 새 문화를 지어나갈" 것이기 때문이다. 함석헌에 의하면, 그렇게 되면 "세계는 모든 민족과 말의 차별 없이 한 나라가 될 것이다." 그리고 이에 따라 현실 세계에서 국가주의가 없어질 것이며, 정신의 세계에서는 종파주의가 없어지고 종교가 세계종교로 되리라고 그는 보았다(함석헌, 1961ㅂ: 85).

5) 우주의 하나 됨과 생태주의 시각

함석헌의 하나론 소개를 마무리 지으면서 한 가지만 간략히 덧붙이고자 하는데, 그것은 우주의 하나 됨에 관한 그의 관점이다. 필자는 지금까지 인류 사회에 주된 관심을 갖고 그의 사상을 소개하느라 나, 가족, 그리고 특히 나라와 세계의 하나 됨을 중심으로 다루었다. 하지만 비록 그러한 인류 사회에 대한 논의처럼 상세한 논의를 제공하지는 않았지만 그는 우주의 하나 됨에 대해서도 여러 차례 언급했다.

앞에서는 우주가 인류 세계보다 더 크고 알 수 없는 테두리를 이루는 전체라고 한 그의 관점이 소개된 바 있다. 그런데 그가 "전全이란 '하나'요 생生이란 '하나'입니다"고 말했듯이 그의 사상에서 전체는 하나를 이루는 것이므로 결국 우주는 인류 세계를 포함한 하나의 전체라고 말할 수 있다(함석헌, 1950ㄴ: 165; 1978ㄱ: 149).

여기서 그의 우주 통일론, 즉 우주의 하나 됨 사상이 특히 중요한 것은 그것이 인간주의 시각을 넘어선 생태주의 시각을 제공하기 때문이다. 그의 우주 관념에는 인류와 함께 자연이 포함되어 있다. 그러므로 우주가 하나의 전체를 이룬다는 것은 인류와 자연이 하나 된 전체를 이룬다는 것이 된다. 또한 실제로 보더라도 인간과 자연의 관계를 포함한 우주에는 커다란 조화가 존재하며, 사람들의 마음속에도 누가 가르쳐주기 전에 이미 우주를 하나로 보는 생각이 들어 있음을 알 수 있다고 그는 주장했다. 물론 우주의 하나 됨은 전체의식과 통일 의식을 전제한다. 그런데 만약 인간이 자연과 하나가 되었음을 잊게 된다면 거기서 자연 훼손과 그로 인한 인류의 존재 기반의 붕괴가 발생할 수밖에 없게 된다는 것이다(함석헌, 1961ㄷ: 51; 1985: 188; 1972ㄷ: 74).[14]

2 화和와 평화에 관해

화和와 관련해 함석헌이 관심을 갖고 다룬 주제는 앞에서도 언급했듯이 조화, 인화人和, 총화, 화해, 화합, 화목, 평화 등 매우 다양하다. 그래서 먼저 그들 다양한 관념의 기초가 되는 화의 의미와 기본 성격, 그리고 그들 관념과 관련된 화를 이루기 위해 주의할 점을 간략히 살펴보려고 한다. 그런 다음 함석헌 사상 중 비교적 많이 알려진 평화사상에 관해 살펴보려고 한다.

1) 화和

함석헌은 『논어』의 "군자는 화이부동和而不同이요 소인은 동이불화同而不和"라는 구절을 인용하면서 화와 동同을 비교했다. 즉 "화는 서로 이해하고 협력해 속으로 하나를 이루는 것이고, 동은 속은 서로 딴 것이면서 겉으로 부화뇌동을 하는 것"이라는 설명이었다. 그러면서 또한 "화는 서로 꼭 같기를 요구치 않고 각각 제 할 것을 하면서도 사심이 없이 서로 하나의 산 전체를 이룬 것이고, 동은 속의 이기심은 여전히 있으면서 이익을 위해서 일치행동을 하는 것"이라고도 했다. 여기서 그가 화, 곧 조화를 "속으로 하나를 이루는 것" 혹은 "하나의 산 전체를 이룬 것"으로 이해했음을 알 수 있다. 즉 화와 하나 됨은 같지만 동처럼 속은 하나 되지 못한 채 겉만 하나 된 것은 결코 화가 아니라는 것이다(함석헌, 1972ㅂ: 75).

14 "[통일] 의식이 없을 때 그것을 이루는 각 분자는 이기주의에 떨어질 수밖에 없고 배타적이 되므로 거기서는 싸움이 일어나고야 만다"(함석헌, 1972ㄷ: 74).

그러면서 그는 "화는 알파요 오메가"라고 했다. 화가 세계의 원리요 질서라는 것이다. 그에 의하면 세계에는 다양한 힘이 복잡하게 얽혀 있어서 어느 정도 고른 상태에 이르지 않으면 하나의 세계가 될 수 없다. 여기서 세계가 고르게 되는 것, 즉 하나의 질서가 잡히는 것이 화다. 또한 앞에서 전체에 관해 설명할 때 전체는 나 혹은 작은 우리보다 앞서 있으며, 이 전체, 특히 유기체로서의 전체는 화의 원리에 기초해 있다고 했다. 그리하여 함석헌은 "우리가 있을 때, 알 때, 나일 때는 벌써 거기 세계, 곧 질서, 코스모스, 대조화, 평화가 있었다"고 주장한다(함석헌, 1972ㄴ: 44~45).[15]

그러면 화和는 어떻게 이루어지는가? 화와 관련된 여러 관념에 대한 그의 논의에서 화를 이루기 위해 특별히 주목해야 할 점을 여덟 가지로 정리해 소개하면 다음과 같다. 첫째는 인격을 존중하면서 상대방 인격체의 자존성을 지켜주는 것이다. 왜냐하면 수양이 깊은 경우를 제외하고는 대개 자존성이 짓밟히면 감정적으로 반발하게 되어 서로 해를 입고 전체의 화기和氣도 깨지기 때문이다(함석헌, 1979ㄱ: 313).

둘째는 검소하게 행함으로써 사치 같은 "허풍선이 문화"를 극복해 간소하고 수수한 속 깊은 살림을 하는 것이다. 그가 보기에 세상이 온통 사치에 흐르고 있는데, 그것은 인생을 경쟁으로 잘못 알고 부추긴 결과로 폭력의 중요한 원인이 되고 있다. 그리하여 그는 사치를 매우 심각한 죄악으로 간주해 검儉으로써 극복할 것을 주장했다(함석헌, 1976ㄱ: 106).

15 그는 화가 생명의 근본 원리라고도 했다. 왜냐하면 서로 다른 것이 하나 되어 사는 데서 보다 높은 생명의 단계가 나오기 때문이다(함석헌, 1976ㄱ: 106).

정말 크고 정말 넓은 것은 천하로 더불어 같이함인데, 그것은 검에서만 나옵니다(함석헌, 1976ㄱ: 106).

셋째는 부정부패와 특권계급을 없애고 모두가 고르게 살 수 있게 하는 것이다. 그는 국가비상사태 선포 후 발표된 글에서 비상 상황의 일차적 원인이 정부 주장과 달리 사회에 만연된 부정부패에 있다고 지적하면서 부정부패란 "돈과 권력이 골고루 퍼져 있지 못하고 어느 한 곳 또는 몇 곳으로 치우쳐 있음"을 의미한다고 설명했다.[16] 즉 그는 특권계급의 성립과 이로 인한 심각한 사회 불평등이 사회 구성원의 인화와 정부가 요구하는 국민총화를 막는 가장 중요한 원인이며, 그것이 바로 국가비상사태의 일차적 원인이라고 주장한 것이다(함석헌, 1972ㄹ: 270 이하).

그에 의하면 "화和는 고르게 하는 일"이다.[17] 그리하여 그는 그런 관점에서 인화와 국민총화를 이루기 위해 무엇보다도 먹을 것과 권력을 고르게 하는 것, 즉 "골고루"가 필요하다고 주장했다. 먼저 "짐이 되도록 지나친 부를 가진 사람들"과 "생명 유지의 필요량도 받지 못하는 사람들"이 함께 있는 데서 국민총화는 불가능하다. 그리고 소수의 사람이 강한 권력을 갖고 대다수 사람을 지배하게 되면 모든 면에서 차별이 생기게 되는데, 그러한 차별이 심해질수록 총화는 어려워진다. 그러므로 부자와 권력자들이 자진해 자신들의 부와 권력을 내놓아 골고루 갖게 하는 것이 가장 바르고 빠른 방법이지만 그것은 실제로 그렇게 쉽지 않다. 그렇다고 무력으로도 그것은 가능하지 않고 설혹 가능하더라도 의미가 없다. 그래서 그는 한편으로 씨울들에게 높고 강한 정신력으로 인내하는

16 여기서 말하는 국가비상사태란 1971년 12월에 박정희정권이 선포한 것을 가리킨다.
17 그는 "화는 곧 조화·고름"이라고 표현하기도 했다(함석헌, 1972ㄴ: 44).

가운데 그것을 위해 하나가 되어 싸워갈 것을 주장하면서 다른 한편으로는 그러한 필요성에 대한 공감대를 특권층을 포함한 사회 전체에 확산시키려고 노력했던 것이다(함석헌, 1975ㄱ: 286 이하).

넷째는 정부 당국자가 겸손함, 국민과의 소통, 신뢰성을 보여주는 것으로, 함석헌은 그것이야말로 국민총화를 이루기 위해서 선결되어야 하는 점이라고 지적했다.[18] 물론 국민총화가 아니더라도 상대방에 대한 겸손한 태도, 상대방과의 소통, 상대방으로부터 신뢰를 받을 수 있는 능력은 일반적으로 화목한 관계를 이루는 데 매우 중요한 요소다. 그런데 정부가 그러한 요소를 국민에게 보여줌으로써 국민이 자발적으로 총화를 이루도록 하는 대신 법과 제도를 강조하면서 강제적으로 국민총화를 이루려고 한다면 결코 성공하지 못할 뿐만 아니라 오히려 반대 결과가 나오기 쉽다고 보았다. 그리하여 그는 특별히 "목적이 옳으면 수단도 옳아야" 한다고 강조하면서 그런 점에서 "화는 화로만 이루어진다"고 주장했다(함석헌, 1971ㅇ: 213~214; 1975ㄱ: 280~281).

다섯째는 정치인의 자기중심적 사심을 극복하고 보다 높은 사상을 구축하는 것이다. 함석헌은 민족화합이 이루어지지 못하고 분열되어 있는 책임이 정치인의 야심에 있다고 보았다. 그에 의하면 정치인들 사이에 사상과 구상의 차이가 있는 것은 문제가 아니고 오히려 장점이 될 수 있다. 그래서 만약 화합만 된다면 백화난만 식으로 찬란할 수도 있을 사상과 구상이 싸움의 대상이 되고 민족의 독이 되는 것은 정치인이 가진 자기중심적 사심 때문이라는 것이다(함석헌, 1972ㅊ: 86).

그렇다면 정치인의 그러한 사심을 극복해 민족화합을 이룰 방법은

18 그는 1971년에 박정희정권이 국가비상사태를 선포한 직후에 발표된 글에서 비상사태 선포와 관련해 그러한 지적을 했다.

무엇인가? 그는 그들이 전체의 뜻, 즉 민족 전체와 인류 전체의 뜻을 깨닫고 받아들이도록 해야 한다고 보았다. 그것을 위해서 그가 특별히 제시한 길은 기존의 사상, 특히 대립하는 사상보다 더 높은 사상을 구축하는 것이다. 이 새로운 사상은 기존의 서로 다른 사상을 배제하지 않고 그들이 화해하고 공존할 수 있도록 해야 할 것이다. 그런 관점에서 그가 제시한 더 높은 새로운 사상은 사랑이다. 자유와 평등을 포용하는 사랑인 것이다(함석헌, 1979ㅂ: 328; 1980ㄷ: 230~231).[19]

여섯째는 새로워진 종교의 정신적 역할이다. 함석헌에 의하면 원시사회는 비록 무지와 불행이 존재했지만 하나로 된 조화가 있던 사회인데 비해 현대사회는 각 부문이 매우 발달했으나 조화가 없는 사회다. 이유는 "대조화를 이루는 붙들어 매는 끈"이 종교에는 있는데 이 종교가 원시사회에서는 매우 강력했으나 현대사회에서는 무너졌기 때문이다. 그리하여 그는 현대사회에서 종교가 다시금 조화를 이루는 정신적 역할을 적절히 수행할 수 있도록 새로워져야 된다고 강조했다(함석헌, 1966ㄱ: 308~309).

그는 특히 기독교의 역할에 대해 많이 언급했는데, 싸움과 고난으로 시련을 많이 당한 한국사회에서 기독교에게 주어진 역사적 역할은 "장차 오는 세계의 구원을 위해 화의 원리를 닦는 데" 있다고 보았다. 여기서 화의 원리는 "서로 다른 것들이 하나가 되어 보다 높은 새 생명을 드러내는" 원리로, "하나 됨의 원리"라고 부를 수도 있다. 함석헌은 물질적 우주

19 물론 당시의 냉전체제 아래에서의 동서진영 긴장과 그것이 한반도에서 나타난 남북한 대립은 단지 사상만의 문제는 아니고 국력과 외교 문제이기도 함을 그는 알고 있었다. 그래서 그는 그런 관점에서 문제의 해답이 실천으로서의 화, 특히 세계평화에 있다고 주장했다(함석헌, 1971ㅈ: 68).

같은 자연세계에 다多이면서도 일一을 이루는 화의 원리가 존재한다는 샤르댕의 주장에 동의했다. 그러면서 그는 기독교에서 예수가 가르쳐주신 것이 "자연적인 화만이 아니라 그 자연을 자료로 그 위에 혹은 그 속에 보다 높은 정신적인 화를 이루는 것"임을 특별히 강조했다. 그런데 사실 서로 다른 것을 하나로 만드는 것은 결코 쉬운 일이 아니다. 그래서 함석헌은 보다 높은 생명만이 그것을 가능하게 한다고 보았다. 그러면서 그는 "만물을 하나로 만드는 보다 높은 원리"가 예수로 인해 나타났다고 주장했다(함석헌, 1977ㄷ: 223~224).

일곱째는 때때로 제3의 인격이 행하는 희생적 역할이 필요하다는 것이다. 20대 초반의 청년 노동자 전태일이 1970년 말에 노동자 인권을 부르짖으며 분신한 뒤 발표된 글에서 함석헌은 희생의 의미를 다음과 같이 설명했다.

> 어느 사회나 무슨 문제가 있다는 것은 곧 개체와 전체 사이에 불화로 막힌 것이 있다는 말이다. …… 그런데 그 불화를 풀려면 언제나 제3의 인격의 희생이 필요하다. 그것이 예로부터 모든 사회에 희생으로 드리는 제사가 있는 이유다.

그런 관점에서 그는 전태일의 죽음을 "전체와 노동자 사이의 막히고 맺힌 것을 풀기 위해 자기를 제물로 바친 것"으로 해석했다(함석헌, 1971ㄴ: 165).

이처럼 제3의 인격이 행하는 희생이 막힌 둘 사이를 화해시키는 것은, 그의 설명에 따르면, 양심의 법칙 때문이다. 즉 둘 사이가 막혀서 서로 이해와 소통이 되지 않는 것은 "양쪽 혹은 한쪽의 양심이 잠자거나 약해지거나 가리워지기 때문"인데, 이때 제3의 인격이 책임을 자기에게 지우고 스스로 희생적인 역할을 행하게 되면 "그의 정신적 생명은 제한된 개인의 한도를 벗어나 거의 무한으로 자유로운 운동력을 가진 힘이 되어 저쪽의 조는 혹은 마비된 양심을 자극해 일으킨다"는 것이다. 그리하여 그는 옳은 사람이 자진해서 하는 희생이 사회 전체의 정신을 소생시키며 새 생명을 일으킴으로써 마침내 불화를 극복하고 화해를 이루는 힘을 갖게 된다고 주장했다(함석헌, 1971ㄴ: 166).

끝으로 그는 원로의 역할에 대해서도 언급했다. 그에 의하면 모든 가족이 공경하고 감사하는 노인이 있으면 가정은 화목하게 되지만 그러한 노인이 없으면 가족의 중심이 없기 때문에 의견이 엇갈리고 이해가 충돌되어 불화에 빠지기 쉽다. 마찬가지로 나라에도 사상과 무관하게 일반 국민의 신임과 존경을 받는 원로가 있으면 정치와 국민 사이에서 신뢰와 온화의 공기를 만들어줄 수 있다. 여기서 그가 의미한 원로는 결코 정치인이 아니며 "인간과 민족의 총합적인 슬기와 신념을 상징하는 사상과 덕행의 인물"이다(함석헌, 1977ㄹ: 298~299).

그런데 문제는 그러한 원로가 우리나라에는 없다는 점이다. 그래서 결국 사회가 전반적으로 불안정하고 불화하는 양상을 띤다는 것이다. 이와 관련해 함석헌은 한국사회에 나라의 원로가 부재하게 된 이유를 두 가지 들었다. 하나는 한국사회만의 문제는 아니지만 점점 더 실리만 강조하고 정신을 소홀히 하는 실리주의 문명으로 정신 연령이 높은 원로의 설 자리가 없어졌다는 점이다. 다른 하나는 원로가 될 수 있던 사람을 정치적인 이유로 그동안 너무 많이 죽였다는 점이다. 그러므로 앞으로는 그러한 점을 벗어나 나라의 원로가 제 역할을 감당하게 된다면 사회 전반적으로 훨씬 더 믿을 수 있고 온화한 사회가 될 수 있으리라는 것이다

(함석헌, 1977ㄹ: 299 이하).

이상으로 화를 이루기 위해 특별히 주목해야 할 점에 대해 살펴보았다. 1970년대 초에 중국과 미국 관계가 급속한 해빙 분위기를 타고 남북한 사이의 회담도 활발히 진행되는 가운데 함석헌은 세계적으로 화해의 기운이 돌기 시작했다고 말하면서 그것이 새 시대를 향한 큰 걸음이라고 진단한 바 있다. 그러면서 그는 "생존경쟁 철학, 부국강병주의는 지나간 시대에 속한" 것이며, 이제 오는 역사는 "화和의 역사"가 되리라고 예견했다(함석헌, 1972ㅂ: 76).

그런데 그의 그러한 시대 진단은 1970년대 초에 이루어진 국제정치적 사건들 때문만은 아니었다. 그는 냉전이 한창이던 1950년대 말에 쓴 글에서 벌써 세계가 하나로 되어가고 있는 점에 주목하면서 앞으로의 문화가 더 이상 생존경쟁 철학 위에 서지 않을 것이며 평화의 윤리가 새 시대의 윤리가 되리라고 주장한 바 있다. 그러므로 1970년대 초에 그가 목도했던 화해를 향한 일련의 국제적인 사건들은 이제 도래하는 문명과 시대가 화의 문명과 시대가 되리라는 그의 오랜 생각을 확인시켜 준 셈이다(함석헌, 1959ㄴ: 50~51).

2) 평화

(1) 평화의 의미와 전쟁

함석헌에 의하면 평화는 화와 같은 의미를 갖는다. 그가 화를 세계의 원리요 질서로 여겼음을 앞에서 언급했는데, 마찬가지로 그는 평화를 "구경의[궁극적] 원리인 동시에 또 내재의 원리"라고 표현했다. 이처럼 평화가 세계의 내재적 원리이기에 생명의 본성도 평화적인 데서 나오며 특히 정신적 생명체인 인간은 더 분명하게 처음부터 평화적 존재라는 것이다(함석헌, 1972ㄴ: 45; 1976ㄴ: 97; 1987: 322).[20]

그런데 지나온 인류역사를 돌아보면 전쟁의 역사라고 할 만큼 전쟁과 폭력으로 점철되어 왔으며 또한 현대문명은 핵전쟁의 위협에 직면해 있는 등 인간 세계의 현실은 평화라는 인간의 본성 및 세계 질서에 모순되는 모습을 노출해 왔다. 이에 대해 함석헌은 이렇게 설명한다.

> 전쟁은 결코 필연적인 것이 아니며, 사람이 한 일이요, 사람의 일 중에서도 아주 어리석은 일이다. 사람은 천성으로 하면 전쟁을 하게 생긴 것이 아니다. 그런 것을 일부러 돋우고 불어넣고 몰아넣어서 시킨 것이다. …… 대부분의 전쟁은 지배자들이 만들어내는 것이다.

지배자들이 "국민의 주의를 밖으로 끌고 안에서 불의를 맘대로 행하기 위해 항상 다른 나라 민족에 대해서는 까닭 없는 적의를 불어넣어" 전쟁을 일으킨다는 것이다(함석헌, 1959ㅁ: 22~23).[21]

물론 그러한 전쟁에는 옛날부터 흔히 종교가 이용되었으며 19세기

20 이처럼 함석헌의 평화사상은 생명 활동이 원래 평화적인 것이라는 인식으로부터 출발한다는 점에서 박재순은 함석헌의 평화사상이 생명 이해에서 나온다고 또한 함석헌에게서 평화운동은 생명운동이고 생명운동은 평화운동이었다고 표현한 바 있다(박재순, 2009: 27).

21 함석헌에 의하면, 평화적인 데서 본성이 나오는 인간은 원래 악을 악으로 대하지 않고 무한히 줌으로써 악을 이기려고 했다. 즉 하나님의 관대함을 본받은 용서와 사랑으로 대하려고 했다는 것이다. 그러다가 인간이 차츰 이해타산을 따져 손해를 보지 않으려는 생각을 갖게 되면서 이제 악을 악으로 대적하게 되었는데, 그것이 바로 문명이요 정치다. 그리고 그 결과가 전쟁과 공해다. 그런데 사람을 죽여서 세계를 지배하려는 전쟁의 심리는 생명에 정반대되는 것이기 때문에 함석헌은 전쟁이 결국 자체의 모순 때문에 오래갈 수 없다고 보았다(함석헌, 1976ㄴ: 97; 1987: 322).

의 제국주의 침략 전쟁에서 생존경쟁 사상이 이용된 것처럼 근대에 와서는 다양한 사상이 지배자의 전쟁을 미화하는 데 빈번히 이용되었다. 하지만 함석헌에 의하면 이제는 국민과 국민 사이의 대립을 부추기던 국가주의 시대와 폭력으로 경쟁하던 정치의 시대는 지나갔다. 대신 국가와 국가가 그리고 국경을 넘어 씨ᄋᆞᆯ들이 서로 손을 잡아야만 살 수 있는 협력의 시대, 전체의 시대가 되었다(함석헌, 1959ㅁ: 24 이하; 1969: 91).

이 새로운 시대는 분명히 경쟁과 싸움 대신 협력과 평화의 문명이 지배하는 시대다. 물론 그렇다고 경쟁과 싸움이 부분적으로 사라지지 않겠지만 폭력은 더 이상 시대정신에 부합하지 않기 때문에 비폭력 수단을 통한 평화적 경쟁과 싸움이 요구된다. 게다가 전체의 시대에서는 우리가 모두를 하나로 생각할 수밖에 없으므로 대적이 있을 리 없다. 그리고 경쟁이나 싸움의 상대방도 결국은 전체가 드러난 자이므로 상대방을 향해 폭력을 쓸 수 없다. 바로 그러한 점들이 우리가 평화주의 입장을 취할 수밖에 없는 이유다(함석헌, 1969: 92; 함석헌·송기득, 1978: 389~390).

(2) 비폭력투쟁

그런데 새로운 시대가 협력과 평화의 시대, 전체의 시대라고 하더라도 적어도 함석헌의 시대는 국가주의적 폭력과 핵전쟁의 위험이 여전히 심각하게 존재하던 때였다. 그런 상황에서 그가 "국가주의의 암벽을 무너뜨리고 폭력주의의 사나운 짐승을 잡기 위해" 제시한 몇 가지 할 일 중에는 "세계의 모든 씨ᄋᆞᆯ이 될수록 빨리 손을 잡는 일", "비폭력투쟁을 널리 일으키는 일" 등이 들어 있다(함석헌, 1972ㄴ: 52~53).

그중 여기서는 간디의 영향을 크게 받은 그의 비폭력투쟁론에 특별히 주목하려고 한다.[22] 그는 비폭력투쟁의 목표와 정신에 대한 흥미로운 설명을 제시했는데, 비폭력투쟁의 목표는 지배자의 인간성과 양심을 불러일으키는 것이라고 했다.

> 사람의 양심은 양심에 의해서만 움직인다. 옳은 일을 위해 한 목숨을 희생했을 때 우리의 혼은 힘을 최고로 발휘한다. 지배자의 가슴속에 잠자고 있던 양심을 불러일으킬 수가 있다. 그것은 역사상에서 많은 실증을 볼 수 있다.

그러면서 비폭력에 대해 확신을 갖는 것은 바로 이 때문이라고 밝혔다. 물론 비폭력의 길을 걸어도 국가주의와 폭력주의가 무너지지 않을 수 있다. 하지만 그는 "투쟁을 거듭하는 동안 혼의 힘은 가속도적으로 높아간다"면서 이렇게 말했다.

> 비폭력운동은 영웅주의가 아니다. 뒤에 뒤에 이어 서는 씨ᄋᆞᆯ이 있어서만 된다. 씨ᄋᆞᆯ은 자기가 부서짐으로써 바위를 이기는 물의 ᄋᆞᆯ이다. …… 길은 평화의 길이다. 내 한 몸을 인류의 길로 내놓고 번듯이 눕는 것이 평화다.

즉 연대하는 씨ᄋᆞᆯ들의 지속적인 비폭력투쟁을 통해 지배자의 양심을 불러일으키는 것이 바로 평화의 길이라는 것이었다(함석헌, 1972ㄴ: 54~55).[23]

22 함석헌이 개인적으로 간디 사상을 알게 된 것은 고등사범학교에 입학해서부터였으며, 이후 평생 간디의 노선을 이상으로 삼아 나아가려고 했음을 고백한 적이 있다. 그는 간디가 비춰준 비폭력 저항의 길, 즉 평화의 길이 인류역사가 나아가야 하는 필연의 방향이라고 보았다(함석헌, 1986ㄷ: 226; 1969: 91).

23 이렇게 볼 때 비폭력투쟁을 주로 정치투쟁으로 생각하는 것은 잘못임을 알 수 있다. 함석헌은 사람과 삶의 변화가 없는 제도 변화는 속임수일 뿐이라면서 비폭력투쟁의 주된 목표가

그런데 비폭력투쟁의 길을 추구하는 평화주의를 실천하는 것은 결코 쉬운 일이 아니다. 그는 무력을 추구하는 무력주의보다 그것이 훨씬 더 어려운 일이라고 보았는데, 이유는 평화주의의 길이 처음부터 철저히 자기희생을 각오해야 하는 길이기 때문이다.[24] 그에 의하면, 평화주의자의 비폭력투쟁의 목표는 상대방을 없애는 것이 아니라 상대방 속에 있는 하나님의 선한 본성, 즉 전체의 뜻을 불러일으키는 데 있다. 왜냐하면 상대방도 우리와 함께 한 몸을 이루는 지체이자 전체에 속한 자이기 때문이다(함석헌, 1972ㄹ: 274; 1981ㄹ: 114; 함석헌·송기득, 1978: 387 이하).

따라서 그는 상대방 잘못을 지적하되 지적을 수용하지 않는 경우 "어떤 희생을 각오해서라도 동의할 때까지 각성을 촉구하는 말을 계속 해야" 한다고 주장했다.[25] 만약 상대방이 잘못했다고 폭력을 쓰면 그만큼 그를 인정하지 않는 셈이므로 그것은 결국 그렇게 힘 있는 방법이 되지 못한다면서 정신적으로 폭력을 이길 수 있다는 믿음으로 행하는 비폭

정치혁명이 아닌 사회혁명이라고 주장했다(함석헌, 2008: 31~33).

24 물론 평화주의의 길이 처음부터 자기희생을 각오하는 길이라고 해서 무조건적 희생만 요구하는 것은 아니다. 그리고 악과 싸우는 비폭력투쟁의 방법에는 여러 가지가 있기 때문에 경우에 맞는 적절한 방법을 선택하는 것이 중요하다. 그리하여 함석헌은 "조그만 사랑을 갖고 한 수레의 장작 같은 제도적인 악을 향해 비폭력투쟁으로 이기려는 것은 도리어 비폭력주의를 해치는 사람"이라면서 간디의 경우에도 매우 신중한 판단으로 적당한 조건이 아니면 투쟁을 결코 시작하지 않았다고 주장했다. 그에 의하면, 비폭력투쟁은 과대망상이나 자기도취와는 전혀 다르기 때문에 비폭력주의자, 즉 평화주의자는 폭력주의자보다 더 깬 마음으로 부지런히 앞을 내다보면서 준비해야 한다. 이처럼 최선을 다해 기도하면서 준비하고 노력하면 하나님이 역사하셔서 전체의 뜻이 구현될 것임을 믿고 행하는 길이 평화주의의 길로서, 함석헌은 간디와 퀘이커들이 바로 그런 길을 걸어갔다고 보았다(함석헌·한용상, 1983: 491).

25 물론 상대방이 지적을 수용하지 않는 경우가 많지만 그렇다고 잘못을 알면서도 지적하지 않는다면 우리 속에서 양심을 통해 잘못을 깨닫게 한 하나님의 뜻, 전체의 뜻, 도덕성을 거스르는 셈이 된다. 그래서 그는 "그대로 가서 말하지 않을 수 없다"고 주장했다(함석헌, 1981ㄹ: 114).

력투쟁보다 더 강한 방법은 없다고 강조했다(함석헌·송기득, 1978: 390).[26]

(3) 평화 실현의 조건

함석헌은 평화 실현에 필요한 조건에 대해서도 많이 다루었는데, 내용을 정리해 간략히 소개하면 다음과 같다. 먼저 함석헌이 평화의 전제조건으로 무엇보다 중시한 것은 생명을 절대 존중해야 한다는 원리를 확립하는 것이다. 왜냐하면 평화는 생명을 지키고 보호하는 것으로부터 시작되기 때문이다(함석헌, 1962ㄱ: 88).

둘째, 자율성을 최대한 존중하면서 상대방 양심에 호소하는 것이다. 그는 자율성을 생명의 근본 원리로 간주했다. 그리하여 그런 관점에서 그는 상대방을 없애거나 정복하는 것과 심지어 힘으로 위협해 양보를 얻어내는 것조차도 거부했다. 대신 그는 간디의 평화주의 정신을 따라 설혹 상대방 잘못으로 싸우게 되더라도 상대방 속에 있는 참, 즉 양심을 깨워 불러일으킴으로써 스스로 변하도록 하는 것이 싸움의 목적이 되어야 한다고 주장했다. 왜냐하면 사람의 양심은 양심에 의해서만 움직이기 때문이다(함석헌, 2008: 23 이하; 1972ㄴ: 54).[27]

그리고 이처럼 평화주의적인 비폭력투쟁은 상대방의 양심에 호소함으로써 잠자던 양심이 깨어 일어나게 하는 데 목적이 있으므로 적절한 조건을 찾아 때를 기다리면서 정신의 힘을 기르기를 힘쓰고 또한 역사의

26 그는 평화주의에 입각해 행하는 그러한 비폭력투쟁을 "사랑으로 하는 싸움", 즉 "사랑의 싸움"이라고도 표현했다(함석헌, 1981ㄹ: 114).

27 그런 점에서 볼 때 옳은 일을 위한 인격체의 희생은 강한 영향력을 발휘해 악한 상대방 속에서 잠자고 있던 양심도 불러일으킬 수 있다면서 그는 역사의 많은 실례가 그것을 증명한다고 주장했다. 물론 희생에도 불구하고 양심이 여전히 잠자는 듯 보일 때도 있으나 그는 비폭력투쟁이 거듭된다면 영향력의 증대는 가속화되리라고 보았다(함석헌, 1972ㄴ: 54).

추이를 깊이 관찰하면서 먼 앞을 내다보고 부지런히 준비하는 것이 필요하다고 주장했다(함석헌, 2008: 23, 25).

셋째, 하나의 전체라는 의식을 공유하는 것이다. 함석헌에 의하면, 전체의식은 모든 가치 활동의 근원이어서 전체의식이 없는 인간은 정신적인, 도덕적인 인간이 되지 못하고 이기주의적이며 배타적 존재가 됨으로써 서로 싸우게 된다. 그렇기 때문에 그는 전체의식 없이는 평화가 이루어질 수 없다고 보았다(함석헌, 1972ㄷ: 74).

그런데 씨ᄋᆞᆯ은 만물과 만사가 하나의 전체를 이루면서 살아간다는 진리를 깨달아 이 전체의식 속에서 마땅한 의무를 겸손히 행함으로써 평화가 실현되도록 할 수 있는 자들이다. 그래서 함석헌은 씨ᄋᆞᆯ들이 평화운동에 참여하도록 하기 위해서는 그들 속에서 잠자는 정신을 불러일으킬 필요가 있다면서 전체 인류가 직면한 세계적 위험을 벗어나게 한다는 위대한 세계사적 비전이 매우 필요하다고 주장했다(함석헌, 1977ㄱ: 145~147; 1972ㄷ: 80).

> 사람은 누구나 다 연약하지만 누구나 다 그 속에는 잠자는 전체의식을 품고 있다. 그것이 깰 때 기적은 일어난다(함석헌, 1972ㄷ: 80).

넷째, 평화의 실현 가능성에 대한 확고한 믿음이다. 그에 의하면 평화의 실현을 위해서는 영웅보다 씨ᄋᆞᆯ들의 연대가 훨씬 더 중요하다. 왜냐하면 평화를 위한 씨ᄋᆞᆯ 한 사람 한 사람의 헌신은 바위를 깨는 물방울과 같기 때문이다. 그런데 씨ᄋᆞᆯ들의 연대와 헌신을 위해서는 평화의 필요성과 가능성에 대한 씨ᄋᆞᆯ들의 확고한 믿음이 필요하다. 만약 씨ᄋᆞᆯ들에게 그러한 확신이 있으면 평화를 거부하는 정치인도 물리칠 수 있다. 여기서 그는 평화가 가능하다는 확신을 씨올에게 어떻게 줄 수 있는가라는 질문을 제기한 후 "과학과 종교의 악수"를 통해 확신을 줄 수 있다면서 과학과 종교의 역할론을 제시했다(함석헌, 1972ㄴ: 54; 1959ㅁ: 27).[28]

그리고 그는 평화의 가능성에 대한 확신에는 훈련도 필요하다고 보았다. 그는 1980년대 중엽에 행한 한 강연에서 우리나라 학생들의 민주화운동을 적극 지지하면서도 점점 더 격렬해지는 운동 양상을 보면서 폭력적 방법에 대한 분명한 반대 입장을 피력했다.[29] 하지만 그는 비폭력운동을 위해서는 사전 훈련이 꼭 필요하다고 생각했다.[30] 특히 비록 정확한 때를 알 수는 없지만 폭력을 쓰지 않는 평화적 방법이 언젠가는 결국 이기고야 만다는 무서운 믿음의 훈련이 필요하다고 보았다. 왜냐하면 승리를 확신하면서 진리를 지켜나가는 우직한 노력은 죽음까지 극복하면서 결국은 새로운 역사를 창조한다고 생각했기 때문이다(함석헌, 1986ㄷ: 228~229; 1974ㄹ: 226~228; 1975ㄴ: 276).[31]

다섯째, 물질주의에서 벗어난 정신이다. 함석헌에 의하면 비록 군대

28 과학과 종교의 역할론에 대해서는 곧 소개될 것이다.

29 그는 1970년대 말에 쓴 글에서는 노사관계의 발전을 위한 노동운동에서도 비폭력을 통한 평화주의적 접근이 요구된다는 점을 강조한 바 있다(함석헌, 1979ㅅ: 76).

30 "비폭력저항은 미리 훈련이 없으면 할 수 없는 운동입니다. 간디가 인도에서 저만한 운동에 성공하기 위해서는 아프리카에서 있던 20년 동안의 경험이 필요했습니다. …… 비폭력이라는 것은 무리하게 해서 되는 것이 아닙니다. 거듭 말하는 것 같지만 미리 하는 훈련 없이는 절대로 되지 않는 것입니다"(함석헌, 1986ㄷ: 229~230).

31 때로는 평화운동이 폭력에 의해 쑥대밭이 될 수도 있다. 하지만 그는 만약 평화의 실현에 대한 확신이 남아 있다면 평화의 씨는 부활해 새로운 생명을 낳고 마침내 승리하게 된다고 보았다. "홍수가 휩쓸고 지나간 뒤에 새 푸름이 일어나듯이 폭력이 세상을 휩쓸어도 그 뒤에 또 일어나는 평화의 씨올이 있을 것입니다. 생명의 씨는 흙 속에 있는 것이 아니고 공중에 있기 때문입니다"(함석헌, 1974ㄱ: 205). 그리고 그런 점에서 그는 평화운동의 길을 다음과 같이 표현했다. "이 운동은 신념의 길이요 봉사의 길이요 자기희생으로만 되는 길이다. 그러므로 그것은 부활의 길인 것이다. 비약의 길이란 말이다"(함석헌, 1972ㄷ: 82).

나 무기 같은 폭력적 수단이 평화를 위협하는 요소지만 폭력적 수단을 없앤다고 곧 평화가 도래하지는 않는다. 왜냐하면 사람들의 정신이 물질적인 것에 얽매여 있으면 그로 인해 서로 싸우고 심지어 죽이는 일도 벌어지기 쉽기 때문이다. 물론 그것은 개인뿐만 아니라 국가 수준에서도 마찬가지다. 그리하여 평화를 실현하기 위해서는 무력 없이도 사회질서가 유지될 만큼 사람들의 정신이 얽매임, 특히 물질적 얽매임으로부터 해방될 필요가 있다. 이처럼 정신이 해방되면 물질 때문에 서로 싸우고 죽이는 일은 생기지 않을 것이며 또한 무기가 저절로 사라져 평화가 이루어지게 된다는 것이다(함석헌, 1958ㄴ: 124~125).

여섯째, 과학과 사상의 역할이다. 앞서 언급했듯이 과학과 사상은 전쟁을 정당화하거나 미화하는 데 이용되었다. 대표적인 예가 생존경쟁 사상에 입각한 진화론이었다.[32] 하지만 이제 진화론이 생존경쟁 사상을 극복했으며, 핵물리학의 발달은 지구를 운명공동체로 바라보게 했다. 또한 우주과학의 발달 역시 지구에서의 세력 확장이라는 과거의 좁은 시야를 대우주로 향해 무한히 확장시키도록 만들었다. 자연과학과 기술의 그러한 발달은 철학과 사상에도 큰 영향을 끼쳐 함석헌은 이제 힘의 철학이 지나가고 사랑의 철학의 시대가 되었다고 보았다. 과학무기의 발달로 힘의 대결이 이제는 인류의 공멸을 초래할 수 있다는 사실을 인간이 알게 되면서 힘의 대결을 더 이상 허용할 수 없게 되었기 때문이라는 것이다. 그래서 그는 평화를 위해 더 이상 힘의 철학이 아닌 사랑의 철학에 바탕을 둔 차원 높은 새로운 관념과 사상을 발전시킬 필요가 있음을 강조했

32 함석헌은 근대과학이 그동안 전쟁을 도운 것은 과학자의 본래 정신에서 나온 결과였다기보다는 과학 발달의 초기 단계에서 정치적인 지배집단에 의해 악용되었기 때문이라고 해석했다(함석헌, 1959ㅁ: 27).

다(함석헌, 1959ㅁ: 24 이하; 1968ㄱ: 35~36).

일곱째, 종교의 역할이다. 그는 종교가 인류 발전에 크게 기여해왔지만 그동안 역기능을 수행한 일도 많았다고 보았다. 과학과 사상처럼 전쟁을 정당화하고 미화하는 데 종교가 이용된 것이 대표적인 경우다. 하지만 그는 그것이 종교, 적어도 세계적인 종교의 본래 정신과는 거리가 먼 것이라고 여겼다. 앞에서 살펴본 바 있듯이 종교의 가장 중요한 본질은 생명의 반성과 하나 됨을 이루는 데 있기 때문이다. 그리하여 위대한 종교는 오래전부터 인류에게 모든 당파심을 버릴 것을 가르쳐 왔다. 심지어 오늘날 세계가 하나로 되어감에 따라 그들 세계적인 종교에서 모든 종교가 하나라는 사상이 나오고 있다면서 평화를 위해 하나 되게 하는 종교의 적극적 역할이 필요함을 강조했다(함석헌, 1959ㅁ: 28~29).[33]

여덟째, 평화를 위한 세계적 제도를 마련하는 것이다. 함석헌의 평화사상은 세계적 인식과 관심을 바탕으로 이루어졌기 때문에 평화 실현의 조건에 대한 이상의 논의가 대부분 세계평화에도 적용된다. 그런데 그는 거기에 덧붙여 세계평화를 실현하기 위해 제도적 노력이 필요하다는 점을 특별히 언급한 바 있다. 그에 의하면, 세계평화는 궁극적이며 내재적인 문제일 뿐만 아니라 당면해 있는 시급한 문제이기도 하지만 어느 한 국가나 이념을 통해 강제로 이룰 수는 없다. 그래서 그는 협의를 통해 세계적인 평화 기구를 설립하는 것 같은 제도적 노력이 시급히 요구된다

33 더구나 그는 앞으로 종교와 과학이 더욱 가까이 접근함으로써 평화에 보다 기여하게 되리라고 보았다. 이제까지는 종교와 과학이 대립하는 경우가 많았으나 참된 종교와 참된 과학은 서로 만난다는 것이 그의 관점이다. 이 둘은 비록 추진하는 방향이 다르지만 진리를 추구한다는 목표에서는 다를 바 없는데, 종교와 과학의 만남은 사람의 마음에 평화를 이루는 데 함께 기여하며, 그 결과 사람과 사람 사이의 평화와 사람과 자연 사이의 평화에도 기여하게 되리라고 보았다(함석헌, 1959ㅁ: 28~29).

고 보았다(함석헌, 1972ㄴ: 46~47; 1959ㅁ: 27).[34]

> 종교나 과학에서 보면 완전하고 합리적은 못 되어도 우선 대체로 옳은 제도를 세우면 그것을 통해 생활의 교통이 오고 가는 동안 차차 튼튼해진다. …… 구구한 이론 싸움이나 소소한 이해의 고집을 하다가 전체 세계가 망하면 너도 없고 나도 없음을 알아야 한다. 이 의미에서 세계평화의 세계적 틀거리를 우선 잡도록 하는 것이 다급한 문제다(함석헌, 1972ㄴ: 48).

그런데 평화를 위한 세계적 규모의 제도적 틀을 마련하는 데 커다란 방해 요소들이 존재한다. 그는 그러한 방해 요소들로 대국의 정치인, 독점적 기업가, 이른바 약소국의 지배자, 그리고 씨ᄋᆞᆯ의 가슴 속에 아직도 뿌리 깊게 남아 있는 배타적 민족감정을 지목했다.[35] 그러면서 그들 방해 요소를 극복하고 마침내 제도적 틀을 마련할 과제를 실현할 사람은 다름 아닌 씨ᄋᆞᆯ들, 특히 그가 그러한 주장을 하던 시기의 한국 같은 이른바 후진국 혹은 약소민족이라고 불리는 세계의 바닥에 있는 씨ᄋᆞᆯ들이라

34 그는 1979년에 미국에서 행한 강연에서 유엔을 비롯한 현행의 여러 기구가 세계평화를 위한 역할을 못하고 있다고 비판하면서 유엔을 강화하거나 아니면 보다 강력한 세계평화기구를 새로 만들 필요가 있다고 주장했다(함석헌, 1989ㄷ: 197).

35 그가 이것들을 중요한 방해 요소로 간주한 이유는 다음과 같다. 대국의 정치인은 "군대라는 조직적인 폭력과 선전과 과학적인 정보기술로 세계를 지배하려 하고 있다." 독점적 기업가는 그들 정치인 뒤에서 조종하는 자로 "기업의 경쟁이 있는 한 국경선은 없을 수 없고 국경선이 있는 한 전쟁은 반드시 일어나고야 말 것이다." 약소국의 지배자는 "민족적 해방의 물결을 타고 일어나서 씨ᄋᆞᆯ을 속여 강대국들의 새로운 제국주의에 팔아먹으며 그 심부름꾼이 되어 스스로의 멸망을 이끄는 줄을 알면서도 한때의 지배욕과 향락의 만족을 위해 전쟁을 청부맡아 하고 있다." 끝으로 배타적 민족감정은 지난날 무지하던 시절에 생긴 습관으로 "이것이 남아 있는 한 전쟁은 없앨 수 없다. 지배자들은 언제나 그것을 악용한다"(함석헌, 1972ㄴ: 51~52).

고 주장했다(함석헌, 1972ㄴ: 48, 51).

여기서 가장 중요한 선결 과제는 배타적인 민족감정 같은 지난날의 잘못된 습관과 국가주의를 극복하는 것이다. 그리하여 함석헌은 먼저 우리 자신이 앞장서 "인류의 장래를 위협하는 어리석은 습관을 어서 깨쳐주어야 할 것"이라고 주장했다. 그리고 국가주의를 극복하기 위해서는 다음과 같은 세 과제가 특별히 요구된다고 주장했다. 첫째, 세계의 모든 씨ᄋᆞᆯ이 될수록 빨리 손을 잡는 일이다. 둘째, 일반 씨ᄋᆞᆯ이 어서 과학을 잘 체득해 권력자의 고등 기술 독점을 막는 한편 새 종교철학이 새 가치관을 확립할 수 있도록 만들어주는 일이다. 그리고 셋째, 비폭력투쟁을 널리 일으키는 일이다(함석헌, 1972ㄴ: 52~53).

(4) 평화주의와 한민족

함석헌의 평화론과 관련해 마지막으로 간략히 덧붙이고자 하는 것은 평화주의와 평화운동이 한민족에게 특별한 의미가 있다고 그가 자주 강조한 부분이다. 무엇보다도 그는 평화주의가 한민족의 문화적 성격을 잘 반영하므로 한민족이 세계평화운동에 앞장설 수 있다고 주장했다. 그러면서 그러한 믿음의 근거로 3·1운동과 4·19혁명 같은 역사적 사실을 들었다(함석헌, 1972ㄷ: 76, 80).[36]

36 그는 3·1운동과 4·19혁명이 비폭력운동이었다는 사실이 역사적으로 매우 중요한 의미를 갖는다고 주장했다. 특히 3·1운동은 간디의 비폭력운동보다 더 일찍 자발적으로 일어났을 뿐만 아니라 방방곡곡에서 전 민족이 하나가 되어 일어난 비폭력운동이었다는 점에서 세계적으로 매우 자랑스러운 것이라고 보았다. 게다가 함석헌 자신이 민중운동을 하는 계기가 된 오산학교에 들어간 것도 이 3·1운동의 영향을 받은 것이며, 이후 일본의 고등사범학교에서 간디의 사상을 접하게 되었으므로 함석헌의 평화주의 사상에도 간디의 사상보다 3·1운동이 더 일찍 영향을 끼쳤다고 볼 수 있다(함석헌, 1986ㄷ: 224~226).

게다가 그는 그러한 평화적인 한민족이 과거에 생존경쟁 철학과 그것을 바탕으로 한 침략주의가 득세하던 시대에는 많은 수난을 당했지만 이제는 협력과 평화를 중시하는 새로운 시대가 시작되어 처지가 달라졌다고 주장했다. 즉 한민족이 그동안 이웃 국가를 침략하지 않고 이웃 열강으로부터 압박만 받아온 것이 새로운 시대에는 도리어 세계의 양심 앞에서 자랑거리가 되고 평화운동의 좋은 자격이 된다는 것이다. 그렇기 때문에 만약 한민족이 낡은 시대의 철학, 종교 등으로 마비된 마음을 씻어 스스로 밝아진 정신대로 평화주의를 외치고 실천한다면 현재 세계 인류가 직면한 죽음의 위험한 관문을 먼저 뚫고 새로운 나라를 여는 선구적 역할을 할 수 있으리라며 그것을 민족의 비전이자 이상으로 제시했다 (함석헌, 1963ㄴ: 123~124; 함석헌·김영호, 1988: 247).

3 씨올, 하나 됨, 조화

1) 하나 됨과 화和

함석헌이 화를 "속으로 하나를 이루는 것" 혹은 "하나의 산 전체를 이룬 것"으로 이해한 데서 보듯이 화와 하나 됨은 서로 밀접히 관련되어 있을 뿐만 아니라 매우 유사한 관념이다. 두 관념의 가장 큰 공통점은 둘 다 실질적인 하나 됨을 추구한다는 것이며, 차이점은 하나 됨이 전체의 성격을 가리키는 데 비해 화는 전체를 이루는 부분 간의 관계의 성격을 가리킨다는 점이다.

이렇게 보면 하나 됨과 화의 관계가 앞에서 살펴본 함석헌의 전체와 유기체의 관계와 매우 비슷함을 알 수 있다. 전체는 여러 의미를 갖는 관념으로 특별히 유기체의 종합적 성격을 가리키기도 하는 데 비해 유기체는 그것을 구성하는 부분 사이의 혹은 부분과 전체 유기체 사이의 유기적 관계를 강조하는 관념이다. 그는 유기체의 유기적 관계를 조화의 관계로 표현하기도 했는데, 그것은 그의 화 관념과 유기체 관념의 유사성을 잘 보여준다.

어쨌든 전체와 유기체, 하나 됨과 화는 모두 다음 장에서 살펴보게 될 여러 실천적인 연대 관념과 함께 함석헌의 연대사상을 이루는 요소들이다. 전체와 유기체가 연대의 분석적인 관념에 가까운 요소라면 다음 장에서 다루게 될 형제애, 우애, 협력, 뭉침, 같이 살기, 믿음의 조직 등은 연대의 실천적 관념에 해당되는 요소이다. 그것들과 비교할 때 하나 됨과 화는 분석적 성격과 실천적 성격을 함께 갖는 것들로서 분석적 연대 관념과 실천적 연대 관념 사이에서 이 둘을 이어주는 위치에 있다.[37]

2) 씨ᄋᆞᆯ과 하나 됨

이제 이 두 관념, 즉 하나 됨과 화가 씨ᄋᆞᆯ과 갖는 관련성을 간략히 살펴보자. 그는 씨ᄋᆞᆯ이 하나라고 했으며 또한 하나 되어야 한다고 했다. 여기서 씨ᄋᆞᆯ이 하나라는 것은 우선적으로 씨ᄋᆞᆯ 한 사람의 의미를 강조한

37 물론 그러한 분류는 함석헌의 관념들을 이념형적으로 나눈 결과다. 하지만 실제로는 그가 그들 관념을 엄격히 구분하지 않고 함께 섞어 사용한 경우도 많다. 그리고 특히 하나 됨을 그들 여러 관념을 포괄하는 의미로 사용하기도 했다. 그런 점에서 본다면 그가 사용한 여러 관념 중 "하나 됨"이 그의 연대사상을 포괄하는 우리말 표현에 가장 가까운 단어로 여겨진다. "이제 인생과 자연을 합한 전체 우주를 볼 때 거기는 싸움이 아니고 대립이 아니고 큰 조화, 깊은 협동이 있는 것을 봅니다. 이제 철학은 하나 됨이 철학일 것입니다"(함석헌, 1961ㄷ: 51).

표현이다. 개인이라도 전체의 뜻을 깨달은 자라면 씨올로서 충분한 의미를 갖고 있으나 무리가 함께 있더라도 전체의 뜻을 깨닫지 못한다면 씨올로서의 의미를 갖지 못한다는 것이다.

> 씨올은 하나입니다. 하나인데 전체입니다(함석헌, 1980ㄱ: 286).

> 단체주의, 집단주의에서 해방이 되어야 참 씨올입니다. 그때, 개개의 씨올은 속에 '전체'를 품고 있습니다(함석헌, 1979ㄹ: 337).

하지만 그는 씨올이 하나라는 표현을 개인이 아닌 다수의 씨올, 예컨대 한 나라의 씨올 전체, 세계의 씨올 전체 등을 가리킬 때 사용하기도 했다. 그가 소련 정부의 사하로프 체포 소식을 접한 후 그것이 결코 남의 일이 아니라면서 "세계가 한 나라요, 인류가 운명과 의무를 같이하는 한 씨올입니다"고 한 것이 그것을 잘 보여준다(함석헌, 1980ㄹ: 302).

그런데 그가 "씨올은 하나" 혹은 "한 씨올"이라는 표현을 다수의 씨올을 가리키기 위해 사용한 때는 "씨올의 하나 됨"이라는 의미로 사용하는 경향이 있었다. 즉 성별, 취향, 인종, 국적, 이념 등의 차이에도 불구하고 전체의 뜻을 품은 씨올로 하나가 되어야 한다는 취지다. 물론 이 경우에도 그는 씨올 개개인의 "나의 하나 됨" 혹은 "인격의 통일"이 다수 씨올이 하나 되는 출발점이 된다고 함으로써 개개인이 자신을 씨올로 깨닫고 실천하는 것의 중요성을 강조했다(함석헌, 1959ㅂ: 246 이하; 1961ㄴ: 323~324).[38]

38 그는 개인의 시대와 천재 혹은 영웅의 시대는 지나갔으며, 이제 우리가 새롭게 맞이하게 되는 것은 전체의 시대, 씨올의 시대라고 보았다. 그런 관점에서 함석헌에게서 씨올사상은 한

어쨌든 그는 씨ᄋᆞᆯ이 분열, 대립 등을 극복해 하나가 되고 또한 서로 조화로운 관계를 이룰 필요가 있음을 매우 강조하면서 그것을 위한 여러 조건을 언급했는데, 그중 몇 가지를 소개하면 다음과 같다. 첫째, 각각의 씨ᄋᆞᆯ이 서로를 형제로 간주하는 것이다. 물론 혈연적 형제가 아니고 절대자이신 하나님의 자녀로서의 보편적 형제이다. 이 형제관계에서는 모든 대립적 부조화가 사라지는 대신 각자 개성을 가진 개체이면서 동시에 함께 하나의 가족, 하나의 몸, 하나의 인격체를 이룬다. 즉 하나가 되는 것이다(함석헌, 1979ㄴ: 99).

둘째, 넓은 마음을 갖는 것이다. 그는 나의 마음이 넓어지는 것이 남의 마음을 넓게 만드는 길이라고 보았다. 왜냐하면 내 마음과 남의 마음이 따로 있지 않고 오직 "한마음"만 있을 뿐이기 때문이다. 그런 관점에서 그는 남에 대해 끝까지 믿는 마음을 포기하지 말 것을 주문했다. 의심은 죄라고, 의심하면 남이 나쁘기 전에 내가 먼저 나빠진다고 하면서 말이다. 물론 남을 믿는 것은 남에게 있는 하나님의 모습, 즉 전체의 뜻을 믿는 것이다. 그러므로 그는 씨ᄋᆞᆯ이 서로를 믿어 하나가 되기 위해 먼저 하나님을 믿을 필요가 있음을 강조했다(함석헌, 1979ㅇ: 288~289).[39]

셋째, 마음으로 손을 잡는 것이다. 그는 그것을 마음이 하나 되는 것이라고 표현하기도 했으나 그렇다고 그것이 반드시 같은 생각을 한다는 의미는 아니다. 과거에는 생각이 같아지는 것을 중요하게 생각했으나 인간 정신의 수준이 향상된 오늘날에 와서는 생각이 다르면서도 함께 사는

개인 씨ᄋᆞᆯ의 중요성을 출발점으로 삼으면서도 새로운 시대의 도래로 다수의 씨ᄋᆞᆯ 전체의 하나됨이라는 주제를 한층 더 중요하게 다루게 된다(함석헌, 1963ㄴ: 114~116).

39 그는 그러한 믿음에는 훈련이 필요하다면서 가까운 범위로부터 공동체 훈련을 할 것을 주장했다(함석헌, 1989ㄴ: 269).

것을 더 중시하게 되었다. 어쨌든 생각이 다른 씨알이 각자 제 노릇을 하면서도 하나 되기 위해서는 그처럼 마음으로 손을 잡는 것이 필요하다. 그런데 씨알이 다른 생각으로 하나 되기 위해서는 서로에게 자유롭게 말을 할 수 있는 열린 사회가 되어야 한다(함석헌, 1971ㄷ: 45~46).

넷째, 잠을 자는 씨알, 흩어진 씨알, 앓는 씨알을 돌아보아 깨우고 가르쳐주고 일으키는 것이다. 그는 1966년에 당시의 씨알을 돌아본 내용을 담은 글을 발표했는데, 거기서 먼저, 씨알의 지나간 길을 돌아볼 때 씨알이 스스로 깨지 못해 한일조약을 막지 못한 점을 지적하면서 역사적 씨알로서의 자각이 필요하다고 주장했다. 다음으로, 통일된 의식 없이 흩어진 씨알이 전체의식을 갖도록 할 필요가 있으며 그것을 위해서는 자유로운 언론매체의 역할이 중요하다고 주장했다. 끝으로, 씨알의 정신이 거의 죽게 된 것을 돌아보아 살릴 필요가 있다고 주장했다. 당시의 학생들이 시위하다가 정권에 의해 짓밟히는 것을 보면서도 그것을 무책임하게 내버려둔 씨알의 정신이 산 것으로 볼 수 없다는 것이 그의 생각이었던 것이다. 어쨌든 그는 그러한 씨알들을 정성껏 돌아보아 깨우고 가르치고 일으켜 세움으로써 하나로 묶을 수 있다고 보았다(함석헌, 1966ㄴ: 286~292).

다섯째, "새 이상을 갖는 핵심체"를 이루는 것이다. 여기서 핵심체란 전체 씨알이 속에 있는 자신을 발견할 수 있도록 하는 핵심 단체를 의미한다. 그는 한민족이 새로운 역사를 창조하기 위해서는 모래알같이 흐트러진 마음을 하나로 만드는 영감이 필요하다면서 그러한 영감에 이르기 위한 조건으로 씨알의 핵심 단체를 구성할 필요성이 있음을 주장했다. 그에 의하면 역사의 주체는 씨알이지만 핵심 없는 씨알은 초점 없는 렌즈처럼 아무것도 아니다. 그리하여 그는 비록 소수라도 모여서 전체 씨올의 초점 역할을 할 필요가 있다고 보았다. 전체 씨올이 자기를 발견함으로써 결국 흩어진 마음이 하나로 될 수 있도록 돕는 새 이상을 가진 어진 핵심체가 씨올 가운데서 시급히 구성될 필요가 있다고 생각했던 것이다(함석헌, 1972ㅊ: 97, 99).[40]

3) 씨올과 화和

어쨌든 그렇게 해서 씨올이 하나로 뭉쳐 하나의 유기체로 되면 정신적으로 매우 강해져 화를 실천할 수 있게 된다. 그에 의하면 화는 약자가 할 수 있는 것이 아니어서 정신적으로 강자가 되어야 가능하다. 그런데 씨올이 한 덩어리로 뭉쳐 하나가 되면 정신적으로 강해지기 때문에 결국 화를 실천할 수 있게 된다는 것이다(함석헌, 1971ㅈ: 68~69). 그는 그러한 원리를 당시의 한일관계에 적용해 이렇게 주장했다.

> 외교는 외교관만 하는 게 아니다. 국민이 한다. 씨올의 뒷받침 없는 외교가 어떤 것이든 한·일이 화하는 것 아니라 직접 불리하게 만든다(함석헌, 1971ㅈ: 69).

이처럼 화에 이르는 것은 씨올이 하나 되는 데서 출발하지만 함석헌은 이 외에도 씨올이 화에 이르기 위해 유념해야 할 다른 점들에 대해서도 언급했다. 예를 들어 서로 대립하고 갈등하는 입장을 모두 포용하면

40 그러한 주장이 담긴 글은 1972년 8월에 발표되었는데, 함석헌은 이에 앞서 1970년에 〈씨올의 소리〉를 창간했으며 1972년 4월에 같이 살기 운동을 제창하는 등 씨올의 조직화를 위해 노력한 바 있다. 이와 관련된 논의는 그의 실천적 연대론을 다룬 다음 장에서 계속될 것이다.

서도 뛰어넘는 제3의 수준 높은 입장인 중中을 목표로 삼아 화의 실현을 위해 정성을 다해 노력할 필요가 있다고 본다(함석헌, 1972ㄴ: 41).

또한 "화는 고르게 하는 일"이라고 표현했을 만큼 고르게 하는 것, 즉 불평등의 해소가 화의 실현에 중요하다고 보았다. 그는 특히 부와 권력을 고르게 하는 것의 중요성을 강조하면서 그것을 위해 특권층이 앞장서는 것이 가장 바람직하다고 지적했다. 하지만 그것이 실제로 이루어지기는 쉽지 않기 때문에 그는 그러한 필요성에 대한 인식을 널리 확산시키려고 노력했다. 그러면서 그는 결국 씨올들이 하나가 되어 평화로운 방법으로 싸워가야 한다고 주장했다(함석헌, 1975ㄱ: 286~289).

특히 물질과 관련해 그는 "누가 벌었든 부는 사회의 공유라는 것, 따라서 부를 독점하는 것은 죄악"임을 강조했다. 그가 씨올들의 평화로운 노력이 필요하다고 한 것도 그런 관점에서다. 하지만 그는 물질의 분배뿐만 아니라 씨올의 소비생활에 대해서도 언급했다. 그는 노자 사상을 인용하면서 세상에 사치와 폭력이 만연할수록 씨올은 간소하고 수수한 살림을 통해 그것을 견디어 나가야 한다고 주장했다. 그에 의하면, 세상의 사치와 폭력은 강자들이 인생을 경쟁으로 본 결과다. 하지만 생명의 근본 원리는 화에 있다. 즉 천하가 하나 되어 더불어 사는 것이야말로 참으로 크고 넓은 것이며 또한 거기에서 보다 높은 생명의 단계가 나온다는 것이다. 그런데 그러한 화는 검소한 생활에서만 나오는 반면 사치는 전쟁처럼 죄악이라고 그는 주장했다(함석헌, 1976ㄱ: 106).

4) 하나 된 씨올의 역사적 과제

씨올이 하나로 되면 화를 실현할 뿐만 아니라 그것을 바탕으로 중요한 역사적 역할을 감당할 수 있다. 함석헌은 대표적인 사례로 3·1운동을 들면서 당시의 씨울이 비록 가난하고 아는 것이 없었지만 안에 참과 믿음이 있었기에 서로 하나가 될 수 있었고, 그랬기 때문에 역사의 방향을 돌려놓을 수 있었다고 보았다. 오늘날의 씨울은 비록 물질과 지식을 많이 가졌다고 자부하면서 믿고 깨달으려고 하지 않지만 믿음과 깨달음의 회복과 훈련을 통해 하나가 된다면 앞으로도 새로운 역사를 창조하는 역할을 감당할 수 있으리라고 주장했다(함석헌, 1979ㅈ: 288; 1989ㄴ: 269).

씨울이 하나 됨으로써 감당하기를 그가 특별히 기대한 역사적 과제에는 국가주의 해체, 남북통일, 평화실현 등이 있었다. 국가주의 해체에 관해서는 8장에서 자세히 다루게 될 것이지만 여기서 간략히 언급하면, 국가주의의 암벽을 무너뜨리기 위해 우선 해야 할 일에는 세계의 모든 씨울이 될수록 빨리 손을 잡고 평화적인 투쟁을 널리 확산시켜 가는 것과 또한 씨울이 과학화해 권력자들의 고등 기술 독점을 막고 새 가치관 확립을 가능하게 하는 것이 있다고 그는 주장했다(함석헌, 1972ㄴ: 52~53).[41]

다음으로 그는 씨울이 하나 되어 평화로운 남북통일을 이룩하게 되기를 기대했다. 왜냐하면 남북통일은 평화적으로 이루어져야 하며, 또한 이 통일 과정에서 남북의 두 정권이 아닌 씨울이 주체가 되어야 한다고 생각했기 때문이다. 그는 1970년대 초의 남북 두 정권이 개방과 교통을

41 국가주의 해체와 평화 실현을 위해서는 무엇보다 씨울의 연대가 중요하다는 함석헌 사상에 주목한 사람으로는 박재순이 있다. 그는 비록 함석헌의 연대사상을 체계적으로 분석하지는 않았지만 함석헌의 평화사상을 분석하면서 세계 씨울의 연대가 중요하다고 본 함석헌의 관점을 간략히 소개한 바 있다(박재순, 2009: 47~48).

원하지 않을 뿐만 아니라 최후까지 무력주의를 포기하지 않으리라고 생각했다(함석헌, 1989ㄷ: 193; 1972ㄷ: 75; 1971ㅅ: 185; 함석헌·올다이제스트, 1964: 152).

그리하여 그는 남북한 양쪽 씨올의 절실한 요구가 무엇보다 필요하다면서 그것을 위해서는 먼저 양쪽 씨올들에게 강한 전체의식과 서로에 대한 믿음이 있어야 한다고 주장했다. 그리고 그들 양쪽 씨올은 사상 및 정책과 관련한 두 원칙을 분명히 견지해야 함을 강조했다. 하나는 남북한 간에 첨예하게 대립하고 있는 두 사상의 대결을 중단하고 그것을 넘어서는 보다 높은 사상을 모색해야 하며, 다른 하나는 전쟁을 포기하고 평화의 정책을 추진해야 한다는 것이다. 이처럼 남북한의 씨올이 전체의식과 상호 신뢰로 하나가 되어 이상의 두 원칙에 입각한 요구를 절실히 하게 되면 남북한의 평화통일이라는 역사적 과제를 해결하는 데 크게 기여하게 되리라고 그는 생각했다(함석헌, 1972ㄷ: 75; 1961ㄴ: 324; 1971ㅅ: 184; 함석헌·올다이제스트, 1964: 152~154).

마지막으로 그는 씨올이 하나 되어 세계평화 같은 평화의 실현에 크게 기여하게 되기를 기대했다. 함석헌은 씨올의 본성이 평화라고 보면서 씨올을 "내재의 평화", "극소세계평화", "평화의 열매" 등으로 표현했다. 또한 극소는 극대에 통한다는 관점에서 씨올의 이상이 세계평화에 있다고 주장하기도 했다(함석헌, 1972ㄴ: 45~46).[42]

어쨌든 그는 평화가 씨올의 본성이라면서 씨올은 마땅히 행할 바를,

42 "씨올은 말하자면 내재의 평화, 극소세계평화다. 본질적 평화다. 씨올의 바탈이 평화요, 평화의 열매가 씨올이다. 그러므로 씨올의 목적은 평화의 세계 이외에 있을 수 없다. 극소는 극대에 통한다. 산을 오르는 사람이 순간도 눈을 산봉우리에서 떼지 않아서만 모든 발걸음을 바로 할 수 있듯이 씨올이 스스로를 닦고 다듬으려 할 때도 세계평화의 이상을 잊고서 될 수 없다"(함석헌, 1972ㄴ: 45~46).

즉 참을 겸손히 지키고 행하기만 하면 평화가 저절로 실현된다고 주장했다. 여기서 참이란 "만물, 만사를 하나로 깨달아 하나에 사는 일"이다. 그러므로 씨올이 하나 된 전체의 뜻을 깨달아 지키면서 마음을 비우기만 하면 평화가 실현된다는 것이다(함석헌, 1977ㄱ: 145~147).[43]

그런데 여기서 알 수 있듯이 참을 지키고 행하는 것은 씨올의 하나 됨을 전제로 한다. 더구나 앞에서도 언급했듯이 이제는 세계의 씨올들이 서로 손을 잡아야만 살 수 있는 협력의 시대, 전체의 시대가 시작되었다. 그렇지만 국가주의 폭력과 전쟁의 위험, 특히 핵전쟁의 위험 같은 것은 여전히 사라지지 않고 있어 그것들을 없애기 위해서는 세계의 모든 씨올이 될수록 빨리 손을 잡고 평화의 노력을 확산시킬 필요가 있다. 그러므로 세계의 씨올이 하나 되어 겸손히 참을 지키고 행한다면 어디서나 그리고 세계적으로도 폭력과 전쟁을 막고 평화를 실현하는 데 이바지하게 되리라고 함석헌은 확신했다(함석헌, 1959ㅁ: 24~25; 1972ㄴ: 52~53; 함석헌·송기득, 1978: 389).[44]

43 "그러므로 씨올은 항상 우주 끝에까지 귀를 기울여야 합니다. 어디서 하나 됨의 평화가 깨지고 비명이 들려오지 않나 하고 말입니다. 사실은 들으려 애쓸 것도 없습니다. 내 마음을 비우는 것뿐입니다. 내 마음 비우는 것이 참을 하는 일입니다"(함석헌, 1977ㄱ: 145).

44 그는 전쟁에 대한 일차적 책임이 권력 집단, 기업, 특권계급 등에 있다는 점과 종교, 사상, 과학 등이 전쟁에 이용되는 경우가 많았다는 점을 지적하면서도 전쟁을 없애는 것은 결국 씨올에게 달려 있다고 보았다. 즉 씨올이 전쟁 없이 살 수 있다는 확신과 전쟁을 없애야만 한다는 강력한 평화사상을 갖는다면 전쟁에 책임 있는 집단들로 하여금 전쟁을 그만 두게 할 수 있다는 것이다. 이처럼 그는 전쟁을 없애는 데 씨올의 역할이 특별히 중요함을 강조했을 뿐만 아니라 앞에서 다루었듯이 평화 실현에 필요한 여러 조건에 대해서도 자세히 논의했는데, 그 중 많은 부분이 씨올과 직접 관련되어 있다. 예컨대 앞에서 논의된 마지막 조건은 평화를 위한 세계적 제도를 마련하는 것인데, 방해 요소들을 극복하고 결국 이 조건들을 충족시킬 사람은 보통의 씨올들, 특히 세계의 바닥에 있는 씨올들이라고 그는 주장했다(함석헌, 1959ㅁ: 22 이하; 1978ㅁ: 236; 1972ㄴ: 48 이하).

6

실천적 연대론

06

함석헌은 비록 연대 혹은 유대라는 표현을 매우 드물게 사용했지만 다른 여러 표현을 통해 사회적 연대, 세계적 연대 등 연대에 관한 사상을 적극 전개했다. 그래서 여기서는 그의 연대사상, 특히 실천적 연대사상을 이해하는 데 필요한 관념들을 중심으로 그의 연대사상에 대해 살펴보려고 한다.

근대적 연대 관념은 프랑스혁명에서 표출된 근대 시민혁명의 주요 이념인 자유, 평등, 박애 중 박애를 계승한 것이다. 여기서 박애는 형제애의 다른 표현이므로 연대는 박애 혹은 형제애와 깊은 관련이 있음을 알 수 있다. 그런데 함석헌은 프랑스혁명의 세 이념을 자유, 평등, 사랑이라고 표현하면서 자유와 평등이 아닌 제3의 이념으로서의 사랑의 가치와 역할을 매우 강조했다. 그러면서 때로는 이 자리에 사랑 대신 우애를 위치시켜서 자유, 평등, 우애가 혁명의 3대 구호였다고 말하기도 했다. 즉 그는 근대 시민사회의 성립기에 주목 받은 사회이념 중 이 제3의 이념을 사랑 혹은 우애로 표현하면서 그것에 특별한 관심을 기울였던 것이다. 그것을 통해 우리는 함석헌 사상에서 사랑, 박애, 형제애, 우애, 그리고 연대가 모두 서로 밀접한 관계에 있는 관념임을 알 수 있다(함석헌, 1980ㄷ: 223, 231; 1963ㄷ: 111).[1]

이들 관념 중 필자는 앞에서 자세히 다룬 바 있는 사랑을 제외한 나머지를 먼저 간략히 살펴본 후 이어 그의 연대사상을 이해하는 데 필요한 다른 관념들을 살펴보려고 한다.

1 연대와 유대

함석헌 저작집 전체 30권에서 '연대'라는 단어는 두 번 등장하며, '유대'도 매우 드물게 발견된다. 연대의 경우 『뜻으로 본 한국역사』에서 근대 역사의 전개 과정을 설명할 때 "긴밀한 유기적 연대관계 아래 현실의 통일된 사회"라는 표현으로 한번 등장하는데, 이 표현은 그가 같은 글에서 사용한 "유기적 사회" 개념과 같은 의미를 가리키는 것으로 보인다(함석헌, 1965ㄱ: 350~351).

유기적 사회는 그가 종종 사용한 개념으로 그의 유기적 사회론에 대해서는 4장에서 이미 자세히 다룬 바 있다. 한편 유기적 연대 개념은 이

1 사랑에 관해서는 2장에서 이미 간략히 다루었기 때문에 여기서 더 이상 소개하지 않지만 그의 사랑 사상의 연대론적 함의도 매우 크다. 김상봉은 함석헌을 사회진화론자로 묘사한 김영호와 논쟁한 글에서 경쟁과 투쟁을 특징으로 하는 사회진화론과 함석헌 사상이 물과 기름처럼 서로 용해될 수 없는 대표적인 근거로 함석헌 사상이 철저한 약자의 사상이며 또한 그의 철학이 사랑의 철학임을 들었다. 실제로 함석헌은 힘과 경쟁을 강조하는 사상과 반대로 사랑을 통해 하나 됨과 평화를 추구한 사상가였다(김상봉, 2010: 108 이하; 김영호, 2009: 11).

책에서 유일하게 등장한다. 하지만 필자는 4장에서 그의 사상의 핵심 개념 중의 하나인 전체가 연대와 상당한 공통점을 갖고 있으며, 특히 전체를 유기체로 묘사한 내용은 유기적 연대 개념과 기본적으로 유사함을 지적한 바 있다. 이렇게 본다면 비록 유기적 연대라는 개념을 거의 사용하지 않았지만 그의 사상이 유기적 연대사상과 매우 깊은 관련이 있음을 알 수 있다.

연대라는 단어가 등장한 다른 한 번의 경우는 함석헌과 최일남의 대담 기사에서 함석헌이 말한 것으로 최일남이 정리한 내용에서 발견된다. 그것의 내용을 인용하면 다음과 같다.

> 함 옹은 여기서 그런 예를 들었다. 즉 지금 세상은 개인보다는 사회적 연대 위에서 생각해야 개인도 살 수 있다는 사실 말이다. 같은 이치에서 국가도 마찬가지다. 세계적인 연관 위에서만 한 국가의 존립이 가능한 시대에 살고 있으므로, 설혹 한 나라의 권력자가 민족주의 이름으로 국민을 묶으려 할 때도 우리는 거기서 벗어날 줄 알아야 마땅하다는 논리였다(함석헌·최일남, 1983: 20).

즉 오늘날은 사회적 연대와 세계적 연대가 매우 강화된 시대이므로 연대의 관점에서 개인이나 민족국가를 생각하지 않을 수 없다는 것이다.

이상의 두 경우를 보면 연대는 연관성이라는 의미로 사용되었음을 알 수 있다. 이에 비해 유대는 5·16쿠데타가 발생한 지 약 2년 후에 발표된 두 편의 글에서 발견되는데, 모두 결속 혹은 결속관계라는 의미로 사용되었다. 먼저 쓰인 글에서 그는 당시의 군정을 민정으로 바꾸기 위해 민중이 해야 하는 우선적 과제가 "믿음의 조직"을 갖는 것이라면서 "정의와 도의에 얽힌 인격적인 조직" 혹은 "믿음을 기반으로 하는 유대"가 곧 믿음의 조직이라고 설명했다. 그리고 특히 젊은 세대를 위해 민주주의 이념 교육 같은 정치 교육에도 더욱 힘을 씀으로써 "믿음의 조직으로 유대를 이룩해야" 한다고 주장했다(함석헌, 1963ㄱ: 273~275).[2]

곧 이어 발표된 다른 글에서는 "정의情誼의 유대"라는 표현이 등장한다. 그는 과거의 모든 혁명에서 행해진 약속이 잘못된 방법 때문에 결국 실현되지 못한 채 거짓으로 끝났다면서 복지사회의 약속을 예로 들었다. 즉 혁명을 일으킨 자들이 복지사회를 건설한다면서 실제로는 "정의의 유대를 온통 짓밟고 끊으면서 하려 했다"는 것이다(함석헌, 1963ㄷ: 111).

즉 해체 대상으로 염려한 기존의 유대든지 아니면 우선적으로 형성해야 할 과제로서의 새로운 유대든 그가 유대를 결속 혹은 결속관계라는 의미로 사용한 것을 볼 수 있다. 그런데 오랫동안 한국사회에서는 서구의 근대적 연대에 해당하는 단어 solidarity가 연대와 유대의 두 가지로 번역되어 사용되어 왔을 뿐만 아니라 아직도 그런 경향이 온전히 사라지지 않았다. 물론 다른 단어 tie, bond 등도 유대로 번역되어 사용되는 편이다. 하지만 유대에 해당되는 영어 단어가 무엇이든 그것은 결속(관계) 또는 연결(관계)을 의미하며, 함석헌 역시 유대를 특히 결속(관계)이라는 의미로 사용했다.

그런데 근대 서구사상에서 출현한 근대적 연대 개념은 형성 과정에서부터 분석 차원의 의미와 실천 차원의 의미 두 가지를 함께 발전시켜 왔다. 그리하여 연대 개념은 이 두 가지 차원의 의미와 관련된 이중적 성격을 갖고 있다. 그것이 연대 개념을 이해하는 데 다소 혼동을 일으키

2 그가 사용한 "믿음의 조직"과 "인격적 조직"이라는 표현에 대해서는 조금 뒤에서 설명할 계획이다.

는 이유가 되기도 하지만 동시에 큰 장점이 되기도 한다.

함석헌도 두 가지 차원의 의미에 모두 크게 주목했는데, 먼저 그가 연대를 연관성이라는 의미로 사용한 것은 분석 차원의 관념에 해당된다. 그리고 그가 결속(관계)이라는 의미로 사용한 유대는 경우에 따라 분석적 관념에 속할 수도 있으며 실천적 관념에 속할 수도 있다. 위에서 그가 형성해야 할 일종의 조직으로서의 유대를 언급한 것은 분명히 실천적 의미를 뚜렷이 갖는 것이다.

그가 비록 아주 드물게지만 직접 사용한 두 단어 연대와 유대 외에도 함석헌 사상에는 근대적 연대사상에 해당하는 다른 많은 관념과 논의가 들어 있는데, 거기서도 두 가지 차원이 발견된다. 먼저 그의 사상에서는 개인 혹은 집단 간의 상호 연관성에 관한 논의가 매우 큰 비중을 차지하는데, 앞에서 살펴본 바와 같이 전체 및 유기체에 관한 그의 논의가 대부분 여기에 해당되며 따라서 분석적 차원의 연대사상과 매우 가깝다.[3]

한편 실천적 차원의 연대사상에는 투쟁을 위한 뭉침 혹은 단결 같은 정치적 의미의 연대 논의뿐만 아니라 고난당하는 자나 약자에 대한 지원 같은 윤리적 의미의 연대 논의도 속한다. 비록 그것들을 구분하기 어려운 경우도 많지만 어쨌든 함석헌 사상에서는 실천적 차원에 해당하는 다양한 관념과 논의를 풍부하게 발견할 수 있으므로 여기서 그것의 내용을

3 상호 연관성에 관한 그의 논의 중 연대사상과 관련해 특별한 주목을 끄는 한 가지는 그의 은혜론이다. 그는 개인과 전체 간의 관계에서 개인은 전체의 나타남이기 때문에 전체 없는 개인은 없으며, 따라서 개인은 전체로부터 은혜의 빚을 진 것으로 본다. 예를 들면 부모를 중심으로 하는 가족이 있었기에 내가 존재하며 또한 민족과 나라가 있기에 내가 존재하므로 나에게는 반드시 부모에게 그리고 민족과 나라에게 갚아야 할 은혜의 빚이 있다는 것이다. 그러한 함석헌의 관점과 내표적인 연대주의 사상가인 부르주아의 사회적 부채론 시이에는 큰 공통점이 있다(함석헌, 1970ㅂ: 142~143).

간략히 정리해 제시하려고 한다(강수택, 2013: 12 이하).

2 형제애와 우애

함석헌의 실천적 연대론과 관련해 살펴볼 다른 여러 관념 중에서 필자는 먼저 형제애와 우애에 주목하려고 한다. 왜냐하면 박애 혹은 형제애는 서구 역사에서 가장 상징적인 시민혁명인 프랑스혁명의 3대 구호 중의 하나로 근대적 연대 관념이 형성되는 데 결정적 영향을 끼쳤을 뿐만 아니라 이 연대 관념이 본격적으로 자리 잡기 전에는 연대의 역할을 대신했을 정도로 연대, 특히 실천적 연대 관념과 가깝기 때문이다(강수택, 2012ㄴ: 35 이하).

함석헌은 모든 인간관계를 형제관계로 규정하는 것이 혁명적 의미를 갖는다고 보았다. 왜냐하면 모두가 형제관계라는 말은 모두가 한 가족이라는 뜻이며 한 부모의 자녀로 한 몸을 이룬다는 의미이기 때문이다. 한 몸, 즉 하나인 형제관계는 유기적 관계이므로 형제관계로 된다는 것은 대립과 부조화가 사라진다는 의미를 갖는다.

> 각기 개체면서도 하나인 것, 개성을 가지면서도 한 인격인 것이 형제다(함석헌, 1979ㄴ: 99).

이처럼 그가 매우 큰 의미를 부여한 형제관계는 실제적 혈연관계와는 상관없다. 그런데 형제관계 혹은 형제애가 실제적 혈연관계와 무관한 인간관계에 폭넓게 적용된 계기는 원래 기독교에서 이 용어에 종교적 의미를 부여한 데서 유래되었다. 형제관계 혹은 형제애에 대한 함석헌의 설명 또한 그러한 종교적 의미를 바탕으로 이루어졌다(함석헌, 1979ㄴ: 99).

한편 함석헌은 형제애 혹은 형제관계보다 우애 혹은 친구관계에 대해 더 자세하게 다루었는데, 논의 내용의 기본 성격이나 논의 방향 및 목표에서 양자 사이에 별 차이가 없다. 뿐만 아니라 앞서도 언급했듯이 그는 시민혁명의 3대 구호를 자유, 평등, 형제애 대신 자유, 평등, 우애로 표현하기도 했다. 즉 그가 강조하는 우애는 기본적으로 형제애와 매우 비슷한 성격의 관념으로 보인다. 그리하여 우애에 관한 그의 논의도 큰 틀에서는 형제애에 대한 논의로 볼 수 있으며, 그것들은 모두 보다 넓은 의미의 연대에 대한 실천적 논의라고도 볼 수 있다.

그에 의하면 오늘날의 친구관계 내지 우도友道는 타락한 것이다. 왜냐하면 세상이 적대관계로 되어 있어 사람들이 대개 무장한 자아끼리 서로 만나며, "잔뜩 높은 석성을 쌓고 성첩 위에서 서로 손을 내밀어" 잡기 때문이다. 그런 관계는 "좋을 때는 좋으나 일단 일이 있을 때는 저쪽을 그 성상에서 거꾸로 끌어 떨어뜨리자는 심리가 속에 들어 있는 사귐"의 관계로, 진정한 사귐도 친구관계도 될 수 없다(함석헌, 1940: 301).

그렇다면 그가 보기에 진정한 친구관계 혹은 사귐이란 무엇인가? 그에 의하면 친구를 뜻하는 한자 우友는 원래 손 둘을 그린 것이다. 즉 "손과 손을 마주 잡은 것" 혹은 "악수"하는 것이 친구요 사귐이다. 그러므로 친구가 되는 것 혹은 사귐이란 "사람과 사람 사이에 적의가 없어지고 호의가 성립되는 일"이다. 여기서 특히 그가 강조하는 점은 친구로서 하는 악수가 "청천백일하에 평화의 대지 위에 서서 하는 악수"이며, "인격이 동일한 평면 위에 서는 일"이라는 것이다. 즉 진정한 친구는 평등한 관계에서 인격적으로 서로 손을 잡는 것이다(함석헌, 1940: 301).

그가 사귐이라고 한 것은 그리스어 코이노니아에 해당되는 것으로 본래 공유, 동참, 제휴 등을 의미했다. 그러므로 사귐 혹은 친구가 되는 것은 말이나 사상만으로 되지 않고 실제 행동으로, 구체적으로는 "살림에서" 공유, 동참 혹은 제휴함으로써 될 수 있다.[4] 과부의 운명, 문둥병자의 병, 부랑자의 불명예, 빚진 자의 부채 등이 그들만의 몫이라고 여기는 사람은 그들과 진정으로 사귈 수 없으며 친구는 더더욱 될 수가 없다. 이와 반대로 세리, 죄인, 음부, 탕자에게 마음을 완전히 따뜻하게 열었을 뿐만 아니라 그들의 무거운 짐을 몸소 대신 짊어진 예수는 그들의 참된 친구가 되었다. 그러면서 모두가 그러한 사귐을 통해 서로 진정한 친구 혹은 형제가 될 것을 가르쳤다(함석헌, 1940: 301~303).

함석헌은 친구가 되는 일반적 방법에 네 가지가 있다고 보았다. 첫째는 황금 혹은 물질을 통해, 둘째는 처지가 같은 사람이 서로 동정함으로써, 셋째는 공통의 사상을 통해 친구가 된다. 그런데 그런 방법으로 형성된 친구관계는 물질이 다하거나, 처지가 달라지거나, 사상이 쇠하게 되

4 진정한 친구가 되기 위해서는 실제 행동이 요구되지만 그것이 언제나 쉬운 것은 아니다. 그리하여 함석헌은 언제나 가능하면서 매우 소중한 역할을 할 수 있는 "마음의 동무", 즉 마음의 친구가 서로 되어줄 필요가 있음을, 특히 어려움을 당하는 자들에게 그러함을 역설했다. "길동무가 반드시 내 가족도 아니요 내 가는 길을 다 아는 것도 아니되 내게 먼 길을 이겨낼 수 있는 힘을 주듯이 마음의 동무도 반드시 내 사랑도 아니요 동지도 아니지만 나로 하여금 사랑을 하려다가 실패하고도 낙심하지 않고 다시 일어설 수 있는 위로와 용기를 줍니다. 그들은 알아주는 마음, 곧 동정과 이해로 그것을 합니다. 동정과 이해라니 다른 것 아닙니다. 인정입니다. …… 정치가 아무리 잘못돼도 나라의 그루터기까지는 뽑아먹지 못합니다. 불에 타도 남는 것은 나라의 그루터기입니다. 거기 물을 주어 소생시키기 위해 여러분께 밤비 소리를 하는 것입니다. 강력정치에도, 그 정치에 희생되어 강력범이 된 자에게도 마음의 동무가 되어주십시오. 그것이 죽은 그루터기를 소생케 하는 물입니다. 나는 감히 여러분을 사랑한다고도 동지라고도 하지 못합니다. 그러나 우리는 서로 마음의 동무는 될 수 있습니다. 그리하여 서로 알아주고 서로 위로해줄 수 있습니다. 그럼 삽니다"(함석헌, 1974ㅁ: 217, 220).

면 더 이상 유지되기 어렵다. 그리하여 그가 제시한 네 번째 방법은 인격의 근본적 변화를 통한 것으로, 그것은

> 우리가 공통한 아버지를 가짐으로라야, 공통한 주를 가짐으로라야 가능하다. 일체를 버리고 벌거숭이로 아버지 무릎에 가면 거기 사귐이 있을 수밖에 없다. 아버지는 변함이 없으시매 아버지로 인해 된 사귐은 변할 리가 없고 끝날 리가 없다.

즉 "하나님을 아버지로 사랑하고 모든 인간을 같은 아버지의 자녀로 사랑하는" 방법을 통해 비로소 지속적이고도 진정한 친구가 될 수 있다는 것이다(함석헌, 1940: 304~306).

함석헌은 세상의 모든 사람이 진정한 친구가 되는 것 혹은 온 인류가 한 아버지의 자녀로 형제가 되는 것, 즉 사해동포가 되는 것이야말로 무엇보다 비교할 수 없는 큰일이며 긴급한 일이라고 보았다. 왜냐하면 그것이야말로 절대자인 하나님의 가장 큰 뜻이기 때문이다. 그리고 세상에서 개인 사이에 싸움이 만연하고 국가 간에 전쟁이 끊이지 않는 것은, 그리고 시기, 오해, 음험, 가장, 교활, 민족문제, 계급문제 등도 모두가 진정한 친구 됨, 즉 사귐이 가장 결핍되어 있기 때문이라는 것이다(함석헌, 1940: 302).

그러므로 온 인류가 절대자인 하나님을 공통된 아버지로 삼아 서로 형제애를 공유하고 실천할 때, 그리고 마찬가지로 동일한 아버지인 하나님에게 나아가 변화되는 인격을 통해 서로 진정한 우애를 나누고 실천할 때 비로소 만인 사이에 호의가 성립되고 사람들이 서로 대등한 관계에서 인격적으로 손을 잡게 될 것이다. 그리고 바로 여기에 "세계 항구 평화

의 길"이 있다고 그는 주장했다(함석헌, 1940: 306).

3 협력과 뭉침

함석헌의 실천적 연대론과 관련해 살펴볼 다음 관념은 협력과 뭉침이다. 그는 자신이 경험한 구미 사회와 비교하면서 한국사회와 한민족의 분열을 매우 안타깝게 여겼다. 그러면서 종교가 통합의 역할을 해야 하는데 한국사회에서는 종교 간에도 이해와 협력이 이루어지지 않고 있다고 지적했다(함석헌, 1963ㄹ: 278; 1962ㄷ: 237 이하; 2008: 20).

물론 그는 분열과 대립이 한국사회와 한민족에만 고유한 것이 아니라 어느 사회에서나 있는 것임을 잘 알고 있었다. 하지만 그는 분열과 대립이 인간에게 고유하며 불가피한 것이라고 보지는 않았다. 그에 의하면 인간은 근본적으로 서로 이해하고 도움으로써 하나 되는 존재로서 이 점이 그동안 인간을 인간답게 만들어 왔다(함석헌, 1976ㄷ: 236).

그런데 인류역사를 보면 힘과 재주를 가진 사람들이 그렇지 않은 사람들을 지배하기 시작하면서 인간관계를 지배와 피지배 관계로 보는 인식이 확산되었다. 그리고 그러한 인식이 오늘날까지도 하나의 자연 질서처럼 받아들여지는 경향이 있는데, 많은 학문, 특히 철학과 종교까지도 그러한 인식의 확산에 기여해 왔다. 그러나 그는 그러한 지배 관계와 그로 인한 분열과 대립이 결코 자연의 질서가 아니며 그러한 인식을 바탕으로 형성된 "정치주의 문명"은 언젠가는 자멸하게 될 문명이라고 보았다(함석헌, 1976ㄴ: 95).

그는 인간을 개인 혹은 집단 간의 지배 관계로 보는 인식을 자연 질서로 정당화하면서 확산시켜온 대표적 학문으로 진화론의 생존경쟁 관념을 지목하고 비판했다. 그에 의하면 19세기에 빈번히 벌어진 제국주의 침략 전쟁을 정당화한 것은 다윈이 생물 진화 원리로 제시한 생존경쟁 사상이었다. 이 사상은 다윈 이전에도 있었지만 다윈이 『종의 기원』에서 이 사상을 제시하자 다윈의 뜻과는 무관하게 역사가, 철학자 등이 당시의 민족주의에 적용하면서 그것이 일반인의 인생관이 되었으며, 전쟁을 좋아하던 지배자들은 그것을 이용해 전쟁과 그 결과로서의 지배 관계가 마치 도덕인 것처럼 선전하기까지 했다는 것이다(함석헌, 1959ㅁ: 24).[5]

그런데 그가 보기에 진화론은 이후 더 발전해 더 이상 생존경쟁이 진화의 유일하거나 주된 원인이 아니며 오히려 협력이 경쟁보다 더 중요한 진화의 요인이라는 주장이 대세가 되었다. 그는 『상호부조론』을 쓴 크로포트킨을 대표적 사례로 제시했다(함석헌, 1959ㅁ: 24; 1972ㄷ: 65).

물론 그는 설혹 "생물계에 치열한 생존경쟁의 사실이 있다 하더라도 그것을 곧 인간에게 적용해야 할 이유는 없다"고 보았다. 왜냐하면 인간은 비록 동물이기는 하지만 동물에 그치지 않고 정신적인 것을 추구하는 인격적 존재이기도 하기 때문이다.

> 정신은 본래 남을 배척하고 싫어해서가 아니라 서로 무한히 주고받고 교통할수록 더 발달하는 것이다.

5 함석헌이 '생존경쟁'이라고 표현한 용어는 맬서스Thomas Robert Malthus가 『인구론』에서 사용한 표현 "struggle for existence"를 다윈이 『종의 기원』에서 생물 진화 원리로 제시한 것으로, 정확히 번역하면 생존투쟁이라고 할 수 있으나 생존을 위한 치열한 경쟁을 가리킨다는 의미에서 생존경쟁이라고 해도 무방할 것이다(Darwin, 2009: 53 이하).

따라서 인격적 존재인 인간에게는 상호 이해와 협력이 본성에 가까울 뿐만 아니라 인간 사회 발전의 길이기도 하다. 그런 관점에서 그는 경쟁, 투쟁, 지배, 분열, 대립 등의 원인이 된 집단과 그것들을 정당화해온 사상을 신랄하게 비판했다. 그러면서 특별히 지배자와 권력을 추구하는 자들로 이루어진 정치계에서는 학계에서 이미 사라진 생존경쟁 사상이 여전히 통용되고 있다고 지적했다(함석헌, 1959ㅁ: 25; 1972ㄷ: 65).[6]

이처럼 그는 생존경쟁을 강조하는 진화사상이 득세한 19세기와 달리 오늘날에는 적어도, 학계에서는 상호 협력을 강조하는 사상이 대세가 되었다고 보았다. 하지만 그는 이보다 더 근본적으로 문명 자체가 과학기술의 발달과 분업의 고도화 등으로 인해 경쟁, 대립, 투쟁보다는 이해와 협력을 더 요구하는 방향으로 바뀌고 있는 점에 주목했다. 즉 앞에서 살펴본 개인의 시대로부터 전체의 시대로 바뀌고 있다는 것이다(함석헌, 1959ㄴ: 50~51; 1959ㅁ: 25).

여기서 새롭게 진입하는 전체의 시대는 개인의 시대 이전과 달리 자각한 개인들의 자발적 협력을 통해 형성되는 전체를 추구하는 시대다. 그러므로 이제는 인간관계에서 상호 이해와 협력이 덕으로 간주될 뿐만 아니라 과학의 발달도 천재보다는 전체의 협력을 통해 이루어지며 또한 개인의 진정한 발전과 인류사회의 참된 혁명도 전체의 협력으로만 가능하게 되리라고 보았다. 그리고 앞으로 오는 시대는 더욱더 서로 협력하

6 그는 생존경쟁보다 상호 협력을 통해 생명과 인류가 발전하게 된다는 사상이 이제는 학계에서 대세가 되었음에도 불구하고 정치계가 상호 협력을 주장하는 소리에 일부러 귀를 닫아버리고 생존경쟁 사상에 집착하는 것은 그것이 자신들의 이해관계에 더 부합하며 또한 자신들을 변호하고 민중을 속이는 데 더 편하기 때문이라고 보았다. "학문은 늘 앞서는 것인데 지배자들이 자기네 이익을 위해 짜고 들어서 계획적으로 악용하기 때문에 학문이 본의 아니게 민중을 해하는 일이 많다. 그때 정신 차려야 할 것은 민중이다"(함석헌, 1972ㄷ: 65).

고 하나가 되기 위해 힘쓰는 시대가 되리라는 것이다(함석헌, 1971ㅁ: 178~180; 1968ㄴ: 137~138; 1963ㄴ: 115).[7]

이제 뭉침 혹은 단결에 대한 그의 생각을 간략히 살펴보기로 하자. 그는 뭉침 혹은 단결의 필요성을 매우 강조했는데, 이유는 각자 떨어져 있으면 약하지만 뭉치면 강한 힘이 생기기 때문이다.[8]

> 하나하나 떼놓으면 구름같이 지향 없고 눈가루같이 힘없는 생각인데 뭉쳐놓으면 산을 무너뜨리고 바위를 깨뜨리는 폭풍우와 눈사태가 되는 것과 마찬가지입니다(함석헌, 1971ㅊ: 166~167).

그는 구성원이 뭉쳐서 생기는 강한 힘은 부정에 항의하며 악과 싸우는 데 필요하다고 보았으나 그것을 폭력적으로 사용하는 데는 반대했다. 왜냐하면 악과 싸워 이기는 진정한 길은 하나로 뭉쳐 평화적으로 투쟁하는 데 있다고 보았기 때문이다. 하지만 비폭력투쟁은 길고 험한 투쟁이 되기 쉽기 때문에 공동체 훈련 같은 여러 훈련이 필요하다. 그리고 비폭력투쟁의 의미를 제대로 전달하기 위해서는 언론자유를 실현하는 일도 매우 중요하다. 그리하여 그는 〈씨올의 소리〉를 창간했다(함석헌, 1963ㅁ: 147~148; 1974ㄹ: 226~227; 1989ㄴ: 270~271).[9]

7 그는 현대에 미국이 과학에서 앞서게 된 것이 천재나 돈이 많아서라기보다는 협력을 잘하기 때문이라고 보았다. 그러면서 그는 숲이 커야 큰 재목이 나오듯이 천재 교육보다는 일반 교육이 앞서야 거기서 천재도 나올 수 있다고 주장했다(함석헌, 1970ㅇ: 280).

8 뭉치면 큰 힘이 생기는 아유는 여러 가지가 있을 것이다. 그중 그는 특별히 서로 함께 열린 마음으로 대화하게 되면 더 큰 지혜와 정신력을 얻게 되는 점에 주목했다(함석헌, 1970ㅁ: 292).

9 그는 창간호에서 〈씨올의 소리〉를 발간하는 가장 중요한 목적이 유기적 생활공동체를 길러가는 데 있다고 밝혔다. 퀘이커의 유기적 공동체 활동에 깊은 감명을 받은 그는 한국사회에

이처럼 그는 뭉쳐서 생기는 힘의 평화적 이용을 강조했을 뿐만 아니라 보다 근본적으로 참다운 뭉침의 필요조건에 대해서도 강조했다. 먼저, 참다운 뭉침 혹은 단결은 철저히 자발적인 것이어야 한다. 왜냐하면 조직 같은 형태를 통해 강제로 뭉치게 되면 비록 강한 힘을 비롯한 여러 뭉침의 효과가 빠르게 나타날 수 있지만 뿌리가 깊지 못해 오래 지속하기 어려울 뿐만 아니라 권력자나 야심을 가진 제3자에 의해 악용될 가능성이 크기 때문이다. 그리하여 그는 권력이든 돈이든 힘으로 이루어지지 않고 씨ᄋᆞᆯ들에 의해 아래로부터 자발적으로 이루어지는 뭉침만을 참다운 뭉침으로 간주해 그것을 위해 노력했다(함석헌, 1970ㅇ: 284; 1972ㄹ: 272).

다음으로 참다운 뭉침은 이기심이 아닌 전체의 뜻을 위해 이루어지는 것이어야 한다. 자기만 먼저 살겠다는 이기심은 구성원이 함께 뭉치는 데 큰 장애 요인으로서 가족이든, 사회든, 나라든 아니면 인류든 전체 의식 혹은 하나라는 통일 의식이 결여되었을 때 나타난다. 하지만 이기심이 집단과 결합해 집단주의 형태를 띠면 뭉치는 것의 장애 요인이 아니라 촉발 요인이 될 수 있다. 함석헌은 특별히 이 점을 매우 경계하면서 한국사회에 고질적인 당파주의와 오늘날의 거의 모든 국가에서 볼 수 있는 국가주의를 대표적 사례라고 보았다. 당파주의든 국가주의든 집단주의는 전체의 뜻이 아닌 부분의 뜻을 전체의 이름으로 추구하면서 큰 힘을 행사한다는 점에서 위험하기 때문이다(함석헌, 1972ㅋ: 48~50; 1972

서도 악과 싸우는 사람들을 공동으로 책임질 수 있는 생활공동체가 생겨야 한다고 보았다. 그런데 그런 공동체는 눈에 보이는 조직으로 이루어지지 않고 오직 각자가 양심에 따라 자발적으로 참여함으로써만 이루어질 수 있기 때문에 독자들이 소통함으로써 하나가 되도록 하려는 것이 〈씨ᄋᆞᆯ의 소리〉의 발간 목적이라는 것이었다(함석헌, 1970ㅇ: 281 이하).

ㄷ: 74; 1972ㅌ: 202).

그리하여 그는 참다운 뭉침을 위해 무엇보다 전체의식을 고취시키는 것이 필요하다고 보았다. 예를 들어 민족적 비전 같은 고상하고 원대한 정신을 고취하는 일은 개인이나 집단이 이기심을 물리치고 하나가 되는 데 큰 도움이 될 것이기 때문이다.[10] 그는 이처럼 전체의식을 고취시키는 일에 지식인이 기여할 역할이 크다고 보았으나 현실적으로 집단주의자들의 심한 방해를 물리치고 전체의 뜻을 실현하는 과제는 결국 씨ᄋᆞᆯ에게 달려있다고 생각했다(함석헌, 1980ㄹ: 304~305; 1963ㅂ: 25; 1972ㅌ: 203).

4 같이 살기

다음은 그의 "같이 살기" 혹은 "같이 삶"이라는 관념이다. 박정희가 유신독재 체제를 선포하기 몇 개월 전의 극도로 암울한 정치적 상황에서 함석헌은 〈씨ᄋᆞᆯ의 소리〉 1972년 4월 호에 게재한 글에서 나라가 처한

10 그는 상호부조와 협력의 새 문명을 앞장서서 부르짖는 것을 한민족의 비전으로 제시했다. 그에 의하면, 한민족은 과거의 생존경쟁 철학을 내세운 제국주의의 희생자다. 그러므로 한민족이 살기 위해서라도 이제는 생존경쟁의 문명을 거부하고 새 문명을 부르짖을 필요가 있다. 여기서 새 문명이란 생명 진화 원리로 새롭게 알게 된 상호부조와 협력의 문명이다. 그는 한민족이 "경쟁 세계에서 쫓겨난 것은 경쟁 없는 새 문명을 지으라는 부름"이라고 해석했다. 즉 "옛 질서에서 떨어진 것은 새 질서에서 앞장서라는 말"이라는 것이다. 물론 협력의 새 문명은 무엇보다 국제협력을 중시하며, 이 국제협력에서 가장 큰 장애가 되는 것은 국가주의와 민족주의다. 그리하여 그는 비록 민족으로서의 삶을 중시하면서 민족의 비전을 제시하는 등 민족에 대한 긍정적 관심을 표명했지만 국가주의와 민족주의에 대해서는 비판적 입장을 밝혔다(함석헌, 1964ㄱ: 286~7, 296; 1968ㄷ: 267).

당시의 큰 위험으로부터 빠져나올 수 있는 길은 같이 살기 운동이라면서 같이 살기 운동을 일으킬 것을 제창했다. 여기서 같이 살기란, 있는 것을 없는 사람과 함께 나누며 힘든 사람에게 도움이 되며 불행에 빠진 사람을 위로하고 격려하는 등의 방식으로 일체의 계급주의와 차별주의를 깨뜨리고 하나 된 살림을 하는 것이다. 이렇게 보면 같이 살기는 형제애, 우애, 협력, 뭉침 등 여러 실천적인 연대 관념 중에서 가장 구체적이며 현실적인 내용을 담은 관념이라고 할 수 있다(함석헌, 1972ㅌ: 192~193).

그가 주창한 같이 살기 운동은, 정치적 악이 극도에 이른 상황에서 씨알이 하나가 되어 전체의 선한 뜻인 참과 사랑을 지키려는 운동으로, "처음은 육체적·정신적 불행에 빠진 이웃을 돕고 돌봐 줌에서 시작해서 나중은 네 것 내 것의 구별이 없고 높고 낮음의 차별이 없으며 우리와 원수의 갈라짐이 없는 한 삶에 이르기를 목표로" 한다. 이 운동에 참여하게 되면 필연적으로 억압 같은 정치악과 싸우게 되는데, 이 싸움에서 혼자 살아나려면 전체의 씨알이 죽게 되지만 모두가 죽을 각오를 하고 싸우게 되면 모두가 살게 된다. 그런 점에서 보면 같이 살기 운동은 결국 악한 현실을 근본적으로 바꾸게 되는 혁명운동이라고 할 수 있지만 참과 사랑만으로 행하는 비폭력 혁명운동이다(함석헌, 1972ㅌ: 193 이하).

그런데 그가 같이 살기 운동을 제창한 것은 당면한 정치적 위기 상황을 타개하려는 것과 관련 있지만 그러한 목적 외에도 보다 심층적이며 거시적인 목적도 갖고 있었다. 그것은 먼저 민족의 잘못된 성격을 바로잡고 거의 죽게 된 정신을 살려내기 위해서였다. 여기서 민족의 잘못된 성격이란 앞서 언급한 바 있는 고질적인 당파주의 혹은 이기주의다. 그런데 함석헌은 5·16쿠데타로 세워진 당시의 박정희 군사정권도 당파주의적 정권이라고 보았다. 그러면서 이 정권의 억압과 부정부패로 인해 백성의 정신이 더욱 질식되고 부패되어 이제는 거의 죽게 된 상태에 처해 있으므로 그러한 정신을 살려내는 것이 무엇보다도 중요하다고 본 것이다(함석헌, 1972ㅌ: 199 이하).

그의 표현을 따르면 같이 살기 운동의 알파와 오메가는 사람을 사람으로 대접해주는 것이다. 가진 것이 많든 적든, 많이 배웠든 적게 배웠든, 잘났든 못났든 있는 그대로 사람답게 대접하면서 같이 살도록 힘쓸 때 비로소 씨올은 지친 마음과 시든 정신이 새롭게 회복되어 새 역사 창조의 주역이 될 수 있다는 것이다. 그러므로 같이 살기 운동의 불길이 확산되어 전체 씨올의 정신이 회복되고 안에 있는 선의 씨가 생명력을 발휘하게 되면 아무리 무지한 지배자의 사나운 정권이더라도 더 이상 버틸 수 없을 것이다. 그리고 이뿐만 아니라 전체의 이름으로 가장하면서 온갖 지배와 분열을 일삼던 당파주의 혹은 이기주의도 더 이상 힘을 발휘하기 어려우리라고 그는 주장했다(함석헌, 1972ㅍ: 74; 1972ㅌ: 201 이하).

그가 같이 살기 운동을 제창한 또 다른 목적은 위기에 빠진 세계를 구하는 데 기여하기 위해서였다. 그에 의하면 위기에 빠진 것이 한국만은 아니고 세계 전체가 위기의 극한점을 향해 달리고 있었다. 이제까지 인류는 생존경쟁을 완전한 진리로 알고 달음질해왔으나 이제는 천연자원의 개발과 공업 발달에 한계가 있으며, 현재 같은 공해와 인구증가로는 더 이상 인류 문명이 버틸 수 없게 되었음이 분명해졌기 때문이다. 그렇기 때문에 그는 인류 전체가 이제 싸움을 그치고 세계를 구하도록 최선을 다해야 할 테지만 가진 것이 있는 강대국보다는 가진 것이 없으며 불행에 빠진 우리나라가 새 길을 먼저 찾아 나서기에 유리하다고 보았다(함석헌, 1972ㅌ: 208 이하).

그리하여 그가 세계 전체를 구원할 문명의 새 길로 제시한 것이 같이 살기의 길이었다. 그에 의하면 그동안 인류 문명을 멸망의 길로 인도해 온 것은 바로 생존경쟁 사상과 그것을 원리로 삼은 국가주의였다. 그것을 통해 그동안 정치, 경제, 이념 등을 둘러싸고 국가 간에 치열한 경쟁과 대립이 벌어져온 결과가 오늘날 세계 전체가 처하게 된 문명의 위기라는 것이다. 그러한 진단에 근거해 그는 인류가 그동안 경시한 사랑으로써 자유와 평등을 동시에 가능하게 하는 원리를 제시했으며, 이 원리를 바탕으로 같이 살기를 추구하는 길을 문명의 새로운 길로 제시했다(함석헌, 1972ㅌ: 210).

그가 말하는 사랑으로써 자유와 평등을 동시에 가능하게 하는 원리란 서로 충돌하는 자유와 평등을 변증법적으로 종합한 보다 차원 높은 사랑의 원리를 가리킨다. 그는 프랑스혁명의 세 이념을 자유, 평등, 사랑으로 표현하면서 그동안 자유 이념과 평등 이념이 사랑의 이념을 배제한 채 서로 대립해 왔다고 지적하면서 이제는 그러한 대립을 극복하기 위해 제3의 차원 높은 이념이 필요하다고 주장한 바 있다. 여기서 그가 의미한 제3의 이념은 사랑의 이념으로, 흔히 박애나 형제애라고 부르는 이념을 가리킨다. 그리고 그것을 계승한 연대 이념이나 그가 때때로 우애라고 부른 이념이 거기에 해당된다고 볼 수도 있다(함석헌, 1980ㄷ: 223~224, 230~231; 1961ㄴ: 326 이하).

따라서 그는 사랑, 형제애, 박애, 우애, 연대 등으로 표현되는 이념을 통해 보다 높은 차원에서 자유와 평등을 실현시킬 수 있다고 보아 그들 이념을 새로운 문명의 원리로 제시했으며, 그들의 정신에 입각해 같이 살아가는 것을 새로운 문명의 길로 제시한 것이다. 그런 관점에서 본다면 함석헌이 제시한 새 문명의 원리 혹은 이념이 자유주의와 사회주의의 대립 상황에서 제3의 이념을 자임하면서 등장한 연대주의와 매우 흡사함을 알 수 있다(강수택, 2014: 57).[11]

함석헌이 같이 살기 운동을 제창한 것은 1972년이지만 이전부터 같이 살기의 중요성을 깨닫고 그것을 강조했다. 그가 같이 살기의 중요성을 특별히 깊이 깨닫게 된 계기는 양심적 행동으로 어려움을 당하는 사람에 대해 퀘이커들이 공동으로 책임을 지면서 그들을 전적으로 뒷바라지한다는 소식을 해방 후 월남해 들었을 때였다고 술회했다. 그러한 깨달음을 가졌기 때문에 그는 1960년대의 글에서 이미 사회와 국가를 유지하는 힘이 법률을 만들고 질서를 강요하는 데 있지 않고 "인간 속에 있는 서로서로의 인간성이 자기를 능히 희생해서라도 서로서로 같이 살아가자 하는 인간성"에 있다고까지 주장했던 것이다(함석헌, 1968ㄹ: 260; 함석헌·안병무, 1980ㄴ: 441).

그 후 그는 1970년에 〈씨올의 소리〉를 창간하면서 창간의 가장 중요한 목적이 유기적 생활공동체를 기르는 데 있다고 밝혔는데, 이 유기적 생활공동체가 바로 퀘이커들처럼 사회에서 악과 싸우다가 어려움을 당하는 사람을 공동으로 책임지고 돕는 자발적 생활공동체, 즉 같이 살아가는 공동체였던 것이다. 그러니까 그가 같이 살기 운동을 본격적으로 시작한 것은 〈씨올의 소리〉를 창간했을 때부터라고 볼 수 있다(함석헌,

11 함석헌 사상에서 같이 살기 운동에 특별히 주목한 김영호는 이 운동이 평화의 달성을 위한 구체적 실천 원리이자 국가주의의 대안으로 제시된 사회 재구성의 새 틀 짜기에 해당한다고 지적했다. 여기서 그가 의미한 사회 재구성의 새 틀이란 국가주의 및 개인주의와 구별되면서 이웃과 나눔을 중시하는 소규모 공동체 중심의 사회로 연대주의적인 사회상에 부합하는 것이다. 하지만 함석헌의 같이 살기 운동에 대한 글에서 연대에 대한 명시적인 논의는 찾아보기 어렵다(김영호, 2002: 85~86, 96 이하; 김영호, 2004: 60).

1970ㅇ: 283~284).

물론 그가 같이 살기를 주장한 것은 이처럼 정의를 실천하다가 어려움을 당하는 자를 지원하기 위해서 뿐만은 아니었다. 그는 1971년에 쓴 글에서 극심한 빈부차이의 현실을 극복하기 위해 서로 같이 살아가야 됨을 깨닫는 것이 매우 중요하다고 주장한 바 있으며, 다음해에 쓴 글에서는 사회에 만연한 부정부패를 해소하기 위해서도 같이 살기 운동이 필요하다고 역설했다(함석헌, 1971ㅋ: 270; 1972ㅎ: 67~68).[12]

하지만 그는 한국 내부의 사회 문제나 정치 문제를 넘어 남북한 간의 화해와 통일을 위해서도 같이 살기가 중요하다고 주장했다. 남북한이 평화적으로 통일에 이르기 위해서는 상대방이 자기와 같은 사상을 갖도록 만드는 대신 각자가 서로 다른 사상을 가지면서도 화해해 같이 살 수 있는 길을 찾는 것이 무엇보다 필요하다고 역설한 것이다. 또한 거기서 더 나아가 그는 국가 간의 전쟁을 막고 세계평화를 실현시키기 위해 그리고 앞에서 설명했듯이 위기에 빠진 세계를 구하기 위해서도 같이 살기가 매우 중요하다고 강조했다(함석헌, 1979ㅂ: 328; 1971ㅋ: 270).[13]

12 그는 빈부차이가 욕심 때문에 생긴 것이라고 보았다. 그리하여 사람들이 서로 같이 살아가기 위해서는 욕심을 내려놓고 검소하게 알맞게 살아가는 태도가 필요하다면서 그렇게 사는 것이 곧 깊이 있게 사는 것이라고 주장했다. 그리고 부정부패에 대해서도 그는 그것이 결국은 이기심의 결과라고 보아 같이 살기 운동이 부정부패를 해소하는 데 기여할 것이라고 주장했다(함석헌, 1971ㅋ: 270; 1972ㅎ: 67~68).

13 그는 국가 간 전쟁도 결국은 욕심 혹은 이기심의 집단적 표현인 국가주의 때문에 생기므로 그것을 내려놓고 서로 같이 살아야 됨을 깨닫는 것이 중요하다고 보았으며 또한 그것을 실현하기 위해서는 세계적 문제를 다루는 협의 기구가 필요하다고 주장했다(함석헌, 1971ㅋ: 270; 1968ㄹ: 259 이하; 함석헌·안병무, 1980ㄴ: 441~442).

5 믿음의 조직, 인격적 조직

함석헌의 실천적 연대론과 관련해 살펴볼 마지막 관념은 "믿음의 조직", "마음의 조직", "인격적 조직", "최소한도의 조직" 등으로 표현된 조직에 대한 관념들이다. 그는 조직에 대해 이중적 입장을 가졌는데, 먼저 조직은 씨ᄋᆞᆯ이 뭉치기 위한 매우 중요한 수단이자 또한 일하는 데 요구되는 강력한 힘을 제공하기 때문에 필요하다고 보았다. 게다가 오늘날에는 악이 조직화되어 있어서 그것을 물리치기 위해서도 조직적 대응이 필수적이라고 보았다. 이처럼 그는 조직이 필요하며, 특히 씨ᄋᆞᆯ에게 꼭 필요한데 한국사회의 씨ᄋᆞᆯ에게는 조직이 결여되어 있다면서 크게 안타까워했다(함석헌, 1963ㅂ: 25; 1957ㄷ: 247; 1968ㄷ: 266).[14]

이처럼 그는 조직이 필요하다고, 특히 씨ᄋᆞᆯ이 뭉치기 위해서 조직이 꼭 필요하다고 주장하면서도 조직의 문제점과 한계에 대한 분명한 인식을 갖고 있었다. 그에 의하면, 조직은 생명에 반대되는 것이어서 조직이 무거워지면 정신이 죽어버린다. 게다가 몇몇 개인이나 집단이 자기의 정치적 욕심을 위해 당파를 조직하게 되면 전체의 뜻에 반해 씨ᄋᆞᆯ을 지배하는 폭력적 결과를 낳게 된다고 보았다(함석헌, 1957ㄷ: 247; 1978ㄷ: 195; 1962ㄹ: 52).

이런 이유에서 그는 조직을 될 수 있는 대로 작고 간단하게 만드는

14 "이제 우리나라를 건지는 단 하나의 길은 민중의 여론에 있다. 그것을 위해 민중은 깨어나야 하고 하나로 단결해야 한다. 단결하기 위해 조직을 가져야 한다"(함석헌, 1963ㅂ: 25). "조직은 무엇 때문에 하나? 힘을 위해서다. 힘은 무엇 하잔 것인가? 일을 위해서다"(함석헌, 1957ㄷ: 247). "악도 조직적으로 되어 있어 협력을 생각하지 않고서는 그것을 제거할 수 없게 되었다. 이제는 악이건 선이건 조직을 가진 사람만이 이기게 되어 있다"(함석헌, 1968ㄷ: 266).

것이 바람직하다고 주장했다. 현실의 악과 싸워 이기기 위해서는 그리고 현실의 악에서 씨올을 구하기 위해서는 조직이 필요하지만 그것은 최소한도의 조직이어야 한다는 것이다. 그에 의하면 "복잡한 조직은 속이는 조직, 죽이는 조직이요, 살리는 조직은 간단한 조직"이기 때문이다(함석헌, 1957ㄷ: 251 이하).

그런데 그가 대안적 조직으로 주목한 것은 규모와 구조 같은 외형적인 면만이 아니었다. 오히려 그는 조직의 목적, 토대, 관계의 성격 등 쉽게 드러나지 않는 내적인 면에 훨씬 더 주목했는데, 그중에서도 그는 조직의 목적과 방향이 전체를 위한 것이어야 함을 가장 강조했다. 그는 해방 이후의 공산당의 조직 활동이나 현 정권의 조직 활동이 모두 기본적으로 당파적이라는 점을 신랄하게 비판하면서 "전체의 이름으로 서서 전체를 위해 싸우려는 사람의" 조직이 필요하다는 점을 주장한 것이다. 그에 의하면, 그런 사람이 되기 위해서는

> 무슨 자격이 따로 요구되는 것도 없고 수의 제한도 없습니다. 다만 전체만을 위해 전체의 이름으로 싸우기를 원하기만 하면 됩니다(함석헌, 1978ㄷ: 195~196).[15]

그는 누구든지 전체를 위한 조직적 활동에 이처럼 참여하려면 무엇보다 서로 하나가 되는 믿음이 필요하다고 보았다. 즉 그가 생각한 조직의 가장 중요한 토대는 어떤 이해관심이나 연고 관계 혹은 강제적인 힘 같은 것이 아니라 전체의 뜻을 이루려는 목적의식과 서로에 대한 믿음이

15 그는 전체의 뜻을 정의로 표현하면서 "정의의 대열에 서서 같이 사회악과 싸우는 일"이 무엇보다 중요하다고 주장하기도 했다(함석헌, 1978ㄷ: 197).

라는 것이다. 그래서 그는 이 조직에 참여하려는 사람에 대해서 "누가 새삼 허락할 것도 없이 스스로 올 것이고, 모든 사람의 믿어줌을 얻으면 됩니다"고 했다. 즉 전체를 위한 목적의식과 자발적 참여의지와 함께 조직 참여자 서로 간의 믿음을 얻을 수 있는 것이 필요하다고 본 것이다(함석헌, 1957ㄷ: 253; 1978ㄷ: 196).

이런 점에서 그는 자신이 추구하는 대안적 조직을 "믿음의 조직"이라고 표현했다. 그런데 그의 추가적 설명에 의하면 이 믿음의 조직은 어떤 정당에 가입하는 것 같은 결사를 의미하는 것이 아니고 마치 일제시대에 경찰에 쫓기어 어느 집에라도 뛰어 들어가면 서로 숨겨준 것처럼 "신信 혹은 믿음을 기반으로 하는 유대"를 가리킨다. 그리고 그러한 믿음의 조직 혹은 믿음을 기반으로 하는 유대를 이루기 위해서는 정의, 민주주의 같은 가치와 윤리의 공유가 중요하기 때문에 그것을 위한 노력이 요구된다(함석헌, 1963ㄱ: 273 이하).

결국 그가 주장한 믿음의 조직이란 제도화되어 어떤 형식을 갖춘 결사체 자체를 가리킨다기보다는 전체의 뜻을 위하거나 혹은 사회의 악에 대항해 사회적 가치와 상호 신뢰를 바탕으로 구성되는 순수히 자발적인 협력 관계를 의미한다고 볼 수 있다.[16] 그런 관점에서 그는 "우리가 할 일은 믿음으로 한데 얽혀 악이 있을 적엔 조직적으로 싸우는 것"이라고 주장했다(함석헌, 1963ㅁ: 148).

그는 믿음의 조직이라는 표현과 함께 "인격적 조직"이라는 표현도

16 그는 자세한 설명 없이 "마음의 조직"의 필요성을 주장한 바 있는데, 필자가 보기에 그것은 믿음의 조직과 크게 다르지 않은 것으로 보인다. 그는 마음의 조직을 "조직 아닌 조직"이라고 표현한 바 있는데, 그것은 믿음의 조식이 형식을 갖춘 결사체가 아니라 자발적 협력 관계 혹은 유대 관계를 가리키는 것을 연상시킨다(함석헌, 1968ㄷ: 266).

사용했는데 둘은 같은 조직을 가리키는 다른 표현이다. 그런데 그가 특별히 인격적 조직이라는 표현을 쓸 때는 그에게 매우 큰 영향을 끼친 간디의 조직 운동을 언급하는 경향이 있었다. 즉 그는 인격적 조직이 간디의 조직 운동의 성격을 잘 표현하는 것으로 생각해 그것을 자신이 추구하는 조직의 모델로 삼은 것이다(함석헌, 1963ㅁ: 140, 147~148; 1963ㄱ: 273).

그에 의하면 간디의 조직 운동은 이전의 다른 사람의 조직 운동과 달랐는데, 가장 큰 차이는 "다른 사람의 조직 운동은 기계적인 운동에 그쳤지만, 그에게서는 인격의 조직 운동이라고 할까요, 다른 말로 하면 '사랑하라!'는 것"에 있었다. 물론 사랑은 모든 종교에서 가르쳐 왔다. 하지만 간디가 특별히 조직적 사랑을 주장하고 실천했다는 점에서 함석헌은 매우 중요한 교훈을 얻었다. 여기서 보면 인격적 조직이란 기본적으로 마음에서 이루어지는 조직으로, 선한 목표를 위해 믿음과 사랑을 바탕으로 이루어지는 인격적 관계의 조직을 의미하는 것임을 알 수 있다(함석헌, 1963ㅁ: 140).

결국 함석헌이 추구한 조직은 그의 다양한 표현, 즉 믿음의 조직, 마음의 조직, 인격적 조직, 최소한도의 조직, 조직 아닌 조직 등이 드러내듯이 엄격한 형식을 갖춘 제도화된 조직이 아니라 참여자의 자발성, 상호 신뢰와 사랑의 태도, 인격적 관계 등을 특징으로 하는 비교적 유연하고 포괄적인 협력 관계 내지는 유대 관계임을 알 수 있다. 물론 그가 그러한 조직의 필요성을 주장한 것은 전체의 뜻을 실현하려는 실천적 관심에서였다.

이와 같이 그가 사상과 실천의 양면에서 추구한 새로운 조직이 바로 민주주의와 정의 같은 선한 가치를 실현하기 위한 협력 내지는 유대를 가리키므로, 그것은 연대사상가들이 적극 주장해온 실천적 차원의 연대와 별로 다를 바 없다. 하지만 그가 일찍부터 믿음이 연대의 중요한 기초라는 인식에 따라 연대의 핵심 전략으로 믿음의 조직론을 제시한 것은 그의 연대사상의 독창성을 보여준다. 또한 연대실천의 방식에서 서구의 연대사상가와 활동가 가운데 적지 않은 사람들이 폭력의 방법이나 강압적 조직에 의지하려고 한 데 비해 함석헌은 일찍부터 평화적이며 자발적인 방법을 일관되고도 분명하게 주장하고 또 실천해온 점도 그의 연대사상의 강점이다.

6 세계적 연대

함석헌의 연대사상이 갖는 또 다른 매우 큰 강점은 일찍부터 연대 범위를 세계적 수준으로까지 확장시킨 점이다. 그는 열강의 다툼이 치열하던 때 태어나 일제 강점기에 젊은 시절을 보내고 해방 후에는 분단국가에서 민족통일을 염원하며 한평생을 살았다. 그런 점에서 보면 그는 민족의식과 민족주의 이념이 어느 때보다 강한 위력을 발휘하던 때의 인물이다. 또한 그는 1989년 2월에 사망했으므로 아직 냉전체제가 강고한 것으로 여겨지던 때까지 살았으며 또한 세계화에 대한 관심과 논의가 한반도뿐만 아니라 서구에서도 아직 본격적으로 시작되기 전까지 산 인물이다.

그리하여 그는 자연스레 일찍부터 강한 민족의식을 지녔다. 그의 표현에 의하면 그는 "강한 민족주의에서 자라났다." 그 때문에 일제 강점기에는 김교신 등과 함께 〈성서조선〉을 발간해 신앙 위에서 민족운동을 했으며 해방 이후에도 언제나 민족을 깊이 생각하고 가능한 한 민족을 지키려고 했다(함석헌, 1986ㄷ: 227; 1989ㄴ: 242; 함석헌·김동길, 1973: 317; 함석헌·송기득, 1978: 407).

이처럼 그는 뚜렷한 민족의식을 가졌으나 그것은 민족애를 가리키는 것이었지 민족주의를 의미하지 않았다. 그는 민족과 민족주의를 뚜렷이 구분하면서 민족주의를 거부했는데, 그가 보기에 제2차세계대전 이후는 민족주의가 지나간 시기로 이제는 민족주의나 국가주의는 세계평화의 장애 요소가 되었다. 그래서 그는 그것들 대신 보편적 세계주의를 지지하면서 이 길만이 세계평화에 이르는 길이라고 주장했는데, 그러한 그의 세계주의적 인식과 세계평화에 대한 갈망이 그의 세계적 연대사상의 출발점이 되었다(함석헌, 1967ㄱ: 206; 함석헌·송기득, 1978: 406~407; 함석헌·오효진, 1986: 81~82).[17]

1960년대 초의 글에서 그는 제2차세계대전 종전과 함께 창설된 유엔의 정신에서 자유, 평등, 만방협조가 핵심 원리라는 점에 주목하면서 그것들이 대한민국의 건국정신이기도 하다고 주장했다. 그런데 여기서 만방협조는 바로 세계적 연대에 해당한다. 그러므로 그는 냉전체제의 양대 이념을 뒷받침한 자유와 평등뿐만 아니라 유엔이 중시한 또 다른 정신인 세계적 연대와 그것을 바탕으로 한 세계평화도 현대의 세계질서를 뒷받침하는 핵심적인 시대정신임을 냉전이 한창이던 때 일찍부터 분명히 인식하고 있었음을 알 수 있다(함석헌, 1963ㅅ: 172).

또한 그는 이제 세계가 하나의 지구촌으로 되었다고 보았다. 앞에서

17 그는 이렇게 주장했다. "자라나기를 강한 민족주의에서 자라났는데, 나는 사상적으로는 민족주의가 아닙니다"(함석헌·김동길, 1973: 317). "나는 민족보다도 세계적인 것을 강조하는 사람입니다. 민족주의 아니야요. 난 민족주의 싫어요"(함석헌, 1989ㄴ: 242).

필자는 인간이 민족을 전체로 생각하던 시대는 지나갔으며 지금은 세계를 전체로 생각하고 더 나아가 우주를 전체로 생각하기 시작한 시대라는 그의 전체론을 소개한 바 있다. 이처럼 그는 이제 세계가 밀접한 관계를 맺는 하나의 전체, 즉 지구촌으로 된 것은 인류가 운명공동체가 되었음을 의미하기도 한다고 지적하면서 제3세계의 굶주림이나 핵무기 같은 세계 문제에 대한 적극적 관심을 요청했다(함석헌, 1984: 166~167; 1970ㅈ: 83).

그는 세계적 연대가 이와 같은 나라 밖의 문제뿐만 아니라 나라 안의 문제에도 적용된다는 점을 분명히 인식했다. 그는 1963년에 군부 집권 세력에게 민정이양 공약을 지킬 것을 공개적으로 요구한 글에서 씨올들을 향해 잠에서 깨어나 힘차게 외칠 것을 주문하면서 전 세계의 씨올들이 함께 싸워줄 것이라고 주장했다. 그리하여 씨올들이 참되고 용감한 싸움을 하는 중에 설혹 한때 어떤 불행에 빠지는 일이 있더라도 결코 외로운 싸움이 되지 않으리라고 보았다(함석헌, 1963ㅅ: 185).

이 외에도 함석헌의 연대사상의 관념으로 앞에서 살펴본 형제애, 우애, 협력, 같이 살기 등에 대한 그의 논의에서도 세계적 연대에 관한 그의 사상이 소개된 바 있다. 즉 그는 온 인류가 진정한 우애를 나누고 실천하는 친구가 되는 것이, 그리고 형제애를 공유하고 실천하는 형제가 되는 것, 즉 사해동포가 되는 것이 세계 항구 평화의 길임을 강조했다. 그리고 그가 협력의 새 문명에 대해 주장하면서 그처럼 새로운 문명이 무엇보다 중시하는 것이 국제협력임을 지적했다. 그런 관점에서 그는 유엔 같은 각종 세계적 협력 기구의 발전에도 특별히 주목했다(함석헌, 1940: 302, 306; 1968ㄷ: 267; 1970ㅈ: 83).

같이 살기에 대한 논의에서 그는 위기에 처한 세계를 구하고 세계평화를 실현하는 데 그것이 꼭 필요하다고 주장했다. 함석헌은 현재와 같은 개발 방식과 인구증가로는 인류 문명이 더 이상 지속되기 어려워졌기 때문에 이제 인류는 싸움을 그치고 세계 전체를 구할 새로운 길을 찾아 나서야 한다고 보았다. 여기서 그가 새로운 길로 제시한 것이 그동안 인류가 경시해온 사랑의 원리에 입각한 같이 살기의 길이다. 그것을 실현하기 위해서 그는 세계적인 문제를 다루는 협의 기구의 역할이 매우 중요하다고 보았다(함석헌, 1972ㅌ: 208~210; 함석헌·안병무, 1980ㄴ: 441~442).

끝으로, 함석헌이 씨올의 단결에 필요하다고 주장한 조직은 형식적 조직, 제도적 조직이 아니라 전체의 뜻을 실현하려는 참여자의 자발성, 믿음, 사랑, 인격적 태도 등을 바탕으로 이루어진 유연하고 포괄적인 협력 관계이다. 그런 관점에서 보면 함석헌의 그러한 믿음의 조직은 범위가 국가의 경계를 넘어 전 세계로 확장될 수 있다. 위에서 언급한 자유를 위한 우리나라 씨올들의 싸움에 전 세계 씨올들의 성원과 다양한 형태의 실제적 지원이 이루어진다면 그것이 바로 그가 생각한 세계적 연대의 한 형태로서의 조직이었다.

물론 그렇다고 그가 일체의 형식적 조직을 거부한 것은 아니다. 그가 주목한 유엔과 그 외의 여러 세계적 협력 기구는 모두 제도적 조직 형식을 취하고 있지만 그는 그것들을 세계적 연대의 매우 중요한 사례로 평가했다. 하지만 어떤 명분을 가진 조직이든 커지고 형식화되면 관료 조직으로서의 여러 폐해가 발생하기 쉬우며 특히 본래 정신을 억압하기 쉽다. 그렇기 때문에 함석헌 사상은 조직에서 연대 정신을 지켜나가려면 그러한 폐해를 극복하기 위한 적극적 모색이 필요함을 깨우쳐준다.

결론적으로 그의 연대사상을 이루는 대부분의 주요 관념에 대한 논의에서 그의 세계주의적인 시각이 분명히 드러나 있음을 볼 수 있다. 그리고 그가 그것을 바탕으로 세계적 연대에 관한 다양한 생각을 펼쳐 보여주었음을 확인할 수 있다. 그런데 그가 그러한 생각을 적극적으로 펼친 시기가 나라 밖에서는 세계화에 대한 현대적인 논의가 본격적으로 이루어지기 전이며 나라 안에서는 여전히 민족주의 이념이 큰 위력을 발휘하던 시기였다. 그런 점에서 그의 세계주의적 인식, 특히 세계적 연대사상은 시대적으로 매우 앞선 인식과 사상이었음을 볼 수 있다.

또한 그의 세계적 연대사상은 평화주의, 특히 세계평화사상과도 밀접히 관련되어 있다. 고전적 연대주의자 부르주아가 국제평화를 위해 선구적인 노력을 한 공로로 노벨평화상을 수상했으며, 이후에도 연대의 가치를 특별히 강조한 정치인이나 종교인이 냉전 시기의 이념 대립과 세계의 남북 갈등을 완화시키기 위해 선구적인 역할을 했다. 그런 점에서 보면 그동안 세계평화에 기여해온 세계적 연대사상을 통해 함석헌도 남북한의 대립 완화를 위한 노력을 중심으로 세계평화에 이바지하려고 했던 세계적 연대사상가라고 볼 수 있다.

7 씨올과 연대

지금까지 함석헌의 연대사상을 소개할 때 씨올에 대한 언급이 자주 있었다. 비록 그의 연대사상이 대부분 씨올을 염두에 둔 것이기는 하지만 여기서는 씨올과 연대의 관계에 대해 그가 명시적으로 언급한 내용을 중심으로 그것을 간략히 소개하고자 한다.

무엇보다도 그의 실천적 연대사상은 대부분 씨올을 대상으로 한 것이었다. 주로 우리나라의 씨올이 대상이었으나 그가 자주 세계적 연대를 강조한 데서 볼 수 있듯이 언제나 세계의 씨올을 함께 염두에 두었다. 물론 북한의 씨올들은 말할 것도 없다.

그의 실천적 연대사상이 대부분 씨올을 대상으로 한 이유는 첫째, 씨올이야말로 연대하려는 인간의 속성을 충실히 따를 수 있다고 보았기 때문이다. 그에 의하면 인간 속에는 서로 돕고 같이 살아가려는 사회적 속성이 내재해 있어 그것이 인류의 삶을 만들어가고 국가와 사회를 유지해 가는 힘이 된다. 그렇지만 권력, 부, 지식 등을 갖고 그것을 중시하는 자는 그것들을 위한 경쟁과 지배를 미덕으로 삼는 경향이 있다. 그들은 인간의 욕심과 이기심을 개인적으로 이용해 경쟁과 지배를 조장할 뿐만 아니라 특정 집단을 이용해 욕심을 채우거나 지배하기도 한다. 그는 정치인들이 강조하는 국가주의나 민족주의가 바로 그것의 대표적인 사례라고 보았다(함석헌, 1968ㄹ: 260; 1972ㄷ: 65; 1972ㅌ: 201 이하).

반면 씨올은 권력, 부, 지식 등을 갖지 않은 자여서 그런 경향으로부터 비교적 자유롭다. 그리하여 씨올은 인간의 내적 속성을 충실히 따를 수 있으며 다른 국가나 민족도 적대시하지 않는다. 물론 씨올에게도 욕심과 이기심이 없지 않다. 하지만 씨올은 인류 전체와 우주 전체의 뜻을 훨씬 더 잘 수용하기 때문에 이 전체의 뜻을 깨닫게 되면 부분적인 욕심과 이기심을 더 쉽게 극복할 수 있다고 보았다(함석헌, 1974ㅁ: 217~218; 1968ㄹ: 260; 함석헌·김동길, 1976: 366~367).

둘째, 현실적 상황이 씨올의 연대를 절실히 요청한다고 보았기 때문이다. 예컨대 그는 1963년에 군부 집권세력의 민정이양을 실현시키기 위해서는 무엇보다도 씨올들이 믿음의 조직을 통해 연대를 이루어야 한다고 보았다. 그리고 박정희가 영구집권을 획책하던 1972년 봄에는 나라가 처한 심각한 위험에서 빠져나올 길이 같이 살기라면서 씨올을 향해 같이 살기 운동이라는 연대 운동을 일으킬 것을 제창했다(함석헌, 1963ㄱ: 273~275; 1972ㅌ: 193).[18]

그는 암울한 정치 현실에서 권력을 가진 집단의 온갖 심한 탄압을 물리치고 마침내 자유와 정의 같은 전체의 뜻을 이루는 과제는 결국 씨올에게 달려 있다고 보았다. 왜냐하면 씨올이 뭉쳐서 나오는 힘으로만 그들의 탄압을 물리칠 수 있기 때문이다. 그래서 그는 씨올이 단결할 필요를 반복해서 강조하면서 뿔뿔이 흩어진 씨올은 씨올이 아니라고 주장했다(함석헌, 1972ㅌ: 203; 1972ㅋ: 49).

그런데 씨올의 연대를 요청하는 현실 상황은 다만 나라 안의 사정만은 아니었다. 함석헌의 하나론에서 살펴보았듯이 남북한이 극단적으로 대치해 있는 상황은 남한과 북한의 씨올의 적극적 역할을 요구한다. 왜냐하면 그가 보기에 남북한의 두 정권은 모두 상호 개방과 교통을 원하지 않기 때문이다. 그리하여 그는 우선 남한의 씨올들이라도 뭉친 힘으로 정부를 향해 개방적 정책을 취하도록 압력을 가하면 아무리 폐쇄적인 북한이라도 민중에게 반응을 일으킬 수 있으리라고 보았다(함석헌, 1972ㄷ: 75).

또한 세계가 처한 위기 상황도 씨올의 연대를 절실히 요청하고 있었다. 환경오염, 자원고갈, 핵전쟁, 인구폭발 등은 그동안 권력자들이 생존경쟁 사상과 국가주의 이념을 바탕으로 추진해온 국가 간의 치열한 경쟁과 대립 정책의 결과였다. 따라서 그러한 사상과 이념을 버리고 국제협

18 그는 광주민주화운동이 일어난 1980년에 광주를 다녀온 후 쓴 글에서는, 이 비극에 대해 모두가 책임감을 공유하면서 말만이 아니라 정서적으로 그리고 실제 생활로도 같이 살기 운동을 다시금 힘 있게 전개해야 하는 상황이라고 주장했다(함석헌, 1980ㅁ: 321 이하).

력을 통해 세계가 같이 사는 길로 나아가기 위해서는 무엇보다 세계 씨올의 연대가 중요하다는 것이다. 그래서 그는 같이 살기 운동을 제창하면서 위기에 처한 세계를 구하는 데 기여하는 것이 이 운동의 중요한 목적 중의 하나라고 밝혔다(함석헌, 1972ㅌ: 208 이하).

셋째, 씨올의 연대가 절실히 필요함에도 불구하고 씨올이 실제로 연대하기에는 어려움이 많다고 보았기 때문이다. 그는 1963년에 쓴 글에서 당시 상황으로부터 우리나라를 건지는 유일한 길이 민중의 여론에 있다면서 그것을 위해 씨올이 깨어나서 단결해야 한다고 주장했다. 그런데 당시의 씨올에게는 조직이 없어서 단결하지 못하며 또한 이론이 없어서 뜻을 생각으로 전개하고 생각을 말로 표현하지 못한다고 안타까워했다(함석헌, 1963ㅂ: 25).[19]

그러면서 그는 씨올이 연대의 어려움을 극복할 수 있는 여러 방안을 제시했는데, 거기서 그가 특별히 주목한 것은 지식인을 통해 씨올에게 조직과 분명한 이론을 제공하는 것이었다. 그리하여 그 역시 먼저 깬 씨올이자 지식인으로서 씨올들에게 이론과 조직을 제공하려고 노력했다. 무엇보다 그는 일찍부터 기회가 되는 대로 씨올들에게 많은 사상과 이론을 제공하려고 노력했으며, 〈씨올의 소리〉 창간을 통해 씨올을 묶는 믿음의 조직을 제공한 셈이다. 그리고 더 나아가 그가 같이 살기 운동을 제창한 것도 씨올의 연대를 돕는 방안으로 이루어진 것이다(함석헌, 1963ㅂ: 25).

지금까지는 함석헌의 실천적 연대사상이 씨올을 대상으로 제시된 이유를 주로 설명했으나 그의 연대사상은 구체적인 연대적 실천 방안을

19 씨올이 자고 있고 흩어져 있으므로 그들을 깨우고 하나로 묶어야 한다는 그의 주장은 이때뿐만 아니라 이후에도 발견된다(함석헌, 1966ㄴ: 292).

제시하는 수준을 넘어 포괄적 이론도 많이 제시했다. 그중에서 특별히 중요한 점은, 앞으로 다가올 문명에 관한 설명에서 그가 점점 더 씨알의 시대, 전체의 시대가 되리라고 예상함으로써 씨알의 연대가 미래의 시대정신을 반영하는 것임을 보여준 점이다. 그런 점에서 그는 국가관, 역사관, 종교관 등이 기존의 지배자, 영웅, 천재 등을 중심으로 한 관점에서 벗어나 씨알과 협력 중심의 새로운 관점으로 전환될 필요가 있음을 주장하면서 실제로 그러한 새로운 관점을 제시했다. 그리고 자연관과 인간관에 대해서도 그는 생존경쟁 대신 협력이 올바른 기본 원리인데 지배자들이 씨알을 속인 채 여전히 생존경쟁을 주장한다고 지적했다(함석헌, 1963ㄴ: 114~116; 1968ㄷ: 267; 1972ㄷ: 65).

결론적으로 볼 때, 함석헌은 비록 연대라는 표현을 매우 드물게 사용했지만 연대사상, 특히 실천적 연대사상에 해당하는 많은 관념과 주장을 독창적 표현과 관점으로 매우 적극적으로 제시했을 뿐만 아니라 몸소 실천한 한국의 대표적 연대사상가라고 할 수 있다. 그리고 그러한 그의 실천적 연대사상에서 씨알은 연대의 중심 주체이자 대상일 뿐만 아니라 연대의 가능성과 필요성의 이유이며 전략의 근거가 되는 등 핵심 요소임을 알 수 있다.

7

씨올과 시민사회*

07

이 글은 함석헌의 사회사상을 시민사회론의 관점에서 해석해보려는 데 목적이 있다. 그는 사회학자도 사회과학자도 아니어서 사회, 특히 시민사회에 관한 논의를 체계적으로 제공하지는 않았지만 인간, 사회, 정치, 역사, 문명 등에 관한 수많은 글을 남겼다. 그리고 그의 논의가 대부분 체계적으로 이루어지지 않은 탓에 마치 모순되어 보이는 듯한 주장도 자주 발견된다. 그래서 어떤 학자는 그의 사회관에서 사회진화론적 인식을 발견했지만 다른 학자는 그의 사상을 사회진화론과 대조시킨다. 하지만 자세히 들여다보면 그의 사회관에는 상당한 일관성이 존재하며, 기존의 기계적 이분법을 뛰어넘는 논리가 존재한다. 그리고 비록 자신이 명시적으로 시민사회론을 제시하지는 않았지만 그의 사상에는 시민사회론의 관점에서 해석할 수 있는 내용과 현대 시민사회론의 지평을 넓히고

* 이 글은 1장 앞부분에서 다룬 민과 빈중으로서의 씨ᄋᆞᆯ에 대한 설명과 함께 『사회와 이론』 제24집에 발표된 바 있는 내용을 책의 성격에 맞게 일부 다듬은 것이다.

담론을 풍부하게 하는 데 기여할 내용이 풍부하게 들어 있다. 그것이 필자가 그의 사상에 대한 시민사회론적인 접근을 시도해보려는 배경이다(김상봉, 2010; 김영호, 2009).[1]

1 씨올과 시민

함석헌의 저술에서 시민 혹은 시민사회에 관한 명시적 언급은 매우 드문 편이다. 한국사회에서의 시민 혹은 시민사회 담론이 비록 1960년대 혹은 1970년대에도 발견되지만 함석헌의 사후인 1990년대에 들어서야 본격적으로 전개되기 시작한 점을 생각한다면 함석헌의 저술에서 이들 담론이 드물게 발견되는 사실이 어느 정도 이해될 수 있다.

한편 1980년대 이후 오랫동안 한국사회에서는 민중과 시민을 별개의 집단 혹은 심지어 대립하는 집단으로 이해하는 경향이 있었다. 그것은 일차적으로 1980년대의 사회과학계를 주도한 계급론 시각에서 민중과 시민을 이해하려는 접근법에서 기인했다. 계급론적 관점에서는 민중을 노동자, 농민으로 대표되는 프롤레타리아 혹은 하층계급으로 이해한 반면 시민은 부르주아지나 유산계급으로 이해하는 경향이 있었다. 그러한 이해 방식은 사회운동에 적용되어 노동자운동과 농민운동으로 대표되는 민중운동만이 사회를 진보시키는 변혁 운동으로 이해되고 시민운

1 함석헌의 사회사상에 대한 기존 연구로는 함석헌의 초기 사상을 다룬 이황직(2003)과 김재현(2010), 함석헌의 사회사상에 대한 사회진화론적 해석을 비판한 김상봉(2010), 함석헌의 역사관과 사회관을 다룬 김성수(2001ㄴ), 함석헌의 저항 담론과 정치사상을 분석한 문지영(2006, 2013) 등 여러 연구가 있지만 시민사회론 관점에서 그의 사상을 다룬 연구는 아직 발견되고 있지 않다.

동은 현상을 유지하려는 방어적 운동이거나 아니면 기껏해야 중간계급의 타협적인 운동으로 이해되어 오랫동안 민중운동과 시민운동이 서로 경쟁하거나 심지어 적대하는 경향까지 있었다(김세균, 1995; 강문구, 1995; 손호철, 2001; 김성국, 2001ㄴ).

그러한 관점에서 본다면 함석헌의 씨울은 시민이 될 수 없거나 아니면 심지어 시민과 대립 관계에 있는 것으로 여겨질 수 있으며, 그렇기 때문에 그의 씨울사상은 시민사회사상과 무관한 것으로 생각되기 쉽다. 그러나 민중에 대한 계급론적 이해 방식은 1980년대에 특징적인 것으로, 함석헌의 씨울사상 대부분의 배경이 된 이전 시기에는 민중 혹은 씨울이 초계급적 개념으로 이해되었다.[2] 그렇기 때문에 그의 씨울 개념과 사상에서는 현대 사회학의 시민 개념과 사상에 유사한 내용을 어렵지 않게 찾을 수 있을 뿐만 아니라 한국의 시민사회사상을 창의적으로 전개하는 데 소중한 관점과 아이디어를 많이 발견할 수 있다.

씨울은 시민과 여러 중요한 특징을 공유하는 개념이다. 우선 시민 개념은 불어의 부르주아bourgeois와 시투아앵citoyen에 해당된다. 부르주아는 원래 도시 거주민을 지칭했으나 근대사회의 성립 과정에서 상공업을 통해 부를 축적함으로써 유산계급의 대명사가 되었다. 이에 비해 시투아앵은 중세 사회에서는 군주 아래 있는 모든 백성을 신분과 무관하게 가리켰다가 근대 시민사회에 와서는 한 국가에 정치적·법적으로 소속됨으로써 일정한 권리와 의무가 부여된 모든 사람을 가리키는 개념으로 변했는데, 그런 의미의 시투아앵은 흔히 국민으로 번역되기도 한다(배동인,

2 1970년대에 민중을 초계급적 개념으로 이해한 것은 앞에서 설명한 함석헌의 민중 개념에서 알 수 있을 뿐만 아니라 사회과학계에 매우 큰 영향을 끼친 한완상의 사회학적인 민중 개념에서도 확인할 수 있다(한완상, 1978: 13).

1992: 39~40).[3]

마르크스주의의 영향으로 근대 사회과학에서는 오랫동안 시민을 부르주아지, 즉 부르주아 계급의 구성원이라는 의미로 사용해왔으나 사회과학에서 계급주의 패러다임의 영향력이 약화되면서 지금은 시투아앵의 의미로 훨씬 더 널리 사용되고 있다. 대표적인 예를 영어권에서 쉽게 발견할 수 있는데, 시투아앵에 가까운 영어 단어 시티즌citizen을 기초로 발전시킨 마셜T. H. Marshall의 시민권citizenship 사상과 하버마스의 생활세계-체계의 이분법적 사회 모델을 바탕으로 발전시킨 코헨J. L. Cohen과 아라토A. Arato의 다원주의적 시민사회사상에서 이해되는 시민 개념이 그것이다.

이처럼 시민 개념 자체가 역사적으로 변해왔을 뿐만 아니라 이론적인 입장에 따라서도 시민을 이해하는 방식이 다양하지만 현대 사회과학에서는 대체로 다음과 같은 요소를 중심으로 근대 시민을 이해하는 경향이 있다. 첫째, 근대적 권리의 소유자, 둘째, 정치 공동체의 주체, 셋째, 초계급적 범주, 넷째, 소통과 연대에 기초한 생활세계의 구성원 등이 그것이다.

첫째, 근대 시민의 일차적 특징은 시민적 권리를 비롯한 근대적 권리의 소유자라는 점이다. 전근대적인 신분사회의 신민subject과 달리 근대 시민에게는 자유롭고 평등한 권리가 보장되었다. 여기서 말하는 권리는 양심의 자유, 사상의 자유, 표현의 자유, 법 앞에서 평등하게 취급될 권리 등 흔히 시민적 권리라고 불리는 기본권을 가리킨다. 이 권리는 프랑

3 시민에 해당하는 독일어 Bürger는 불어의 bourgeois와 citoyen을 포괄하는 단어로 citoyen을 특히 강조하고자 할 때는 우리말의 국민에 해당하는 Staatsbürger라는 단어를 쓰기도 한다.

스혁명 직후 프랑스 국민의회에서 천명된 〈인간과 시민의 권리 선언〉, 즉 일명 〈인권선언〉에서 잘 표현되었다. 그리고 이후 권리의 내용과 적용 대상이 확장되어 1948년에 〈세계인권선언〉으로 표명되는 한편 1950년에 마셜의 시민권 사상을 통해 시민적 권리에서 정치적 권리 그리고 이어서 사회적 권리로 발전되었다(Riedel, 1971: 963~964; 이샤이, 2005: 154, 684; Marshall, 1950: 10 이하).

한편 함석헌의 씨올은 기본적으로 생존권을 지닌 인격체라는 점에서 출발해 인격적 자각에서 나오는 자유와 정의를 무엇보다 소중히 여긴다. 그에 의하면 근대인으로서의 씨올은 물질적 욕구 충족 이전에 "사람으로서의 살림이 바로 되는 것"을 더욱 중요하게 생각한다. 그리하여 이들이 권리 주장에 앞장서게 되었고, 그 결과 경제 발전도 이루어지게 되었다고 한다(함석헌, 1961ㄱ: 41; 1975ㄷ: 248; 1974ㄴ: 234; 함석헌·송기득, 1978: 401). 함석헌은 비록 씨올의 근대적 권리에 대한 자세한 설명을 제공하지는 않았지만 씨올의 권리로서의 민권의 소중함과 그것의 획득을 위한 투쟁의 필요성을 강조했다(함석헌, 1963ㅈ: 147). 그러므로 그의 씨올론에서 근대인 혹은 근대적 권리 소유자로서의 씨올 개념은 매우 중요한 위치를 차지하며, 그런 의미의 씨올은 근대적 권리 소유자로서의 시민과 별반 다르지 않음을 알 수 있다.

둘째, 정치 공동체의 주체로서의 시민이란 프랑스혁명 이후 널리 자리 잡게 된 시투아앵의 의미에 해당한다. 독일의 한 사회학 사전에 의하면, 시투아앵으로서의 시민은 "재산을 소유해 경제적으로 독립해 있으며 국가의 자유롭고 평등한 구성원으로서의 투표권을 소유하고 있는, 정치적으로 해방된 능동적 국민을 가리킨다"(Rammstedt, 1988: 121). 그러한 시투아앵이 비록 근대 초에는 주로 남성 부르주아지에 해당되었지만 이후 정치적 권리가 부여되는 대상이 노동자, 여성 등 다른 집단으로 확대됨에 따라 오늘날에는 한 정치 공동체에 정치적·법적으로 소속되어 일정한 권리와 의무를 가진 모든 사람을 가리키게 되었다. 그리고 정치 공동체의 경계 또한 민족국가를 넘어 전 세계로 확장되면서 정치 공동체의 주체로서의 시민 역시 국민에서 세계시민으로 범위가 확장되고 있다.

한편 씨ᄋᆞᆯ 역시 무엇보다 자율의 가치를 중요하게 여기기 때문에 자신들에 대한 지배에 굴복할 수 없다. 함석헌에 의하면 씨ᄋᆞᆯ은 본래 자유로운 존재였는데 특권계급이 출현해 그들을 구속, 압박하게 되었다. 그리고 정치 공동체인 국가의 본래 주인도 씨ᄋᆞᆯ이었는데 지배자들이 출현해 그들의 지위를 뺏은 채 압박을 가하고 있다. 그러므로 씨ᄋᆞᆯ은 그러한 지배자들에게 저항함으로써 결국 자신들이 속한 정치 공동체의 주인 노릇을 스스로 해야 한다(함석헌, 1959ㅁ: 21; 1963ㅈ: 147; 함석헌·김재준, 1987: 556). 이렇게 본다면 결국 함석헌의 씨ᄋᆞᆯ은 바로 정치 공동체의 주체로서의 시민을 가리킨다고 할 수 있다.

셋째, 초계급적 범주로서의 시민이란 부르주아지라는 사회경제적 집단 혹은 계급의 구성원에 국한해 부르는 경향으로부터 벗어나 시민권의 소유 여부와 같은 비계급적 기준으로 시민을 가리킨다는 의미다. 그런 기준을 적용하게 되면 시민은 다양한 계급 구성원으로 이루어지는데, 함석헌의 씨ᄋᆞᆯ 역시 특정 계급을 가리키는 개념이 아니다. 이에 대해서는 앞서 설명했기 때문에 여기서 반복할 필요가 없을 것이다.

넷째, 생활세계 구성원으로서의 시민이란 하버마스의 이론 전통에서 코헨과 아라토에 의해 개발된 개념으로 이후 다원주의적 시민사회론을 비롯한 많은 시민사회론에 의해 활용되고 있다. 이 개념은 시민의 사회문화적 특성에 특별히 주목하면서 정치 혹은 경제 중심의 시각에서 시민과 시민사회에 접근하는 것을 비판하며 사회문화적 특성 중에서 특히 소통, 연대 등을 강조하는 경향을 보인다(Cohen & Arato, 1992: 426 이하, 471 이하).

한편 씨올의 가장 중요한 특징은 생명 그 자체라는 점이다.[4] 그리하여 그는 씨올의 살려는 의지와 생을 아끼는 씨올의 모습에 특별히 주목하기도 했는데(함석헌, 1959ㅈ: 190; 1963ㅇ: 139; 1967ㄱ: 211), 씨올의 바로 그러한 삶의 속성이 씨올로 하여금 "맨 사람", "난 대로 있는 사람"이라 불릴 수 있게 하고 또한 씨올에게 "바닥", "터전"의 위치를 부여하는 것이다(함석헌, 1978ㄱ: 132; 1977ㅁ: 306; 함석헌·송기득, 1978: 401).

씨올의 삶의 속성은 생활세계의 토대가 되는 믿음, 사랑, 소통, 협력 등이 씨올의 바탕이 되거나 씨올로 하여금 그것들을 추구하게 만드는 원천이 된다. 그래서 함석헌은 서로 믿는 것이 씨올이며 또한 씨올의 바탕은 "사랑과 참"이라고 표현했다. 그리고 씨올은 서로 "같이 우는 것共鳴", "느껴주는 것共感"이며, 그들에게는 서로 열린 마음으로 주고받는 대화가 중요하다고 보았다(함석헌, 1970ㅁ: 292, 297; 1972ㄱ: 216).

씨올의 그러한 특성들을 잘 표현한 부분을 간략히 인용하면 다음과 같다.

> 씨올끼리는 서로 맘성을 알아주고 마주 느껴주는 것입니다. 잘잘못을 몰라서도 아니요 잘해서 소용없다 해서도 아닙니다. 그것을 다 압니다. 그러나 잘은 서로 따지고 평하는 데서 오는 것이 아니고 서로 열리고 고른 마음으로 주고받는 데서야 오는 것임을 알기 때문입니다. 잘은 믿어줌에만 있습니다"(함석

4 민중의 특징을 생명에서 찾는 관점은 김지하의 생명사상으로 발전하게 된다(김지하, 2002: 171 이하).

헌, 1970ㅁ: 292).

삶의 속성에 기초한 씨올의 그러한 특성들은 씨올이 서로 하나 되게 하고 평화를 추구하게 하는 원동력이 되기도 한다. 함석헌에 의하면, 씨올들이

> 서로 믿으면 하나가 될 것이요, 하나 되면 산이라도 변해 바다가 되게 할 수 있을 것이다(함석헌, 1964ㄹ: 233).

그리고

> 씨올은 말하자면 내재의 평화, 극소 세계평화다. 본질적인 평화다. 씨올의 바탈이 평화요 평화의 열매가 씨올이다. 그러므로 씨올의 목적은 평화의 세계 이외에 있을 수 없다(함석헌, 1972ㄴ: 45~46).

이처럼 씨올은 삶의 속성에서 비롯된 믿음, 사랑, 소통, 공감, 협력 등을 중요한 특징으로 삼는데, 그것들은 생활세계를 이루는 핵심 요소라는 점에서 씨올을 생활세계의 구성원으로 이해하는 데 어려움이 없다. 그리고 씨올이 소통과 연대에 기초한 생활세계의 구성원으로서의 시민과 크게 다르지 않음을 알 수 있다.

마지막으로 씨올과 시민 사이에는 또 다른 중요한 공통점이 있는데, 둘 다 자기 정체성과 역할에 대한 자각을 매우 중요하게 여긴다는 점이 그것이다. 흔히 시민 개념을 수동적 시민passive citizen과 능동적 시민active citizen으로 분류하는 경향이 있다. 여기서 능동적 시민은 시민으로서

의 자기 정체성과 역할에 대한 자각을 바탕으로 국가 혹은 시민사회에 보다 적극적으로 참여하는 시민이다. 그리고 정확히 일치하는 분류는 아니지만 역시 시민의식의 소유 여부를 기준으로 시민을 즉자적 시민과 대자적 시민으로 분류하기도 한다. 여기서 능동적 시민은 참여 행위를 보다 강조하는 데 비해 대자적 시민은 의식을 보다 강조한다. 어쨌든 능동적 시민과 대자적 시민 개념이 공통적으로 의미하는 바는 시민으로서의 정체성과 역할에 대한 자각이 없는 시민으로는 불충분하다는 점이다(조영재, 2006: 156; 정수복, 2002: 54; 이선미, 2006: 155 이하; 이항순, 2000).

이와 비슷하게 함석헌의 씨올론에서도 씨올로서의 깨달음의 중요성이 매우 강조된다.

> 민중에겐 깨우쳐줌이 늘 중요하다고 생각해요(함석헌·송기득, 1978: 403).

> 내가 지금 여기 부르는 것은 천하의 모든 씨올 다를 향해 하는 것이 아닙니다. 똑똑히 깬 씨올을 향해서 하는 말입니다. 소리를 내고 소리를 듣는 씨올은 나는 씨올 중에서도 깬 씨올이라고 생각합니다. …… 물론 우리 구경究竟의 목적은 전체 씨올이 빠짐없이 다 하나로 깨어 소리를 지르는 일입니다. 전체 씨올이 소리를 지를 때 역사는 이루어집니다(함석헌, 1974ㄴ: 229).

씨올이 주인 자리를 잃고 지배당하는 것은 깨지 못한 상태에 있기 때문이다. 다행히 전근대와 달리 오늘날의 씨올은 스스로 인격적 자각을 하기 시작했으며, 한국의 씨올은 3·1운동을 계기로 깨기 시작했는데 씨올이 깬다는 것은 바로 씨올로서의 정체성과 역할을 깨닫는다는 것을 의미한다(함석헌, 1963ㅈ: 147; 1961ㄱ: 41; 1970ㄷ: 170).[5]

물론 씨울과 시민 사이에 차이가 없는 것은 아니다. 가장 중요한 차이점은 시민이 씨울보다 훨씬 더 근대적인 개념이라는 점이다. 함석헌에 의하면 씨울은 원시사회부터 존재해온 인간의 모습으로, 전근대처럼 자기 정체성과 역할을 깨닫지 못한 시대에는 우중과 우민이 되어 지배자에게 종노릇했으나 이제는 깬 씨울이 되어 씨울의 시대, 민중의 시대를 이끌기 시작했다는 것이다. 이에 비해 시민은 매우 근대적인 개념이다. 물론 시민 역시 근대 이전의 도시 거주자를 가리키는 전근대적 개념으로부터 시작되었다고 할 수 있으나 도시 자체가 전근대사회에서는 비전형적인 공간이었다는 점에서 도시 거주민으로서의 시민이나 유산자 계급으로서의 시민, 그리고 시민권을 소유한 현대적 의미의 시민 모두 근대 이후의 시대를 배경으로 발전해온 개념이다.

함석헌 사상은 사회사상을 넘어 역사사상과 종교사상에까지 확장되어 있다. 그리고 씨울은 그의 사회사상뿐만 아니라 역사사상과 종교사상에서도 매우 중요한 역할을 하는 개념이다. 그러므로 그의 씨울 개념을 근대 사회과학의 시민 개념과 단순히 등치시킬 수는 없지만 그의 사회사상에서 사용되는 씨울 개념이 근대 사회과학의 시민 개념과 매우 큰 공통점을 갖고 있는 것은 분명하다. 이렇게 본다면 오래전에 근대 시민사회로 진입한 서구사회와 달리 전근대로부터 근대로의 전환 과정에 있는 비서구사회를 분석할 때는 순수하게 근대적인 시민 개념보다는 전근대사회에 적용 가능하면서 근대사회 분석에도 효과적인 씨울 같은 개념이,

5 씨울의 자각과 교육에서 제3자의 역할에 대해서는 보다 자세한 논의가 필요하지만 함석헌은 적어도 다음 세 가지 점을 분명히 밝히고 있다. 첫째, 씨울의 깸 혹은 깨달음, 그리고 더 나아가 계속적인 발전은 꼭 필요하다. 둘째, 씨울은 언제나 잠재적 가능성을 소유해 왔다. 셋째, 오늘날은 씨울 스스로에 의한 자각이 이루어지고 있기 때문에 천재, 영웅, 지식인 중심의 지도는 부적절하다(함석헌, 1961ㄱ: 41; 1968ㄴ: 137; 함석헌·박선균, 1987: 219~220, 229).

학문적으로 잘 다듬기만 한다면, 더욱 큰 장점을 갖는다고 할 수 있다.

2 씨올, 공동체, 시민공동체

1) 씨올과 공동체

함석헌의 씨올사상은 공동체주의적 특징이 매우 강하다.

우리가 새 역사를 짓는 씨올 노릇을 하려면 그렇게 하나가 되기 전에 자기 부근의 가능한 한도 안에서 크게 욕심부리지 말고 공동체 훈련을 해야 해요(함석헌, 1989ㄴ: 269).

인간성이란 홀로 개체적으로 사는 것이 아니라 하나로 공동체를 이루어서 사는 데서 나온 것이다. …… 그러므로 너, 나 하는 것은 극히 긴요한 것 같지만 사실은 우리 삶의 극히 옅은 표면에 있을 뿐이요 속으로 들어가면 갈수록 인간은 하나다(함석헌, 1975ㄹ: 169).

인격이란 것은 개個로 있으나 바탕 성性은 사회적인 것이다. 사람의 행동을 결정하는 것은 개체가 아니요 전체기 때문이다(함석헌, 1959ㄹ: 47).

그런데 함석헌에게서 공동체는 두 가지 형태를 띠는데, 개인의 인격적 자아가 발전하기 이전의 공동체와 이후의 공동체가 그것이다. 그에 의하면, 사람은 본래부터 사회적 존재였는데 중간에 개인을 자족적 존재로 여기던 시대를 거쳐 지금은 다시금 근본적으로 사회적 존재로 여기는 시대에 이르게 되었다고 한다. 그것을 그는 인류역사에서 원시공동체 시대, 개인의 시대, 그리고 전체의 시대로 불렀는데, 원시공동체란 바로 개인이 발전하기 이전의 공동체에 해당하며 그가 전체라 부른 것은 이후의 공동체에 해당된다(함석헌, 1936: 213; 1975ㄹ: 169).

물론 그가 지향한 공동체란 구성원인 개인의 인격적 자아를 전제로 하는 현대적 의미의 공동체이다. 왜냐하면 원시 공동체에서는 개인의 인격이나 인권이 있을 수 없기 때문이다. 그러한 형태의 공동체는 원시시대뿐만 아니라 현대에서도 등장할 수 있다. 개인의 희생을 강요하는 집합주의 형태의 공동체가 그것이다. 민족, 계급, 국가의 이름으로 등장한 공동체가 개인의 자유를 억압하고 일부 세력이 구성원을 지배하는 것에 대해 함석헌은 씨ᄋᆞᆯ들의 저항과 변혁을 주장했다(함석헌, 1975ㄹ: 169; 함석헌·송기득, 1978: 409).

그는 현대적 의미의 공동체상을 바탕으로 새로운 시대에는 권력 중심의 국가 대신 작은 공동체, 지방 공동체를 확산시켜 가야 한다고 보았다.

> 노자의 말마따나 소국과민小國寡民하는 길밖에 없지요. 요샛말로 하면 지방자치공동체를 발전시키는 거지. 국가란 협의기관 정도로 하고, 자치는 이해가 공통한 사람들끼리 하는 것인데, 그러니까 소규모로 될 수밖에 없지요. 크게 묶는 데서 힘이 날지는 모르나 그건 제국주의로 흐르는 거고, 그 안에는 반드시 어려운 문제가 생기게 돼요(함석헌·안병무, 1980ㄱ: 207).

그리고 그러한 공동체의 확산을 위해서는 씨ᄋᆞᆯ들이 뜻을 모아 함께 공동체를 만들고 공동체 훈련을 하는 것이 필요하다고 보았다. 그에 의하면 기존의 권력 중심의 나라는 모두 가짜며, 하나로 살아가는 공동체가 참나라다(함석헌, 1989ㄴ: 269; 1978ㄱ: 148; 함석헌·최일남, 1983: 34).

함석헌의 현대적 공동체 사상을 이해하기 위해서는 그의 전체론을 간략히 살펴볼 필요가 있다. 그의 전체 개념은 공동체 개념보다 훨씬 깊고 폭넓은 개념이다. 하지만 그가 역사 과정론에서 개인의 시대 이전 단계를 원시공동체 시대로 그리고 이후 단계를 전체의 시대로 부른 데서 볼 수 있듯이 전체는 공동체적 요소와 개인적 요소의 변증법적 종합을 통해 전개된 보다 발전된 상태를 가리키는 개념이다(함석헌, 1978ㄱ, 146). 그는 전체의 시대를 다른 표현으로 유기적 전체의 시대 혹은 유기적 사회의 시대라고 부르기도 했는데, 여기서 알 수 있듯이 그가 말하는 전체사회는 유기적 인간관계를 특징으로 하는 유기체적 사회를 가리킨다(함석헌, 1972ㅁ: 28~30).

그에 의하면 개인의 시대는 이해관계를 바탕으로 계약을 통해 형성되는 기계적 인간관계의 시대로 "개체를 전체에서 떼어놓을 수 있고 떼어놓아도 질적으로 변화되는 것이 없다." 그러나 문명이 발달해 개인 간의 접촉이 잦아지면서 인간관계가 전면적으로 유기적으로 변함으로써 사회 전체가 하나의 산 생명체처럼 된 유기적 사회의 시대에 들어서게 되었다. 유기적 사회의 특징은 전체에서 부분을 떼어놓지 못하는 데 있는데, 만약 떼어놓으면 전체도 부분도 모두 죽어버린다. 이렇게 본다면 그가 전체의 시대라고 표현했을 때의 전체란 "유기적인 하나의 전체"를 의미하는 것으로, 개인을 넘어 존재하는 전체의 관계를 중시하면서 동시에 전체를 구성하는 개인을 함께 중시하는 개념이라고 할 수 있다(함석헌, 1971ㄷ: 45; 1978ㄱ, 146; 1972ㅁ: 29; 1972ㅊ: 98; 1971ㅂ: 462).

함석헌의 유기적 전체 사상은 현상학자 셸러의 공동체 사상이나 현대의 공동체주의자 에치오니A. Etzioni의 공동체 사상과 공통점이 많다. 전근대적인 공동체 사회와 근대적 이익사회, 즉 게마인샤프트와 게젤샤프트라는 퇴니스의 이분법을 극복하려고 한 셸러는 제3의 대안으로 인격공동체*Personsngemeinschaft* 개념을 제시한 바 있다. 전근대 공동체에서는 구성원 간의 강한 연대가 존재하지만 자율적이며 개인적인 인격성이 구성원에게 결여되어 있다. 반면 근대사회는 자의식을 가진 그리고 형식적으로는 평등한 개별 구성원으로 이루어져 있지만 거기에는 실질적 연대가 존재하지 않는다. 그리하여 그는 이 양자의 한계를 극복한 대안 사회, 즉 구성원이 자립적이고 개인적인 인격체인 동시에 그들 사이의 연대성과 통일성이 존재하는 사회를 제시하면서 그것을 인격공동체라고 부른 것이다(셸러, 1998: 609 이하; 강수택, 2007: 305~306).

유럽의 지적 전통에 깊이 뿌리내린 것이 셸러의 인격공동체론이라면 에치오니가 대안으로 제시한 반응적 공동체론은 미국의 전통 위에서 제시되었다. 개인의 자율성과 사회의 질서가 균형 있게 유지되는 데 기본적 관심을 가진 에치오니에 의하면, 질서를 향한 사회의 요구와 개인의 자율성 추구 사이에는 모순이 존재한다. 그러한 모순을 줄이기 위해서는 사회화와 사회 통제 이상의 수단이 요구되는데, 그는 사회질서가 구성원의 참된 욕구에 더욱 민감하게 반응하도록 만드는 것이 방법이라고 보았다. 그런 의미에서 그가 반응적 공동체라고 부른 새로운 공동체는 개인의 자율성에 기반을 두면서도 원자화되지 않고 공동선을 추구하는 사회, 즉 개인화와 공동체적 결속이 함께 이루어지는 사회를 모델로 하고 있다(Etzioni, 1996: 3 이하; 강수택, 2007: 309~310).

이처럼 셸러와 에치오니는 공통적으로 개인의 자율성과 사회적 연대성, 개인의 권리와 사회적 책임, 개인적 이해 관심과 공동선 등의 균형과 조화를 추구하는 새로운 공동체상을 제시했다. 그리고 이 새로운 공동체상은 전근대적 공동체상과 이후의 개인주의적 근대 사회상의 장점을 취하고 단점을 극복하는 방식으로 제시된 제3의 대안적 사회상이었다. 그들이 제시한 새로운 공동체상의 그러한 특징은 위에서 살펴보았듯이 함석헌이 유기적 전체사회 혹은 전체적 사회라고 부른 사회상과 매우 유사함을 알 수 있다(함석헌, 1983ㄱ: 284; 함석헌, 1972ㅁ: 28 이하; 함석헌·송석중, 1983: 505).

2) 씨올과 시민공동체

필자는 셸러, 에치오니 등이 제시한 현대 공동체 개념이 근대정신을 바탕으로 공동체성을 강조하려고 했다는 점에서 넓은 의미의 시민공동체론으로 분류할 수 있다고 본다(강수택, 2007: 311). 하지만 그들이 자신들의 공동체론을 시민공동체론이라고 부르지는 않은 데 비해 퍼트남, 황경식 등은 그러한 현대적 공동체상을 시민사회상과 보다 명시적으로 결합해 시민공동체론을 제시했다.

먼저 퍼트남에 의하면 "시민공동체는 능동적이고 공익 지향적인 시민상, 평등주의적 정치 관계, 신뢰와 협조의 사회적 구조로 특징지어진다"(퍼트남, 2000: 20) 즉 ① 시민이 공사公私에 적극 참여하며, ② 시민권이 모든 사람에게 평등한 권리와 의무를 수반함으로써 호혜주의와 협동의 수평적 관계가 잘 발달해 있으며, ③ 구체적 문제에 대한 의견이 다를 경우에도 시민이 서로에 도움이 되려고 하며 서로 존경하고 신뢰하며, ④ 구성원의 협동의 습관과 연대성 및 공공 정신을 함양하고 사회의 협동과 민주 통치에 기여하는 자발적 결사체들이 발달한 사회가 시민공동체라는 것이다(퍼트남, 2000: 134~138).

한편 황경식은 호혜성에 기반을 두고 누구도 소외되어서는 안 되는 정의에 입각한 사회 협동 체제를 시민공동체라고 부르면서, 그러한 시민공동체의 구축을 위해서는 ① 호혜적 정의관에 바탕을 둔 정당한 공권력의 확립, ② 그것을 통한 실질적 정의 및 형식적 정의의 구현, ③ 공직자의 도덕성과 책임의식, ④ 시민연대 내지 시민조직에 의한 정치권력의 통제가 이루어져야 한다고 보았다. 여기서 정당한 공권력의 확립과 행사, 그리고 공직자의 도덕성 실현 등은 국가 영역에 해당되는 과제이며, 공권력에 대한 시민사회의 견제는 시민사회 영역에 해당되는 과제다. 여기에 덧붙여 그는 시민사회 구성원의 개명되고 자각된 주체 의식 및 가치관 정립과 그것을 통한 사회적 관행 및 제도 개혁도 시민사회 영역의 과제로 주장했다. 이렇게 보면 그의 시민공동체 개념은 국가 영역과 시민사회 영역을 포괄하는 것임을 알 수 있다(황경식, 1997: 344, 372; 강수택, 2007: 314).

비록 퍼트남의 시민공동체론이 서구의 이탈리아 사회를 배경으로 그리고 황경식의 논의는 한국사회를 배경으로 각각 제시된 것이지만 이 두 논의 사이에는 큰 공통점이 존재한다. 무엇보다 그것들은 전통적 공동체와 근대적 개인주의의 부작용에 대한 분명한 인식을 공유하고 있다. 그렇기 때문에 시민들 개인의 자율성과 합리성에 기반을 둔 민주적 질서의 중요성을 강조하면서 동시에 시민들 간의 호혜적 협력 체계의 필요성을 강력하게 주장했다. 그리고 그런 관점에서 시민사회의 자발적 결사체들을 적극 발전시키면서 이와 함께 공동체 문화를 함양함으로써 시민공동체를 발전시킬 수 있다고 보았다.

이런 맥락에서 보면 함석헌의 씨올론에서도 퍼트남, 황경식 등의 시민공동체론의 주요 요소와 유사한 내용을 쉽게 발견할 수 있다. 먼저 함석헌에 의하면 전근대적 공동체가 지배하던 시대에 개인의 인격적 자아가 발전하게 되면서 개인의 시대가 등장했다. 비록 개인의 시대는 이어서 현대의 전체의 시대로 더욱 발전하게 되었지만 현대의 전체사회는 어디까지나 개인의 인격적 자아를 전제로 해서 발전된 시대다. 그런 점에서 본다면 함석헌이 전체의 시대의 특징적인 사회로 부른 전체사회는 개별 구성원들이 전근대사회에서 경험할 수 없는 개인의 자유를 보장하며 인권을 중시하는 사회다. 그는 특히 일부 정치 세력에 의한 강압적 지배체제를 크게 비판하면서 민주주의와 인권을 위한 시민의 저항과 투쟁의 필요성을 강조했다.[6]

하지만 전체사회는 개인주의를 극복한 하나의 유기적 사회로, 여기서는 전체가 모든 개체의 합보다 클 뿐만 어떤 개체도 유기적으로 형성된 전체에서 떨어져 살 수 없다. 물론 전체는 상대적인 것으로, 개인에 대해 민족국가가 하나의 전체가 될 수 있지만 민족국가는 또한 더욱 큰 인류사회라는 전체의 부분에 해당한다(함석헌, 1972ㅁ: 30; 1972ㅊ: 98; 1971ㅂ: 462). 따라서 그런 관점에서는 시민 개인들의 이해관계로 환원

6 "생명에 역행은 없다. 현대인이 이미 추어 올라온 자유의 봉우리를 다시 내려갈 수는 도저히 없다. 우리에게 인격은 무엇을 주고도 바꿀 수 없는 것이요, 그 인격의 본질은 자유다. 자유 없이 인격을 생각할 수는 없다. …… 내재하는 자유감을 만족시켜서만 삶이 있지 그것이 무시된다면 나란 것도 너란 것도 종교와 도덕도 없다"(함석헌, 1955ㄱ: 190~191). "이제는 민주주의 시대다. 대중이 스스로 하기로 깨는 시대다. 집권자가 잘하면 좋지만 못하는 경우는 민중 스스로가 해야 한다"(함석헌, 1966ㄷ: 183). "사람은 저항하는 거다. 저항하는 것이 곧 인간이다. 저항할 줄 모르는 것은 사람이 아니다. 왜 그런가. 사람은 인격이요 생명이기 때문이다. 인격이 무엇인가. 자유하는 것 아닌가? …… 인격은 생명 진화의 가장 높은 맨 끝이지만 거기까지 가기 전에 생명의 아주 낮은 원시적인 밑의 단계에서도 자유의 원리에 따라 저항의 원리는 살림을 지배하고 있다"(함석헌, 1967ㄴ: 109~110).

될 수 없는 공동 이익이 민족국가에 존재하며, 개별 민족국가의 이해관계로 환원될 수 없는 인류 전체의 공동선이 존재한다고 볼 수 있다.

물론 민족국가보다 작은 규모의 다양한 전체도 생각할 수 있다. 실제로 함석헌은 인류가 진입해야 할 새로운 문명 단계에서는 작은 공동체 살림이 늘어가야 된다고 보았다. 그러면서 한편으로 소규모 지방자치공동체를 발전시킬 필요가 있으며 또한 개별 시민이 뜻을 모아 다양한 소규모 공동체를 만들고 공동체 훈련을 쌓음으로써 하나가 될 필요성이 있음을 역설하기도 했다. 이처럼 새로운 시대의 사회와 시민에게는 공동체와 공동체 문화가 절실히 요구된다는 것이다(함석헌, 1989ㄴ: 269; 함석헌·안병무, 1980ㄱ: 207; 함석헌·최일남, 1983: 34; 함석헌·박선규, 1987: 221).

이처럼 유기적 전체의 의미를 강조함으로써 시민 개인을 넘어서는 공동선과 공동체의 중요성을 부각했다고 해서 그가 시민 개인의 주체적이고도 적극적인 역할을 주변화시킨 것은 아니다. 오히려 그는 훨씬 더 많은 논의를 개인 간의 상호 신뢰와 협동에 대해 할애했다. 그것은 시민 개인들이 서로 믿고 협력하는 노력이야말로 그들이 하나가 되어 유기적 전체를 이루는 데 무엇보다 중요하다고 보았기 때문이다.[7]

인간을 인간으로 만든 것은 의심이나 미워하는 마음이 아니라 서로 믿어주고

7 "씨올은 하나면서 여럿이요 여럿이면서 하나입니다. …… 하나이기 위해 서로 사랑해야 합니다. 여럿이기 위해 서로 겸손해야 합니다. 겸손하고 사랑하기 위해 서로 믿어야 합니다. 믿으면 하나입니다. …… 사람이 사람을 믿는 사회였을 때 종교도 살았고 문화도 살았습니다. 그러나 종교를 믿는다 하면서도 물질주의, 개인주의로 기울어져 사람이 전체 사회를 떠나서도 살 수 있는 것같이 생각하고 사람을 학대했을 때 하나님은 인간 사회에서 자취를 감추었고 사회는 모래 더미같이 돼버렸습니다. 이제라도 어서 우리끼리를 믿도록 힘써야 합니다"(함석헌, 1971ㅎ: 28~29).

알아주는 마음이요, 서로 경쟁하고 혼자 하려는 버릇이 아니라 서로 협동하고 서로 나누는 버릇입니다. 사랑은 이해를 낳고 이해는 협동을 낳아 보다 더 힘 있고 보다 더 아름답고 보다 더 뜻있는 것에 이르게 합니다"(함석헌, 1976ㄷ: 236).

또한 함석헌은 결사체와 사회운동의 역할에 대해서도 강조했다.

이제 우리나라를 건지는 단 하나의 길은 민중의 여론에 있다. 그것을 위해 민중은 깨어나야 하고 하나로 단결해야 한다. 단결하기 위해 조직을 가져야 한다. 참 의미의 국민운동이 있어야 한다(함석헌, 1963ㅂ: 25).

물론 그가 요청하는 조직은 관료제 같은 거대 조직이 아니라 자발적 결사체처럼 다소 공동체 성격을 지닌 소규모 조직이다.

하나 되는 믿음으로 새 조직을 일으켜야 한다. 사귐이 생겨야 한다. 이 민중을 건지기 위해 최소한도의 조직을 가져야 한다는 것은 이 때문이다. …… 복잡한 조직은 속이는 조직 죽이는 조직이요, 살리는 조직은 간단한 조직이다(함석헌, 1957ㄷ: 253).

이처럼 함석헌의 씨울론, 특히 오늘날 전체의 시대에 특징적인 사회에 대한 그의 관점을 살펴보면 퍼트남이나 황경식 같은 시민공동체론자들이 대안으로 제시한 사회상과 공통점이 많음을 알 수 있다. 비록 함석헌이 시민공동체라는 표현을 쓴 적은 없지만 그리고 이에 관한 그의 주장이 체계적으로 제시되지는 않았지만 많은 글에서 다소 단편적으로 표현된 그의 관점을 종합 정리해보면 시민공동체론의 관점과 공통점이 많다는 것이다. 그것은 그의 유기적 전체사회상이 전근대적인 공동체상과 이후의 개인주의적인 근대 사회상을 극복한 제3의 대안적인 사회상으로서의 새로운 공동체상에 가깝다는 사실에서 이미 어느 정도 알 수 있는 점이기도 하다.

어쨌든 시민공동체론은 전근대적인 공동체론과 개인주의적인 근대 사회론의 한계를 극복하려는 관점으로 의미가 있다. 여기서 특별히 개인주의적인 근대사회론은 흔히 고전적인 시민사회론이라고도 불리는 것으로서 주권재민과 시민의 기본권 사상을 확립하는 데 크게 기여했다. 하지만 여기서 제시된 사회상에 의하면 구성원 간의 사회적 관계는 계약관계에 근거함으로써 불안정할 뿐만 아니라 취약한 결속력을 갖는다. 그리고 구성원의 사적 욕구가 지배하는 사회이다(강수택, 2007: 316). 그렇기 때문에 시민공동체론은 전근대적 공동체상의 특징인 공동체적 유대와 공동체적 선을 거기에 결합함으로써 한계를 극복하려고 한 것이다.

하지만 시민공동체론의 그러한 접근에는 한계가 있다. 공동체적 유대를 강조하게 될 경우 개인의 자유와 충돌할 소지가 크다는 점과 사회구성원 간의 이해관계가 서로 충돌하는 가운데 과연 공동체적 선을 어떻게 판단할 수 있는가 하는 점이 그것이다. 게다가 시민공동체론에서는 국가 혹은 시장과 시민사회 사이의 관계를 갈등보다는 통합의 관점에서 보는 경향이 더 크기 때문에 국가 혹은 시장에 대한 시민의 견제 필요성과 그들 간의 긴장 관계가 소홀히 다루어짐으로써 시민의 자율성이 침해될 위험이 있는 점이 그것이다(강수택, 2007: 323).

3 씨올과 시민사회

시민공동체론처럼 현대 시민사회론 역시 개인주의적인 근대사회론 혹은 고전적인 시민사회론의 한계를 극복하기 위한 새로운 사회상을 제시했다. 그러면서 현대 시민사회론은 시민공동체론에 비해 전근대적인 공동체론의 한계를 극복하려고 한 고전적인 시민사회론의 기본 정신에 더욱 충실하려고 한다.

물론 현대 시민사회론에도 다양한 관점이 존재한다. 그들 중에서 대표적인 관점은 그람시, 킨, 하버마스 전통의 관점이다(김호기, 2007: 24~25). 그람시 전통에서는 시민사회란 경제 영역과 국가 사이에 위치한 상부구조 영역으로서 지배계급의 헤게모니가 행사되는 곳이지만 동시에 피지배계급의 저항 헤게모니와 충돌하는 곳이기도 하다. 여기서는 궁극적으로 지배계급의 이해관계가 관철되지만, 대중들의 입장 역시 표출되고 어느 정도 고려됨으로써 계급 지배의 모순을 극복하기 위한 계기가 모색될 수 있는 이중적 성격의 영역이기도 하다(그람시, 1993: 21~22; 케비어, 1994: 68, 104 이하; 강수택, 2007: 317).

킨은 고전적인 시민사회론자들처럼 시민사회를 비국가 영역으로 파악하는 이분 모델을 제시하지만 시민사회를 자연 상태로 간주하거나 국가를 보편성의 구현자로 여긴 고전적인 시민사회론자들의 관점을 거부한다. 킨에 의하면, 시민사회는 구성원들이 다양한 비국가적인 행위에 종사하면서 국가제도를 통제함으로써 자신들의 정체성을 보호하고 변형시키려 하는 일종의 제도 복합체다. 그리고 국가제도에는 시민 생활 개조를 위한 보호자, 조정자, 규제자로서의 기능 같은 시민사회에 대한 책임이 부여되어 있다. 결국 시민사회는 정치권력의 항시적인 견제자 역할을 하고 국가는 보호, 재분배, 그리고 갈등 조정의 기능을 하는 상호보완 관계에 있는 것으로 본다. 하지만 킨의 관점은 경제 활동을 시민사회 영역에 포함시킴으로써 시장 영역을 둘러싼 현대사회의 역동적인 과정을 포착하는 데 어려움이 따른다(킨, 1992: 233~234; 김호기, 2007: 24).

이분 모델의 그러한 한계를 극복하기 위해서 코헨과 아라토는 하버마스의 이론 전통 위에서 국가/시장/시민사회의 삼분 모델을 제시했다. 그들에 의하면, 시민사회는 경제와 국가 사이에서의 사회적 상호작용 영역으로서, 가족 같은 친밀한 영역, 자발적 결사체 같은 결사체 영역, 사회운동, 공공 커뮤니케이션 등으로 구성되어 있다. 그러한 시민사회의 성격을 더욱 잘 설명하기 위해 그들은 하버마스의 생활세계론을 활용했는데 그들에 의하면 시민사회란 일종의 제도적인 생활세계로서 국가 체계 및 시장 체계와 구별된다. 국가와 시장은 기능적 합리성 혹은 목적 합리성을 추구하는 데 비해 생활세계는 소통적 합리성을 추구하는 영역이기 때문에 시민사회에서는 무엇보다 소통이 중시된다는 것이다(Cohen & Arato, 1992: ix, 429).

한편 함석헌의 씨올사상은 국가주의 혹은 국가 중심의 관점을 매우 강하게 비판하는 사상이다. 함석헌에 의하면 인류역사에서 국가가 필요한 시기가 있었다. 그리고 국가의 후견을 통해 인간이 자라 왔다. 하지만 이제는 아니다. 인간이 성숙해 자립할 수 있게 된 것이다. 그리하여 그는 현대를 씨올의 시대, 민중의 시대라고 불렀다. 그럼에도 권력을 추구하는 일부 집단은 여전히 이전의 국가 기구와 국가 중심주의 입장을 유지하면서 씨올을 지배하려고 한다. 제국주의와 대국주의가 대표적인 예이지만 대한민국의 국가와 같은 대부분의 국가도 예외가 아니다. 물론 그는 정치의 역할을 부인하지 않았다. 문제는 씨올 없는 정치, 지배주의 혹은 권력주의 정치다. 그래서 그는 그러한 국가주의와 국가로부터 씨올이 벗어나야 한다고 보면서 최소 통치론과 지방자치론을 주장했다(함석헌, 1976ㄹ: 286~289; 1972ㄴ: 50; 함석헌·안병무, 1980ㄱ: 207).

씨올이 경계해야 하는 것은 국가주의뿐만이 아니다. 정치주의 혹은 국가주의, 특히 대국가주의를 경계하듯이 경제주의 혹은 기업주의, 특히 대기업주의도 경계해야 한다. 왜냐하면 그들은 서로 결탁해 씨올에 반대되는 일을 많이 하기 때문이다. 함석헌은 자본주의 경제 혹은 자유 시장 경제의 문제점에 대해서도 잘 인식했다. 하지만 마찬가지로 공산주의 사회의 계획경제의 문제점도 비판했다. 이처럼 그는 씨올의 생활을 왜곡시키는 국가주의와 기업주의, 정치주의와 경제주의 모두를 경계했으나 비판의 초점은 국가주의에 맞추었다. 그것은 그의 사상에서 국가주의 비판론이 기업주의, 경제주의, 자본주의 등에 대한 비판론을 양적으로 비교할 수 없을 정도로 압도하는 데서 알 수 있을 뿐만 아니라 곳곳에서 인간 사회의 가장 큰 과제, 씨올들의 일차적 과제를 국가주의 극복으로 단정한 데서도 쉽게 확인할 수 있기 때문이다(함석헌, 1950ㄴ: 160; 1971ㄱ: 297; 1972ㄷ: 72; 함석헌·박선균, 1987: 220).[8]

이렇게 본다면 함석헌의 씨올사상은 국가와 시민사회를 구분하는 고전적인 시민사회론이나 킨의 현대적인 시민사회론의 이분 모델에 가깝다. 실제로 그는 고전적인 시민사회론자들처럼 원시 상태를 평화롭고 소박한 공동체 상태로 가정한 후 구성원의 필요에 의해 국가와 사회 조직이 탄생했다는 사회계약론의 관점을 제시했다(함석헌, 1959ㅁ: 20~

8 함석헌이 기업주의, 경제주의, 자본주의 등에 대한 비판보다 정치주의와 특히 국가주의 비판에 더욱 몰두한 것은 그의 저술 활동이 일제로부터 권위주의 정권까지의 시대를 배경으로 이루어진 것과 관련이 깊다.

21).

하지만 국가의 역할과 관련해서는 인류역사의 발전 단계에 따라 역할이 변해왔음을 지적하고 있다. 즉 과거에는 구성원의 보호자, 후견자 등의 긍정적 역할을 수행하면서 보편적 이익을 구현했으나 이제는 오히려 주체로 독립하고자 하는 씨올과 긴장 관계에 위치하게 되었다는 것이다.

함석헌에 의하면 현대의 국가는 헤겔과 달리 결코 보편성의 구현자가 되지 못하며, 킨의 기대처럼 시민 생활의 보호자, 조정자, 규제자로서의 적극적 역할이 국가에 부여되지 못한다. 그리고 사회 구성원인 씨올에게는 국가의 부당한 억압에 대해 저항하고 투쟁할 책임이 주어진다. 현대 국가와 씨올의 관계를 잠재적 긴장 관계로 보는 함석헌의 그러한 씨올사상은 많은 시민공동체론과 구별된다. 왜냐하면 전형적인 시민공동체상은 국가와 시민의 관계를 갈등 모델이 아닌 통합 모델에 따라 설정하는 경향이 있기 때문이다.

함석헌은 국가 영역에 속하지 않는 씨올들의 사회, 즉 씨올들의 사회적 관계에 대해서도 많은 흥미로운 통찰을 제공했다. 무엇보다 먼저 그가 때때로 전체사회라고 부르기도 한 현대의 씨올들의 사회는 생활세계로서의 특징을 갖는다. 그것은 앞에서 설명했듯이 씨올들이 일차적으로 추구하는 것이 권력이나 화폐가 아닌 삶 그 자체이기 때문이다. 그리고 씨올들의 그러한 삶 지향성은 자연스레 그들로 하여금 서로 간에 믿음, 사랑, 공감, 소통, 협력 등을 추구하게 하는데, 이것들은 모두 국가보다는 생활세계를 이루는 데 훨씬 더 중요한 요소다. 씨올들의 세계가 생활세계로서의 특징을 갖는 것으로 기술한 씨올사상의 그러한 관점은 슈츠, 하버마스 등의 생활세계론과 공통점이 많다.

하지만 하버마스의 생활세계론은 생활세계 내부의 통합 모델에 기초해 있는 데 반해 씨ᄋᆞᆯ사상은 통합 모델과 함께 갈등 모델의 중요한 요소를 적극 취하고 있는 점에서 다르다. 씨ᄋᆞᆯ사상은 씨ᄋᆞᆯ들의 세계 내부에 계급과 계급 갈등이 존재한다는 것을 인정하지만 그람시와 다르게 계급과 계급 갈등의 역할을 제한적으로만 인정한다(함석헌, 1961ㄱ: 45~46; 1961ㄹ: 145). 그리고 씨ᄋᆞᆯ사상은 변증법의 관점을 적극 취해 씨ᄋᆞᆯ들의 세계 내부에 필연적으로 모순이 존재한다고 보았다. 그래서 자기주장, 반발, 저항, 선악의 싸움 등은 씨ᄋᆞᆯ과 그들의 세계의 내적 속성일 뿐만 아니라 모순에 의한 대립과 갈등이 발전도 가져온다고 주장했다(함석헌, 1964ㄴ: 229 이하; 1967ㄴ: 109 이하).[9]

또한 현대의 씨ᄋᆞᆯ들의 사회는 개인의 자유와 사회성을 함께 중시하는 것으로, 특히 사회성에서도 공공성과 함께 연대성을 강조하는 것으로 묘사되어 있다. 앞에서 시민공동체론과 유사한 씨ᄋᆞᆯ사상의 특징으로 개인의 자유와 공동선이 강조되고 있는 점을 지적한 바 있다. 그런데 씨ᄋᆞᆯ사상은 공동체성이나 공동선의 중요성을 강조하는 것 이상으로 구성원 간의 연대성의 중요성을 매우 강조한다.

연대성과 관련해 함석헌의 글에서는 "사회적인 연대", "믿음을 기반으로 하는 유대", "정의情誼의 유대" 등의 표현이 발견된다. 하지만 그러한 표현들보다는 사회적 연대성을 가리키는 다른 표현이 매우 많이 사용되었는데, 화和, 화합, 화해, 단결, 결속, 공생, 뭉침, 같이 살기, 손을 잡음, 협동, 상호부조, 대동, 화동, 우애, 한마음 등이 예이다. 물론 그처럼

9 함석헌은 갈등과 투쟁의 바람직한 정신, 원리, 그리고 방법과 관련해 기존 갈등론자들의 정치적, 제도적, 외면적, 배타적 갈등과 투쟁 대신 정신적, 진리적, 내면적, 포용적 갈등과 투쟁을 제시했다. 그에게 간디는 그것을 실천한 대표적 인물이었다(함석헌, 1965ㄴ: 71).

다양한 표현들이 단지 사용되었을 뿐만 아니라 화이부동, 같이 살기 운동, 대동 정신 등에 관한 글을 통해 씨올 세계에서는 연대가 필수적이라는 점이 매우 강조되어 있다(함석헌, 1972ㅂ: 75~76; 1972ㅌ: 191 이하).

게다가 씨올사상에서는 사회적 연대성의 기초가 되는 씨올 서로 간의 믿음, 사랑, 인, 공감, 소통 등에 관한 논의가 매우 풍부하다. 따라서 그러한 씨올사상의 관점에서는 연대성을 시민사회의 핵심 요소로 삼는 하버마스, 코헨, 아라토, 알렉산더 등의 현대 시민사회론과 일맥상통하는 점을 많이 발견할 수 있으며, 필자의 시민연대사회상과도 통하는 부분이 많다(Habermas, 1981: 215; Cohen & Arato, 1992: 428; Alexander, 2006: 43; 강수택, 2007: 323 이하).

물론 시민공동체론과 같은 현대 공동체론에서도 연대성을 강조한다. 하지만 그들이 강조하는 연대성은 공동체적 연대성으로서 기본적으로 공동선 혹은 공공성에 대한 구성원의 동조와 책임의식으로부터 형성되는 것인 데 비해, 현대 시민사회론이 강조하는 사회적 연대성은 구성원 상호 간의 신뢰, 소통, 책임감, 기능적 의존성 등으로부터 나온다. 한편 씨올사상은 특별히 전체 개념을 바탕으로 공동체적 연대성과 사회적 연대성을 함께 강조한다. 왜냐하면 전체가 개별 구성원 이상이라는 점에서는 불가피하게 구성원에게 공동선에 대한 동조와 책임의식을 요구하게 되지만 함석헌의 전체는 단순한 공동체나 유기적 사회관계를 넘어서는 정신이기도 하기 때문이다. 특별히 그는 정신으로서의 전체와 관련해 사랑 혹은 인仁의 정신에 주목했는데, 이 정신이 씨올 사이의 사회적 연대의 바탕이 되는 것이다(함석헌, 1972ㅁ: 30; 1971ㅁ: 178; 1977ㄴ: 191; 1982ㄴ: 322).[10]

결국, 이상의 논의를 종합해볼 때 씨올사상이 제시하는 사회상은 공공성을 더욱 강조하는 시민공동체상의 특성과 사회적 연대성을 더욱 강조하는 시민사회상의 특성을 함께 갖지만 씨올들의 사회와 국가 사이의 긴장과 견제, 더 나아가 국가 지배에 대한 투쟁의 필요성을 강조하는 점에서 볼 때는 이분 모델의 시민사회상에 훨씬 더 가깝다고 볼 수 있다. 그러면서도 씨올 간의 사회적 연대성을 매우 강조하고 언론 같은 커뮤니케이션의 필요성과 결사체의 역할을 강조하는 점에서는 하버마스 전통의 코헨과 아라토의 시민사회론과도 많은 공통점을 갖는다고 할 수 있다. 그리고 씨올들의 사회가 생활세계적 특징을 갖고 있는 것으로 다루는 점에서도 하버마스 전통의 코헨과 아라토의 시민사회론과 공통점이 있지만 씨올사상은 그러한 세계의 제도적 측면 이상으로 비제도적 측면에 매우 큰 관심을 가진 점에서는 그들과 구별된다.[11]

4 맺음말

이상의 논의를 통해 함석헌의 씨올사상에는 시민공동체론 같은 현대 공동체론의 주요 주장 및 현대 시민사회론의 주요 주장과 공통된 내용이 많이 포함되어 있음을 알 수 있다. 그렇지만 필자는 현대의 시민공

10 그런 관점에서 함석헌은 전체사회가 그러한 정신과 연대에 바탕을 두고 개인들에 의해 자발적으로 형성된 협동체라고 표현하기도 했는데, 협동체로서의 전체는 사회를 넘어 전체 우주의 특징이기도 하다(함석헌, 1971ㅁ: 178; 1961ㄷ: 51).

11 씨올사상이 생활세계의 비제도적 영역에도 큰 관심을 갖고 있는 점에서는 생활세계를 제도적 행위 영역, 비제도적 행위 영역, 그리고 행위의 기초가 되는 의미 영역으로 나누어 그것들 전 영역에 관심을 가질 것을 주장하는 필자의 시민연대사회론과 유사하다(강수택, 2007: 337 이하).

동체론과 시민사회론을 비교할 때 함석헌의 씨올사상에서 발견되는 사회상이 전반적으로 현대 시민사회상에 더 가깝다고 주장했다. 그의 사회상은 현대 시민사회론 중에서도 국가와 시민사회를 엄격히 나누는 킨의 이분 모델 전통에 가깝지만 킨이 국가에 적극적인 역할을 부여하는 데 비해 함석헌은 국가의 역할을 최소화하려고 하는 점에서는 큰 차이가 있다. 그런 점에서 본다면 국가와 시민사회의 관계에 대한 함석헌의 관점은 오히려 김성국의 탈근대 아나키스트 시민사회론에 가깝다고 생각된다.[12]

또한 씨올사상에서 발견되는 사회상의 내부 특징은 필자의 시민연대사회상과 공통점이 많음을 보여준다. 씨올사상은 사회 구성원들 개인의 주체성과 자율성을 강조하면서도 구성원들의 사회적 관계와 사회의 총체적 관점을 매우 중요하게 생각한다. 그리고 사회 내부의 연대와 통합을 강조하면서도 갈등과 투쟁의 필요성을 주장한다. 이처럼 모순되는 듯이 보이는 주장도 연대성을 강조하는 시민사회상인 시민연대사회상의 관점에서는 쉽게 받아들여진다. 시민연대사회상은 사회적 연대를 강조

12 김성국의 시민사회론은 국가와 시민사회의 이분 모델에 근거해 있으면서 국가 중심주의를 극복하는 데 일차적 관심을 갖고 있다. 물론 김성국의 시민사회론이 명시적으로 아나키즘의 입장을 취하는 데 비해 함석헌은 아나키즘과 어느 정도 거리를 두려는 데서는 차이가 있다. 하지만 김성국의 아나키즘은 상호부조의 공동체를 지향하며 민중과 시민이 직접 참여하는 자치 사회를 모색하며 지역 단위의 소규모 연합사회를 추구하는 이념인데 함석헌의 씨올사상에서도 이와 유사한 내용이 발견된다. 또한 김성국의 시민사회론은 근대주의에 대한 뚜렷한 비판 의식에 근거해 탈근대주의 관점을 적극 수용한 데 비해 함석헌의 씨올사상에서는 그러한 인식이 분명하지 않다. 하지만 김성국이 서구적인 탈근대주의의 한계를 극복하기 위해 동양사상, 특히 노자 사상으로 눈길을 돌려 마침내 탈근대 노자 아나키즘 관점의 시민사회론에 이르게 된 것이 그의 탈근대 (노자) 아나키스트 시민사회론인데, 함석헌의 씨올론 역시 서양사상과 함께 동양사상, 특히 노자와 장자 사상을 적극 수용한 점에서 큰 공통점이 있다(김성국, 1996: 21; 김성국, 2001ㄱ: 50 이하; 김성국, 2003: 2 이하; 함석헌, 1989ㅁ: 285, 292; 강수택, 2012ㄱ: 510 이하).

하면서도 사회적 갈등에 적극적이고 유연한 태도로 갈등을 포섭하고 관리해 사회 발전과 연대 향상을 함께 꾀하기 때문이다(강수택, 2007: 270 이하).[13]

결론적으로 씨올사상은 시민사회의 주체인 시민이 씨올, 즉 맨 사람임을 알려준다. 그리고 개인의 존중을 전제로 전체성을 강조하면서도 개인주의뿐만 아니라 국가주의에 대해서 철저히 비판하고 있는 점, 씨올들 간의 연대성을 매우 강조하면서도 갈등과 투쟁의 필요성을 인정하는 점, 저항의 방법으로 철저한 비폭력투쟁을 옹호하는 점, 정신과 가치를 매우 중요하게 여기며 인격과 신뢰를 강조하는 점, 뚜렷한 평화주의 및 세계주의 인식을 보여주는 점, 역사의식 및 문명론적 인식을 강조하는 점 등 많은 면에서 씨올사상이 한국 시민사회론의 독창적인 발전에 필요한 통찰력과 새로운 아이디어를 제공할 수 있을 것으로 생각된다.

물론 씨올사상은 역사론을 제외하고는 대부분 그렇게 체계적으로 제시되어 있지 않다는 한계를 갖고 있다. 하지만 그런 예는 사회사상의 역사에서 그렇게 드물지 않다. 그리하여 씨올사상을 체계화하는 과제가 후속 세대 학자들 몫이라 하더라도 씨올사상이 갖는 시대적 한계는 어느 정도 분명하다. 씨올사상의 배경이 되는 1980년대 이전과 1990년대 이후의 한국사회와 세계에는 여러 면에서 큰 변화가 일어났다. 그중 근대주의에 대한 성찰의 심화, 정보기술의 발전, 신자유주의적 세계화의 급진전, 그리고 한국에서의 민주화와 평화적 정권 교체, 새로운 세대의 등장 등은 현대 한국의 시민사회를 이해하는 데 매우 중요한 변화지만 함석헌이 제시한 씨올사상의 시야 바깥에 위치해 있는 것들이다.

13 시민연대사회론은 갈등 대신 원자화와 소외를 연대의 대립 개념으로 본다(강수택, 2007: 277).

8

씨올과 국가주의

08

1 정치와 국가

함석헌은 국가주의에 대해 일찍부터 분명하게 비판해온 사상가로, 자기 입장을 초국가주의라고 부르기도 했다(함석헌, 1986ㄷ: 231). 여기서는 그의 그러한 국가주의 비판론을 중심으로 그의 정치사상에 대해 살펴보려고 하는데, 그의 국가주의 비판론을 정확히 파악하기 위해서는 그의 국가관과 그것의 토대가 되는 정치관을 먼저 이해할 필요가 있다.

1) 정치란?

함석헌은 인간에게는 정치가 불가피하다고 보았다. 물론 최초의 원시사회에서는 정치가 필요하지 않았다. 하지만 생활공동체 규모가 커지고 또한 다른 공동체와의 접촉으로 싸움이 벌어지면서 조직체와 그것을 거느릴 인물이 필요하게 되었는데, 이로써 정치와 정치인이 출현하게 되었다는 것이다(함석헌, 1989ㅂ: 266; 1959ㅁ: 20~21).

이런 관점에서 그는 인간 사회에 처음 출현한 정치의 본질을 조직적인 힘의 활동에서 찾았다. 하지만 그에 의하면 최초의 정치는 종교와 분리되지 않은 상태로, 종교와 그것에 뿌리박은 도덕의 영향을 많이 받았다. 즉 제정일치 혹은 신정神政 시대여서 사제가 곧 정치인이기도 했다. 이후 정치와 종교가 분리된 채 조화로운 관계를 유지하다가 중세처럼 종교가 정치를 지배하던 시기와 그 후 오히려 정치가 종교를 지배하던 시기를 거친 후, 지금은 정치와 종교가 갈라져 어지러워진 시대가 되었다는 것이 그의 설명이다(함석헌, 1959ㅊ: 86 이하; 1970ㄴ: 134~135; 1961ㅇ: 84~85).

즉 인류역사에서 최초로 출현한 정치의 본질은 힘, 곧 권력에 있었지만 오랫동안 정치는 종교와 도덕에 의해 규제되어 왔다. 그러다가 근대에 와서 정치가 종교와 도덕을 주도하기 시작한 끝에 지금은 정치가 종교과 도덕을 무시한 채 오직 힘의 원리에 따라 이루어짐으로써 전쟁, 학살 등 온갖 비인간적 결과가 발생하고 있다는 것이다(함석헌, 1964ㄴ: 180; 1950ㄴ: 149).[1]

물론 그가 힘, 곧 권력에 기반을 둔 그러한 정치를 무조건 부정적으로만 본 것은 아니다. 그는 인류역사에서 정치가 출현한 것과 종교로부터 분리된 것을 필연적 현상으로 간주했을 뿐만 아니라 인류가 성인 단계에 이를 때까지는 인류 발전에 크게 기여한 것으로까지 보았다(함석헌, 1959ㅊ: 89; 1989ㅂ: 266; 1973ㅅ: 125~126).

1 그는 오늘날 종교와 도덕을 완전히 무시하는 노골적인 권력 정치가 지배하고 있다면서 그것을 "극단의 현실주의" 정치라고 표현했다(함석헌, 1972ㄴ: 50).

하지만 이 과정에서 힘의 정치가 권력을 장악한 소수 집단에 의해 주도되면서 민중 위에서 민중을 구속, 압박하는 특권계급을 낳게 되었을 뿐만 아니라 인간 사회에 지배와 피지배 관계를 끌어들여 인간관계를 지배·피지배 관계로 만들었다.[2] 그러나 함석헌은 피지배자인 씨올이 소수 집단의 지배를 언제나 말없이 받아들인 것은 아니라고 보았다. 그래서 그는 지배·피지배 관계를 "지배·피지배의 싸움관계"라고 표현하기도 했다(함석헌, 1959ㅁ: 21; 1976ㄴ: 95; 함석헌·송기득, 1978: 386).[3]

그런데 이처럼 역사에서 출현해 현대를 지배하고 있는 힘의 정치를 함석헌이 불가피하거나 가능한 유일의 정치라고 본 것은 아니다. 그는 지배·피지배 관계를 낳는 힘의 정치는 결코 참 정치가 아니라면서 참 정치를 위한 다른 길이 필요하며 또한 가능하다고 보았다. 그는 경쟁을 중시하는 미국, 영국 등 강대국의 정치보다는 북유럽 국가들처럼 시민이 훨씬 더 행복하게 살아가는 작은 국가들의 정치에서 참 정치의 현실적 가능성을 발견했다. 그리고 제2차세계대전 이후에 대두된 세계정부world government설에 주목하면서 힘의 철학에 기반한 기존의 정치 관념이 유기적 사회관계와 국제협력을 중시하는 시대정신에 맞게 근본적으로 변화될 필요가 있다고 주장했다(함석헌·송기득, 1978: 386~7; 함석헌, 1950ㄴ: 149~150).

이처럼 힘의 정치가 아닌 근본적으로 새로운 정치 관념을 모색하는 과정에서 함석헌은 기독교의 용서와 사랑의 사상뿐만 아니라 노자의 소

2 함석헌은 정치가 인간 사회를 지배·피지배 관계로 만든 것이야말로 인류 문명을 자멸할 문명으로 만든 가장 중요한 원인이라고 보았다(함석헌, 1977ㅂ: 157~158).

3 오늘날에는 그러한 정치적 싸움에서 공정성이 매우 중요해졌다면서 그는 정치가 공정한 싸움이 되기 위해서는 무엇보다도 사상과 언론자유가 보장되어야 한다고 주장했다(함석헌, 1964ㄷ: 156).

국과민小國寡民, 장자의 무위無爲, 맹자의 왕도王道 등과 같은 동양사상에도 크게 주목했다. 이처럼 그가 특별히 동양의 고전사상에 주목한 것은 동양사상이 일원적이어서 도덕, 종교, 정치를 상호 밀접한 관련 속에서 함께 다루고 있다고 보았기 때문이다(함석헌, 1976ㄴ: 97; 1950ㄴ: 149~150; 2009: 255; 함석헌·송기득, 1978: 387).

어쨌든 그는 힘의 정치 관념이 근본적으로 개혁되지 않으면 인류 문명이 무너지게 되리라고 보았다.[4] 따라서 인류 문명을 구하기 위해서는 인생관과 세계관뿐만 아니라 그에 기반한 정치 관념도 근본적으로 개혁되어야 한다는 입장에서 정치개혁론을 종교개혁론과 함께 강력히 주장했는데, 그의 국가주의 비판론은 그러한 정치개혁론의 중심 내용에 해당된다고 볼 수 있다. 그렇기 때문에 그가 제시한 정치개혁의 보다 상세한 내용은 이어질 국가주의론에서 제시될 것이지만 여기서는 그것의 전제가 되는 정치 관념의 변화를 위한 그의 의견을 간략히 언급하고자 하는데, 그것은 한마디로 "정치의 정신화"로 표현할 수 있다(함석헌, 1974ㄱ: 202; 1970ㄱ: 287).

함석헌이 보기에 오늘날 힘의 정치가 갖는 가장 큰 문제점은 종교 및 도덕과 완전히 분리됨으로써 정치가 극도로 현실주의적인 것으로 된

4 함석헌이 보기에 현대문명을 지배하는 힘의 정치의 기본적 속성은 조직적이며 제도적인 악이다. 왜냐하면 그것은 소수 집단이 힘, 즉 권력을 추구하는 이기적 활동이기 때문이다. 물론 근대 정치의 이념은 링컨의 표현처럼 "민중의, 민중에 의한, 민중을 위한 정치"로 표현될 수 있다. 그것은 과거의 군주 같은 특정한 개인이나 소수 집단이 독점하던 권력에 대해 근대의 민중이 그것은 민중의 것이기 때문에 민중에 의해 민중을 위해 사용되어야 함을 자각한 표현이다. 그래서 민중은 그러한 민중의 권력과 정치를 주장하지만 권력을 장악했거나 추구하는 소수 집단, 즉 정치인은 끊임없이 자기의 권력 강화를 모색한다. 그리하여 함석헌은 정치와의 끊임없는 싸움이 필요하다고 주장했다(함석헌, 1974ㄱ: 202~203; 1989ㅂ: 266; 1970ㄷ: 224; 1961ㄱ: 41; 1975ㄹ: 171~172; 1973ㄴ: 122 이하).

데 있다. 그 결과 그는 오늘날의 정치가 "극도로 발달한 기술의 무기를 들고 미쳐 돌아가는 정치"가 되었다고 지적했는데, 그의 그러한 지적이 이루어진 1970년은 핵무기 확산에 대한 세계적 관심이 매우 컸던 시기였다. 어쨌든 그는 그러한 정치를 제어하는 것이야말로 세계를 건지는 일이라는 관점에서 종교가 낡은 현실 도피 종교에서 벗어나 새로운 종교로 거듭나 그러한 사명을 감당할 것을 주장했다. 하지만 그가 무엇보다 중요하게 생각한 것은 정신을 무시하는 잘못된 이성 대신 정신을 지향하는 건전한 이성을 살리는 것이다. 이런 관점에서 그는 정치에 대해서도 그것이 정신을 무시한 채 극도로 현실주의적으로 된 결과 초래된 혼란을 극복하기 위해서는 종교, 도덕 등의 정신을 새롭게 지향함으로써 정신과 조화하는 정치로 거듭나야 할 것을 주장했다(함석헌, 1970ㄴ: 134~136).[5]

2) 나라와 국가

함석헌은 국가와 나라를 구분해 사용한 경우가 많았다. 국가를 순수 우리말로 표기하면 나라가 되기 때문에 그도 가끔은 두 용어를 구분하지 않고 함께 사용하기도 했지만 현대 국가, 특히 강대국의 지배주의적인 권력국가로서의 속성을 비판적으로 드러내기 위해 많은 경우에 의도적으로 두 개념을 구분해 사용한 것이다.

우선 나라는, 그에 의하면, 인간이 원시사회에서 무리지어 살 때부터

5 그는 정치의 정신화를 특별히 정치와 종교의 관계에 적용해 종교와 조화된 정치의 필요성을 주장하면서 비폭력 저항 사상으로 대표되는 간디 사상을 모범 사례로 제시했다(함석헌, 1961ㅇ: 84; 1969: 91 이하).

자연스레 형성된 일종의 생활공동체 내지는 운명공동체였다. 그곳의 터전은 처음 동굴부터 계곡, 버덩, 강 유역, 반도, 대륙 등으로 확장되어갔지만 언제나 나라였다. 하지만 이처럼 공동체가 확장되는 과정에서 적대적이거나 이질적인 집단과 싸워 그들을 공동체 속에 포함시킬 필요가 생기면서 힘의 정치와 정치인이 출현했는데, 그들 정치인이 만들거나 통치하게 된 나라가 특별히 국가였다는 것이다(함석헌, 1976ㄹ: 288; 1959ㅁ: 20~21; 1989ㅂ: 264 이하; 1978ㄱ: 147~148).

그러한 관점에서 그는 나라와 국가를 구별해 나라는 무리지어 다니며 살던 때 자연스레 그리고 평화롭게 이루어진 공동체로, 기본적 성격이 사회적인 데 비해 국가는 소수 정치인이 힘의 정치 혹은 지배적인 정치를 통해 인위적으로 만든 단체로 성격이 정치적이라고 설명했다. 물론 국가를 지배하는 소수 정치인도 자신들의 국가가 모든 구성원을 위한 생활공동체 혹은 운명공동체라면서 그것을 나라라고 주장해 왔다. 하지만 함석헌에 의하면 어떤 집단이 사심을 갖고 힘으로 지배하는 국가는 결코 전체의 뜻과 일치할 수 없는 지배자들의 도구에 불과한 것으로, 전체를 이루는 하나의 인격체인 나라와 분명히 구별된다(함석헌, 1986ㄹ: 250; 1976ㄹ: 286; 1961ㄴ: 313).

어쨌든 국가는 인간 사회의 규모가 커지면서 출현해 오늘날까지 이어져온 것으로, 소수 집단이 힘의 정치를 기반으로 인위적으로 만든 단체인데, 그것이 오늘날 국가라고 하면 기본적으로 무력에 기초한 국가, 즉 무력국가를 생각하게 되는 배경이라고 그는 설명했다. 물론 고대와 중세 국가의 권력 집단이 무력만 사용한 것은 아니며, 왕권신수설, 국교사상 등을 발전시켜 지배를 정당화하는 수단으로 사용하기도 했다. 뿐만 아니라 이후에는 지배력을 강화하기 위해 민족국가 개념과 민족주의 이념을 이용했으며, 다른 국가에 대한 침략과 지배에 진화론을 이용하기도 하는 등 지배를 정당화하기 위해 다양한 사상과 이념을 이용했다(함석헌, 1964ㄴ: 233~236; 1978ㄱ: 143; 1968ㄹ: 259~260).

함석헌은 나라가 땅, 사람, 그리고 주권의 세 요소로 이루어진다고 보았다.[6] 그중에서 역사적으로 가장 크게 변해온 것으로 그가 가장 주목한 것은 주권, 즉 나라의 주인 혹은 주체로서의 자리다. 그에 의하면 나라의 주인 혹은 근본은 언제나 민중 혹은 씨ᄋᆞᆯ이었다. 하지만 국가가 형성되면서 임금 같은 개인이나 소수 지배자가 주권자 자리를 가로채갔으며, 민족 혹은 특정한 계급이 주인 자리를 차지하기도 했다. 그러다가 근대의 민중이 스스로 주권자임을 뚜렷이 자각하고 자기 권리를 쟁취하게 되면서 많은 곳에서 제도적으로 민주주의 국가가 형성되었으나 근대국가가 실질적으로는 여전히 일부 정치 집단이 지배하는 권력국가라는 점에는 변함이 없다. 그것은 특히 오늘날의 정치가 종교나 도덕에서 분리된 채 힘과 법에만 의지하는 극단적인 현실주의를 추구하는 것과도 깊은 관련이 있는데, 그러한 정치 현실에서는 소수 집단의 실질적 지배가 있을 뿐 국가의 주인으로서의 전체 씨ᄋᆞᆯ 혹은 민중의 자리를 찾기 어렵다는 것이 그의 관점이다(함석헌, 1982ㄱ: 67; 1975ㄹ: 170 이하; 1961ㄴ: 319~320; 1972ㄴ: 49 이하).

이렇게 본다면 함석헌은 나라에서 국가가 출현한 것을 부정적으로만 인식한 것으로 오해할지 모른다. 하지만 그는 원시사회가 커지면서 정치와 정치인이 등장하게 된 것과 그들이 국가를 만든 것이 불가피한 일이었을 뿐만 아니라 인류 발전을 위해 필요한 일이었다고 보았다.

6 하지만 그는 나라가 땅, 사람, 주권의 단순한 합이 아니라 그것들로 구성된 하나의 산 인격이라고 보았다(함석헌, 1968ㅅ: 298; 1961ㄴ: 313).

운명공동체로서의 나라는 자연적으로 있는 것, 더 깊이 말한다면 지극히 높은 우주적인 의지의 발로에 있는 것이지만, 그것은 국가적인 데까지 발달하지 않으면 안 된다. 개인에서 말할 때 나면서 본능적으로 하던 것을 의식적으로 깨달아서 하는 데 인격의 성장이 있는 모양으로, 나라로도 그렇다. 사회적인 민중일 뿐만 아니라 국민에까지 가야 한다(함석헌, 1976ㄹ: 288).

즉 국가가 나라의 발전 형태일 수 있다는 것이다. 그가 실제로 국가를 비판하면서 끊임없이 문제로 삼은 것은 정치, 정치인, 그리고 정치조직의 출현 그 자체라기보다는 소수 집단이 권력을 독점하고 나라의 주인인 민중을 지배하면서 스스로 나라의 주인 행세를 하는 것이다. 그런 관점에서 그는 자신이 문제로 삼는 국가의 핵심은 정부라고 지적하기도 했다.

그 의미에서 국가는 잘못일 것 없다. 잘못은 그 국가를 대표하는 정부다. 정부가 스스로 겸손히 자기의 온전치 못함을 인정하면, 불완전하면서도 나라를 대표할 자격이 있지만, '내가 곧 국가다' 하면 모든 능한 것이 악이 돼버린다. 이때껏 내가 곧 국가다 하지 않은 정부는 없다. 정부주의란 자기가 곧 국가요 모든 것은 곧 자기를 위해서 있는 것으로 생각하는 정부다. 즉 정부의 우상화다(함석헌, 1976ㄹ: 288~289).

표현이 국가든 정부든 어쨌든 소수 집단이 권력을 독점해 나라 전체를 지배하면서 자기가 곧 주인인 것처럼 행세하는 것이 잘못이라는 것이다.[7] 물론 함석헌은 인간이 어린 단계에서는 성인인 부모의 도움을 필요로 하듯이 그동안 인간 역사에서도 야만 상태를 벗어나는 데 그러한 국가 혹은 정부의 역할이 어느 정도 필요했다고 본다. 하지만 인간이 스스로 주체임을 깨닫고 자립하려는 성인 단계에 이른 후에도 소수의 권력 집단이 계속해서 보호자나 감독 역할을 하려는 것은 인간 성장의 방해물일 뿐만 아니라 그 자체가 죄악이다. 그런 이유에서 그는 이제 역할을 다한 국가는 내버리는 것이 진정한 나라 사랑의 길이라고 주장했다(함석헌, 1976ㄹ: 286; 1975ㄹ: 171; 1980ㄴ: 309~310).

그런데 권력을 지닌 소수의 지배집단은 자기의 이익을 위해 기존의 국가 기구를 지키려고 한다. 이와 같은 집단이기주의적이며 현상 유지주의적 태도를 기반으로 그들은 오늘날 고도로 발달한 고등 기술을 장악함으로써 오늘날의 시대정신인 권력 분산에 역행하는 중앙집권적 경향을 드러내기조차 한다. 그 결과 현대의 국가, 특히 강대국들은 전체를 가장해 민중을 속이는 우상이 되어버렸다. 그리하여 그는 "이제 세계사에서 가장 큰 우상은 지배주의의 권력국가입니다"라면서 그것과 싸워 이겨야 한다고 주장했다(함석헌, 1976ㄹ: 287; 1980ㄹ: 302; 1978ㅂ: 211; 1968ㄴ: 138; 1981ㄹ: 126).

이처럼 그는 인간이 성인이 된 오늘날에는 그동안 이어져온 국가가 더 이상 유지되어서는 안 되는데도 불구하고 국가를 통해 권력을 행사해온 집단들이 여전히 기존의 국가 기구를 유지하려고 할 뿐만 아니라 오히려 더욱 강화하려고 한다는 점에 현대 국가의 딜레마가 존재한다고 보았다. 그러면서 그는 그러한 모순을 해결하기 위해 현대 국가와 싸워 이겨야 된다고 주장했지만 현실에서 정치와 법은 어느 정도 불가피하다는

7 함석헌은 그들 소수의 정치적 지배자가 일부러 나라와 정부를 혼동하게 하는 경향이 있었다고 비판하기도 했다(함석헌, 1972ㄷ: 72).

관점에서 무정부주의 입장을 수용하지는 않았다. 대신 그는 기존의 힘의 정치관과 그에 기초한 낡은 국가관을 과감히 탈피해 씨올의 시대에 부응하는 근본적으로 새로운 정치관과 국가관으로 전환할 것을 강조했다(함석헌, 1979ㅌ: 284; 1989ㅁ: 285~286).

2 국가주의 비판

1) 국가주의의 특징

함석헌은 국가주의를 "국가라는 이름 아래 민중을 완전히 수단으로 삼고 지배하려는 생각"으로 규정했다(함석헌, 1976ㄹ: 298). 그러면서 국가주의의 다섯 가지 특징을 특별히 강조했는데, 첫째는 국가주의란 소수의 지배집단이 전체 민중 혹은 씨올을 위해서가 아니라 바로 자기를 위해서 주장하는 생각이라는 것인데, 그는 국가주의의 그런 특징을 종종 집단주의로 표현했다(함석헌, 1986ㄱ: 202 이하; 함석헌·송기득, 1978: 409).

둘째, 국가주의는 국가의 구성원, 특히 민중 혹은 씨올 개개인보다 국가를 우선시해, 국가가 그들을 위해 존재한다기보다 거꾸로 그들이 국가를 위해 존재하는 자로 여긴다. 그래서 그는 국가주의의 그러한 특징을 국가지상주의라고 표현했다. 그런데 앞에서 소개한 인용문에서 볼 수 있듯이 많은 경우 정부를 이루고 있는 개인 혹은 집단이 스스로를 곧 국가라면서 모든 것이 자신을 위해 존재한다고 주장하는 경향이 있다. 그리하여 그는 특별히 그러한 경향을 정부주의, 정부지상주의, 혹은 정부의 우상화 등으로 불렀으나 국가 혹은 정부를 민중 혹은 씨올보다 우선시하는 기본 정신에서는 국가(지상)주의와 정부(지상)주의 사이에 차이는 없다(함석헌, 1980ㄴ: 308~309; 1986ㄹ: 252~253; 1972ㄴ: 49 이하; 함석헌·송기득, 1978: 409).[8]

셋째, 국가주의는 소수 집단이 폭력을 통해 강압적으로 민중을 지배하려는 생각으로, 그는 그러한 특징을 폭력주의나 강제주의라고 표현했다. 그리고 그러한 생각이 무력과 힘의 정치에 대한 과신에서 비롯되었다는 점에서 그는 그것을 정치만능주의나 정치주의라고 표현하기도 했다. 어쨌든 그러한 특징을 갖는 국가주의는 민중 개인이나 조직을 힘, 특히 무력으로 제압해 지배하려는 경향을 보인다(함석헌, 1971ㅁ: 180; 1964ㄷ: 162; 1972ㄷ: 72; 1959ㅊ: 85~86; 1973ㅂ: 276~7; 1973ㄷ: 309).

넷째, 무력과 힘의 정치를 바탕으로 지배를 추구하는 국가주의는 역사적으로 볼 때 강대국이 되어 약소국을 지배하려는 경향을 보여 왔는데, 그는 국가주의의 그러한 특징을 대국주의 혹은 대국가주의라고 표현하기도 했다. 그러면서 특히 19세기까지 세계사에서 빠르게 확장된 제국주의가 바로 그러한 의미의 국가주의를 의미했다면서 그런 의미의 국가주의나 제국주의는 제2차세계대전 종전 이후에도 미국, 소련 등의 강대국을 통해 새로운 형태로 모습을 드러내고 있다고 보았다(함석헌, 1972ㅊ: 97; 1950ㄴ: 148; 1972ㄴ: 49; 1981ㄹ: 127).

8 국가주의의 다섯 가지 특징은 서로 밀접히 관련되어 있지만 그중에서도 특히 집단주의적 특징과 국가지상주의적 특징은 더욱 밀접한 관계에 있다. 그래서 국가주의에 대한 그의 논의에서 이 두 가지 특징에 관한 설명 및 표현이 종종 뒤섞여 있는 것을 발견할 수 있다. 하지만 보다 자세히 들여다보면 첫째 특징에 관한 논의의 초점이 소수 권력 집단과 민중 혹은 씨올의 관계에 있는 데 비해 둘째 특징에 관한 논의에서는 전체와 개인의 관계에 초점이 놓여 있음을 알 수 있다.

끝으로 국가주의는 민족주의와 밀접한 관련을 맺고 있다. 함석헌은 근대국가의 출현 및 전개에 관한 역사적 설명을 통해 유럽에서는 강력한 힘을 가진 자들이 민족을 내세워 중세 봉건군주의 국가를 민족국가 형태의 강력한 대국으로 전환시켰다고 지적했다. 그리고 근대국가의 최고 권력자들은 민중, 곧 씨울을 동원해 권력을 유지, 강화하기 위해서 민족을 적극 이용해 왔다고 보았다. 이처럼 국가주의자들이 민족국가를 형성, 유지하고 때로는 대국화하는 과정에서 매우 적극적으로 이용한 민족 사상이 민족주의이므로, 근대 이후의 국가주의에서는 민족주의가 특별히 중요하다. 그런 관점에서 함석헌이 다룬 근대 국가주의의 마지막 다섯째 특징은 민족주의라고 말할 수 있다(함석헌, 1986ㄹ: 252).[9]

2) 국가주의의 문제점 비판

함석헌은 국가주의에 반대하는 입장을 매우 분명하고도 빈번히 표명했을 뿐만 아니라 그것을 넘어 국가주의가 자신의 대적이며, 따라서 없어져야 한다고까지 표현했다(함석헌·안병무, 1980ㄴ: 442; 함석헌, 1976ㅁ: 79). 그렇다면 그가 이처럼 국가주의에 대해 신랄하게 비판하면서

9 함석헌은 국가와 민족에 대해 비록 그것들이 서로 밀접한 관계에 있지만 각각 고유한 의미를 갖는 개념으로 비교적 뚜렷이 구별해 사용했다. 이에 비해 국가주의와 민족주의에 대해서는 뚜렷이 구별하지 않고 함께 사용하는 경향이 있다. 그는 "국가주의"를 영문으로 "nationalism"이라고 표기했으며, "오늘은 이미 인류가 국가지상·민족지상의 생각, 곧 내셔널리즘을 벗어버리려 애쓰는 시대요", "이날까지 우리는 내셔널리즘, 곧 민족주의·국가주의 속에서 자라왔습니다", "그 세상적이라는 건 무어냐 하면 민족주의, 국가주의, 우리 민족이 제일이다 하는 거[것]" 등의 글에서 볼 수 있듯이 국가주의와 민족주의를 매우 빈번히 병렬적으로 사용했을 뿐만 아니라 때때로 함께 묶어 "내셔널리즘"이라고 표현하기도 했다(함석헌·김재준, 1971: 192; 함석헌, 1966ㄱ: 304; 1964ㄱ: 287; 1985: 208).

국가주의의 제거를 주장한 이유는 무엇인가? 앞에서 그가 제시한 국가주의의 특징에서 여러 문제점이 드러났다고 볼 수 있지만 국가주의 극복을 위해 그가 제시한 논의를 정확하게 이해하려면 국가주의의 문제점에 관한 그의 설명을 좀 더 자세히 살펴볼 필요가 있다.

먼저 그가 지적한 국가주의의 첫 번째 문제점은 집단주의적 특징에서 비롯된 것으로, 소수의 지배집단이 국가의 주인인 민중 혹은 씨올 대신 자기를 국가의 주인으로 여기고 민중 혹은 씨올에 대해서는 지배나 착취 대상이나 수단으로 간주한다는 점이다(함석헌, 1971ㅁ: 180; 1976ㄹ: 298).

집단주의란 욕심 있는 소수의 사람이 집단을 형성해 집단을 중심으로 생각하고 행위 하는 것인데, 함석헌에 의하면 국가도 대개 소수의 집단에 의해 형성, 지배되어 왔기 때문에 집단주의적인 경향이 있다(함석헌, 1986ㄱ: 203~204).

하지만 국가의 주인은 소수의 지배집단이 아니라 민중 혹은 씨올이다. 그런데도 국가주의에서는 그들 소수 집단이 스스로 주인 행세를 하면서 씨올을 억압하거나 설혹 그렇지는 않더라도 전체 씨올의 뜻이 아닌 자신들의 집단이기적인 뜻을 추구한다. 그것은 무엇보다도 주인인 씨올의 관점에서 볼 때 민주주의에 반하는 것으로, 그런 관점에서 그는 국가주의의 끝이 독재주의라고 또한 국가주의를 완성하면 독재주의까지 갈 수밖에 없다고 주장했다. 함석헌이 그런 의미에서 집단주의적이라고 표현한 국가주의의 특징은 박정희 중심의 군부 집단과 전두환 중심의 신군부 집단을 통해 등장한 두 차례의 군사정권이 분명히 보여주었다(함석헌, 1964ㄷ: 162).

그가 지적한 국가주의의 두 번째 문제점은 국가지상주의적 특징에서 비롯된 것으로, 민중 혹은 씨알 개개인보다 국가를 더 중시해 국가 이름으로 개인의 자유를 짓밟아 노예화 한다는 것이 그것이다(함석헌·오효진, 1986: 82; 함석헌, 1973ㄷ: 309).

4장에서 소개한 바와 같이 함석헌은 전체보다 개인을 우선시하는 개인주의 대신 개인 혹은 개별 집단보다 전체를 우선시 하는 전체주의를 주장했다. 물론 그가 주장한 전체주의는 히틀러, 무솔리니 등의 전체주의와 다른데, 그것은 국가와 민족을 최고의 전체로 삼는 국가주의와 민족주의를 거부하고 전 인류와 온 생명을 아우르는 전체를 추구한다는 점과 힘을 통한 전체의 실현을 거부하고 개인의 자유와 성장을 바탕으로 자발성과 사랑으로 이루어지는 전체의 실현을 추구한다.

즉 그는 개인의 자유와 성장을 전제로 하지만 개인의 생각에만 머물지 않고 전체를 추구하되 이 전체도 민족이나 국가에 머물지 않고 그것을 넘어 인류와 우주를 포함하는 전체주의를 주장했다. 이렇게 본다면 그의 전체주의는 개인주의와 집단주의를 거부할 뿐만 아니라 민족주의와 국가주의도 거부하는 입장임을 알 수 있다.

결국 국가지상주의적 특징을 갖는 국가주의에는 적어도 두 가지의 심각한 문제가 있는 것으로 지적된다. 한 가지는, 이제 세계가 하나로 되는 시대를 맞이해 더 이상 국가나 민족이 전체일 수 없으므로 국가주의와 민족주의 극복이 무엇보다 절실함에도 불구하고 마치 국가가 전체인 양 주장하는 국가주의는 시대의 흐름에 역행하는 것으로, 시대가 요구하는 국제협력의 가장 큰 장애가 된다는 점이다. 이 점에 관해서는 뒤에서 논의가 계속 이어질 것이다(함석헌, 1968ㄷ: 266~267; 1966ㄱ: 304).

다른 하나는 여기서 보다 중심 되는 문제로, 이제는 더 이상 전체가 아닌 국가가 전체의 이름으로 국가를 개인보다 중시하면서 개인의 자유를 억압할 뿐만 아니라 스스로를 우상화하면서 민중 혹은 씨올 개개인을 속여 성장을 가로막기까지 한다는 점이다. 함석헌은 국가지상주의의 그러한 문제점을 과거의 일본 군국주의 국가나 한국의 권위주의 정권뿐만 아니라 냉전체제하의 양 진영 강대국에서도 발견했다(함석헌, 1973ㄷ: 309; 1968ㄴ: 138; 1978ㅂ: 211; 함석헌·오효진, 1986: 81~82; 함석헌·박선균, 1987: 229).

앞에서 다룬 집단주의적인 국가주의에서는 지배집단의 정당성 결여와 추구하는 이익의 특수성이 문제였다면 여기서는 설혹 정당성을 가진 지배집단이 공익을 추구하더라도 국익의 이름으로 민중 혹은 씨올 개개인의 자유와 권리를 억압할 뿐만 아니라 그들이 세계시민으로 성장하는 것을 막는 것이 더 문제가 된다고 할 수 있다.

국가주의의 세 번째 문제점은 폭력주의적·강제주의적 특징에서 기인하는 것으로, 지배집단이 자기 뜻을 관철하기 위해 힘, 특히 무력에 의존하는 경향이 있다는 점이다. 그에 의하면 나라를 이루는 세 가지 힘은 무력, 법, 사랑인데, 힘 있는 소수 집단에 의해 만들어져 오늘날까지 이어져온 국가는 그중 특히 무력을 가장 중요하게 여겨온 무력국가이기도 하다. 하지만 특히 근대국가에서 무력이 제대로 힘을 발휘하려면 법의 뒷받침을 받아야 하는데, 그가 보기에 무력주의가 정점에 이른 현대의 많은 국가는 사랑은 말할 것도 없고 법마저 무시한 채 무력에만 의존함으로써 더 이상 유지되기 어려운 모순을 드러내고 있다(함석헌, 1964ㄴ: 233; 1964ㄷ: 161~163).

그는 인류의 삶을 만들어가는 힘, 사회질서와 국가를 유지해가는 힘이 결코 정치인의 권력 관계나 군대, 경찰처럼 무력을 사용할 수 있는 국가 기구에서 나오는 것이 아니라 자기희생을 하더라도 서로 함께 살아가려는 인간에 내재한 속성, 즉 인간성 내지는 사회성에서 나온다고 보았다. 그렇기 때문에 인간 사회의 어떤 갈등도, 심지어 국가 간의 전쟁의 위험조차도 인간의 그러한 평화적 노력, 특히 대화로써 많이 해소될 수 있다고 생각했다(함석헌, 1968ㄹ: 260).

그런데 무력 혹은 힘을 중시하는 국가주의에 사로잡힌 지배집단은 자신들의 국가로 하여금 될수록 강력한 힘을 갖추게 하려는 경향이 있는데, 바로 그런 배경에서 군비확장주의도 생겼다. 어쨌든 그처럼 강력한 힘을 추구하는 경향은 대외적으로는 곧이어 살펴볼 국가주의의 네 번째 중요한 문제인 전쟁의 위험을 낳는 배경이 되지만 국내적으로는 군부, 검찰, 경찰 등 물리력을 사용할 수 있는 국가 기구의 힘을 키워 그것들에 의한 민중의 부당한 희생과 심지어 학살까지 낳는 배경이 되기도 한다(함석헌, 1971ㄲ: 231; 1976ㅁ: 79).[10]

국가주의의 네 번째 문제점은 대국주의적·제국주의적 특징에서 비롯된 것으로, 무력과 힘의 정치를 바탕으로 강대국이 되어 약소국을 침략하거나 지배하려는 경향이 있다는 점이다. 함석헌에 의하면 지금까지의 무력국가는 대국과 그것을 넘어 제국을 이상으로 삼는 대국주의 경향과 제국주의 경향을 보여 왔다. 그런데 그들 대국주의와 제국주의는 그동안 자신들의 국가를 우상으로 만들어 작은 국가나 민족을 끊임없이 괴롭혀 왔을 뿐만 아니라 강대국 간의 경쟁을 불러일으켜 양차 세계대전의 원인이 되기도 했다(함석헌, 1972ㅊ: 97; 함석헌·송기득, 1978: 408~409;

10 함석헌은 박정희 군사정권의 계엄령을 직접 염두에 두면서 무력주의 혹은 폭력주의에 의존하면 결국 멸망하게 될 뿐이라고 강조했다. "마취약을 번번이 쓰면 쓸수록 더 다량을 요하고 효력은 점점 더 없어져 가고 나중에 자기멸망에 이르고 말듯이, 폭력주의도 계엄령도 그럴 것이다. …… 너희 칼을 쓰는 자는 칼로 망할 것이다"(함석헌, 1964ㄷ: 163).

함석헌·한용상, 1983: 478).

제국주의로 인해 약소국이 침략과 지배를 당한 대표적인 사례는 함석헌이 직접 체험한 일제에 의한 한반도 지배였다. 이처럼 대국주의와 제국주의는 약소국에 대한 대국의 침략과 식민지 지배를 초래해 왔을 뿐만 아니라 일본 관동대지진 때 국가의 권력 유지를 위해 죄 없는 조선인 학살을 감행한 것처럼 약한 국가의 민중이나 약한 민족에 대한 학살을 낳기도 했다(함석헌, 1973ㅂ: 294~6; 1961ㅇ: 84; 1976ㅁ: 79).[11]

그는 또한 대국주의와 제국주의가 양차 세계대전 같은 대규모 전쟁을 일으킨 것으로 그치지 않고 20세기 중엽 이후에 와서는 국가 간에 핵무기 경쟁을 벌이게 함으로써 인류 문명을 전멸시킬 위험마저 초래하고 있음을 지적했다. 물론 핵전쟁의 결과는 강승약패가 아닌 공멸일 뿐이다. 그리하여 그는 이제 무력에 기반을 둔 대국이 더 이상 생존하기 어려운 시대가 되었다는 대국 시대의 종언을 주장했다. 그러면서 그러한 시대의 변화에도 불구하고 여전히 대국가주의를 탈피하지 못한 채 이기주의와 현상유지주의에 머물러 있는 시대착오적인 현실에 대해 큰 우려를 표명했다(함석헌·한용상, 1983: 478; 함석헌, 1968ㄷ: 264; 1978ㅂ: 211; 1986ㄹ: 253~254).

이처럼 대국주의와 제국주의는 대국들로 하여금 직접 양차 세계대전 같은 대규모 전쟁을 벌이게 했으며, 이후에는 핵전쟁 위험의 원인이 되고 있을 뿐만 아니라 또한 자신들의 이익을 위해 제3세계의 작은 국가

11 그는 남북분단 역시 그러한 대국주의 성격의 국가주의 때문이라고 보았다. 이 외에 비록 여러 다른 의미에서긴 하지만 가난함, 뒤떨어진 것 등도 국가주의 때문이라면서 그는 한마디로 한민족을 국가주의의 희생자라고 표현했다(함석헌, 1973ㄷ: 308~9; 1976ㄹ: 297; 1981ㄹ: 126; 1962ㅁ: 39).

들이 서로 지역적인 전쟁을 하도록 만드는 "아주 더 악질적인 제국주의" 행태를 드러내기도 했다. 그리고 그와 같은 무력충돌 형태의 전쟁 외에도 대국주의는 대국 간의 경제적 경쟁을 심화시켜 전 세계적 차원에서의 자원문제, 공해문제 등을 야기하고 있다. 그런데 그러한 대국주의와 제국주의의 길이 인류의 생존을 심각하게 위협하는 길임을 모두가 알면서도 특히 선진 대국일수록 좁은 이해관계에 매여 낡은 국가주의를 탈피하지 못하고 있다고 그는 지적했다(함석헌, 1972ㄴ: 49; 1981ㄹ: 127; 1976ㄹ: 287~288).

국가주의의 마지막 다섯 번째 문제점은 민족주의적 특징에서 비롯된 것으로, 서구에서 근대국가가 성립된 이래 지배집단이 권력의 획득, 유지, 강화를 위해 민족주의 사상과 감정을 적극 이용해 왔다는 점이다.

함석헌은 사람이 비록 개인으로 살지만 그러한 개인이 민족에서 나왔다는 점에서, 그리고 이제껏 오랫동안 역사의 중요한 매체이자 국가의 주체로서 민족이 역할을 해온 점에서 민족이 매우 중요하다고 보았다. 특히 우리의 경우 일제식민지 시기에는 민족독립의 필요성 때문에 민족이 무엇보다 중요했고, 해방 이후에는 민족국가 수립의 미완성 때문에 민족이 여전히 중요하다고 생각했다. 그러면서 비록 오늘날 세계적으로 볼 때 교통, 통신의 발달 등 여러 시대적 여건의 변화로 인해 민족적 특징이 약화되고는 있지만 민족은 쉽게 사라지지 않을 것이며, 따라서 쉽게 무시할 수 없으리라고 보았다(함석헌, 1970ㄱ: 281; 1961ㄴ: 319; 2008: 20; 1961ㄱ: 45; 1961ㅅ: 100; 함석헌·송기득, 1978: 407~408).

그리하여 그는 민족을 잊어서는 안 되며, 사랑하되 미쳐서도 안 된다면서 그것을 위해서는 민족이 자신을 객관화할 수 있어야 한다고 주장했다. 좀 더 구체적으로 표현한다면, 민족이 주체의식을 갖고 보다 큰 세계사적 사명감을 자각할 수 있어야 한다는 것이다. 그런데 그러한 태도는 민족을 영원한 것으로 간주하는 태도, 자기 민족의 우월성을 앞세워 다른 민족을 무시하거나 심지어 자기 민족을 우상화하는 태도와는 명백히 구분된다. 그런 점에서 민족 혹은 민족 주체성과 민족주의는 분명히 구별되어야 하는데, 그는 민족주의자들이 그것들을 뒤섞어 생각하는 오류를 범하고 있다고 비판했다. 민족주의 극복을 위한 세계주의도 민족 주체성을 존중하는 바탕 위에서 이루어질 수 있기 때문에 비록 민족 주체성은 지켜져야 하지만 민족주의는 이제 시대착오가 되었다는 것이다(함석헌, 1970ㄱ: 286~287; 1961ㄱ: 45; 1964ㄱ: 286; 함석헌·송기득, 1978: 406~407).

오늘날은 세계가 하나 된 시대며, 과거에 민족이나 국가를 전체로 여기던 때와 달리 이제는 세계와 심지어 우주를 전체로 여기게 된 시대이다. 그런 시대에는 민족주의가 더 이상 존속하기 어렵기 때문에 그는 이제 민족주의 시대가 지나가버렸다고 보았다. 그럼에도 불구하고 여전히 남아 있는 민족주의 혹은 그런 의미의 국가주의는 이제 악이 되어가고 있기 때문에 제거해야만 한다고 주장했다(함석헌, 1968ㄹ: 259; 1961ㄷ: 51; 1978ㄱ: 149; 1964ㄱ: 290).

그렇다면 이 시대의 민족주의는 왜 악인가? 그에 의하면, 민족국가와 그것의 바탕이 된 이념인 민족주의는 이제껏 우리 인간의 모태였다. 그리하여 그동안 우리는 그 속에서 자라왔으나 이제 충분히 자랐기 때문에 모태를 벗어나 세상에 나와야 하는데 나오지 못하게 한다면 그것이 악이라는 것이다. 그의 좀 더 구체적인 설명에 의하면, 오늘날 세계가 하나 된 시대에는 정치, 경제, 군사 등에서의 국제협력이 중요하며, 그중에서도 특히 세계적 평화체계의 구축이 필요하다. 그런데도 지배집단은 여전히 민족주의를 이용해 씨올의 민족감정이 나라와 나라 간의 평화를 방해하게 만든다면 국제협력과 평화체계 구축은 불가능하게 된다. 그런 점에서 그는 이 시대의 민족주의와 그런 의미의 국가주의에 대해 죄악이라고까지 표현했다(함석헌, 1964ㄱ: 287~288; 1972ㄴ: 51~52).[12]

지금까지 그가 제시한 국가주의의 다섯 가지 특징을 중심으로 그가 지적한 국가주의의 문제점들을 살펴보았다. 그는 그러한 문제점들 때문에 국가주의를 매우 신랄하게 비판하면서 그것의 극복을 주장했다. 그렇다면 국가주의를 극복하고 대안으로 추구해야 할 방향과 그것을 실현할 방안은 무엇인가? 그에 대한 그의 설명은 이 글에 이어 자세히 다룰 것이다.

다만 그 내용으로 바로 들어가기 전에 잠시 두 가지 점만 간략히 덧붙이고자 한다. 하나는 그가 산 당시의 동서 냉전체제에 대해서 그는 비록 미국과 소련 같은 양 진영의 강대국이 겉으로는 자본주의니 공산주의니 하는 이념 대립을 내세웠지만 실제로는 대국주의, 제국주의, 국가지상주의, 집단주의 등의 특징을 갖는 국가주의를 추구했다고 보았다. 그런 그의 관점은 냉전이 치열했던 1970년대 초의 글뿐만 아니라 냉전체제가 붕괴하기 전인 1980년대 후반에 쓰인 글에서도 공통적으로 발견된다(함석헌, 1986ㄹ: 254; 1971ㅁ: 180; 1972ㅊ: 97; 1973ㄷ: 309).

12 함석헌은 씨올은 다른 민족에 대해 적의를 갖고 있지 않는데 소수의 지배집단이 자기의 지배를 정당화하고 공고히 하려고 씨올의 민족감정을 이용해 민족 간의 갈등과 심지어 전쟁까지 부추긴다고 보았다. 그리고 지배적인 민족사상인 민족주의에 대해서도 "이것은 민족이 말한 것이 아니라 민족의 지배자가 그렇게 말을 붙여온 것"이며, 그것도 "생물의 진화학설을 따라서 그렇게 말해왔지만 이젠 그런 따위의 생각은 할 수 없게 되었습니다"고 주장했다. 여기서 그가 진화학설을 따라 그렇게 말했다고 표현한 것은 진화론의 영향을 받아 민족 간의 투쟁과 지배를 강조하고 정당화한 사회진화론 혹은 사회다윈주의적인 경향의 민족주의 사상을 가리키는 것으로 보인다(함석헌, 1968ㄹ: 258~260).

다른 하나는 그처럼 많은 문제를 지닌 국가주의 시대가 이미 종언을 고했으며, 이제 인류가 새로운 시대에 진입했음을 그가 강조한 점이다. 그와 관련해 이미 앞서 그는 대국주의와 민족주의의 특징을 지닌 국가주의 시대가 지나갔다고 언급한 바 있는데, 그러한 특징뿐만 아니라 집단주의, 국가지상주의, 폭력주의의 특징을 지닌 국가주의도 이미 지나갔다는 것이다. 그래서 그는 그런 여러 면을 함께 고려할 때, 비록 국가주의적 경향이 사라진 것은 아니지만 이 시대가 더 이상 국가주의의 시대가 아니므로 시대를 거스르면서 여전히 남아 있는 국가주의를 시급히 극복할 것을 주장했다(함석헌, 1978ㄱ: 143~144; 1964ㄷ: 162~163).

3 국가주의 극복의 길과 씨올

그렇다면 그가 국가주의와 관련해 새롭게 도래했다고 본 시대는 어떤 시대인가? 그는 새로운 시대의 특징적 변화로 민권사상이 날로 높아 가고 있다는 점과 세계적 협력의 필요성이 강조되고 있다는 점에 특히 주목했다. 그러한 변화는 각각 흔히 민주주의와 세계주의의 강화로 표현될 수 있는 것들로, 그의 관점에 의하면, 이 둘은 서로 무관한 별개의 변화가 아니고 이제 새롭게 도래한 "전체주의 시대"의 다른 표현이다(함석헌, 1970ㅈ: 83; 1959ㅁ: 21~22; 1975ㄹ: 171~172).

1) 민주주의의 길

그는 오늘날의 새 시대를 전체주의 시대라고 부르며 "이제 인간의 역사는 잘난 인물의 이끎으로 될 것이 아니고 제 일을 제가 아는 민중이 개인으로서 생각하는 것이 아니라 전체로서 생각해서만 될 것이기 때문에 하는 말"이라고 부연했다. 여기서 우리는 천재나 영웅 같은 어떤 특출한 개인이나 일부 소수 집단이 아닌 민중, 즉 씨올이 이제 인간의 역사를 이끄는 시대가 되었다고 한 그의 설명에 주목할 필요가 있다. 그는 씨올이 주인 혹은 주체가 된 시대를 씨올의 시대라고도 불렀는데, 비록 씨올은 처음부터 국가의 주인이었고 역사의 주체였으나 오랫동안 그러한 사실을 제대로 깨닫지 못하다가 이제는 제대로 깨달아 알게 된 시대가 되었다는 것이다(함석헌, 1975ㄹ: 171~172; 1963ㄴ: 114~116).

이처럼 씨올이 스스로 "이제 우리가 나라의 주인이다"하는 시대, 곧 씨올의 시대가 바로 민주주의 시대이다. 지금까지의 국가주의 시대는 제왕이나 특정한 소수의 권력 집단이 민중 위에서 민중을 지배하면서 민중을 속여온 권위주의 시대였다. 하지만 이제는 민중이 성인이 되어 자기가 누구인지를 충분히 알게 되었기 때문에 누구의 지배를 받을 필요가 없을 뿐만 아니라 부당한 지배를 받아들이려고 하지도 않는다. 그래서 그동안 민중의 노력을 통해 새로운 시대가 요구하는 민주주의 제도가 사회에 갖추어지기 시작했지만 권력을 추구하는 정치인 중에는 "그 옛날 잠이 아직 달콤한 듯 깨려 하지" 않고 옛 시대의 지배주의적인 사고에 여전히 머물러 있는 자들이 아직도 많다고 그리고 그것이 오늘날의 세계를 어지럽게 만드는 중요한 원인이라고 그는 설명했다(함석헌, 1986ㄹ: 252~253; 1966ㄷ: 183; 1975ㄹ: 171~172).

이런 관점에서 그는 민주주의 실현에 필요한 여러 가지 점에 대해 설명하면서 씨올의 적극적 역할을 주문했는데, 그중 특별히 중요한 두 가지 점을 간략히 소개하면 다음과 같다. 하나는 민주주의를 짓밟거나 그것과 대립하는 국가주의, 권위주의, 독재주의 등을 경계할 뿐만 아니라 그것들과 싸워 물리쳐야 한다는 것이다. 왜냐하면 그것들이 지배함으로써 민주주의가 죽으면 씨울은 허울만 사람이지 짐승과 다름없게 되기 때문인데, 이 점에서는 좌익 독재나 우익 독재나 마찬가지라고 보았다(함석헌, 1963ㅊ: 130; 함석헌·오효진, 1986: 81~82).

그의 그러한 독재비판론은 많은 경우 국가주의 극복을 위한 일반적 논의 맥락에서 제시되었지만 그가 산 당시의 권위주의적인 한국의 정치현실을 직접 염두에 두고 쓰인 것도 많다.[13] 그는 5·16쿠데타를 통해 군부집단이 통치하던 1963년에 쓴 한 글에서 역사의 대국을 내다보는 것과 현실 문제에 대한 분명한 판단을 갖는 것이 매우 중요하다고 지적하면서 "대국이 무엇이오? 민주주의의 완성이지. 판단이 무슨 판단이오? 자유냐 독재냐지"라고 주장한 바 있다. 그것은 당시의 군사정권이나 한국사회를 직접 염두에 둔 주장이었지만 집단주의나 국가지상주의 같은 의미의 국가주의를 극복하는 것이 여전히 필요한 오늘날의 모든 사회에도 유효한 발언이라고 볼 수 있다(함석헌, 1963ㅅ: 181).

민주주의의 출발은 독재나 권위주의의 지배 같은 개인 혹은 소수 집단의 부당한 지배에 대한 씨울의 문제의식으로부터 이루어지지만 민주주의의 발전과 완성은 더 많은 요소를 필요로 한다. 그런 맥락에서 함석헌이 씨울에게 요구한 다른 중요한 과제는 무엇보다 온전히 깨어 시대변화에 부합하는 새로운 정치관과 국가관을 분명히 하는 것이었다(함석

13 그는 1950년대에 쓴 글부터 1980년대에 쓴 글까지 신랄한 독재비판론을 이어갔는데, 심지어 5·16쿠데타에 의한 군정기인 1962년에도 독재의 위험성을 경고했으며 유신체제가 성립되기 직전인 1972년에 쓴 글에서는 "시금은 국민·민중은 사실상 없다. 있는 것은 독재하는 지배단체가 있을 뿐"이라고 주장했다(함석헌, 1962ㄹ: 53; 1972ㄴ: 51).

헌, 1989ㅂ: 266; 1966ㄷ: 183; 1986ㄹ: 253~255).

오늘날이 민중, 곧 씨올의 시대로 된 데는 무엇보다 인간 정신의 내적 발달이 중요한 역할을 했지만 그와 함께 과학기술의 발달, 교육 보급 등을 통해 그렇게 발달된 정신이 널리 확산될 수 있던 것도 중요하다. 그러한 조건 속에서 씨올은 자기가 국가의 주인이며 역사의 주체임을 자각하기 시작했지만 사회에 따라서는 여전히 그러한 인식에 이르지 못한 씨올이 적지 않다. 그리하여 함석헌은 무엇보다 모든 씨올이 온전히 깨어 자기가 누구인지 자각할 수 있도록 돕는 것이 민주주의에 매우 중요하다는 관점에서 씨올 교육 혹은 민중 교육의 필요성을 강조했다(함석헌·오효진, 1986: 83).

이처럼 오늘날 자신들의 시대를 살게 된 씨올들에게는 온전히 깨어 자기 정체성을 인식하는 것이 무엇보다 요구된다. 하지만 함석헌은 여기서 더 나아가 민주주의 실현을 위해 씨올에게 자기에 대한 믿음, 곧 자신감과 서로에 대한 믿음도 매우 필요하다고 주장했다. 왜냐하면 그러한 믿음이 있으면 민주주의를 실천하려는 의지가 발동되고 또한 해야 할 의무감과 사명의식도 분명해짐으로써 국가주의를 극복할 수 있게 되지만 반대로 자신과 서로에 대한 믿음이 없어서 의심하고 미워하면 국가주의라는 우상을 불러들여 종이 되기 쉽다고 보았기 때문이다(함석헌, 1966ㄷ: 183; 1986ㄹ: 254).

함석헌은 씨올이 자신과 타인에 대한 그러한 인식을 바탕으로 종래의 지배주의적인 힘의 정치 관념을 버리고 새로운 시대에 부합하는 참 정치관을 분명히 할 것을 요구했다. 그가 설명한 새로운 시대의 참 정치관을 한마디로 표현하면 "평범한 씨올의 씨올에 의한 씨올을 위한 정치"로, 그것은 바로 참된 의미의 민주주의 정치를 의미했다(함석헌, 1989ㅂ:

266~267; 1961ㄱ: 41).

그는 민주주의 정치를 설명하면서 특히 정신적 요소를 강조했다. 그것은 기존의 힘의 정치가 정신적 요소를 무시한 채 극단적 현실주의를 추구해왔으며, 따라서 그것을 극복하기 위해서는 정신적 요소를 강화시킬 필요가 있다고 보았기 때문이다(함석헌, 1972ㄴ: 50 이하).[14] 그가 민주주의 정신의 핵심으로 특별히 강조한 세 가지를 간략히 소개하면, 먼저 완전한 인간도 완전히 잘못된 인간도 없다는 인식, 즉 인간의 한계성과 상대성을 인정하는 것이다. 그럴 때 비로소 씨ᄋᆞᆯ 전체의 여론을 존중하는 정치가 가능해진다. 다음으로, 사람을 사람으로 대접해야 한다는 인격적 인간관으로 모든 주체의 자율성과 자립성을 존중하는 태도는 그러한 인식의 결과다(함석헌, 1989ㄱ: 197; 1962ㄹ: 53; 1953: 86).[15]

마지막 셋째는, 사람을 사랑하는 것이다.

> 민주주의란 다른 것 아니에요. 사랑이지. 사람이 사람을 사랑하는 것이 민주주의요. 내게 밉게 구는 사람일수록 이제부터 민주주의로 대하면, 내게 반대하는 사람일수록 이제부터 사람으로 대하면 민주주의가 될 터인데, 괜히 다르게 멀리 생각하기 때문에 안 되지 않아요?(함석헌, 1989ㄷ: 186).

그는 종래의 정치 관념과 새로운 참 정치 관념 사이의 차이를 그것의

14 그런 관점에서 그는 정치에서 새로운 윤리와 종교의 역할을 강화할 필요가 있다면서 씨ᄋᆞᆯ을 통한 정치의 정신화를 주장했다(함석헌, 1970ㄱ: 287).

15 고지마 군조는 민주주의 정신에 대해 체계적으로 설명한 논문에서 민주주의 세계관을 지탱하는 핵심적인 두 개의 인간관으로 인간이 한계를 지닌 상대적 존재라는 인식과 존엄한 존재라는 인식을 제시한 바 있는데, 그러한 주장은 함석헌의 설명과 일맥상통한다(고지마 군조, 1983: 38~43).

배경이 되는 힘의 철학과 사랑의 철학 사이의 차이로 보았다. 종래의 국가주의 정치가 힘의 철학에서 나온 힘의 정치였다면 새로운 민주주의 정치는 사랑의 철학에서 나오는 사랑의 정치라는 것이다(함석헌, 1968ㄱ: 35~36).[16]

민주주의의 기본 정신이 사람을 사랑하는 것이기 때문에 민주주의는 씨ᄋᆞᆯ의 하나 됨, 나라의 하나 됨, 세계의 하나 됨 등을 추구한다. 함석헌의 하나 됨 사상과 그것이 특별히 씨ᄋᆞᆯ사상에서 갖는 의미에 관해서는 5장에서 이미 자세히 소개한 바 있다. 그런데 여기서 그가 민주주의 실현을 위해 특별히 "개성적인 하나"로 되는 것이 중요하다고 지적한 점을 언급하고자 한다. 즉 그에 의하면 씨ᄋᆞᆯ은 하나가 되어야 하지만 결코 획일적인 하나여서는 안 되며, "하나 속에 전체가 있고 전체 속에 하나가 있는, 그러한 개성적인 하나"가 되어야 민주주의라고 할 수 있다는 것이다. 물론 이처럼 그가 개성적인 하나 됨의 중요성을 강조한 것은 민주주의의 기본 정신인 인격적 인간관에 따른 자율성과 사랑을 함께 강조한 결과라고 볼 수 있다(함석헌, 1963ㅅ: 184~185).

함석헌은 씨ᄋᆞᆯ에게 그러한 새로운 정치관을 바탕으로 기존의 국가관을 버리고 새로운 국가관을 분명히 할 것도 주문했다. 물론 정치관과 국가관은 밀접히 연결되어 있어 앞에서 소개한 그의 민주주의론이 국가관에도 그대로 적용된다고 할 수 있다. 하지만 여기서는 그것을 바탕으로 몇 가지 점을 새로이 간략히 추가하고자 한다. 우선 새로운 국가관의

16 그런 관점에서 그는 힘의 철학에 의거해 다수결 원칙을 민주주의 핵심으로 간주하는 것은 민주주의를 잘못 이해하는 것이라고 지적하면서 "민주주의의 표어는 전체입니다. 누구나 다 사람입니다. 하나도 빠져서는 아니 됩니다. 이 앞으론 점점 그런 길로 나갈 거란 말입니다"고 주장했다(함석헌, 1963ㄴ: 115).

출발점은 국민이 국가를 위해 있는 것이 아니라 국가가 국민을 위해 있다는 인식이다. 그리고 여기서 말하는 국민이란 일부 소수 집단이 아닌 전체 씨올을 가리킨다는 점이다(함석헌·최일남, 1980: 215; 함석헌, 1980ㄷ: 214; 함석헌·한용상, 1983: 478).

다음으로, 이상적인 국가, 곧 나라를 다스리는 원리는 집의 원리처럼 구성원이 사랑과 믿음으로 하나 되는 것이라고 보았다. 그에 의하면 원래 나라란 집이 커진 것이었는데, 힘을 쓰는 정치인들이 등장해 지배주의적인 국가를 만들면서 사랑과 믿음은 없어지고 꾀와 힘으로 하는 제도와 강제만 남게 되었다. 그러므로 이제 그러한 국가의 문제점을 깨닫게 된 씨올들은 종래의 지배주의적 국가관을 버리고 사랑과 믿음에 기초한 새로운 전체주의적인 국가관을 가져야 한다고 본 것이다(함석헌, 1964ㄹ: 227; 1975ㄱ: 279~282).

새로운 전체주의적 국가관의 보다 구체적인 모습으로 그가 제시한 것은 크게 세 가지 방향인데, 하나는 중앙집권화된 국가권력이 크게 분산되어 많은 작은 공동체로 이루어진 나라가 되는 것이다. 그는 세계가 전반적으로 그런 방향으로 나아갈 것이라고 보면서 분권적 공동체를 발전시키기 위해서는 지방자치제가 매우 중요하다고 강조했다(함석헌, 1986ㄹ: 255; 함석헌·안병무, 1980ㄱ: 197, 207).[17]

다른 하나는 미국, 영국, 옛 소련처럼 다른 많은 작은 나라를 힘으로 제압함으로써 자신을 유지, 발전시키려는 대국주의를 버리고 스위스, 북유럽 국가들처럼 비록 작은 국가지만 힘의 정치 대신 전체 국민의 행복을 추구하는 나라가 되는 것이다. 필자는 그가 이에 관해 더 자세히 논의

17 함석헌은 한반도 통일에 대해서도 그러한 지방자치공동체 발전의 관점에서 생각할 것을 제안했다(함석헌·안병무, 1980ㄱ: 207).

한 부분을 발견하지 못했지만 그는 어쨌든 그들 나라가 미국, 소련처럼 무력에 바탕을 둔 강대국보다 실질적으로는 훨씬 더 강력한 국가이며 강한 맛을 지닌 국가라고 주장했다(함석헌, 1950ㄴ: 149~150; 1968ㄷ: 264).

마지막 세 번째 방향은 기존 국가나 민족의 경계를 넘어 세계가 하나의 나라가 되는 것인데, 이에 관해서는 이어서 다룰 세계주의 논의에서 자세히 소개하고자 한다. 어쨌든 함석헌은 씨올들이 그처럼 새로운 시대에 부응하는 자아인식, 민주주의 정치관, 전체주의 국가관 등을 분명히 하고 그것을 바탕으로 민주주의를 함께 주체적으로 실천해가는 것이 국가주의를 극복하는 가장 중요한 길이라고 보았다.[18]

2) 세계주의의 길

하지만 그는 이제 새롭게 도래한 전체주의 시대가 알려주는 시대 변화가 민주주의의 강화일 뿐만 아니라 세계주의의 강화이기도 하다는 점에 주목했다. 그리고 그런 관점에서 세계주의라는 시대의 대세에 부응하는 방향으로 인식을 전환하고 또한 그러한 인식을 바탕으로 실천하는 것 역시 국가주의 극복에 매우 중요한 길이라고 보았다.

함석헌의 설명에 의하면, 오늘날 인류 문명이 발달하고 특히 교통과 통신이 편리해지면서 국경과 민족의 경계가 약화되었다. 그러한 변화는 민권의 발달과 결합해 "세계의 시민"이라는 생각이 등장하고 빠르게 확산되는 배경이 됨으로써 정치, 경제, 사회, 문화 각 분야에서 세계적 활

18 함석헌은 개인의 양심을 지배하려는 국가주의의 죄악에 맞서 양심을 지키고 민주주의를 실현하는 과정은 씨올에게 때때로 죽음을 각오하는 실천을 요구한다고 주장했다(함석헌, 1971ㅇ: 225).

동과 국제협력이 강화되는 결과를 낳았다. 그러한 움직임은 자연스레 정치, 국가, 민족 등에 대한 기존의 지배적 인식을 변화시켜 새로운 인식을 가져 왔다(함석헌, 1959ㅁ: 21~22).

그는 이제 국경을 말할 수 없고 민족을 구별할 수 없을 정도로 세계가 하나로 되었는데, 국경을 만들고 민족주의를 내세워온 소수의 지배집단 사람들은 철지난 국가주의와 특히 민족주의로부터 아직도 벗어나지 못한 채 기존의 민족국가와 민족주의를 여전히 주장하고 자신들을 위해 이용하려고 애쓰고 있다고 지적했다. 반면 씨ᄋᆞᆯ들은 비록 오랫동안 민족을 전체로 삼아 살아왔으나 이제 세계가 하나로 되면서는 민족보다 더 큰 인류를 전체로 여기게 되었으며, 더 나아가 우주를 전체로 여기기 시작했다. 그 결과 씨ᄋᆞᆯ들은 권력자들과 달리 이제 더 이상 다른 민족에 대해 적의를 갖지 않고 오히려 민족과 무관하게 인류 전체를 하나의 씨ᄋᆞᆯ 혹은 세계시민으로 삼아 함께 살아가려고 생각하기 시작했다(함석헌, 1968ㄹ: 259~260; 1980ㄹ: 301~302; 1959ㅁ: 21~22).

이런 관점에서 함석헌은 시대의 변화에 따라 씨ᄋᆞᆯ들이 기존의 국가주의적이며, 특히 민족주의적인 국가관과 민족관을 거부하고 새롭게 갖게 된 초국가주의적, 탈국가주의적 혹은 탈민족주의적 인식을 세계주의라고 불렀다. 그것은 이제 세계가 "한 나라" 혹은 "우리나라"라는 의미에서인데, 그는 이처럼 세계가 하나로 된 결과 "이제 나라는 세계라는 나라 하나밖에 없게 됐습니다"라고까지 주장했다(함석헌, 1979ㅍ: 348; 1978ㄱ: 149; 함석헌·오효진, 1986: 81~82).[19]

19 그는 이제 세계라는 나라밖에 없다는 관점을 "세계국가주의"라고 표현하기도 했으나 "세계국가"라는 표현을 그가 "세계라는 나라"라고 하는 긍정적 의미로 쓰지 않고 세계를 지배하는 강대국이라는 부정적 의미로 쓴 경우도 있어서 약간의 주의를 필요로 한다(함석헌, 1968

함석헌은 그러한 세계주의적 국가관이 이상적으로 실현된 상태를 "세계가 한 나라 되고 그 다음 각 지역별로 자치하는 공동체가 생겨나는 것"으로 표현했다. 하지만 그러한 이상적 상태에 단번에 이를 수는 없기 때문에 중간 과정으로 지역 연방을 제시했다. 그는 미합중국을 예로 든 바 있으며, 유럽연합이 아직 출범하기 훨씬 전의 유럽공동체EC 시절인 1979년에 발표한 글에서는 "유럽합중국"을 위한 유럽인의 노력을 높이 평가했다(함석헌, 1976ㄹ: 299; 1979ㄷ: 36~37).

그러면서 그가 특별히 더 큰 관심을 갖고 제안한 것은 동남아연방처럼 동아시아 국가들이 참여하는 지역 연방을 이루는 것이었다. 그가 동남아연방이나 동아시아 국가들의 연방체 건설의 필요성을 특별히 강조한 것은 세계라는 한 나라를 향해 가는 과정에서의 중국의 역할 때문이었다. 그는 중국이 강대국으로 빠르게 발전함에 따라 민족주의를 바탕으로 아시아 지역에서 심각한 갈등을 많이 야기할 것으로 예상해 지역의 다른 나라들뿐만 아니라 중국을 위해서도 그것을 예방하기 위해 지역 연방을 형성하는 것이 매우 필요하다고 본 것이다. 그러면서 그것을 정치집단에게 기대하기보다는 정의, 평화, 인류 미래를 비교적 앞서 생각하는 각국 사람이 서로 교통함으로써 이룩할 수 있다고 주장했다(함석헌, 1976ㄹ: 298~299; 1979ㄷ: 37; 1963ㄴ: 118~120).

어쨌든 그는 이처럼 세계의 각 지역이 기존의 중앙집권적인 민족국가 체제를 극복하고 지방자치 공동체로 이루어진 분권화된 지역 연방체를 발전시킬 것을 제안했다. 그들 지역 연방은 그의 새로운 국가관에서 매우 중요한 위치를 차지하는데, 그것은 그가 오늘날 한 나라가 되고 있

ㄷ: 264; 1959ㄴ: 57; 1971ㄲ: 230; 1979ㄷ: 47).

다고 본 세계, 즉 세계라는 나라의 정치 체제의 핵심 요소이기 때문이다.

그에 의하면 세계라는 나라도 새로운 의미에서지만 정치적 기능을 필요로 한다. 그리하여 그러한 정치적 기능을 수행할 기관을 그는 세계정부라고 불렀는데, 비록 세계정부에 대해 자세히 설명하지는 않았지만 세계정부 체제에 대한 그의 생각을 크게 두 가지 방향으로 암시했다. 하나는 "세계연방"이라는 표현이 암시하는 것으로, 그는 세계정부가 몇 개의 분권적인 지역 연방으로 구성된 분권적 연방 체제를 취하는 것을 이상적인 방향으로 생각한 것으로 보인다(함석헌, 1963ㄴ: 117, 119; 1964ㅁ: 159~160; 1976ㄹ: 299).

그리고 다른 한 방향으로는 국제기구, 사회단체 등의 역할이 증대되는 것을 바람직한 방향으로 여긴 것으로 보인다. 그는 국제기구의 대표적인 사례로 유엔을 들면서 세계평화를 위한 유엔의 역할에 대해 부분적으로 긍정적 입장을 표했으나 전반적으로는 매우 미흡하다는 평가를 했다. 그러면서 그는 그러한 유엔의 기능을 강화하든지 아니면 유엔을 폐지한 후 보다 실효성 있는 세계평화기구를 설립할 것을 제안했다.[20] 물론 그가 의미한 국제기구란 유엔처럼 기존 민족국가의 정부들이 주도하는 기구, 즉 국제 정부기구IGO만을 의미하는 것은 아니었다. 그는 씨ᄋᆞᆯ들이 주도하는 분권적이며 자치적인 사회단체와 세계 씨ᄋᆞᆯ들의 상호 협력을 매우 높이 평가했는데, 그것은 곧 국제 비정부기구INGO 같은 세계시민사회의 정치적 역할을 중시한 것으로 해석된다. 그런 점에서 그가 암시한 세계정부체제의 다른 한 방향은 국제정부기구와 국제비정부기구

20 정지석은 함석헌이 세계주의와 그것이 구체화된 기구인 유엔을 국가주의의 대안으로 간주했다고 보았다. 여기서 세계주의에 대한 그의 판단은 정확하지만 유엔에 대해서는 함석헌의 유보적인 태도를 간과한 것으로 보인다(정지석, 2006: 117).

사이의 협치가 원활히 이루어지는 체제라고 볼 수 있다(함석헌, 1989ㄷ: 197; 1964ㅁ: 160; 1971ㅍ: 148).

이처럼 시대의 변화에 따라 기존의 국가관과 민족관 대신 요구되는 새로운 국가관인 세계주의적인 국가관은 기존의 국가를 지배하던 소수 집단 중심의 집단주의적·지배주의적인 국가관이 아니라 씨올 중심의 민주주의적 국가관이다. 그리고 그러한 새로운 민주주의적 국가관은 특히 국제관계나 전 세계적 차원에서 볼 때 극도로 현실주의적인 힘의 정치관 대신 평화주의적 정치관을 요구한다. 평화주의적 정치관은 경쟁과 힘을 중시하기보다는 새로운 시대정신에 부합해 유기적 사회관계와 국제협력을 중시하는 정치관이자 무엇보다도 평화, 자유, 정의, 사랑 등의 정신을 매우 소중히 여기는 정치관이다. 그는 그러한 정치관의 모범적인 사례를 간디 사상에서 찾으면서 무력과 폭력에 의존하는 정치가 아닌 비폭력주의 원칙을 일관되게 주장했다. 그리고 그러한 원칙을 바탕으로 이제 인류 전체를 멸망시킬 수 있는 전쟁을 방지할 세계적인 평화체제를 구축할 필요성을 주장했다.[21]

4 국가주의론의 의미와 한계

함석헌은 평생 반국가주의자의 길을 걸으며 민주화운동과 평화운동에 매진한 사상가이자 실천운동가였다. 박노자는 함석헌이 국가주의에 전면적으로 맞설 수 있던 힘의 출처로 무교회주의 사상에 기초한 개인

21 함석헌의 평화사상에 대해서는 5장에서 자세히 소개한 바 있다.

자유의 존중과 사해동포주의적인 기독교 사상에 기초한 민족에 대한 도구적 인식의 두 가지를 특별히 거론한 바 있는데, 그것은 적절한 지적으로 보인다(박노자, 2007: 76~80).

다만 이 두 가지가 그의 반국가주의 사상의 중요한 정신적 뿌리에 해당된다면, 그의 반국가주의 사상이 직접 형성, 전개되는 과정에서는 그가 살면서 경험한 시대 상황이 매우 중요한 영향을 끼쳤다. 그는 일제 식민지와 양차 세계대전을 경험했으며, 이후 이승만 독재정권으로부터 시작되어 오랜 박정희 군사정권을 거치고 신군부정권으로 이어진 남한의 권위주의 정권을 경험했다. 더 나아가 북한의 공산정권과 또한 미국 및 소련을 중심으로 형성된 동서 냉전체제를 경험한 인물이었음을 생각한다면 위에서 언급한 정신적 뿌리를 지닌 그의 사상이 반국가주의적 특성을 띠게 된 것은 매우 자연스런 일이었을 것이다.[22]

필자는 그러한 입장에서 그가 국가주의를 극복할 대안으로 제시한 민주주의의 길과 세계주의의 길에 대해 살펴보았다. 그런데 그는 국가주의를 극복하고 민주주의와 세계주의의 길로 나아가기 위해 씨올들이 우선 할일에 대해서도 설명한 바 있다. 그것은 세계의 모든 씨올이 서로 손을 잡고 평화적인 투쟁을 확산시키는 일과 씨올이 과학화해 권력자들의 고등 기술 독점을 막고 새로운 종교철학으로 새로운 가치관을 확립할 수 있게 하는 일인데, 후자의 일은 국가주의 극복을 위한 정치의 정신화

22 함석헌의 반국가주의 사상이 형성, 전개되는 과정에서 일제식민지, 제2차세계대전, 이승만독재, 박정희 군사정권 등에 대한 경험이 중요한 배경이 되었다는 설명은 정지석의 글에서도 발견된다. 김경재는 함석헌 자신이 일본의 식민지배 체제 아래서 그리고 해방 후에는 분단 상황에서 국가주의라는 이념적 우상에 의해 철저히 고난당한 당사자요 증인이었기 때문에 국가주의에 맞서 혼신의 힘으로 투쟁하게 되었다고 설명한다(정지석, 2006: 116~118; 김경재, 2009: 164).

와 밀접한 관련이 있으며, 전자의 일은 민주주의와 세계주의의 실천을 의미한다고 볼 수 있다(함석헌, 1972ㄴ: 52~53).[23]

1) 국가주의론의 의미

함석헌의 국가주의론은 몇 가지 매우 중요한 의미를 갖고 있다. 무엇보다 먼저 그가 산 시대를 지배한 가장 대표적인 이데올로기이자 우상인 각종 국가주의의 정체를 선구적이면서도 폭넓게 해명했을 뿐만 아니라 문제점을 과감하고도 날카롭게 폭로했다는 점을 들 수 있다. 그리고 그러한 과정에서 국가주의에 대한 그의 비판론이 다른 형태의 집단주의나 소박한 개인주의 관점에 의해 지배되지 않고 인류 문명을 미래로 이끌 새로운 방향으로 전개되었다는 점이다. 그의 관점이 국가주의나 다른 형태의 집단주의뿐만 아니라 소박한 개인주의와도 명백한 거리를 유지했다는 점에 관해서는 다음 장에서 자세히 다룰 것이다.

그의 국가주의론이 미래지향적 방향으로 전개된 가장 의미 있는 내용은 그의 민주주의론과 그것의 토대가 되는 새로운 정치 관념에서 발견된다. 그의 민주주의론은 무엇보다도 철저한 씨ᄋᆞᆯ 중심의 논의이며, 사랑의 정치 관념에 기초한 논의이며, 정신적 요소를 중시하는 논의이며, 세계주의적인 논의이다. 그렇기 때문에 그의 민주주의를 씨ᄋᆞᆯ민주주의, 사랑의 민주주의, 정신적 민주주의, 그리고 세계민주주의로 표현할 수

23 함석헌이 국가주의를 극복할 방안으로 하나님 나라 신앙, 민중의 상호연대, 그리고 과학적 인식을 제시했다고 정지석이 설명한 것도 그런 맥락에서다. 여기서 특히 세계의 씨ᄋᆞᆯ이 손을 잡고 평화적인 투쟁을 확산시키는 일 혹은 민중의 상호연대는 씨ᄋᆞᆯ의 개성적인 하나 됨으로서의 민주주의론과 관련되어 있을 뿐만 아니라 필자가 이 책 전체를 통해 특별히 부각시키려고 하는 주제이기도 하다(정지석, 2006: 118).

있다.

함석헌의 민주주의 사상을 씨올민주주의로 표현한 것은 이규성, 문지영 등의 글에서도 발견되는데, 이규성은 함석헌의 씨올민주주의의 핵심 이념이 사랑이라고 보았다.

> 씨올민주주의 이념에서 그는 모든 위계적 구조를 탈각하는 존재 자체에 대한 긍정을 지향하는 사랑의 본질을 이해한다. 진정한 민주주의는 '사랑을 온통으로 하는' 전체주의다(이규성, 2010: 347).

한편 문지영은 함석헌의 씨올민주주의를 세계주의와 풀뿌리민주주의의 관점에서 해석한다.

> 진정한 민주주의, 즉 씨올민주주의는 일국의 경계를 넘어 세계공동체를 지향한다(문지영, 2013: 68).

> 그에게서 민주주의는 궁극적으로 씨올의 자립과 자율, 자치다. 그런 맥락에서 본다면 씨올민주주의를 풀뿌리민주주의로 해석하는 데 크게 무리가 없을 듯하다(문지영, 2013: 73).

> 함석헌은 씨올사상을 통해 개체와 전체, 민족공동체와 세계시민의 이분법을 넘어선 새로운 주체를 그렸으며, 민중에 대한 이해의 지평을 넓혔고 혁명의 모델과 방법을 보는 관점도 옮겼다. 또한 풀뿌리민주주의 혹은 '인간의 민주주의를 더욱 확장시킨 생명의 민주주의'로 표현될 수 있는 그의 씨올민주주의는 우리가 민주주의를 새롭게 고민하고 실천해야 할 지점을 제시했다(문지

영, 2013: 75).[24]

필자는 함석헌의 씨올민주주의를 시민민주주의 관점에서 계승, 발전시킬 수 있다고 본다. 7장에서 함석헌의 씨올 개념과 현대 사회과학의 시민 개념 사이의 공통점과 차이점에 대해 살펴보았듯이, 그의 씨올 개념은 비록 좁은 사회과학적 의미를 넘어 생명론, 종교론 등의 의미까지 포함하고 있어 사회과학의 시민 개념과 단순히 등치될 수는 없지만 시민 개념과의 큰 공통점을 바탕으로 현대 시민사회를 설명하는 데 유용한 개념이 될 수 있다. 그런 관점에서 본다면 그의 씨올민주주의 사상도 기존의 엘리트 민주주의와 달리 기층 시민을 포함한 전체 시민으로서의 씨올이 중심이 된 시민민주주의 사상으로 해석될 수 있다. 그의 민주주의를 이처럼 시민민주주의로 해석하면 위에서 그의 민주주의를 풀뿌리민주주의로 보는 관점을 포괄할 뿐만 아니라 참여민주주의, 일상생활의 민주주의 등 다른 유형의 현대 민주주의 사상과 연계시킬 가능성도 커진다.

사랑의 민주주의는 함석헌 자신이 권력의 민주주의와 대비해 사용한 적이 있는 표현인데, 그의 씨올민주주의의 핵심 이념이 사랑이라는 이규성의 지적은 함석헌의 민주주의 사상이 사랑의 민주주의임을 잘 보여준다. 그리고 앞서 인용한 바 있듯이 실지로 함석헌 자신이 바로 민주주의의 핵심은 사랑이라고 주장했다(함석헌, 1936: 218; 1989ㄷ: 186).

한편 정신적 민주주의란 다소 생소한 표현이지만 도덕적 민주주의나 윤리적 민주주의로 바꿀 수 있는 것으로 현실주의적 힘의 철학에 기초한 민주주의에 머물지 않고 정신적 요소를 중시할 뿐만 아니라 그것을

24 함석헌의 민주주의 사상을 풀뿌리민주주의로 이해하려는 관점은 박재순, 하승우 등의 글에서도 발견된다(박재순, 2001: 117; 하승우, 2008ㄱ: 50 이하).

적극 추구하는 민주주의를 의미한다. 함석헌이 권력의 민주주의와 대비해 사용한 사랑의 민주주의는 사랑의 가치를 중시하는 민주주의라는 점에서 그러한 정신적 민주주의의 대표적 사례라고 할 수 있다. 다만 정신적 민주주의란 사랑의 가치 외에도 환경, 평화 등과 같은 다양한 정신적 가치를 추구할 수 있다는 점에서 사랑의 민주주의보다 더 포괄적인 개념이다. 그렇지만 함석헌이 모든 가치 중에서 사랑의 가치를 가장 중시했다는 점에서 본다면 사랑의 민주주의가 정신적 민주주의의 가장 대표적인 유형이라고 볼 수 있다.

여기서 한 가지 덧붙일 매우 중요한 점은, 반국가주의자인 함석헌이 국가주의 극복을 위해 무엇보다 민주주의를 중시해 그것을 위해 사상과 실천으로 노력했지만 결코 민주주의를 궁극적 목표로 삼지 않았다는 사실이다. 그는 궁극적으로 진리를 추구했지만 나라를 위하는 것이 진리를 추구하는 지름길이요 민주주의를 위해 노력하는 것이 나라를 위한 지름길이라는 관점에서 민주주의 실현을 위해 노력했다. 이렇게 본다면 진리 혹은 정신을 부정하는 나라와 민주주의는 모두 의미 없기 때문에 그는 민주주의가 결국 진리 혹은 정신을 추구하는 것이 되어야 한다고 보았다.

> 민주주의와 나라를 비교할 때 나라가 더 큰 개념이요, 나라와 진리를 비교할 때 진리가 더 큰 개념이다. 진리를 위해 나라를 부정하면 나라가 살아나지만, 나라를 위해 진리를 부정해서는 그것도 저것도 다 없어진다(함석헌, 1978ㅅ: 25).

필자는 앞서 함석헌의 민주주의를 씨울민주주의, 사랑의 민주주의, 정신적 민주주의뿐만 아니라 세계민주주의로도 표현할 수 있다고 말한 바 있다. 함석헌 사상에서 민주주의란 씨올의 특성상 세계주의와 맞닿을 수밖에 없기 때문에 진정한 민주주의란 세계공동체를 지향한다고 한 문지영의 설명은 함석헌의 민주주의 사상이 일국 민주주의가 아닌 세계민주주의 사상임을 잘 보여준다(문지영, 2013: 68).

앞서 살펴보았듯이 민주주의와 세계주의는 국가주의 극복을 위해 함석헌이 함께 제시한 대안적 방안으로, 서로 뗄 수 없는 매우 밀접한 관계에 있다. 그것은 이 둘이 인류 문명에 새로 도래한 전체주의 시대의 다른 표현이기 때문이다. 따라서 결국 이제 씨올이 과거의 민족국가가 아닌 세계를 한 나라, 곧 전체로 여기게 된 오늘날의 시대에 함석헌의 민주주의는 필연적으로 세계민주주의 사상일 수밖에 없으며, 세계주의 또한 씨올 중심의 세계주의 곧 시민적 세계주의 사상일 수밖에 없다.[25]

2) 국가주의론의 한계

씨올과 권력 집단 간의 대립관계를 기초로 전개된 함석헌의 국가주의론에 대해 박노자는 계급적 사고를 결여하고 있어 자본주의적 계급 분화가 초보적 수준에 머무른 1960~1970년대의 한국사회에서는 시의성을 가졌으나 노동자의 계급의식이 분명히 드러나기 시작한 1980년대 이후에는 그러지 못한 한계를 드러냈다고 지적했다. 그리고 문지영은 함석헌의 씨올 개념이 너무 종교적이며 신비적이어서 현실 민주주의의 정치

25 지금까지는 함석헌의 국가주의론이 가진 긍정적 의미를 주로 민주주의론의 맥락에서 설명했다. 하지만 필자가 갖고 있는 보다 큰 관심은 그것을 연대주의론의 맥락에서 살펴보는 것이다. 그것을 위해서는 그의 국가주의론을 7장에서 살펴본 시민사회론과 그보다 앞서 살펴본 연대론뿐만 아니라 이어질 9장에서 살펴볼 개인주의론 등 다른 장의 논의와 함께 다룰 필요가 있다. 따라서 이에 관해서는 이 책의 결론부에 해당하는 마지막 장에서 살펴보려고 한다.

적 주체를 형성하기 위한 실천적 대안으로는 한계를 지녔다고 지적하면서 그러한 한계 때문에 씨올사상이 1980년대 이후에는 풍부하게 계승되지 못했다고 주장했다(박노자, 2007: 81 이하; 문지영, 2013: 75~76).

그들의 지적처럼 그의 씨올사상과 국가주의론은 1980년대 이후 한동안 적극적으로 수용되거나 계승되지 못했는데, 그것은 그의 이론의 내적 한계 때문이었다기보다는 이 시기의 한국 지식사회의 한계 때문이었다. 함석헌은 한국사회에서 자본주의적 계급 분화가 초보적 수준에 머물던 시기에 주로 활동했음에도 불구하고 자본주의 모순과 노동자계급, 중간계급, 자본가계급의 기본 속성에 대해 비교적 정확한 인식을 갖고 있었다. 그럼에도 불구하고 그가 초계급적인 씨올 개념을 기초로 국가주의론을 전개한 것은 국가주의, 민족주의, 계급주의 등과 같은 일체의 집단주의를 거부한 그의 전체주의적인 씨올사상 때문이다(함석헌, 1959ㅂ: 239; 1971ㅁ: 183; 1961ㄴ: 319~320; 함석헌·송기득, 1978: 409).

한편 1980년대와 1990년대 전반의 한국의 지식사회, 특히 진보적 지식사회에서는 계급에 대한 사회과학적 이해를 넘어 특정한 경향의 계급주의 이념이 매우 큰 영향을 끼쳤다. 그 결과 민중이 프롤레타리아 혹은 하층계급과 동일시되고 시민은 부르주아지 혹은 유산자 계급으로 분류되는 경향이 있었다. 그런 상황에서 계급주의, 민족주의, 국가주의를 거부한 그의 전체주의적인 씨올사상과 그것을 바탕으로 전개된 국가주의론이 적극적으로 수용되거나 계승되기 어려웠으리라는 점은 충분히 짐작되는 바이다. 그리고 씨올사상이 현실 민주주의의 정치적 주체인 시민을 형성하는 데도 기여하기 어려웠을 것이다. 그러다가 그러한 편협한 계급주의적 인식이 어느 정도 극복된 21세기에 와서는 그의 씨올사상과 국가주의론이 다시금 새롭게 주목받아 논의가 이어지고 있다. 이렇게 본다면 함석헌의 씨올사상과 국가주의론이 한동안 계승, 발전되지 못한 것은 박노자, 문지영 등이 지적한 그의 사상의 한계 때문이었다기보다는 오히려 그의 사상을 수용하기 어려웠던 당시의 지식사회의 한계 때문이었던 것으로 보인다.

물론 그의 사상, 특히 국가주의론에 한계가 없다는 것은 아니다. 무엇보다도 그의 씨올사상과 국가주의론이 형성, 전개되는 데 중요한 시대적 배경으로 작용한 일제식민지와 해방 후 냉전 및 군사정권 상황은 이제 과거의 일이 되었다. 그리고 세계화가 본격적으로 진행되면서 시장경제의 영향력이 급속히 증대되는 대신 기존 국가권력의 위상이 약화되었다. 그렇기 때문에 그의 사상이 그러한 시대 변화에도 불구하고 타당성과 효용성을 과거처럼 그대로 유지하기는 어려울 것이다.

함석헌의 씨올사상과 국가주의론이 지향하는 민주주의와 세계주의 노선은 오늘날의 시대정신과 일치하는 것으로 여전히 큰 타당성을 가질 뿐만 아니라 현대적인 시민민주화와 최근의 세계화 경향에 대한 여러 선구적 통찰을 보여주기도 한다. 그렇지만 20세기 말의 경제적 세계화가 신자유주의 경향을 강하게 띤 결과 국제적으로나 국내적으로 양극화가 심화됨으로써 함석헌이 기대한 세계주의와는 크게 다른 결과가 초래되고 있는데, 그러한 현상에 대해 그의 국가주의론이 적절한 논의를 제공하기 어려운 것은 사실이다.

그러나 함석헌은 비록 국가주의 문제에 대한 관심과 비교할 만큼은 아니지만 자유주의와 자본주의의 특성과 문제점에 대해서도 관심을 가졌다. 그래서 필자는 다음 장에서 이 주제들을 다루면서 씨올과 세계에 대한 시장의 영향을 이해하는 데 그가 어떤 의미 있는 통찰을 제공하는지를 살펴보려고 한다.

9

개인주의, 자유주의, 자본주의

09

함석헌은 평생 국가주의를 비판해온 한국의 대표적인 반국가주의 사상가였지만 그렇다고 개인을 집단이나 공동체보다 늘 우선시하는 개인주의에 매몰된 사상가는 아니었다. 그는 비록 인간 역사에서 개인주의가 행한 적극적 기여를 인정했으나 이제는 역사 발전을 위해 개인주의를 넘어서야 한다는 개인주의 극복론을 분명하게 주장했다.

이에 비해 자본주의, 특히 자유주의에 대한 그의 생각을 보여주는 글은 많지 않을 뿐만 아니라 비교적 단편적 형태로 기술되어 있다. 하지만 그것들을 살펴보면 자유주의와 자본주의에 대한 그의 생각을 어느 정도 파악할 수 있으며, 그중에서도 자본주의에 대한 그의 인식은 상당히 날카로우면서 포괄적임을 알 수 있다.

어쨌든 이 장에서는 개인주의, 자유주의, 그리고 자본주의에 대한 그의 사상을 살펴보려고 한다. 이 사상들을 함께 살펴보려는 이유는 무엇보다 그것들이 서로 매우 밀접히 연관되어 있기 때문이다. 그것들 중 개인주의론은 인간, 자유주의론은 정신과 정치, 그리고 자본주의론은 경제에 관한 그의 생각을 각각 보다 특징적으로 보여준다.

1 개인주의

1) 인간의 역사와 개인주의

개인주의란 매우 다양한 의미와 뉘앙스를 지닌 용어다. 로랑A. Laurent에 따르면 서구에서 이 용어가 만들어져 널리 사용되기 시작한 것은 19세기 전반의 프랑스에서였다. 처음에는 보수주의자와 생시몽주의자를 중심으로 부정적 의미로 사용되다가 이후 유럽의 다른 나라와 미국에서 사용되면서 중립적 의미와 더 나아가 긍정적 의미로까지 확장되었다(로랑, 2001: 66).

함석헌은 비록 국가주의에 대해서만큼 큰 관심을 개인주의에 기울이지는 않았으나 1930년대의 저술부터 1980년대의 저술에 이르기까지 꾸준히 개인주의에 대해 언급했다. 개인주의에 대한 그의 기본적 이해는 역사적 성격을 띠고 있는데, 긍정적 평가와 부정적 평가를 함께 보여준다. 하지만 그는 자신이 산 시대의 관점에서 개인주의를 대부분의 경우 부정적 의미를 지닌 사유 체계나 정신적 경향으로 이해했다.

그는 인류역사를 3단계로 나누어 설명했다. 첫 단계는 그가 부족사회 단계, 원시공동체 시대 등으로 표현한 소박한 공동체 생활 단계로, 그때는 공동체라는 전체만 있었지 아직 개인은 없었다. 물론 공동체 구성원 각자의 몸은 있었지만 공동체로부터 독립된 인격적 자아의식을 지닌 개인은 존재하지 않았다(함석헌, 1971ㄱ: 296; 1978ㄱ: 146; 1977ㄴ: 189).

하지만 공동체 구성원 간의 접촉이 빈번해지고 관계가 긴밀해지면서 그리고 무엇보다 인간 정신이 자라가면서 서서히 개인적 자아의식이 싹트게 되었다. 그리고 그에 따라 전체 공동체와 개인, 개인과 개인 사이의 긴장과 갈등이 발생하면서 개인은 전체의 구속에서 해방되기 위해 오랫동안 노력해온 결과 마침내 개인의 해방이 이루어져 개인을 인격으로 대하는 시대가 도래했다. 그것이 그가 개인주의 시대라고 부른 두 번째 단계다(함석헌, 1971ㄱ: 296; 1977ㄴ: 189~190; 1978ㄱ: 146~147).

그런데 함석헌은 인류역사가 이 단계에서 멈추지 않았다고 본다. 개인 없는 전체가 있을 수 없듯이 전체 없는 개인도 없기 때문에 인간은 새로운 반성을 통해 다시 전체를 찾게 되었다. 여기에는 인간의 기술문명의 발달과 그로 인한 사회적 관계의 변화가 중요한 배경으로 작용했다. 즉 최근에 기술문명이 급속히 발달해 인간의 사회적 관계가 유기적 성격을 띰에 따라 개인의 절대적 독립을 생각할 수 없는 단계에 들어갔기 때문에 인간이 다시금 전체적인 나를 생각하지 않을 수 없게 되었다는 것이다. 그렇게 해서 시작된 인류역사의 세 번째 단계를 그는 전체의 시대 혹은 전체주의 단계라고 불렀다. 하지만 이 세 번째 단계에서 인간이 찾는 전체는 개인을 모르던 첫 단계의 전체와 다르다. 이 새로운 전체는 "개인이 자기의 값을 충분히 알면서 자진해서 하는 통일로 되는 보다 높은 전체" 혹은 "개인이 자유로운 인격으로 완전히 깨어 자진해서 하는 협동체에 의해서 되는 전체", 즉 "보다 높은 정신적인 전체"다(함석헌, 1971ㄱ: 296; 1978ㄱ: 146; 1977ㄴ: 190; 1971ㅁ: 178).

이렇게 본다면 개인주의는 인류역사의 두 번째 단계를 특징짓는 시대정신이었다고 할 수 있다. 4장에서 소개한 바 있듯이 함석헌에 의하면 인간의 개별적 존재 형태인 개인은 생물적 개체일 뿐만 아니라 정신적 개체로, 절대정신을 주체적으로 추구하는 인격적 존재라는 점에서 다른 생물 개체와 구별된다. 그런 점에서 개인은 일생을 통해서 뿐만 아니라 인간 역사를 통해서도 정신적으로 자라가게 되는데, 원시공동체 시대에는 개인으로서 깨지 못한 인간이 점차 깨어나면서 자아의식을 갖게 되었고, 마침내 근대에 들어 개인으로 크게 자라게 된 결과 개인주의의 확산에까지 이르게 되었다는 것이다(함석헌, 1955ㄴ: 29; 1978ㄱ: 146).

결국 개인주의는 인간이 아직 개인적 자아의식을 갖지 못한 매우 어린 상태로부터 벗어나 온전한 자아의식을 갖게 된 성인으로 자라가는 과정에서 출현해 전개된 사유 체계 혹은 정신적 경향으로, 인류역사의 발전 과정에 크게 기여해 왔다고 볼 수 있다. 2장에서 설명한 바와 같이 함석헌에 의하면 인간은 근본적으로 인격적 존재인데, 인격에서 가장 중요한 요소는 자존성이며 인격의 자존성은 개인의 자유를 전제로 한다. 물론 그렇다고 해서 인격이 타인과의 관계없이도 형성되거나 유지될 수 있는 것은 아니다. 왜냐하면 인격이란 기본적으로 타인과의 관계를 전제로 하는 윤리적 개념이어서 믿고 존중하는 타인이 없으면 형성되고 유지되기 어렵기 때문이다. 하지만 그러한 인격주의적 인간관과 그것에 기초한 인간의 인격주의적 자아관은 처음부터 있던 것이 아니고 인간의 역사 발전의 산물이다. 특히 근대 서구에서 이루어진 자유정신과 개인주의의 발달은 그러한 인격주의적 인간관과 자아관이 확립되는 데 결정적 계기가 되었다.

그런데 개인주의의 발달과 확산은 뜻하지 않은 많은 문제점도 드러냈다. 19세기 전반에 영국과 프랑스를 중심으로 자유주의적 개인주의가 발달하면서 인간의 인격적 사회성을 경시하고 개인의 절대성을 강조하는 경향이 크게 증가한 것이다. 게다가 자본주의가 크게 부상함에 따라 이기심이 개인주의와 결합하면서 인간 사회의 갈등과 분열이 심화되었다. 그 결과 개인주의 사조의 안팎에서 인간의 사회성을 경시하는 자유주의적 개인주의 경향을 비판하거나 반성하려는 다양한 움직임이 19세기부터 출현해 확산되었는데, 사회주의, 연대주의, 민주주의적 개인주의 등이 그것이다. 어쨌든 그러한 움직임을 통해 인간의 사회성에 대한 이해가 다시금 커지기 시작했는데, 함석헌이 인간 역사의 세 번째 단계로 특징지은 전체의 시대란 바로 그러한 인간관의 변화를 뚜렷이 반영해 제시한 설명으로 볼 수 있을 것이다(로랑, 2001: 67 이하).

2) 개인주의 비판론

이처럼 그는 개인주의에 대한 역사적 이해를 바탕으로 현대의 개인주의가 지닌 문제점과 한계를 지적하면서 그것을 전체주의라는 개인주의 바깥의 관점에서 극복할 것을 주장했다. 그렇다면 그가 비판한 개인주의의 문제점과 한계는 무엇인가?

(1) 개인주의의 이기성 비판

먼저 개인주의가 이기주의와 일치하지는 않지만 그것과 결합할 위험성이 매우 크다는 점이다. 실제로 서양의 역사에서 자본주의가 크게 부상하면서 그런 위험성이 현실화되자 19세기에 빠르게 확산되던 자유주의적 개인주의의 이기적 경향에 대한 비판적 문제의식이 이후 매우 넓게 퍼졌는데, 함석헌의 개인주의론도 한편으로는 그러한 비판적 흐름과

궤를 같이하는 것이라고 볼 수 있다. 다만 함석헌의 경우는 이기심 문제를 주로 경제적 자원과 관련해 다루기보다는 정치, 경제, 사회, 종교 등을 포괄하는 윤리적 문제로 보는 경향이 뚜렷했으며, 적어도 경제적 자원보다 정치권력과 관련해 다루려는 경향이 훨씬 컸다.[1]

그가 개인주의를 정치적 이기주의라는 관점에서 문제 삼은 것은 주로 집단주의 비판론에서 발견된다. 그에게서 개인주의와 집단주의는 대립하는 관계에 있지 않다. 왜냐하면 그는 집단을 "개인주의, 이기주의의 확대된 것"에 지나지 않은 것으로 그리고 집단주의를 개인주의의 "변태"로 파악하기 때문이다(함석헌, 1977ㄴ: 191; 1968ㄴ: 138). 결국 이기적 개인주의가 확대되어 집단주의가 되고, 그것이 정치 영역에서는 당파주의 형태로 나타나 여러 가지 고질적 문제를 일으킨다는 것이다. 함석헌은 1970년대 초의 글에서 집단주의가 모든 국가에서 문제가 되지만 한국에서 폐해가 가장 심한데, 이유는 집권자들의 당파주의 때문이라고 주장했다(함석헌, 1972ㅌ: 202~203).

그러한 그의 집단주의 비판론은 기본적으로 국가도 집단주의의 산

1 그는 퀘이커 사상으로부터 공동체 사상의 영향을 매우 강하게 받았다고 고백하면서 이전까지는 개인주의적 생각에서 온전히 벗어나지 못했다고 주장한 바 있다(함석헌, 1970ㅍ: 351). 하지만 기독교 정신을 매우 강조한 초기 저술을 보면 그는 처음부터 언제나 개신교의 근본정신을 따라 개인의 자유를 매우 중시했지만 그러한 입장이 개인주의나 이기주의와는 분명히 다르다는 점을 강조함으로써 개인주의로부터 의식적으로 거리를 두려고 했음을 알 수 있다. 1930년에 쓴 글에서 이미 그는 그러한 거리두기가 개인주의의 이기적 성향과 관련 있음을 암시했다(함석헌, 1930: 155~156; 1936: 212~213). 박노자는 함석헌의 초기 사상에서 발견되는 개인주의는 이기심과 관련이 깊은 세속적 개인주의가 아니라 종교적 인격주의 혹은 기독교적 인격주의라고 표현한 바 있다. 실제로 함석헌 자신의 주장처럼 초기 사상에서 개인주의적 요소가 있었다면 그것은 이기주의적 개인주의를 가리키는 세속적 개인주의 혹은 자유주의적 개인주의와 구별되는 인격주의적 개인주의 혹은 윤리적 개인주의였다고 볼 수 있다. 그런 관점에서 이황직은 이미 함석헌의 초기 사상을 윤리적 개인주의 전통으로 분류한 바 있다(박노자, 2007: 77; 이황직, 2001: 133, 144 이하).

물이라는 관점에서 국가와 국가주의에 대한 비판적 논의로 이어지는 경향이 있지만 국가 같은 정치 집단이 아닌 다른 영역의 집단주의를 겨냥하기도 했다. 이기심과 결합한 개인주의가 사람들로 하여금 정치 집단이 아니라도 혈연, 지연 등을 매개로 다양한 배타적 집단을 형성해 이기적 욕심을 추구하도록 만드는 경향이 있다는 것이다(함석헌, 1986ㄱ: 202~203).

그렇다고 개인주의의 이기적 위험성에 대한 그의 우려와 비판이 항상 집단주의 비판론 형태를 띤 것은 아니다. 오히려 그는 개인주의가 이기심과 결합해 지나치게 자기중심적으로 됨으로써 다른 개인이나 집단의 이익을 그리고 결국 전체의 선을 해치는 비윤리적 경향에 대해 보다 근본적인 우려를 표명했다. 그가 비판한 집단주의, 특히 그가 경계한 국가나 정치 집단도 결국 지나치게 자기중심적이며 개인적으로 큰 욕심을 가진 소수의 개인 때문인데, 그는 그러한 자기중심성과 사적 욕심을 조장하거나 적어도 정당화해온 것이 이기주의적 성향의 개인주의였다고 보았다(함석헌, 1986ㄱ: 202~203; 1968ㄴ: 138; 1980ㄹ: 304; 1972ㅅ: 161~162).[2]

(2) 개인주의의 편협성 비판

이처럼 그는 비록 개인주의에서 쉽게 발견되는 이기주의적 요소를 개인주의의 문제점과 한계로 인식하면서 비판했지만 그것보다도 개인주

2 함석헌에 의하면 개인 없는 전체나 전체 없는 개인은 모두 있을 수 없기 때문에 개인과 전체는 상호 의존 관계에 있다. 그런 점에서 진정한 인간, 즉 정신적 혹은 도덕적 인간으로서의 개인은 전체적 속성 혹은 전체의식을 필요로 한다. 그런데 만약 개인주의가 개인과 전체의 그러한 관계를 무시한 채 개인의 전체적 속성이나 전체의식을 부인하거나 경시해 결국 그것을 약화시킨다면 그때 개인은 이기주의에 떨어질 수밖에 없게 된다(함석헌, 1972ㄷ: 74).

의의 편협한 인식을 보다 근본적인 문제로 여겼다. 물론 개인주의의 이기성과 편협성은 서로 밀접히 얽혀 있는 특징들이기 때문에 그것들을 명백히 구분해 다루기가 쉽지 않다. 하지만 이 두 속성을 다소 단순화시켜 구별한다면 개인주의의 이기성에 대한 논의는 행위론 차원의 개인주의론에 더 가까운 데 비해 편협성에 대한 논의는 훨씬 더 인식론적 차원의 논의라고 볼 수 있다.

그는 개인이 있으나 전체가 없으며, 인간은 있으나 신이 죽었으며, 사회 곳곳이 불신으로 채워져 있다면서 세계의 원자화를 크게 우려했다. 물론 그는 현대세계가 기계적 사회로부터 유기적 사회로 전환되고 있다고 보았다. 인간관계가 점점 더 밀착되어 세계가 하나로 되고 있다는 것이다. 그런 세계에서는 전체에서 부분을 떼면 전체도 부분도 모두 죽기 때문에 떼놓지 못한다. 그리하여 인간이 전체에서 떨어져서는 제대로 살 수 없는데, 마치 신이 죽은 듯이 인간이 살아가려고 하며 전체가 없는 듯이 개인이 살아가려고 한다는 것이다(함석헌, 1971ㅂ: 460~462).

그러한 원자화는 인간 세계에서 소통, 믿음, 사랑, 연대, 협력, 포용 등의 자리를 불통, 단절, 분열, 불신, 지배, 배제, 경쟁, 대립, 소외, 무관심, 편협 등이 대신할 때 나타난다. 물론 인간 세계가 원자화되면 거꾸로 후자의 현상이 강화되기도 하지만, 함석헌에 의하면, 오늘날의 인간 세계는 크게 보아 원자화되기보다는 유기적 사회로 진행되는 과정에 있다. 그런데 문제는 현대세계의 그러한 거대한 변화 추세에도 불구하고 여전히 인간 세계를 원자화하려는 경향이 곳곳에서 사라지지 않고 있다는 점인데, 함석헌은 편협한 개인주의가 드러내는 경향에 특별히 주목했다(함석헌, 1971ㅂ: 461~462).

이규성이 원자적 개인주의라고 부르기도 한 편협한 개인주의는 기본적으로 전체의식이 결여되어 자기 생각을 모든 것의 표준으로 삼는 독선주의, 자기중심주의 경향을 드러낸다. 자기 이익을 배타적으로 추구하는 이기적 개인주의자가 비윤리적이라고 비난받을 수 있는 것과 달리, 나름대로 진실을 추구하는 많은 편협한 개인주의자를 비윤리적이라고 비난하기는 어렵다. 하지만 그들이 지닌 문제점은 폐쇄성이다. 자기의 좁은 세계에 갇혀 넓은 세계, 역사의 흐름, 절대자를 보지 못한 결과 전체의식이 결여된 자기 세계만 고집하는 것이다(이규성, 2010: 345; 함석헌·송기득, 1978: 407; 함석헌, 1986ㄱ: 202~203; 함석헌, 1978ㄷ: 198~199).

그러한 편협한 개인주의는 어떻게 보면 인간이 지닌 자아 중심적 경향의 자연스런 결과일 수 있지만 전체의식으로 보완되거나 교정되지 않으면 개인의 진정한 발달을 가로막고 병들게 하는 원인이 된다는 것이 함석헌의 관점이다. 왜냐하면 "개인의 정말 발달은 전체가 개체 안에 있고 개체가 전체 안에 있는 사회에서만 가능"하기 때문이다(함석헌, 1968ㄴ: 138).

이처럼 편협한 개인주의는 개인의 진정한 발달을 가로막을 뿐만 아니라 진리의 파악을 어렵게 하며, 더 나아가 집단주의의 원인이 되기도 한다. 그리고 그것을 통해 개인이나 집단 간에 분열과 갈등을 조장해 다양한 사회 문제를 낳기도 한다. 그래서 그는 그러한 개인적 문제와 사회적 문제를 해결하기 위해 편협한 개인주의를 극복하고 전체의식을 회복할 것을 주장했다(함석헌, 1970ㄹ: 109~110; 1986ㄱ: 202~203).

(3) 개인주의의 비현실성 비판

개인주의의 이기성과 특히 편협성에 대한 함석헌의 비판적 논의는 인간 역사에서의 개인주의의 출현과 종언에 관한 그의 역사적 인식을 배경으로 한다. 즉 개인주의가 윤리와 진리에 부합하지 않는다는 것은 비록 규범과 인식의 영역 각각에 고유한 근거에 비추어본 평가지만 이 근거도 인간 역사에서 시대에 따라 변화해 왔다는 것이 함석헌의 관점이다. 개인주의는 개인 없는 전체에서 선과 진리의 근거를 찾으려고 한 과거의 잘못된 전체주의적 인식을 교정해 개인의 중요성을 부각시키는 데 크게 기여했는데, 그러한 개인주의의 역할이 강조되고 또한 폭넓게 받아들여지던 시대가 개인주의 시대였다. 하지만 개인 없는 전체가 잘못이듯이 전체 없는 개인도 잘못인데, 편협하거나 이기적 개인주의가 개인의 중요성을 강조하면서 전체의 중요성을 소홀히 여기거나 무시하는 잘못을 범하고 있다는 인식이 빠르게 확산되었다(함석헌, 1972ㅁ: 28~30).

이것은 개인주의의 편협성과 이기성에 대한 비판적 인식이 강화되었기 때문이기도 하지만 오늘날의 세계가 이전과 달리 개인 간의 밀접한 관계를 특징으로 하는 유기적 사회로 전환되고 있기 때문이기도 하다. 그리고 그러한 밀접한 관계의 범위도 지역으로부터 국가로 그리고 더 나아가 전 세계로 확장되어 왔다. 그 결과 이제 개인은 세계와 동떨어진 채 홀로 살아가기가 이전보다 훨씬 더 어려워졌는데, 그것은 주변에 있는 타인들과 밀접한 상호 의존 관계에 놓여 있을 뿐만 아니라 멀리 떨어진 세계로부터도 자신이 다 알지 못하는 커다란 영향을 받고 있기 때문이다. 물론 그러한 유기적 관계는 사회적 관계에 그치지 않고 자연의 생물체, 과학기술 문명, 더 나아가 우주에 이르기까지 범위가 확장되고 있다. 그 결과 이제는 개인적인 것이더라도 순수하게 개인적인 것을 찾기 어려울 정도로 외부세계의 영향을 폭넓게 그리고 깊이 받는 시대가 되었다. 따라서 그러한 세계 전체를 종합적으로 고려하지 않고는 어떤 진리와 선에 대해서도 말할 수 없을 정도로 전체의 중요성이 다시금 부각되기 시작했는데, 그렇게 시작된 새로운 시대가 전체의 시대 혹은 전체주의 시대다(함석헌, 1971ㅂ: 461~462; 1963ㄴ: 115~116).

물론 그가 전체의 시대 혹은 전체주의 시대라고 부른 현대는 개인주의 시대 이전에 전체를 강조하던 원시공동체 시대와는 분명히 다르다. 그때는 전체만 중요했을 뿐 개인이 전혀 존중되지 않은 데 비해 이제 새롭게 시작된 전체의 시대는 전체가 개인 안에 있고 개인이 전체 안에 있는 시대, 개인 인격의 자유와 존엄성이 보장되는 전체의 시대다. 그런 시대에는 개인으로 생각하기보다는 "전체로서 생각하는" 입장을 취하는 것이 중요한데, 여전히 과거의 개인주의를 고집하는 것은 그러한 시대 변화, 세계 변화에 역행하는 지극히 비현실적 관점이라는 것이다. 이처럼 함석헌이 시대의 변화를 근거로 개인주의의 비현실성을 비판한 것은 존재론 차원의 개인주의 비판론에 해당된다고 볼 수 있다(함석헌, 1968ㄴ: 138; 1970ㅅ: 129~130; 1975ㄹ: 172).

2 자유주의와 자본주의

1) 자유주의론

함석헌 사상에서 자유는 핵심 가치 중의 하나다. 2장에서 설명한 바 있듯이 자유는 인격의 본질이며 인간의 궁극적 소원이다. 또한 자유는 현대생활의 중심 원리이자 역사의 방향이기도 하다. 그렇기 때문에 그는 현대인이 자유를 절대 진리로까지 여기게 되었다면서, 자유가 비록 유일한 가치는 아니며 더구나 현대인이 주장하는 자유는 보다 승화될 필요가 있지만 무엇보다 소중한 가치라고 보았다(함석헌, 1955ㄱ: 191, 199~200).

그는 자유란 평등, 평화와 함께 본래 하나님이 인간에게 주신 것이라고 보았다. 그렇기 때문에 프랑스혁명의 3대 구호이자 근대 시민사회의 핵심 가치인 자유, 평등, 사랑도 종교적 뿌리를 가진 것이라고 주장했다.[3] 그러한 그의 인식은 자유나 평등을 사랑 혹은 평화와의 연관 속에서, 궁극적으로는 종교의 관점에서 다룰 것을 요구한다. 자신도 그런 관점에서 자유와 평등을 평화와 함께 하나님이 주신 본 모습대로 드러내는 일을 위해 어떤 고난도 감수하고자 한다고 밝힌 바 있다(함석헌, 1976ㄷ: 243; 1980ㄷ: 223).[4]

이처럼 그는 자유를 더없이 소중한 가치로 여겼지만 자유주의에 대해서는 비교적 비판적인 태도를 취했다.[5] 물론 함석헌이 1950년대 중엽에 쓴 글을 보면 자유주의 사상이 인격 사상의 발전과 자본주의 경제제도의 발전에 크게 이바지했다고 긍정적으로 평가한 것을 발견할 수 있

3 그는 프랑스혁명의 3대 구호로 알려져 있는 자유, 평등, 박애를 자유, 평등, 사랑으로 표현했다.

4 남궁협은 함석헌의 자유가 소극적 관념이 아니라 저항적 실천까지 의미하는 매우 적극적 관념이라고 보았다. 그에 의하면 함석헌 사상에서 자유는 개인이 보편자 혹은 전체를 추구하는 과정에서 필수적으로 요구되는 것이지만 이 자유를 실현하는 과정은 그것을 제약하는 힘들에 대한 저항과 그로 인한 희생을 수반하는 고난의 과정이기도 하다(남궁협, 2015: 181 이하).

5 김영호는 함석헌이 자유를 생명의 주요 특성으로 보았다는 점에서 그를 진정한 의미의 자유주의자라고 불렀다. 하지만 김영호는 그를 단지 자유주의자로만 볼 수는 없고 "진정한 의미에서 자유주의자면서 진보주의자요 보수주의자였다. 한 가지도 빠질 수 없다"면서 그것은 개인이나 사회가 자유, 진보, 보수의 세 가치를 모두 지녀야만 제대로 기능할 수 있기 때문이라는 설명을 덧붙였다(김영호, 2016ㄱ: 323).

다. 그는 이 글에서 자유주의가 인간 정신의 발전, 즉 정신적 인격의 자유로운 발전에 기여한 점에 특히 더 주목했는데, 그것은 이처럼 인격의 자유로운 발달이 이루어지면서 그것의 영향으로 자본주의 경제도 크게 발달할 수 있었다고 보았기 때문이다(함석헌, 1959ㄴ: 22).

그러한 생각은 정신과 제도의 관계에 대한 그의 관점에서 기인하는데, 그에 의하면 역사에서 인간 정신이 발전하는 과정에 어떤 제도가 부합하면 그것을 채용했다가도 이후 더 이상 부합하지 않게 되면 가차 없이 버리게 된다. 그런 식으로 그는 인격 사상과 자본주의의 관계에 대해서도 설명했다. 즉 인격 사상이 역사적으로 발전하는 과정에서 봉건주의적 억압으로부터 벗어나기 위해 일시적으로 자본주의를 채용하면서 둘은 함께 발전했다는 것이다. 그러나 인격 사상, 즉 인간 정신의 자유로운 발전이 어느 정도 이루어진 후에는 자본주의로는 부족한 것으로 느끼면서 그것에 대한 불평과 배척이 시작되었다고 보았다(함석헌, 1959ㄴ: 22).[6]

이처럼 그는 자유주의가 근대 인간의 정신적 발전과 자본주의 경제 발전에 크게 기여했으나 이후 자본주의의 한계가 본격적으로 노출되면서 적어도 경제 영역에서는 자유주의의 황금기가 이미 지나갔다고 진단했다(함석헌, 1959ㄴ: 29).

그렇다면 정신 영역에서의 자유주의는 어떠한가? 그에 의하면 자유주의는 기독교의 문화적 산물이지만 개인주의적이며 합리주의적 사상이다. 그런데 앞서 다루었듯이 비록 개인 인격의 자유와 존엄성은 여전히 무엇보다 소중하지만 개인 중심의 시대와 개인주의 시대는 이미 지나가 버렸고 새로운 시대가 도래했다. 그래서 그는 정신 영역에서도 기존의

6 그는 자본주의의 문제점을 먼저 비판하기 시작한 자들이 무산자가 아니고 인도주의적 이상주의자들이었음이 그것을 증거한다고 주장했다(함석헌, 1959ㄴ: 22).

개인주의적 자유주의가 더 이상 시대에 부합하지 않은 낡은 것으로 되어 버렸다고 보았다(함석헌, 1970ㅅ: 129~130; 1955ㄴ: 49).

또한 그에 의하면 이성은 인간을 인간답게 만드는 요소지만 그것 위에 있는 정신의 안내를 받을 때 비로소 인격적 발전을 가져오는 반면 그렇지 않으면 인간으로 하여금 인간 이하의 존재로 떨어지게 한다. 그런데 합리주의적 자유주의가 그동안 고귀한 정신을 무시한 채 상대적 이성을 통해 절대적 자유를 주장하는 잘못을 범해온 결과, 세계관, 인생관, 종교 등과 같은 정신 영역에서 많은 문제를 야기하고 모순을 드러냈다면서 자유주의의 내적 속성을 신랄하게 비판했다(함석헌, 1955ㄴ: 49).[7]

자유주의 사상은 함석헌이 산 냉전체제에서는 공산주의와 함께 세계를 자유진영과 공산진영으로 거의 양분하다시피 한 매우 중요한 정치 이념 역할을 했다. 물론 이 세계적인 냉전체제가 붕괴된 오늘날에도 한반도에서는 여전히 그러한 이념적인 대립 구도가 지속되고 있지만 하여튼 함석헌은 당시의 양대 정치 이념 중 하나였던 자유주의에 대해서도 공산주의에 대해서처럼 과감하게 비판적인 태도를 취했다.[8]

그렇게 한 첫째 이유는 과거에 종교가 이성을 무시하고 억압한 대가

7 함석헌 사상에서는 개인의 자유도 전체의 가치를 지향할 때 비로소 발전되고 또한 완성될 수 있다. 그런데 기존의 자유주의에는 그러한 전체의 가치를 무시한 채 이성의 이름으로 개인의 절대적 자유만 강조해온 경향이 있다는 것이다. 함석헌 사상에서 개인의 자유는 전체적 자유로의 전환, 절대자와의 만남 등을 통해 비로소 완성될 수 있다고 하는 설명은 박재순(2001: 108), 이규성(2006: 287) 등의 글에서도 소개되어 있다.

8 그는 해방 직후 특히 계급적 대립이 심하지 않았던 북한 지역, 그중에서도 평안도 지역에서는 민족주의적이며 자유주의적인 사상이 전체를 이끌어갈 정상적 이념이던 때가 있었다고 보았다. 하지만 한반도가 분단되어 극단적 이념 대립이 이루어지고 있는 상황에서는 그것을 극복하기 위해 공산주의는 말할 것도 없고 자유주의도 비판과 극복 대상이 되어야 한다고 본 것이다(함석헌, 1971ㄸ: 319~320).

로 현대의 이성이 종교에 반항하면서 종교와 같은 정신의 줄을 놓아버린 채 악한 정치의 종노릇을 하고 있는데, 이 점에서 자유진영과 공산진영 사이에 차이가 없다고 보았기 때문이다. 정치 이념으로서 자유주의를 내세우는 자나 공산주의를 내세우는 자나 상관없이 그들 정치 집단은 세계를 지배하기 위해 극도로 발달한 기술을 무기로 이용하려는 미친 행태를 보이고 있는 점에서 마찬가지라는 것이다(함석헌, 1970ㄴ: 135~136).

두 번째 이유는 자유주의와 공산주의라는 두 정치 이념의 대립을 해결하기 위해서는 이 두 이념을 초월한 제3의 사상이 나와야 된다고 보았기 때문이다. 그는 그동안 이 두 이념의 대립으로 발생한 전쟁, 갈등, 학살 등의 제반 문제에 대해 양 진영이 모두 책임져야 한다고 보았다. 그래서 이 두 정치 이념을 표방하는 진영 중 어느 하나가 일방적으로 승리해 다른 진영을 지배하기보다는 두 진영이 모두 자기 문제를 진지하게 비판적으로 극복하려는 가운데 제3의 대안이 출현하는 것이야말로 역사 발전에 부합하는 길이라고 본 것이다(함석헌, 1961ㄴ: 327).[9]

2) 자본주의론

함석헌은 자본주의 경제가 자유주의 사상에서 나왔으며, 인간 사회가 봉건적 폐해로부터 벗어나 발전하는 데 기여하면서 왕성하게 발달했다고 보았다. 하지만 자본주의에는 어두운 부분이 있으며, 그것이 이제

9 함석헌이 염두에 둔 제3의 사상은 사랑의 정신을 중심으로 한 사상이다. 그는 프랑스혁명에서 나온 3대 이념 중자유와 평등은 각각 미국과 소련이 중심이 되어 그것을 위해 노력해왔으나 제대로 실현되지 못했다고 보았다. 그러면서 이제는 제3의 이념인 사랑의 실현을 위한 노력이 필요한 때이며, 그것을 통해 서로 모순되는 자유와 평등의 이념도 함께 실현될 수 있다고 주장했다(함석헌, 1980ㄷ: 230~231).

는 오히려 인간 사회의 발전에 큰 장애물이 되고 있다고 여겼다(함석헌, 1959ㄴ: 22).

(1) 자본주의의 특징

그에 의하면 자본주의의 가장 큰 특징은 상품화, 즉 "모든 것이 상품으로 매매가 된다"는 점이다. 노동력, 지식, 인격 등이 모두 상품으로 교환되며, 심지어 사랑조차도 자본주의 경제 원리에 따라 상품화되는데 그것이 바로 사창이라는 것이다(함석헌, 1959ㄴ: 20~22).

두 번째 특징은 화폐경제라는 점이다. 그것은 상품교환이 화폐를 매개로 이루어지기 때문인데, 원래 상품교환을 편리하게 하기 위해 출현한 화폐가 이제는 "인류의 온 사회를 거의 손아귀에 넣은" 시대가 되었다. 그리하여 이 시대를 자본주의 시대라고 부를 정도로 화폐의 영향력이 커진 결과 전통적인 신분이나 관습이 사라지는 대신 화폐가 모든 행위의 표준이 되었다. 뿐만 아니라 심지어 기술, 학문, 예술 등과 같은 정신적 문화조차도 화폐를 통해 쉽게 동원할 수 있게 된 것이 자본주의다(함석헌, 1959ㄴ: 45~46).

세 번째 특징은 자유로운 경쟁을 추구하는 시장경제라는 점이다. 그는 비록 시장에 대해 매우 드물게 언급했지만 자본주의가 자유로운 시장 원리를 기반으로 하는 경제라는 인식을 분명히 가졌다. 그래서 그러한 인식을 바탕으로 1950년대에 쓴 글에서 자본주의 경제를 자유경제라고 부르면서, 그동안 자본주의 경제가 발전하는 과정에서 자유시장 원리가 충분한 역할을 했다고 보았다. 그런데 시장경제는 경제 활동 주체들 간의 자유로운 경쟁을 전제로 한다. 그렇기 때문에 시장경제로서의 자본주의 경제에서는 경쟁이 매우 중요한 요소가 된다(함석헌, 1956ㄴ: 114~

115; 1959ㄴ: 19~20).

네 번째 특징은 돈을 매개로 욕심을 추구함으로써 노동력 착취와 계급대립이 발생한다는 점이다. 자본주의 경제는 돈으로 계산되는 이윤 추구가 정당한 것으로 승인되는 경제다. 더구나 자유주의의 발달과 함께 그러한 경제 활동의 자유가 강조되고 또한 사회적으로 보장되면서 힘없는 노동자의 노동의 결과를 빼앗아 부를 축적하는 계급과 가진 것 없는 계급 사이의 구별과 대립이 확산되었다. 그는 그러한 부조리 현상을 "자본주의의 모순" 혹은 "자본주의의 폐해"라고 표현했는데, 그것은 결국 자본주의가 인격의 자유가 아니라 물질과 욕심의 자유를 그동안 무제한적으로 추구해왔기 때문이다(함석헌, 1959ㄴ: 46~47; 1956ㄴ: 115; 1959ㅂ: 239~240).

자본주의의 마지막 다섯 번째 특징은 국경을 넘어 다른 나라에도 깊은 영향을 끼치는 경제라는 점이다. 그는 특히 미국 자본주의가 다른 나라에 끼치는 영향에 대해 많이 언급했는데, 미국 자본이 세계적 기업을 이루어 한국 같은 미국 바깥의 나라, 특히 약소국의 경제와 정치에 큰 영향을 끼치고 있음을 우려했다. 그에 의하면 미국은 제2차세계대전 초기만 해도 자유 이념의 기수를 자임했으나 이후에는 그것을 스스로 포기한 채 기업 국가로 전락했다. 즉 이제 미국은 실질적으로는 더 이상 자유 이념을 위해서가 아니라 미국 자본의 이익을 위해서 다른 나라에 영향을 끼치게 되었고, 이로 인해 미제국주의라는 비난을 듣게 되었다는 것이다. 그는 심지어 당시에 이루어진 미국의 대한 원조조차도 사실은 자본주의를 지키기 위한 것이라고 보았다(함석헌, 1989ㄱ: 219; 1976ㄷ: 246; 1956ㄴ: 116).

(2) 자본주의 비판론

그러한 특징을 지닌 자본주의는 인간 사회가 봉건제적 억압으로부터 벗어나 자유로운 근대 시민사회로 발전하는 과정에서 일정한 정도로 기여했으나 내재된 특징과 특히 모순으로 인해 여러 가지 심각한 문제를 야기해 왔다. 그리하여 함석헌은 자본주의의 그러한 문제점을 비판하면서 그에 대한 극복을 위한 여러 논의를 제공했다.[10]

그가 주목한 자본주의의 첫 번째 문제점은 자본주의의 첫 번째 특징인 상품화에서 기인하는 것으로, 인간의 삶에서 결코 상품화할 수 없는 것조차 상품화해 결국 인간을 도구화하고 인간의 삶을 비인간화한다는 점이다.

앞에서 언급한 사랑이 대표적인 예로, 인간의 삶에서 가장 고상한 정신을 담아야 할 사랑조차도 자본주의는 상품으로 만들어 이윤을 추구한다는 것이다. 노동도 그가 주목한 중요한 사례다. 자본주의 경제의 핵심 요소인 노동도 비록 상품으로 간주되지만 어디까지나 인격의 일부이기 때문에 결코 경제적 상품으로만 취급될 수는 없다는 것이다.[11] 마찬가지로 사랑, 인격적 관계 등과 같은 요소가 특별히 중요한 종교 영역, 교육 영역 등도 자본주의 사회에서 상품화됨으로써 원래 취지를 잃어버린 채 변질되고 있음을 그는 매우 안타깝게 여기면서 그러한 현상에 대해 신랄하게 비판했다(함석헌, 1959ㄴ: 20 이하; 1961ㄷ: 55; 1956ㄴ: 115; 1959ㅂ: 239).

10 하지만 그는 당시 자본주의의 대안으로 주장되었던 공산주의와 심지어 사회주의조차도 대안으로 여기지 않았으며 그렇다고 그들에 대한 자본주의의 승리를 염원하지도 않았다. 그가 자본주의의 문제점을 비판하면서 추구한 방향은 자본주의도 공산주의도 아닌 제3의 방향이었다.

11 그는 자신이 쓴 글이 자신의 인격에 속한다고 여겼기 때문에 다른 사람이 그것을 상품화해 마음대로 처분하려는 것에 대해 절필을 통해 저항하기도 했다(함석헌, 1957ㄹ: 142).

두 번째 문제점도 그것과 밀접히 관련된 것으로, 자본주의의 특징인 상품화 및 화폐경제에서 기인하는 물질주의 경향이 그것이다. 그는 우주와 생명, 그중에서도 특히 인간의 삶은 정신과 물질로 이루어지며, 인간을 인간답게 하는 것은 정신에 있다고 보았기 때문에 정신보다 물질을 더 추구하는 물질주의 경향이 현대문명을 지배하고 있는 점을 그런 관점에서 매우 강하게 비판했다. 그러면서 현대문명의 물질주의 경향이 비록 자본주의 때문만은 아니지만 자본주의가 매우 중요한 원인이라고 지적하고 있다(함석헌, 1964ㄴ: 229 이하; 1961ㅈ: 304; 1961ㅇ: 84~85).

자본주의는 화폐로 표현되는 이윤을 추구하는 경제라는 점에서 자연스레 물질주의의 배경이 된다. 왜냐하면 화폐란 곧 물질의 상징이기 때문이다. 게다가 자본주의 경제의 특징인 상품화는 종래의 정신 영역에 속한 것들, 예컨대 교육, 학문, 문학, 예술, 도덕, 심지어 종교까지도 화폐를 통해 물질 영역으로 끌어내리는 경향이 있다. 그 결과 윤리와 교육이 붕괴되고 기성 종교가 물질주의에 의해 지배되는 등의 심각한 문제가 드러나고 있다고 지적하면서 그는 자본주의로 인해 발생한 물질주의, 특히 배금주의와 향락주의 경향에 대해 신랄하게 비판했다(함석헌, 1959ㄴ: 29 이하, 45 이하, 56; 1959ㅂ: 239; 1976ㄷ: 237).

세 번째 문제점은 자유로운 경쟁을 추구하는 시장경제라는 자본주의의 셋째 특징에서 기인하는 경쟁주의 경향이다. 함석헌은 자연 세계와 인간의 삶에 경쟁이 존재한다는 사실과 근대사회의 성립 및 전개 과정에서 경쟁 담론이 긍정적 역할을 수행했음을 인정했다. 하지만 자연 세계와 특히 인간의 삶에서 경쟁이 협동보다 더 우월하거나 지배적인 현상이라는 주장에는 동의하지 않았으며, 오히려 경쟁을 강조하는 사상, 즉 경쟁의 철학은 강자의 철학이며 멸망의 철학이라고 주장했다. 그러면서 경쟁의 철학과 그것을 바탕으로 한 경쟁의 문명이 지금까지는 역사를 지배해왔으나 이제는 내재된 모순으로 인해 더 이상 지속하기 어렵게 되었다고 보았다(함석헌, 1961ㄷ: 48 이하; 1976ㄱ: 106; 1980ㄹ: 301~302).

물론 경쟁의 문명이나 경쟁주의 경향도 단지 자본주의 때문만은 아니지만 자본주의가 경쟁을 심화시켜온 것은 분명하다. 이윤을 추구하는 경제 활동의 자유는 경제 활동 주체, 특히 자본가 사이에서 치열한 경쟁을 유발한다. 더구나 시장경제는 경제 활동 주체 간의 자유로운 경쟁을 전제로 한다는 점에서 경쟁은 자본주의의 가장 중요한 요소로서 정당화된다. 그런데 경쟁 참여자가 모두 현실적으로 동등한 위치에 있지 않기 때문에 이미 유리한 위치에 있는 자들은 그러한 위치를 유지하기 위해 그리고 그렇지 않은 자들은 불리한 위치를 벗어나거나 아니면 살아남기 위해 치열한 경쟁을 벌일 수밖에 없다는 것이다. 그런데 문제는 그러한 경쟁이 경제 활동에만 국한되지 않는 점이다. 자본주의가 사회의 모든 영역을 상품화하게 되면 경쟁이 아닌 협동의 가치를 강조해야 할 교육이나 심지어 종교조차도 경쟁주의에 빠지게 된다는 것이다(함석헌, 1959ㄴ: 45 이하; 1956ㄴ: 114 이하; 함석헌·송석중, 1983: 509).

네 번째 문제점은, 그가 자본주의의 모순 혹은 폐해라고 표현한 노동력 착취, 계급대립, 사회 불평등 같은 현상에 관한 것으로 자본주의가 물질과 욕심의 자유를 무제한적으로 추구해온 결과라고 할 수 있다.

> 하층사회 사람이 살기 어렵다는 것은 무엇인가. 이 사회의 정치경제의 조직이 권력 없는 자의 소득을 부당하게 빼앗아서 상층계급에 주도록 되었다는 말 아닌가. 하나님을 아무리 믿는다 해도 우리 생활은 어쩔 수 없이 자본주의 제도하에서 하고 있으니 내가 의식적으로 했거나 무의식적으로 했거나 내게

생활의 여유가 있다면 남의 노동의 결과를 빼앗아서 된 것이지 결코 정직한 이마의 땀으로 된 것이라 할 수 없다(함석헌, 1956ㄴ: 115).

자본주의 경제에서 발생하는 부가 노동력 착취와 관련이 있다고 본 것이다. 그가 이 글을 발표한 때가 한국사회에서 산업화가 아직 본격적으로 시작되기 전인 1950년대 중엽인 점을 고려한다면 그의 그러한 인식이 단지 한국 자본주의의 특수한 상황에 근거한 것이라기보다는 자본주의 일반에 대한 인식에 근거한 것이라고 볼 수 있다.[12] 어쨌든 그는 이처럼 자본주의 사회에서는 노동력 착취 때문에 상층계급은 부유해지지만 하층계급은 살기 어려워지는 사회 불평등 및 계급 양극화 현상 그리고 그로 인한 계급대립 문제가 발생한다고 보았다(함석헌, 1959ㅂ: 239; 1959ㄴ: 46~47).[13]

물론 자본주의의 그러한 문제점을 해결하기 위한 노력이 불가능한 것도 그리고 그동안 없던 것도 아니다. 혁명적 사회주의자나 공산주의자들은 자본주의 체제를 사회주의 체제로 전환함으로써만 문제가 해결될 수 있다고 보았으나 그는 그러한 방안에 동의하지 않았다. 대신 1956년에 쓴 글에서 미국, 영국 같은 선진 자본주의 사회가 혁명을 통한 혼란을 겪기 전에 자본주의의 여러 모순을 시정하기 위해 크게 노력해온 점을 높이 평가했다. 그러면서 과거의 자유방임형 자본주의로는 이제 더 이상 사회에서 분출되는 강력한 요구에 적절히 대처할 수 없기 때문에 그것이

12 그는 자본주의를 도둑질이라고 표현했다. 그러면서 공산주의도 다른 의미에서 도둑질이라고 보았다. 비록 방식은 다르지만 공통적으로 인간의 것과 하나님의 것, 즉 전체의 것을 일부 집단이 부당하게 취한다고 보았기 때문이다(함석헌, 1983ㄱ: 284).

13 함석헌은 "자본가의 착취를 반대하고 눌린 씨ᄋᆞᆯ을 해방하자는 데서는 누구보다 뒤지고 싶지 않다"고 고백했다(함석헌, 1970ㅎ: 54).

"공정가격, 국가경영, 누진세법 등 형식이 무엇이 되었든" 통제경제의 요소를 어느 정도 수용한 혼합 경제 형태를 취한 자본주의로 불가피하게 변하고 있다고 보았다(함석헌, 1959ㅂ: 239~240; 1959ㄴ: 19~20).

마지막 다섯 번째 문제점은 자본주의의 마지막 특징으로 언급된 글로벌한 성격에서 기인하는 제국주의 경향이다. 다른 국가의 영토에 대한 직간접적 침략을 추구하는 제국주의는 자본주의에 의해서만 등장하는 것이 아니지만 제국주의 전성기였던 19세기 말에서 20세기 초까지의 제국주의가 자본주의 팽창의 결과로 나타난 데서 볼 수 있듯이 자본주의는 제국주의, 특히 근대 제국주의 출현의 가장 중요한 배경이었다. 하지만 이처럼 자본주의의 팽창을 배경으로 나타났다고 하더라도 제국주의는 국가의 강력한 힘에 바탕을 두었다.

이런 점에서 함석헌은 자본주의의 제국주의 경향을 자본주의가 국가주의, 특히 대국주의와 결합한 결과로 인식하면서 비판했다. 즉 이윤 추구를 위해 시장의 확대를 필요로 하는 자본가의 이해관계가 강대국을 추구하는 국가 집단의 해외 침략 야욕과 결합해 다른 국가에 대한 정치 경제적 영향력 행사로 나타난 것이 제국주의라는 것이다. 그런 이유에서 그는 제국주의란 곧 기업주의이며. 그것은 그릇된 대국주의의 결과라고 지적했다. 그리고 그러한 제국주의의 대표적 사례로 일본, 미국, 영국 등을 들면서 한국 같은 약소국이 그들 제국주의 국가에게 일종의 시장이 되어 경제적으로 착취되고 또한 정치적으로 시달려온 점을 비판했다(함석헌, 1972ㄷ: 71; 1980ㅂ: 326~327; 1976ㄷ: 245~246; 1989ㅂ: 266~268; 1959ㅂ: 240~241; 1964ㄱ: 295).

함석헌은 비록 자본주의에 대해 체계적인 논의를 제공하지 않았지만 이처럼 자본주의의 특징과 문제점에 대한 다각적 인식을 갖고 있었음을 알 수 있다. 특히 자본주의의 문제점에 대한 비판적 인식이 상당히 날카로운 것을 알 수 있는데, 그가 살았던 시기가 아직 냉전체제가 작동하던 시기였을 뿐만 아니라 한반도에서는 이념 대립이 극심했고 특히 남한에서 엄중한 반공주의 체제가 작동하던 상황임을 고려한다면 그의 그러한 인식은 더욱 높이 평가받을 만하다.

물론 당시에도 자본주의 비판론이 전혀 새로운 것은 아니었으며, 특히 1980년대의 한국사회에서는 자본주의에 대한 비판적 인식이 지식사회를 주도하기까지 했다. 하지만 그들 비판 담론 중에는 사회주의 혹은 공산주의 이념에 의해 획일적으로 채색된 경우가 많았으며, 그것과 거리를 둔 담론에서는 서구 혹은 제3세계의 기존 담론을 수용한 경향이 비교적 뚜렷했다. 이에 비해 함석헌의 비판론은 비록 기존의 비판론으로부터 여러 영향을 받았지만 인간, 국가, 역사, 문명, 씨ᄋᆞᆯ 등에 관한 독창적 관점과 밀접히 결합됨으로써 새로운 방향의 논의 가능성을 제공했다는 점에서 큰 의의가 있다.[14]

자본주의의 문제점을 일찍부터 비판하고 대안을 자처한 당시의 사회주의와 공산주의에 대해서는 그가 자본주의에 대해 보였던 태도처럼 매우 비판적이었다. 사회주의 사상에 대해서는 자신도 젊은 시절에 사회주의의 진보적 성격 때문에 매우 고민한 끝에 결국 그것을 수용하지 않

14 이규성은 함석헌의 자본주의 비판론이 윤리적 비판이었지 급진 정치학적·경제학적 비판이 아니었다는 점에서 1980년대를 주도한 논의와 구별된다고 보았다. 그의 지적처럼 함석헌의 자본주의 비판론은 그들 1980년대의 급진적인 비판론과 구별되는데, 그것은 함석헌의 비판론이 사회과학적 비판에 이르지 못하고 윤리적 비판에 머물렀기 때문이라기보다는 정치학, 경제학, 사회학 등의 사회과학적 함의를 다분히 지닌 비판이었음에도 불구하고 자본주의 비판의 기본적 문제의식과 방향에서 1980년대의 마르크스주의적 비판론과 뚜렷한 차이가 있었기 때문이다(이규성, 2010: 349).

았었다. 하지만 그는 영국의 페이비언 사회주의에 대해서는 호의적이었을 뿐만 아니라 실제로 웰스, 헉슬리, 허드G. Heard 등의 페이비언 사회주의자들로부터 매우 큰 영향을 받았음을 고백한 바 있다(함석헌, 1959ㅋ: 66; 1986ㄷ: 226).

그러나 그는 국가주의에 매몰된 현실사회주의와 특히 공산주의에 대해서는 매우 비판적이었다. 페이비언 사회주의에서 보듯이 사회주의는 매우 폭넓은 스펙트럼을 지닌 사상이지만 20세기 공산주의처럼 국가주의와 결합해 개인의 자유를 억압하는 사회주의는 결코 개인주의나 자본주의의 대안이 될 수 없다고 보았기 때문이다.[15] 게다가 그는 공산주의도 철저히 물질주의적 사상이라는 점에서 자본주의와 다름없다고 보았다. 뿐만 아니라 해방 직후 그는 북한에서 개인적으로 공산주의 체제에 대한 매우 부정적인 경험을 한 끝에 마침내 고향을 떠나 남한으로 내려왔었다. 그런 이유들 때문에 그는 비록 자본주의의 여러 문제점에 대해 매우 비판적인 인식을 가졌음에도 불구하고 사회주의와 공산주의를 대안으로 받아들이지 않았던 것이다(함석헌, 1961ㄷ: 55; 1971ㄸ: 314 이하; 함석헌·김영호, 1988: 235 이하).

그러면서 종래의 자본주의 시대도 공산주의 시대도 모두 지나갔고 이제는 새로운 시대를 기다리고 있다고 진단했다. 우선 경제적 측면에서 보더라도 종래의 자유 경제나 통제경제만으로는 더 이상 유지하기 어려운 시대가 되었다. 그리하여 어떤 형태로든 자유시장의 원리와 국가 개입의 필요성을 함께 수용하는 혼합 경제의 도입 같은 새로운 모색이 이

15 함석헌은 미국과 소련으로 각각 대변되던 당시의 자본주의와 공산주의가 국가주의, 제국주의라는 점에서 다르지 않다고 보았다(함석헌, 1971ㅁ: 180; 1986ㄱ: 203~204; 1973ㄷ: 309; 1989ㅂ: 266~267).

루어지고 있다는 것이다. 또한 그는 자본주의와 공산주의가 그동안 실질적으로 의지해온 국가주의 및 제국주의 시대가 지나갔을 뿐만 아니라 그것들의 토대가 된 물질주의 문명도 더 이상 유지되기 어려운 국면에 처해 있다고 보았다. 그 외에 경쟁과 대립의 시대가 지나가고 큰 조화, 깊은 협동이 요구되는 시대가 도래하는 등 여러 면에서 두 이념의 시대는 이제 종언을 고하고 있다는 것이다(함석헌, 1959ㄴ: 19~20; 1971ㅁ: 181; 1950ㄴ: 148; 1961ㄷ: 48~51; 1972ㅅ: 164~165; 1963ㅅ: 185).

그가 기대한 새로운 시대는 자본주의나 공산주의 중 어느 하나가 승리하는 시대가 아니었다. 그의 사후에 냉전체제의 한 축이던 공산주의 진영과 국가주의적인 사회주의 이념은 몰락했다. 그러면서 다른 한 축이던 자본주의만 남아 승리를 자축하는 한편 신자유주의 이념의 부상으로 자유시장경제로의 복귀 움직임도 나타났다. 하지만 함석헌이 기대한 새로운 시대는 자본주의와 공산주의를 뛰어넘는 제3의 사상이 나와 자본주의와 공산주의의 실패를 극복하고 새로운 역사 단계로 도약하는 시대였다. 물론 그가 그러한 시대를 막연히 기다리고만 있자고 한 것은 아니다. 그는 이 두 이념과 체제로 인해 특별한 고난을 당해온 한반도의 씨ᄋᆞᆯ들이 자신들에게 주어진 뜻을 깨달아 새로운 사상이 출현하고 새로운 시대가 도래할 수 있도록 선구자적 역할을 감당하기를 바라면서 그것을 위해 스스로 큰 노력을 기울였다(함석헌, 1963ㅅ: 185).

3 개인주의, 자유주의, 자본주의와 씨ᄋᆞᆯ

함석헌의 역사관에서 개인주의 시대로부터 전체주의 시대로의 전환은 곧 영웅, 천재, 개인의 시대로부터 씨올의 시대로의 전환을 의미하기도 한다.

> 사람의 살림을 천재가 이끌던 시대는 이젠 지나갔기 때문입니다. 글쎄 씨올의 시대라니, 씨올이기 때문에 전체입니다(함석헌, 1963ㄴ: 116).

3장에서 민중사관과 관련해 소개한 바 있듯이, 함석헌이 구분한 인간 역사의 세 시기 중 두 번째 시기는 원시공동체 시대인 첫 번째 시기의 공동체에 대한 개인의 반항이 이루어진 때로, 영웅의 시대로부터 절대군주의 시대를 거쳐 마침내 씨올이 인간으로서의 자아의식을 발전시켜 스스로를 인격적 개인으로 생각하기에 이른 시기에 해당한다. 영웅의 시대 혹은 개인의 시대라고 불린 이 두 번째 시기에 이어진 마지막 세 번째 시기는 제2차세계대전 이후 시작된 전체의 시대로, 씨올이 개인으로 생각하는 것이 아니라 전체로서 생각하는 시대, 즉 세계 전체 씨올의 관점에서 생각하는 시대다(함석헌, 1975ㄹ: 169~172).

그렇게 보면 함석헌이 개인의 시대 혹은 개인주의 시대의 중심인물로 상정한 것은 영웅 혹은 천재로 지칭된 엘리트였는데 비해 전체의 시대 혹은 전체주의 시대의 주역으로는 씨올을 상정한 것을 알 수 있다. 물론 개인주의 시대가 본격적으로 전개되면서는 엘리트뿐만 아니라 씨올도 인격적 자아의식을 발전시켜 왔으나 개인주의 시대에는 인격적 개인으로서의 자아의식에 머묾으로써 씨올이 역사의 주체로서의 역할을 수행하는 데는 한계가 있었다. 그러다가 이제 전체의 시대가 도래하면서 비로소 씨올이 시대의 주역으로 나설 수 있게 되었는데, 그것은 누구보다도 씨올이야말로 자기 속에 있는 전체의 뜻을 가장 잘 깨닫고 그것을 실천할 수 있다고 보았기 때문이다.

물론 씨올이 영웅, 천재, 권력자, 대기업가 등과 마찬가지로 전체의식을 상실한 채 개인주의에 빠져 개인의 발전을 더 이상 이루지 못하고 또한 다양한 사회 문제의 발생과 심화에 기여할 수 있음을 함석헌은 부인하지 않았다. 그렇지만 전체의식을 회복해 개인주의를 극복하는 데서는 씨올이 그들보다 훨씬 유리한 존재라는 것이 그의 관점이다. 씨올과 전체의 밀접한 관계에 대해 4장에서 이미 비교적 자세히 설명한 바 있듯이, 씨올은 비록 불완전하며 연약한 존재지만 자기 안에 전체의식을 품고 있다. 그렇기 때문에 잠자는 전체의식이 깨기만 한다면 개인주의를 훨씬 더 쉽게 극복할 수 있다는 것이다(함석헌, 1979ㄹ: 337; 1972ㄷ: 80).[16]

그런데 인간 역사에서 개인 없는 전체가 주도한 첫 번째 시기, 즉 원시공동체 혹은 부족 시대로부터 개인의 시대 혹은 개인주의 시대로 발전해온 과정은 결코 저절로 쉽게 진행된 것이 아니었다. 천재, 영웅, 권력자, 재산가 같은 일부 엘리트의 노력도 있었지만 인간으로서의 자의식을 갖게 된 씨올의 개인적 자유에 대한 강한 열망이 무엇보다 크게 작용했다. 그 결과 개인의 자유 관념과 자유주의 사상이 발전했고, 그것을 통해 한편으로는 개인의 시대 혹은 개인주의 시대가 그리고 다른 한편으로는

16 함석헌은 개인주의자를 “세상이 다 흐렸는데 우리 홀로 맑고 모든 사람이 취했는데 우리 홀로 정신이 똑똑하다”고 하는 굴원족屈原族에, 그리고 씨올은 뿌리족에 각각 비유했다. 여기서 뿌리족은 굴원족에 비해 부족한 점이 많지만 낡은 시대와 새 시대 사이의 경계를 건너가려고 하는 사람들이라는 점에서 그는 그들을 매우 높이 평가했다. 물론 새 시대라고 해서 문제가 없는 유토피아의 시대는 아니지만 새 시대는 개인을 존중하는 바탕 위에서 전체를 지향함으로써 정신 연령, 가치관, 사회 구조 등의 향상이 이루어지는 시대다(함석헌, 1978ㄷ: 199~200).

자본주의 경제 제도가 빠르게 발전했다는 것이다.

하지만 함석헌에 의하면, 엘리트에 비해 별로 가진 것이 없는 개별 씨올이 개인주의 시대에 역사의 주체로서의 역할을 수행하는 데는 한계가 있다. 반면 씨올이 가진 것이 없다는 점은 오히려 자기 안에 있는 전체의 뜻을 깨닫고 실천하는 데는 엘리트보다 훨씬 더 유리한 조건이 된다. 그리하여 결국 개인주의 시대를 극복하고 전체주의 시대의 도래를 앞당기는 주역을 씨올이 맡게 된다는 것이다.

그런데 자유주의는 비록 그동안 씨올의 인격 발달에 크게 기여했지만 기존의 개인주의적 특성을 극복하지 않는 한 이제 씨올이 개인주의 시대를 극복하고 전체주의 시대의 도래를 맞이하는 데서 낡은 장애물이 되고 만다. 게다가 씨올이 자기를 점점 더 인격적인 존재로 자각함에 따라 고귀한 정신을 무시하는 물질주의적인 현대문명을 비판하고 그것을 극복하려고 한다. 하지만 기존의 자유주의의 합리주의적 특성은 정신 영역에서 많은 문제와 모순을 드러냄으로써 자유주의를 물질주의로 전락시킬 위험이 크다. 실제로 자유주의는 경제 영역에서 그동안 자유 시장경제 사상을 바탕으로 자본주의 발전에 크게 기여함으로써 현대문명이 물질주의 문명에 의해 지배되는 데 매우 중요한 역할을 해 왔다. 따라서 자유주의가 기존의 합리주의의 내적 한계로 인한 물질주의의 위험성을 극복하지 않으면 현대의 물질주의 문명을 극복하고 새로운 문명을 이룩하려는 씨올들의 염원과 노력에도 장애물이 되고 말 것이다.[17]

17 함석헌은 자유주의의 핵심 관념인 자유에 대한 현대인의 개인주의적이며 물질주의적인 인식이 전체적이며 정신적인 인식으로 고양되어야 한다고 보았다. 이규성은 함석헌의 자유사상을 자유의 정치학이라고 부르면서 함석헌이 민중 전체를 자각적 "씨알"로 불러내기 위해 이 자유의 정치학에 자신의 정체성을 둔 영혼의 계몽자였다고 주장했다. "그에게서 부분적이고 외면적인 자유의 권리는 전체적이고 정신적인 자유로 완성되어야 하는 사명(의무)으로 전환

물론 현대문명이 물질주의적 특징을 갖게 된 데는 경제적 자유주의보다는 자본주의의 탓이 훨씬 더 크다. 비록 양자는 서로 밀접히 관련되어 있지만 자유주의에서는 물질주의의 커다란 가능성이 문제라면 자본주의는 내적 속성 자체가 물질주의적이기 때문이다. 어쨌든 그러한 자본주의에서는 씨ᄋᆞᆯ의 삶이 물질주의 경향을 띠게 되어 정신적 가치를 소홀히 하는 대신 물질적 욕구를 무한정 충족시키려고 하고 그러한 수단인 화폐에 집착하는 배금주의 경향을 드러낸다. 더 나아가 자신과 타인을 인격체로 여기기보다는 물질 혹은 화폐를 추구하는 수단으로 여길 뿐만 아니라 인간관계를 협동 혹은 상생 관계가 아닌 경쟁 관계로 여기는 경향도 보인다.

자본주의 경제의 그러한 경향은 씨ᄋᆞᆯ뿐만 아니라 사회의 모든 구성원의 삶을 왜곡하지만 특히 씨ᄋᆞᆯ이 자본가에 의한 노동력 착취와 그로 인한 사회적 빈곤으로 인해 훨씬 더 큰 고통을 경험하게 되는 것이 자본주의다. 게다가 씨ᄋᆞᆯ의 그러한 고통은 필연적으로 사회체제에 대한 씨ᄋᆞᆯ의 저항을 낳게 되어 계급 갈등과 심지어 혁명 같은 혼란이 발생한다(함석헌, 1959ㅂ: 239).

이처럼 함석헌은 경제적 자유주의와 특히 자본주의가 물질주의 경향으로 인해 씨ᄋᆞᆯ의 삶을 왜곡시키는 점과 물질주의 경향 외에도 자본주의가 드러내는 다른 여러 문제점과 모순 때문에 씨ᄋᆞᆯ의 삶을 비인간화시키고 불행하게 만드는 점에 주목하면서 비판했다.

그런데 흥미로운 점은 그가 자유주의와 자본주의에 대해 국가주의 비판론의 관점에서도 비판했다는 것이다. 개인의 자유를 중시하는 자유

된다"(이규성, 2006: 287).

주의와 국가의 시장 개입을 기피하는 자본주의는 모두 국가주의와는 대립적 위치에 있는 것으로 보인다. 하지만 그는 자본주의가 국가주의와 결합함으로써 역사에 등장한 제국주의 현상에 주목했다. 뿐만 아니라 제2차세계대전 종전 후의 냉전체제에서 살면서 자유주의와 자본주의가 공산주의에 대립하는 중심 이념으로 미국을 비롯한 서방 국가에서 지배집단의 국가주의적 정치 행태의 도구로 이용되고 있는 점에도 주목했다. 그러면서 자유주의나 자본주의 국가든 공산주의 국가든 실제로는 국가의 소수 지배자가 조직적으로 폭력을 써 전체 씨올을 압박하고 착취하는 국가주의 양상을 보인다는 점에서 크게 다를 바 없다고 지적했다(함석헌, 1971ㅁ: 180).

결국 함석헌은 기존의 자유주의와 특히 자본주의가 비록 씨올의 삶과 발전에 그동안 기여한 점이 많지만 씨올에게 큰 고통을 제공한 것도 사실이며, 무엇보다도 이제는 개인주의, 물질주의, 국가주의 등 인간 역사의 발전 과정에서 극복해야만 하는 과거의 잔재를 계속 유지하거나 심지어 강화하고 있다는 점에서 그것들을 비판했다. 그러면서 사회 구성원 중 특히 가진 것 없는 씨올에게 더 큰 희생을 요구하기 때문에 그것들을 극복할 필요성을 누구보다 씨올이 강하게 인식하고 또한 주장한다고 보았다. 게다가 씨올은 자기 안에 전체의식을 품고 있기 때문에 이 전체의식이 깬다면 그것을 바탕으로 개인주의와 그것의 변종인 국가주의, 그리고 심지어 물질주의까지 극복할 올바른 방향도 누구보다 더 잘 알 수 있다고 보았다. 여기서 함석헌은 씨올이 자유주의와 자본주의의 극복을 위해 추구할 대안적 방향이 결코 그동안 대안을 자처해온 사회주의나 공산주의일 수 없으며, 제3의 방향인데 전체주의가 바로 그것이라고 생각했다.

4 맺음말

개인주의, 자유주의, 그리고 자본주의에 대한 함석헌의 글이 많지 않아서 그런지 함석헌의 사회사상에 대한 기존의 연구 중 이들 주제, 특히 자유주의와 자본주의에 대한 체계적 연구는 드문 편이다.[18] 필자는 이들 주제에 관한 함석헌의 흩어진 글을 기반으로 이 장에서 그의 사상을 재구성해보았는데, 이 맺음말에서는 앞의 세 주제에 대한 그의 관점을 종합적으로 간략히 정리하면서 그의 개인주의론, 자유주의론, 그리고 자본주의론이 갖는 의미를 제시하려고 한다.

함석헌은 전체의식을 상실한 개인의 편협한 세계 인식을 비판하면서 그로 인한 세계의 원자화 경향에 우려를 표명했다. 비록 오늘날의 세계가 전반적으로 유기적 사회로 나아가고 있지만 그러한 시대 변화에 역행하면서 세계를 원자화하려는 낡은 경향이 여전히 존재한다면서 편협한 개인주의를 대표적 원인으로 지목했다(함석헌, 1971ㅂ: 460~462).

그런데 편협한 개인주의는 그동안 개인주의 성향의 자유주의의 확장을 낳았고, 그러한 자유주의 사상을 바탕으로 자본주의가 전세계적으로 빠르게 퍼지면서 인간의 사회적 관계에 연대와 협력보다 경쟁을 더욱 부추겨 왔다. 그 결과 자본주의의 그러한 경쟁주의 경향은 개인주의와는

18 함석헌의 개인주의 사상에 대한 비교적 자세한 연구로는 앞에서 언급한 바 있는 이황직(2001)의 연구가 있지만 자유주의와 자본주의에 대한 집중적이거나 체계적인 연구를 발견하기는 쉽지 않다. 다만 그의 자유주의론과 자본주의론에 대한 간략한 언급은 이규성(2006, 2010)의 글 등에서 발견되며, 최근에는 김영호가 함석헌의 경제 사상을 집중적으로 소개하는 글에서 그의 자본주의론을 소유권, 노동, 금전만능 등의 문제와 관련해 간략히 다룬 바 있다(김영호, 2016ㄴ: 380 이하).

다른 방식으로 세계를 원자화시키는 배경이 되었다.[19]

자본주의는 경쟁 문화의 중요한 원인이 될 뿐만 아니라 노동을 착취함으로써 계급대립의 원인이 되기도 한다. 마찬가지로 개인주의의 이기성도 엘리트 개인 혹은 소수 지배집단에 의한 씨울의 지배와 억압을 낳음으로써 사회적 대립과 갈등의 원인이 된다. 그리고 그러한 자본주의와 국가주의가 결합한 제국주의는 국제적 대립과 갈등의 원인도 된다. 그런 상황에서 자유주의가 자본가든 아니면 권력자든 그들에게 인격 존중의 정신적 가치를 일깨운다면 그러한 사회 갈등이 훨씬 완화될 테지만 정신적 영향력을 행사하지 못하거나 않을 때는 씨울에 대한 자유로운 착취 혹은 지배를 정당화하는 수단으로 전락하고 만다.

하지만 안타깝게도 함석헌은 기존의 자유주의가 정치권력이든 경제적 부든 현실적 물질주의를 전체 입장에서 제어할 정신적 영향력을 행사할 수 있다는 데 대해 부정적이다. 오히려 그는 기존의 자유주의가 자본주의의 물질주의 경향과 심지어 국가주의의 지배주의 경향조차 강화하는 데 기여하고 있다면서 그것을 비판했다.

결국 개인주의, 자유주의, 그리고 자본주의는 모두 비록 인간 역사의 특정한 발전 단계에 기여한 점을 부인할 수 없지만 현 단계에서 본다면 인간 사회를 하나로 만드는 데 기여하기보다는 오히려 원자화하거나 대립 혹은 갈등을 야기함으로써 인간 역사의 발전을 가로막는 부정적 역할을 한다는 것이 그의 관점이다.

오랜 공동체 문화의 전통을 지닌 한국사회는 일제식민지, 남북분단, 한국전쟁 같은 현대사의 엄청난 시련을 겪으면서 공동체 문화의 빠른 해

19 경쟁을 강조하는 자유 시장경제 사상과 세계의 원자화 사이의 친화성에 관해서는 필자의 글(강수택, 2010: 146 이하)을 참고할 수 있다.

체를 경험해왔으나 일상생활에서는 여전히 그러한 전근대적 공동체 문화가 폭넓게 자리 잡고 있다. 흔히 지연, 혈연, 학연으로 대표되는 연고주의 문화가 그러한 사례인데, 비록 오늘날의 연고주의 문화와 전통적인 공동체 문화 사이에는 차이가 있지만 그것들이 근대 시민의 개인적인 자유 및 권리와 충돌하는 경향이 있는 점에서는 마찬가지다(김정오, 2008: 279; 정수복, 1996: 56 이하).

또한 한국사회는 그동안 일본군국주의, 이승만정권의 독재, 30년이 넘는 오랜 군사 통치를 경험하면서 시민 개인의 자유와 권리가 국가권력에 의해 부당하게 억압되고 침탈되어 왔다. 뿐만 아니라 오랜 군사정권 시기에는 획일적인 집단 문화와 수직적 위계서열을 중시하는 계급 문화가 한국사회 전반에 강력하게 자리 잡으면서 개인의 자유와 권리가 집단과 위계적 권위에 의해 억압되는 경향이 심해졌다. 군사정권이 붕괴된 지 비교적 오랜 시간이 지난 지금은 그런 경향이 많이 완화된 것이 사실이지만 그래도 여전히 그러한 군사문화의 잔재가 곳곳에 남아 있는 것을 쉽게 볼 수 있다.[20]

그런 현실을 고려한다면 개인의 자유와 권리를 강조하는 개인주의는 여전히 한국사회에서 매우 강조되어야 할 정신이자 이념이라고 볼 수 있다.[21] 게다가 벡U. Beck, 촐R. Zoll 같은 현대 사회학자들은 기존의 산업

20 집단 문화에 대해 박재환은 비록 군사정권의 경험과 연결해 설명하지는 않았지만 그것을 "몰개성적 합일주의"라고 표현하면서 현대 한국인의 일상생활을 구성하는 중요한 원리로 규정하기까지 했다(박재환, 2004: 60~64).

21 한국사회에서 개인주의는 여전히 충분히 확산되어 있지 못하다고 진단하면서 개인주의의 필요성을 다음과 같이 강조한 김성국은 그런 입장을 명백히 표현한 사회학자의 대표적인 예에 속한다. "나는 개인주의에 대한 단순한 긍정적 평가라는 차원을 넘어 한국사회의 (문화적) 발전과 새로운 문명 전환을 위해 개인주의를 적극적으로 옹호하고 주창하며 때로는 찬양한다. 자유와 개인은 불가분의 관계이기 때문이다." 하지만 그가 주창한 개인주의는 "협동적 개인주

사회가 오늘날 새로운 유형의 사회로 변하면서 현대인이 계급이나 가족 같은 집단의 구성원이 아니라 개인으로서 살아가게 되는 생활양식에서의 개인화 경향이 나타나고 있다고 주장했는데, 한국사회에서도 그러한 개인화 경향이 발견된다(벡, 1998: 37 이하; Zoll, 1993: 153 이하; 홍찬숙, 2015: 99 이하).

그렇다면 개인의 시대 혹은 개인주의 시대는 이제 지나간 시대라는 함석헌의 개인주의 인식은 현실에 모순되는 것인가?

군사정권이 붕괴되고 문민정권이 등장한 후인 1995년에 세계무역기구WTO 체제가 출범했다. 그리고 얼마 지나지 않은 1997년 말에 한국은 외환위기를 겪게 되면서 국제통화기금IMF의 관리를 받게 되었다. 이 과정에서 한국사회에 신자유주의 이념 및 정책이 도입되기 시작해 경제 영역뿐만 아니라 교육, 문화, 행정 등 비경제 영역에서도 시장원리가 지속적으로 매우 강조되어 왔으며, 그 결과 한국사회 전반에서 경쟁을 중시하는 문화가 빠르게 자리 잡게 되었다.

시장 원리의 강화는 기본적으로 경제 영역에서 생산성을 향상시키기 위한 것이지만 이 과정에서 대량실업이 발생하고 고용 불안정이 심화되면서 광범위한 빈곤과 사회 양극화가 초래되었다. 게다가 국가와 기업은 각종 경쟁 방법을 활용해 노동자를 개인화시키고 집단을 분열시켜서 자본주의 경제에서 나타나는 그런 문제들에 씨올이 효과적으로 대처하기 힘들게 해 왔다.

한편 교육, 문화 등과 같은 비경제적 영역에서는 경쟁보다 협력과 연

의"로 개인의 원초적 공동체성을 강조한다. "협동적 개인주의자는 개인의 이기심이 개인을 위한 것일 뿐만 아니라 개인의 자유연합을 위한 협동적 이타심으로 확대될 수밖에 없다고 생각한다"(김성국, 2015: 656, 666~667, 706).

대의 가치가 더 중요한 경우가 많다. 그럼에도 불구하고 국가와 기업이 그것들에 대해서도 경제적 접근을 통해 경쟁 원리를 강요함으로써 학교와 학교, 교사와 학생, 학생과 학생, 창작자와 창작자 사이의 관계를 경쟁 관계로 만들고 또한 개인화시키려고 하고 있다.

그렇게 본다면 한국사회에는 여전히 개인의 자유와 권리를 강화하기 위한 노력이 매우 필요하지만 자본주의, 국가주의, 집단주의 등에서 유래하는 여러 문제점을 특히 씨올 관점에서 극복하기 위해서는 소박한 개인주의를 넘어 사회 전체의 관점에서 함께 대처하는 것이 매우 중요함을 알 수 있다. 함석헌이 개인주의 단계를 넘어 전체주의 단계로의 전환을 주장한 것도 그런 관점에서였다고 할 수 있다.

또한 함석헌의 생애는 전반적으로 볼 때 자본주의보다 국가주의의 문제점이 훨씬 더 심각하게 부각된 시대에 걸쳐 있었다. 그랬기 때문에 그도 자본주의보다는 국가주의에 대해 훨씬 더 많은 논의를 개진했다. 이에 비해 오늘날의 한국사회는 함석헌 시대와는 비교할 수 없을 만큼 자본주의의 문제점에 더 많이 노출되어 있다. 그것은 그사이 자본주의가 엄청난 속도로 전 세계 구석구석까지 확산되었을 뿐만 아니라 한국경제가 세계자본주의 경제에 깊숙이 편입된 결과다. 그러면서 또한 자본주의의 대안을 자처한 공산주의 혹은 현실사회주의 체제는 그사이 전 세계적으로 붕괴했다.

그러한 시대 변화를 전제로 할 때 그의 자본주의론은 오늘날처럼 자본주의의 영향이 훨씬 더 커진 상황에서 그리고 대안으로 많이 주장된 공산주의나 현실사회주의 체제가 붕괴된 상황에서 자본주의 문제점을 보다 근본적으로 성찰하면서 새로운 극복 방안을 모색하는 계기가 될 수 있을 것이다.

끝으로 함석헌의 자유주의론과 관련해서는 그의 사후에 냉전체제가 붕괴되고 신자유주의가 득세하기 시작한 사실과 관련해 간략히 언급할 필요가 있다. 즉 함석헌이 사망한 1989년에 동서 냉전체제의 상징이던 베를린 장벽이 무너지면서 냉전체제가 붕괴되기 시작했는데, 미국의 정치학자 후쿠야마F. Fukuyama는 그것을 자유민주주의의 최종적 승리로 평가한 바 있다(후쿠야마, 1992: 7쪽 이하). 한편 오늘날의 신자유주의는 1980년대에 영국의 대처 수상과 미국의 레이건 대통령의 정책으로부터 시작된 이후 세계무역기구 등을 통해 세계 경제를 주도하는 이념과 정책 방향으로 자리 잡아 왔다.

이처럼 냉전체제와 함께 현실사회주의 진영이 붕괴되고 또한 신자유주의가 세계 경제를 주도하면서 함석헌 사후의 세계는 자유주의 이념이 사라지기보다는 오히려 더욱 강력하게 득세하고 있는 것이 현실이다. 그리고 그의 우려와 달리 냉전체제의 붕괴, 작은 정부를 주장하는 신자유주의의 부상, 경제의 세계화의 확산 등은 국가주의를 완화시키는 방향으로 작용했다.

하지만 자유주의가 득세하고 특히 신자유주의가 세계 경제를 주도하면서 비록 세계 경제 전반적으로 긍정적 성과를 낳지 않은 것은 아니지만 자본주의의 근본적 문제를 극복하거나 개선한 것도 아니다. 그리고 오히려 자본주의의 여러 병폐를 국내뿐만 아니라 국제적으로도 훨씬 더 심각하게 노출시키고 있다. 그렇기 때문에 자유주의가 비록 현실 정치 이념으로서 공산주의에 대해서는 승리했지만 자본주의의 근본적 문제들을 씨올의 관점, 전체의 관점에서 극복하는 새로운 방향으로 발전하지 못한 채 신자유주의를 통해 계속 심화시킨다면 결국 보다 수준 높은 새로운 사상에 의해 대체될 수밖에 없으리라는 함석헌의 관점은 여전히 유효하다.

10

씨올 연대주의

10

1. 함석헌의 씨올사상과 연대주의: 왜 씨올연대주의인가?

1) 함석헌의 씨올사상은 연대사상이다

씨올을 중심으로 하는 함석헌의 사회사상에서 연대사상은 핵심 요소다. 앞에서 설명했듯이 비록 연대나 유대라는 표현을 직접 사용한 경우는 매우 드물지만 함석헌은 저술 곳곳에서 연관성, 결속, 단결, 지원, 협력, 하나 됨, 전체, 화和 등 연대에 관한 풍부한 생각을 매우 적극적으로 개진했다.

필자가 4장에서 소개한 전체와 유기체에 관한 그의 많은 논의는 상호 연관성을 강조하는 분석적 연대사상에 가까우며, 6장에서 소개한 협력, 뭉침, 같이 살기, 조직 등에 관한 논의는 정치적이거나 윤리적 의미에서의 실천적 연대사상에 해당된다. 또한 5장에서 소개한 하나 됨과 화에 관한 그의 논의는 분석적 연대사상과 실천적 연대사상 모두와 관련되면서 이 둘을 이어주는 역할을 하는 연대사상이다. 이처럼 그의 사상, 특히 사회사상에서 중심 되는 많은 요소가 직간접적으로 연대에 관한 것이라는 점에서 볼 때 그의 사회사상은 연대사상의 관점에서 접근해야만 제대로 이해될 수 있음을 알 수 있다.[1]

뿐만 아니라 함석헌 사상에서 핵심 되는 씨ᄋᆞᆯ부터가 연대적 존재다.

> 씨ᄋᆞᆯ은 하나입니다. 하나인데 전체입니다(함석헌, 1980ㄱ: 286).

> 알알이 도는 것은 씨ᄋᆞᆯ이 아닙니다(함석헌, 1972ㅋ: 49).

> 씨ᄋᆞᆯ은 하나의 세계를 믿고 그 실현을 위해 세계의 모든 씨ᄋᆞᆯ과 손을 잡기를 힘씁니다. …… 씨ᄋᆞᆯ은 선善을 혼자서 하려 하지 않습니다. 씨ᄋᆞᆯ은 너 나가 있으면서도 너 나가 없습니다. 네 마음 따로 내 마음 따로가 아닌 것이 참 마음입니다. 우리는 전체 안에 있고 전체는 우리 하나하나 속에 다 있습니다(함석헌, 1976ㅂ: 2).

함석헌에 의하면 씨ᄋᆞᆯ은 각자 자기 안에 전체를 품고 있기에 서로 하나라는 의식을 갖는 연대적 인격체다. 물론 씨ᄋᆞᆯ도 물질주의, 개인주의 등의 영향으로 "모래더미" 같은 사회의 원자화된 구성원처럼 될 수

1 이태영李泰榮은 1965년에 함석헌을 비판하는 글을 발표하면서 "다 같이 짐을 지고 산을 오른다는 유대의식을 지니지 못한 사람"이라고 그를 평한 바 있는데, 그것은 함석헌 사상과 실천이 전근대적인 공동체 의식의 한계를 비판하면서 근대적인 연대 혹은 유대의식을 무엇보다 중시한다는 점에서 매우 부적절하다. 함석헌이 연대 혹은 유대의식을 중시한다는 점은 1965년 이전의 글에서도 쉽게 발견된다(이태영, 1965: 139).

있다. 하지만 함석헌은 그런 경우에도 씨울이 자기 안에 잠재되어 있는 전체의식과 서로에 대한 믿음을 회복하기만 하면 연대적 인격체로서의 자신과 사회를 구할 수 있다고 보았다. 이처럼 그의 씨울사상의 출발점인 씨울이 연대적 존재라는 점에서도 그의 사상을 연대의 관점에서 이해할 필요가 있다(함석헌, 1979ㄹ: 337; 1971ㅎ: 28~29).[2]

더 나아가 함석헌은 연대를 자유 및 평등과 함께 근대 시민사회의 핵심 가치로 여겼을 뿐만 아니라 자유와 평등이 함께 실현되기 위한 전제조건으로까지 볼 정도로 특별히 중요하게 생각했다.

> 평등은 자유를 배격하고 자유는 평등을 배격하기 때문에 자유롭다고 하면 평등이 안 되고 평등하려면 자유가 안 됩니다. 그러니까 그 문제가 해결이 되려면, 저기 걸린 십자가처럼 둘의 가로와 세로가 하나가 되려면, 사랑에 의해서만 실현이 될 수 있다. 그렇게 생각합니다(함석헌, 1980ㄷ: 224).

> 세계 역사는 프랑스혁명에서 큰 소리를 쳤습니다. 자유는 미국 놈이 어느 정도 실현해봤고 평등은 소련 놈이 어느 정도 실현해 보느라 했습니다. 그랬어도 다 잘 안 됐습니다. 하지만 그것은 당연한 것이, 자유로우려면 평등이 안 되는 그 모순 때문에 그러는 겁니다. 그 모순된 걸 누가 과연 동시에 되게 할 수 있나? '사랑하는 마음'으로 하면 자유가 곧 평등이고 평등이 곧 자유가 돼요. 이제 남은 것이 사랑입니다. 인류역사에서 사랑만 완전히 써먹어 보질 못

2 안병무도 함석헌의 씨울이 연대적 존재라는 점에 주목해 씨울의 특징을 다음과 같이 설명했다. "…… 씨울은 결국 더불어의 존재, 홀로 사는 것이 절대 아니라는 겁니다. 더불어의 존재입니다. 나, 너가 아니고 우리로서 사는 거"(안병무, 2001: 75). 또한 이규성은 씨울을 연대성의 원리로 파악하기까지 했다. "씨울은 개체성의 원리이자 개체의 우주적 연대성의 원리다"(이규성, 2010: 346).

했어요(함석헌, 1980ㄷ: 230~231).

함석헌은 여기서 사랑이라는 표현을 사용했지만 앞에서도 지적했듯이 연대의 뿌리에 해당하는 박애를 그는 사랑이라고 불렀다. 그렇기 때문에 그가 여기서 자유와 평등이 함께 실현되기 위한 조건으로 사랑을 특히 강조한 것은 넓게 보아 연대 가치의 중요성을 강조한 것이라고 보아도 결코 틀린 것이 아니다.[3]

이처럼 씨ᄋᆞᆯ사상의 출발점이 되는 씨ᄋᆞᆯ의 기본 성격에서부터 그가 씨ᄋᆞᆯ사상에서 다룬 많은 주제와 특별히 중요하게 여긴 사회적 가치까지도 연대와 밀접히 관련되어 있다는 점에서 본다면 그의 씨ᄋᆞᆯ사상의 중심에 연대사상이 위치해 있음을 쉽게 확인할 수 있다.

2) 개인주의 및 국가주의 비판론의 기초는 연대사상이다

그의 씨ᄋᆞᆯ사상이 연대사상을 중심에 두고 있다는 것은 앞에서 살펴본 그의 개인주의 비판론과 국가주의 비판론에서도 잘 드러나 있다. 그는 개인주의가 이기주의와 결합할 가능성이 매우 크다고 보면서 이기주의와 결합한 개인주의가 다른 개인이나 집단, 그리고 결국은 전체의 이익을 고려하기보다는 지나치게 자기중심적으로 되는 경향을 비판했다. 또한 전체의식이 결여된 편협한 개인주의가 자기 세계만 고집하거나 자

3 그는 자유와 평등, 그리고 사랑, 박애, 혹은 연대 같은 사회적 가치가 본래 종교적 뿌리를 갖고 있었다고 보았다. 그리하여 자유와 평등은 말할 것도 없고 사랑, 박애 혹은 연대의 가치가 제대로 실현되기 위해서는 고등한 종교적 체험 혹은 정신적 체험에서 나오는 신념이 필요하다고 생각했다(함석헌, 1980ㄷ: 223, 230~231).

기 생각을 표준으로 삼는 독선주의 경향을 드러냄으로써 개인이나 집단의 발전을 막고 사회적 분열과 갈등의 원인이 되는 점에 대해서도 비판했다.

그러면서 그는 개인주의가 비록 과거에는 인간 역사의 발전에 크게 기여했지만 지금은 자유주의 및 자본주의와 함께 세계를 원자화하거나 경쟁, 대립, 갈등, 분열 등을 야기함으로써 역사 발전을 오히려 가로막고 있다면서 개인주의의 극복 필요성을 강조했다. 오늘날의 세계는 연대와 협력을 보다 필요로 하는 유기적 사회로 나아가고 있는데, 개인주의는 자유주의 및 자본주의와 함께 그러한 시대 변화에 역행하고 있다고 보았기 때문이다.

이처럼 그가 개인주의를 비판했다고 해서 국가주의나 다른 형태의 집단주의를 주장한 것은 아니다. 그는 집단주의, 특히 그것의 대표적 형태인 국가주의에 대해서도 매우 신랄하게 비판했는데 그의 그러한 국가주의 비판론의 시각 역시 연대사상에 기초한 것이었다.

8장에서 살펴보았듯이 함석헌은 국가주의의 특징을 집단주의, 국가지상주의, 폭력주의, 대국주의, 민족주의 등으로 규정하면서 이 특징에서 비롯된 국가주의의 문제점을 비판했다. 그가 지적한 국가주의의 문제점을 한 문장으로 압축한다면, 힘을 가진 개인이나 폐쇄적인 소수 집단이 힘을 이용해 나라의 실제 주인인 씨올들을 지배하려 하며 또한 그것을 바탕으로 힘이 약한 다른 나라의 씨올을 지배하려 하는 것이다. 그런데 그러한 국가주의가 세계 도처에서 여전히 발견되며 또한 사회에 따라 매우 강한 힘을 발휘하기도 하지만 그는 인류역사에서 국가주의 시대는 이제 종언을 고했다고 보았다.

그러면서 그는 그러한 시대 변화를 거스른 채 힘없는 씨올들의 자유,

평등, 연대를 여전히 짓밟고 있는 국가주의를 시급히 극복할 것을 주장했다. 필자는 앞에서 그가 국가주의 극복을 위해 제시한 민주주의의 길과 세계주의의 길에 대해 소개했다. 그러면서 그가 제시한 민주주의란 인간 사랑을 기본 정신으로 하며 씨ᄋᆞᆯ의 하나 됨, 나라의 하나 됨, 세계의 하나 됨을 추구한다고 설명했다. 또한 세계주의란 국경, 민족을 떠나 세계가 하나로 되는 시대 변화에 맞추어 새롭게 갖게 된 초국가주의적, 탈국가주의적, 혹은 탈민족주의적인 인식이라고 설명했다.

그가 국가주의의 극복을 위해 제시한 길은 결국 씨ᄋᆞᆯ 중심의 민주주의의 길이요, 유기적 사회관계와 국제협력을 중시하는 평화주의의 길이다. 그리고 자유, 정의, 사랑, 평화 같은 정신을 특별히 소중히 여기는 정치관에 입각한 길이기도 하다. 그러한 점은 함석헌의 국가주의 비판론이 한편으로는 씨ᄋᆞᆯ의 인권을 존중하고 다른 한편으로는 계급 연대, 민족 연대 같은 특정한 집단 연대를 넘어서는 전 인류의 연대를 추구하는 사상에 철저히 입각한 것임을 보여준다.

3) 함석헌의 전체주의 사회사상은 씨ᄋᆞᆯ연대주의다.

이처럼 그가 연대사상에 기초해 개인주의와 국가주의를 비판하고 또한 그것들을 극복할 것을 주장하면서 제시한 대안은 전체주의였다. 그가 국가주의 극복을 위해 제시했다고 위에서 언급한 민주주의와 세계주의의 길도 결국은 전체주의로 향하는 길이었다. 그가 제시한 전체주의에 대해서는 4장에서 개인과 전체의 관계를 중심으로 간략히 소개한 바 있는데, 핵심은 개인의 가치를 완전히 인정하는 위에서 전체를 개인보다 우선시하고 개인의 자발적 사랑으로 전체의 뜻을 실현하려는 관점이다.

그러한 그의 전체주의 사상은 두 가지 점에서 특별히 흥미로운데, 하나는 전체주의가 결코 현실을 떠난 이상적 관점에 불과한 것이 아니라는 점이다. 그것은 인류역사가 개인주의와 국가주의가 지배하던 시대를 지나 이제 서서히 전체주의 시대로 전환되고 있다는 그의 인식에 기초해 있다. 그는 그러한 인식에 따라 전체주의가 비록 온전히 실현되기에는 여전히 많은 장애물이 있지만 개인주의나 국가주의와 달리 시대 변화에 부합하는 관점이어서 앞으로 점점 더 그것들보다 현실적인 정신으로 드러나리라고 보았다.

다른 하나는 사상사에서 볼 때 함석헌의 전체주의가 본인의 주장처럼 파시스트 전체주의와는 다른 것이라는 점이 분명하며, 오히려 19세기 말과 20세기 초에 서구에서 시작된 연대주의 사상과 많은 공통점을 갖고 있다는 점이다. 함석헌의 전체주의와 연대주의 사이의 가장 뚜렷한 공통점은 개인의 자유에 대한 존중을 바탕으로 존재론, 인식론, 윤리 등에서 원자화되거나 폐쇄된 개인과 집단을 비판하면서 연관성, 사랑 같은 연대를 매우 소중히 여긴다는 것이다.[4] 이런 점에서 그의 전체주의와 연대주의는 공통적으로 극단적 개인주의와 집합주의, 특히 국가주의를 함께 거부하는 경향이 있다.

물론 함석헌의 전체주의는 국가와 민족을 넘어 전 인류를 포함할 뿐만 아니라 인간이 아닌 온 생명까지 아우르는 전체를 추구한다는 점에서 인간 사회의 연대에 초점을 맞춘 고전적 연대주의와 구별되지만 현대의

4 이규성도 그런 관점에서 함석헌의 전체주의는 "개체들을 대중화해 사회공학적 조작 대상으로 삼는 '잘살기', '전체주의'가 아니다. 진정한 전체주의는 통일성이 다수성 위에 있는 것이 아니라 개체들의 평등한 상호연대성 안에 있다"고 지적한 바 있다. 즉 그의 전체주의는 파시스트들이 보여준 강압적이며 조작적 성격의 전체주의가 아니라 연대성의 원리에 기초한 전체주의, "'사랑을 온통으로 하는' 전체주의"라는 것이다(이규성, 2010: 347).

연대주의도 생태계까지 범위가 확장된 연대를 추구한다는 점에서 보면 전체주의와 연대주의 사이에 큰 차이가 없다.

그런데 그의 전체주의 사상은 사회과학적 논의, 역사학적 논의, 생태학적 논의를 넘어 형이상학적 논의와 결국 종교적 논의로 이어지는 경향이 있다(김영호, 2016ㄴ: 168 이하).[5] 이에 비해 연대주의는 종교의 영향이 강한 전통과 그렇지 않은 전통을 포용하면서 사회와 인류 세계에 대한 분석적이거나 실천적인 논의에 초점을 맞추어 왔다(강수택, 2012ㄴ: 31 이하). 이렇게 보면 함석헌의 전체주의가 연대주의보다 훨씬 더 포괄적이면서도 근본적인 사상이라고 볼 수 있다.

하지만 종교사상이 아니라 사회사상에 초점을 맞추어 살펴본다면 그의 전체주의 사상을 큰 틀에서 연대주의 사상이라고 불러도 무방할 정도로 둘 사이에는 기본적 인식의 공통점이 뚜렷이 존재한다. 그런데 함석헌의 전체주의 사회사상에서는 씨올이 특별히 중요한 위치를 차지한다. 왜냐하면 우주에서는 하나님, 곧 절대자가 전체지만 역사 혹은 사회에서는 씨올이 전체이기 때문이다(함석헌, 1961ㄱ: 17).[6]

그래서 필자는 씨올을 특별히 중시하는 전체주의론을 중심으로 한 함석헌의 연대사상을 '씨올연대주의'라고 부르고자 한다. 물론 그는 주의 혹은 이념에 대해 비판적인 인식을 드러내기도 했다.

5 "전체는 곧 하나님의 다른 이름이다. 절대이기 때문이다"(함석헌, 1972ㅌ: 198). "하나님이라, 부처라, 도道라, 진리라 하는 말을 역사·사회적으로 하면 전체다. 그 전체를 위하는 것이 의무다. 선善이다"(함석헌, 1972ㅌ: 194).

6 함석헌에 의하면, 하나님이 머리라면 그의 발은 씨올, 곧 민중에 와 있다. 그리하여 하늘 위의 머리는 알 수 없어도 이 땅에 내려와 있는 발은 알 수 있기 때문에 그는 씨올을 "보이는 전체"라고 표현하기도 했다(함석헌, 1957ㄷ: 251~252).

모든 주의는 도깨비다. 공산주의, 사회주의, 전체주의, 제국주의, 유물주의, 유심주의, 민주주의. …… 주의가 뭐냐? 밤에 담장 밑에서 일어서는 도깨비가 사람 착각의 산물이듯이, 주의라는 도깨비도 '인위'로써 되는 유령이다. 사람이란 제가 만든 우상에 종노릇을 하는 것이다. 나는 인위의 장난으로 되는 주의에 잡혀 살고 싶지 않다. …… 산 정신이라면 정신에 있지 주의가 아니다(함석헌, 1958ㄷ: 195~196).

인간의 정신이 낮았을 때 사람들은 사상을 하나로 세워 내몰려 했습니다. 지금은 그 시대는 지났습니다. 이데올로기의 시대는 지나갔다는 말은 그래서 나옵니다(함석헌, 1971ㄷ: 45).

하지만 함석헌은 전체주의, 민주주의 같은 이념의 중요성을 매우 적극적으로 강조하기도 했다.

우리에게는 이데올로기가 없는 것이 아니라 그것을 가지려는 노력이 없을 뿐입니다. 이데올로기의 주입은 공산당의 독점물일 수는 없을 텐데 우리는 목표가 되는 이데올로기, 예컨대 데모크라시와 같은 이념에 대한 교육에 힘써 국민이 믿음의 조직으로 유대를 이룩해야겠습니다(함석헌, 1963ㄱ: 275).

이렇게 본다면 그가 실제로 거부한 것은 주의 혹은 이념 그 자체라기보다는 이념을 내세워 씨올을 속이고 지배하려는 것임을 알 수 있다. 그는 "이데올로기란 가면을 쓴 집단주의"라는 표현을 사용하면서 국가주의자, 특히 강대국의 권력 집단이 공산주의, 자유주의, 심지어 민주주의조차도 자신들의 지배력을 강화하기 위한 가면으로 사용해 왔다고 보았다. 물론 특정한 주의 혹은 이념을 내세워 씨올을 속이려는 것이 꼭 정치 집단에 의해서만 이루어지는 것은 아니며, 경제 집단, 종교 집단 등 다양한 집단이 특정한 이념을 우상으로 만들어 씨올을 속여 왔다는 점에서 이념을 비판했던 것이다(함석헌, 1958ㄷ: 195~196; 1972ㄷ: 75).

그렇기 때문에 필자가 함석헌의 연대사상을 씨올연대주의라고 표현한 것은 씨올을 속이거나 지배하기 위한 경직된 정치 이념의 의미에서가 아니다. 그보다는 하나 된 씨올 중심의 세계를 추구하는 정신으로서 혹은 그러한 세계를 만들어가는 방안으로 그가 제시한 사상 체계로서 앞으로 계승, 발전될 필요가 있다는 의미에서다.

2 씨올연대주의론: 씨올연대주의란 무엇인가?

1) 씨올연대주의란?

씨올연대주의란 함석헌이 제시한 씨올을 중심으로 하는 연대사상의 정신 혹은 체계를 가리키는 것으로, 시민연대주의를 중심으로 생명연대주의까지 포괄한다. 필자는 7장에서 함석헌의 씨올 개념이 현대 사회과학의 시민 개념과 많은 공통점을 갖고 있음을 보여주었다. 이렇게 보면 그의 씨올연대주의는 시민의 관점을 매우 중시하는 시민연대주의에 해당된다고 할 수 있다. 또한 현대 사회과학에서의 시민은 고전적 개념인 민족국가의 구성원을 넘어 세계시민사회의 구성원, 즉 세계시민까지도 포함하는 확장된 개념이다. 그렇기 때문에 오늘날의 시민연대주의가 추구하는 연대의 대상이 세계시민까지 확장되면서 자연스레 세계평화주의도 여기에 포함된다.

물론 함석헌의 씨올은 사회과학적인 시민 개념보다 훨씬 더 근본적이면서도 포괄적인 의미를 가진 개념이다. 하지만 이 책의 기본 취지가 사회사상으로서의 연대사상에 초점을 맞추어서 그의 씨올사상을 고찰하는 데 있다. 그래서 필자는 그의 포괄적인 씨올사상 중에서 사회적 연대사상과 비교적 관련이 깊은 내용을 주로 살펴보았으며, 그런 맥락에서 씨올 개념에 대해 시민으로서의 의미를 중심으로 접근했다.

하지만 씨올은 시민이기 전에 인간이라는 한 생명체다. 씨올의 씨가 의미하는 것이 바로 생명인데, 함석헌이 역사의 주체, 사회의 주인인 인간을 씨올로 표현한 것은 인간을 역사적 존재나 사회적 존재로 보기 전에 생명체로 보았기 때문이다.

이처럼 그가 씨올이라고 표현한 인간은 누구로도 대체할 수 없는 인격적인 개별 생명체이지만 그렇다고 해서 라이프니츠가 창 없는 단자monad로 표현한 개인은 아니다. 왜냐하면 씨앗과 거기서 탄생하는 생명체는 외부 환경, 특히 자연 환경의 적절한 도움을 필요로 하듯이 함석헌이 씨올이라고 표현한 인간 생명체도 사회적 환경과 자연적 환경을 아우르는 외부 환경에 깊이 의존할 수밖에 없기 때문이다. 여기서 씨올과 외부 환경의 밀접한 상호 관계에 관한 그의 포괄적 사상을 씨올연대주의라고 부른다면 그중에서도 사회적 환경과의 상호 관계에 대한 사상은 시민연대주의로, 자연적 환경과의 상호 관계는 생명연대주의로 각각 표현할 수 있다.

필자는 이제껏 함석헌의 사회사상에 주로 관심을 갖고 그의 씨올사상에서 연대사상을 추적해 왔다. 하지만 그의 씨올사상이 갖는 그러한 생명사상적 측면은 그의 씨올연대주의가 세계시민까지 포함하는 사회적 연대주의로서의 시민연대주의에 머물지 않고 생태학적인 생명연대주의로까지 발전할 수 있음을 보여준다. 그렇기 때문에 여기서 그의 씨올연대주의 사상을 소개할 때 시민연대주의를 중심으로 다루되 그의 생명연대주의 사상의 기본 관점에 대해서도 간략히 덧붙이고자 한다.

2) 씨올연대주의의 기본 관점

그렇다면 그의 씨올연대주의 사상의 기본 관점은 무엇인가? 씨올사상에 대해 앞에서 살펴본 내용을 바탕으로 인간, 사회, 국가, 경제, 역사, 세계, 이념, 그리고 생명에 대한 기본 관점을 10개로 압축해 정리하면 다음과 같다.

첫째, 씨올인 인간을 인격적 존재로 여기는 인간관이다. 함석헌의 설명에 의하면 씨올에서 올은 실實, 참, 알갱이, 정신, 혼, 영 등을 의미한다. 따라서 그가 씨올이라고 표현한 인간은 개별 생명체이지만 안에 전체를 품은 정신적 존재, 인격적 존재이기도 하다. 비록 권력, 부, 명예 등과 같은 것이 그러한 인간의 참모습을 가리거나 왜곡시키기도 하지만 그렇다고 해서 인격적 개별 생명체라는 인간의 본래 모습, 즉 씨올이라는 인간적 특성이 사라지지는 않는다. 그러한 인격주의적 인간관에 의하면 모든 개별 인간은 다른 누구에 의해서도 대체될 수 없는 존엄한 존재로 여겨진다.[7]

둘째, 씨올인 인간을 자율적이면서도 연대적 존재로 여기는 인간관이다. 함석헌은 자존성을 인격의 가장 중요한 특성으로 여기며 인격의

7 씨올연대주의의 그러한 인간관은 필자가 "개인 존엄성의 원칙"이라고 부른 연대주의 인간관과 일맥상통한다(강수택, 2012ㄴ: 310).

자존성은 자유를 전제로 한다고 본다. 그러면서 특히 근대인에게는 자유 없는 인격을 생각할 수 없을 정도로 자유가 인격의 본질이 되었다고 본다. 이처럼 그는 외적 강제로부터의 자유를 추구하는 자율성을 인격적 인간의 가장 중요한 특성으로 여기지만 그렇다고 해서 인간을 다른 사람이나 세계로부터 고립된 채 자족적으로 살아갈 수 있는 존재로 생각하지는 않는다. 왜냐하면 씨ᄋᆞᆯ 개개인은 비록 독립된 인격체지만 모두가 전체를 품고 있는 존재라고 보기 때문이다.[8] 즉 씨ᄋᆞᆯ 개개인은 가족, 민족, 역사, 인류, 생태계, 우주 등 다양한 환경 속에서 그것들의 영향을 함께 받으면서 자라고 생존할 수밖에 없으며, 그렇기 때문에 개개인에게는 사회적 연대성과 생명연대성 같은 연대적 속성이 이미 필연적으로 내포되어 있다는 것이다.[9]

셋째, 포용적인 갈등론에 기초한 협동체적 사회관으로, 인간 사회에서는 갈등과 대립이 불가피하며 때로는 필요하기까지 하지만 인격적 존재인 인간에게는 상호 이해와 협력이 본성에 가까우며 인간 사회 발전의 길이기도 하다는 인식이다. 함석헌은 본래의 인간 사회는 평화롭고 소박한 공동체였으나 국가와 사회 조직이 탄생하면서 지배와 갈등이 두드러지게 되었다고 본다. 그러면서 국가가 아니라도 인간 사회에서는 자기주

8 4장에서 살펴보았듯이 함석헌은 인간이 근본적으로 사회적 존재라면서 그러한 인식은 오늘날의 시대정신이기도 하다고 주장했다. 즉 과거에는 "사람을 개인적으로만, 즉 개인을 자족적인 것으로만 보던 것이 지금은 인간이란 근본에 있어 사회적 존재요 개인이라는 것은 단순한 추상에 불과하다고" 생각하게 되었다는 것이다(함석헌, 1936: 213).

9 김경재는 씨ᄋᆞᆯ의 그러한 이중적 특성을 "주체성과 공생", "주체성과 연대성", "주체성과 공생적 생명 연대성" 등으로 표현한 바 있다(김경재, 1995: 37, 40). 인간을 자율적이면서도 연대적 존재로 여기는 씨ᄋᆞᆯ연대주의의 그러한 인간관은 필자가 "자기결정과 자기책임의 원칙" 및 "삶의 상호 의존성 원칙"이라고 각각 부른 연대주의 인간관과 크게 다르지 않다(강수택, 2012ㄴ: 310).

장, 선악 등을 둘러싼 대립과 갈등이 불가피하며 그것을 통해 사회 발전이 이루어지기도 한다고 본다. 하지만 그에 의하면 전체를 지향하는 인간 사회는 결국 믿음, 공감, 소통, 사랑, 협력 등을 바탕으로 조화를 이루며 하나 되는 협동체로서의 사회다. 그렇기 때문에 이 과정에서 필수적인 갈등과 투쟁도 외적이며 배타적인 것이 아니라 내적이며 포용적인 것이어야 한다고 본다.[10]

넷째, 현대사회가 기계적 사회로부터 유기적 사회로 전환되기 시작했다는 사회관이다. 과거의 기계적 사회에서는 개인 혹은 집단 간의 대립과 갈등으로 고통당하거나 도태되는 자가 있어도 사회가 유지될 수 있었기에 자기 개인이나 소속 집단 같은 특정한 부분의 발전에만 관심이 집중되었을 뿐 서로 간의 관계나 전체에 대해서는 경시하는 경향이 있었다. 하지만 오늘날은 개별 집단의 운명이 사회 전체와 전 인류의 운명에까지 영향을 줄 정도로 사회를 구성하는 부분들이 서로 밀접한 관계를 이루게 되어 사회의 부분 혹은 개체와 전체를 함께 매우 중시하는 유기적 사회로 진입했다는 것이다. 물론 전체의식이 약한 국가주의 정치 체제와 자본주의 시장경제가 여전히 현대사회의 지배적인 정치경제 체계를 이루고 있다는 점에서 보면 현대사회가 유기적 사회로 전환되기 시작했다는 진술에 어느 정도 한계가 있지만 그렇다고 해서 그것이 현대사회의 전반적 변화 추세를 뒤집는 것은 아니라는 것이 씨ᄋᆞᆯ연대주의의 인식이다.[11]

10 씨ᄋᆞᆯ연대주의의 그러한 사회관은 필자가 "결사체의 민주성 원칙"과 "투쟁의 도구성 원칙"이라고 부른 연대주의 인간관에 상응한다(강수택, 2012ㄴ: 311).

11 그러한 사회관은 개인과 사회의 상호 책임성을 강조하는 연대주의 사회관에 기초해 필자가 특별히 "사회적 부채와 도덕적 책임의 원칙"이라고 부른 연대주의 기본 정신과 가깝다(강수택, 2012ㄴ: 308, 310).

다섯째, 인류의 역사는 고난의 역사이자 아가페 운동의 역사로, 씨올이 이 역사의 주체라는 역사관이다. 함석헌은 인류역사란 고난을 통한 단련 과정을 겪으면서 완성을 향해 자라가는 과정이라고 본다. 여기서 완성을 향해 자라가는 과정을 그는 아가페 운동으로 표현한 것인데, 인류역사에서 끊임없이 이어지는 비참한 고통의 경험은 인류에게 증오나 절망이 아니라 사랑의 참된 의미를 깨닫고 영원한 사랑을 추구하게 한다는 것이다. 그러한 아가페 운동의 역사가 아가페라는 전체의 의미를 진정으로 깨닫고 실천할 수 있는 씨올을 통해 전개된다는 점에서 권력, 부, 명예 등을 소유한 집단이 아니라 그들 씨올이야말로 역사의 진정한 주체라는 것이다.

씨올연대주의의 그러한 역사관은 빈곤, 소외 같은 비인간적 현상을 극복해 사회 정의를 실현하면서도 사회 갈등을 해소해 사회 통합을 이루려는 연대주의 정신과 일맥상통하며, 특히 시민주의 관점에서 그러한 노력을 위한 시민과 시민사회의 역할을 무엇보다 중시하는 시민연대주의 관점과 매우 가깝다. 하지만 씨올연대주의의 깊고 풍부한 역사적 통찰에 기존 연대주의 사상은 미치고 있지 못한 것처럼 보인다. 그렇기 때문에 함석헌의 씨올연대주의는 특히 역사적 관점에서 연대주의 사상을 보다 튼튼히 하고 발전시키는 데 앞으로 기여할 여지가 많다고 생각된다(강수택, 2012ㄴ: 309, 470).

여섯째, 시대정신에 따라 경쟁과 힘보다는 유기적 사회관계와 국제협력을 중시하는 평화주의적 정치관이자 무엇보다도 평화, 자유, 정의, 사랑 등의 정신을 매우 소중히 여기는 정치관이다. 씨올연대주의는 정치를 인간 사회에 불가피한 것으로 보지만 현대를 지배하는 힘의 정치가 참 정치거나 불가피한 정치라고 보지는 않는다. 오히려 현대의 힘의 정치를 정신과 완전히 분리된 극단적 현실주의 정치로 규정하면서 그것이 세계의 혼란의 주요한 원인이 되고 있다는 점에서 정신과 조화를 이루는 정치로 전환될 필요가 있다고 강력히 주장한다. 그리고 그러한 인식을 바탕으로 국가관의 전환도 주장하는데, 즉 힘의 정치관에 기초한 소수 집단 중심의 집단주의적이며 지배주의적인 국가관을 씨ᄋᆞᆯ 중심의 민주주의적이며 세계주의적인 국가관으로 전환함으로써 낡은 국가주의를 극복해야 한다는 것이다.[12]

일곱째, 경제 활동에서도 개인의 기본권이 우선적으로 보장되어야 하지만 종래의 자유주의적 시장경제 체제로 인한 노동력 착취, 계급대립, 사회 불평등 같은 심각한 부작용을 해결하기 위해서는 시장경제 체제에 대한 일정한 통제가 필요하다는 경제관이다. 여기서 통제는 국가권력의 자의적 행사를 통해서가 아니라 시대에 부합하는 새로운 도덕과 그에 기초한 법률에 근거해 이루어져야 한다(함석헌, 1959ㄴ: 19~20). 노동력 착취, 계급대립, 사회 불평등, 가난 등은 과거의 개인주의 시대에도 매우 불의한 현상이었지만 특히 현대 같은 씨ᄋᆞᆯ의 시대와 유기적 사회에서는 더욱 더 정당화되기 어려운 현상이다. 그렇다고 해서 그러한 문제를 해결한다는 명분으로 경제 활동의 개인적 주도권을 국가가 대신할 수는 없는 시대다.

따라서 씨ᄋᆞᆯ연대주의는 경제 생활에서 개인과 결사체의 주도적 역할을 전제하지만 경제적 힘의 불균형으로 인해 발생하는 문제를 해결해

12 이처럼 정치와 국가의 역할을 인정하면서도 씨ᄋᆞᆯ의 기본권, 책임성, 민주성, 세계성을 매우 강조하는 씨ᄋᆞᆯ연대주의의 그러한 정치관과 국가관은 필자가 "국가 역할의 원칙", "지원의 보조성 원칙", 그리고 "지구적 연대의 원칙"이라고 표현한 연대주의의 기본 정신과 맥을 같이 한다(강수택, 2012ㄴ: 310~311).

경제 주체가 공생하는 경제, 그리고 자본주의 상품화, 물질주의, 경쟁주의 등에 의해 인간의 삶이 지배되지 않는 경제를 추구한다. 그러면서 그러한 목표를 국가주의적 방식이 아니라 씨올이 주도하는 민주적 방식으로 달성하려고 하지만 구체적 방안에 대한 언급은 많지 않다. 그렇기 때문에 기존의 자본주의와 공산주의 경제에 대한 비판적 인식을 바탕으로 큰 틀에서 독자적 경제관을 제시한 씨올연대주의가 다른 연대주의 경제사상을 통해 보다 구체적인 내용을 보완한다면 훨씬 더 풍부한 사상으로 발전할 수 있을 것이다.[13]

여덟째, 인류는 오랫동안 민족국가를 전체로 여겨왔으나 세계가 빠르게 하나로 되고 있는 오늘날에는 국가를 넘어 모든 인류를 전체로 삼고 함께 살아가는 것이 시대정신에 부합하는 길이라는 세계연대주의적이며 평화주의적인 관점이다. 물론 오늘날에도 국가 간 경쟁과 대립은 사라지지 않고 있다. 특히 소수 권력자가 여전히 국가주의, 특히 민족주의를 앞세워 그러한 경쟁과 대립을 부추기고 있어 전쟁과 폭력의 위험이 상존하고 있다. 하지만 세계 전 인류를 전체로 여기는 씨올은 권력자들과 달리 다른 국가나 민족에 대해 이제는 적대감보다는 오히려 연대의식을 갖기 시작했다는 것이 씨올연대주의의 인식이다.

그러한 인식에 기초해 씨올연대주의는 인류가 제3세계의 빈곤, 핵무기 등과 같은 세계적 문제뿐만 아니라 개별 국가 내의 문제에 대해서도 씨올, 즉 세계시민 입장에서 적극적 관심을 갖고 해결하기 위해 함께 노

13 어쨌든 씨올연대주의의 그러한 경제관은 연대주의 경제학자 페쉬H. Pesch를 비롯한 여러 연대주의자의 경제관과 기본 인식에서 매우 큰 공통점을 갖고 있음을 보여준다. 그리고 필자가 연대주의 경제관에 기초해 제시한 "경쟁의 도구성 원칙"뿐만 아니라 앞에서 언급한 "자기결정과 자기책임의 원칙", "국가 역할의 원칙", "지원의 보조성 원칙" 등과도 밀접한 관계가 있음을 알 수 있다(강수택, 2012ㄴ: 309~311).

력해야 한다고 본다. 그리고 민족국가 간 경쟁이나 전쟁의 유혹을 물리치고 협력과 평화를 적극 모색해야 하며, 그것을 위해 세계평화체제의 구축과 차원 높은 새로운 평화사상의 발전을 위해서도 노력해야 한다고 본다. 왜냐하면 경쟁과 싸움의 시대를 지나 새롭게 도래한 협력과 평화의 시대가 요구하는 것이 바로 그러한 노력이기 때문이다.[14]

아홉째, 인류역사가 현재의 대립과 갈등을 극복하고 한 단계 도약하기 위해서는 냉전체제에서 세계를 양분한 자본주의와 공산주의를 뛰어넘는 보다 높은 제3의 이념이 필요하다는 이념관이다. 물론 씨ᄋᆞᆯ연대주의는 특정한 이념을 우상화하면서 일체의 다른 생각을 억압해온 종래의 이념관을 배격할 뿐만 아니라 그런 이념이 지배하던 시대도 지나갔다고 본다. 하지만 사상이 필수적인 인간 세계에서 체계적 사상으로서의 이념은 사라지지 않을 뿐만 아니라 필요한 역할을 갖고 있다(함석헌, 1963ㅅ: 185; 1958ㄷ: 195; 1971ㄷ: 45~46; 1963ㄱ: 275).

문제는 어떤 이념인가 하는 것인데, 씨ᄋᆞᆯ연대주의는 모든 사상과 이념이 상대적인 것이어서 끊임없이 발전해가야 한다고 본다. 그리고 다른 사상과 이념에 개방적인 것이어야 한다면서 그런 점에서 오늘날 새로운 시대정신에 부합하는 사상과 이념은 더 이상 힘의 철학이 아니라 사랑의 철학에 기초한 것이어야 한다고 본다. 그리하여 그러한 사랑의 철학에 기초해 함석헌은 개체를 충분히 존중하면서도 전체를 추구하는 전체주의 관점을 제시했는데, 씨ᄋᆞᆯ연대주의는 바로 그러한 사랑의 철학에 기초하면서도 전체주의 관점을 반영한 새로운 사상 혹은 이념이라고 볼 수 있을 것이다(함석헌, 1964ㄱ: 291; 1968ㄱ: 35; 1973ㄷ: 309).[15]

14 씨ᄋᆞᆯ연대주의의 그러한 관점은 필자가 "지구적 연대의 원칙"이라고 표현한 연대주의의 기본 정신과 다르지 않다(강수택, 2012ㄴ: 311).

끝으로, 생명을 가장 귀한 것으로 여겨 절대 존중할 뿐만 아니라 자연 혹은 우주를 살아 있는 전체, 즉 하나의 생명체로 간주하기까지 하는 생명지향적이며 생명연대적 자연관이다. 씨올연대주의는 생명을 처음이자 끝이요, 그 자체 목적으로 여긴다. 그런 의미에서 "생명은 절대"이며 "신성한 것"이다. 왜냐하면 어떤 미천한 생명도 전체의 뜻으로 된 것이기 때문이다. 또한 이처럼 전체의 뜻으로 된 생명에는 나와 남이 따로 없기에 "생명은 하나"라고 여긴다. 그리고 이 하나의 생명체에는 지구상의 인간, 동물, 식물뿐만 아니라 전체 자연 곧 우주 전체가 속한다고 본다. 그리하여 함석헌은 그것을 "우주적 대생명"이라고 부르기도 한다(함석헌, 1966ㄹ: 125; 1972ㅈ: 82~83).[16]

이처럼 자연 혹은 우주를 하나의 생명체 내지는 살아 있는 전체로 여기는 관점은 서양에서 출현해 근대적인 과학기술 문명을 지배하게 된 이원론적 관점과 대조된다. 왜냐하면 이 이원론적 관점에서는 우주 혹은 자연은 죽은 것으로, 인간 행복을 위한 재료나 도구에 불과하기 때문이다. 씨올연대주의는 그러한 이원론적 자연관에 기초한 현대 과학주의 문명과 물질주의 문명에서 인간이 자연을 이용 대상으로만 여기고 생명을 경시함으로써 환경 파괴, 전쟁 등 현대 세계의 위기가 초래되고 있다는 관점에서 그것을 극복하기 위한 대안으로 생명중심적이며 생명연대적인 자연관을 제시한 것이다(함석헌, 1977ㅅ: 168~171; 1980ㄱ: 283; 함석헌·

15 씨올연대주의의 그러한 이념관은 19세기 말에서 20세기 초에 이르는 시기에 당시의 자유주의와 사회주의의 대립과 한계를 극복하기 위한 제3의 이념으로 출현한 고전적인 연대주의 이념관과 매우 비슷하다(강수택, 2012ㄴ: 309~310).

16 김경재는 그러한 생명체로서의 우주, 자연 등에 대한 씨올의 관계를 특징짓기 위해 "공생적 생명 연대성"이라는 표현을 사용한 바 있는데, 매우 적절한 표현이라고 본다(김경재, 1995: 40).

이삼열, 1986: 125~126).[17]

3) 시민사회, 정치경제, 생태계와 씨올 연대

그러한 씨올연대주의의 기본 관점을 바탕으로 여기서는 특별히 시민사회, 정치경제 체계, 그리고 생태계에 대한 씨올연대주의의 보다 구체적인 생각을 간략히 살펴보고자 한다.

(1) 씨올의 생활세계와 시민사회의 연대

① 생활세계에서의 연대의 문화와 자발적인 연대의 실천

먼저 씨올연대주의는 씨올의 세계가 일차적으로 추구하는 것이 권력이나 화폐가 아니라 자율적이면서도 연대적인 특성을 지닌 존엄한 인격적 존재로서의 삶이라고 본다. 그리고 그러한 삶을 지향하는 세계, 곧 씨올의 생활세계에서는 믿음, 사랑, 공감, 소통, 협력 등이 무엇보다 중요하다는 관점에서 그러한 주제에 대한 풍부한 논의를 제공한다. 하지만 그러한 생활세계를 살아가려는 과정에서 씨올은 끊임없이 장애물을 만나게 된다. 그래서 씨올연대주의는 그러한 장애물 중 특히 소수의 정치권력 집단과 기업가 집단, 그리고 그들을 뒷받침하는 잘못된 사상인 국가주의와 자본주의에 크게 주목해 그것들이 어떻게 씨올의 생활세계에

17 씨올연대주의의 생명연대적 자연관은 필자가 시민연대주의론에서 연대경제의 5원칙 중의 하나로 생태 경제의 원칙을 제시하면서 언급한 자연 생태계의 연대 관념과 유사하다. 하지만 우주 전체를 하나의 생명체로 보기까지 한다는 점에서는 함석헌의 그러한 자연관이 훨씬 더 생명지향적인 관점이어서 연대사상이 친환경적 연대주의를 넘어 생태 연대주의 사상으로 발전하는 데 의미 있는 기여를 할 수 있을 것이다(강수택, 2012ㄴ: 501).

부정적 역할을 하는지에 관한 비판적 설명을 제시했다. 그리고 씨올이 그것들을 극복해 서로 더불어 살아갈 수 있도록 생활세계에서 연대성을 강화하기 위한 여러 실천적 논의도 제공했다.

앞에서 소개한 바 있는 함석헌의 국가주의 비판론, 자본주의 비판론, 실천적 연대론이 여기에 해당하는데, 그가 특히 실천적 연대론에서 씨올의 연대를 강화하기 위한 방안으로 제시한 내용 중에는 의미 있는 것이 많다. 모든 사람을 진정한 친구나 형제로 여기는 사해동포 정신의 확산을 강조한 것은 그만큼 씨올의 연대문화가 중요하다는 점을 지적하고 있다. 그리고 협력의 필요성을 강조하고, 참다운 뭉침의 의미와 길에 대해 설명하고, 같이 살기 운동을 주창한 것 등은 생활세계에서 경험하는 지배, 대립, 분열, 경쟁 등과 같은 것이 결코 당연하거나 불가피한 것이 아니라 오히려 인간 본성에 어긋나는 것이므로 씨올이 그것을 깨닫고 자발적 연대를 실천하는 것이 중요하다는 점을 강조한 것이다.[18]

게다가 그는 그러한 연대의 실천 과정에서 대면하게 되는 조직에 대해서도 씨올연대주의 관점에서 뚜렷한 견해를 제시했는데, 연대를 위한 조직적 실천, 즉 연대 조직이 씨올을 지배하거나 생명에 반하는 것이 되

18 함석헌의 같이 살기 운동에 대해서는 6장에서 자세히 소개되었다. 그는 비슷한 시기에 시작된 박정희정권의 새마을운동과 대조하면서 자신이 주창한 같이 살기 운동의 특징을 흥미롭게 설명한 바 있다. "같이 살기 운동과 새마을운동은 하늘이 땅에서 먼 것같이 서로 다르다. 하나는 이름 없는 씨올이 하는 것인데, 하나는 대통령이 시키는 일이다. 그것은 아래에서 위로 피어오르는 생명의 운동인데, 저것은 위에서 아래로 내리 씌우는 권력의 운동이다. 먼저 것은 보람에 살자는 일인데, 뒤의 것은 이해에 살자는 일이다. 씨올엔 차별이 없어 하나로 하나를 살리자는 것인데, 새마을이란 데서는 내 말 들으면 살아라 아니 들으면 죽어도 좋다 하는 차별주의다"(함석헌, 1972ㄷ: 214~215). 김영호는 함석헌의 같이 살기 운동에 대해 여러 측면에서 논하면서 구체적 실천 방안으로 특히 공동체 훈련의 필요성을 강조했다(김영호, 2002: 97 이하).

어서는 안 된다는 것이 그것이다. 그리고 그것을 위해서는 구성원의 자발성, 상호 신뢰, 인격적 관계 등에 기초한 유연하고 포괄적인 협력 관계를 특징으로 하는 것이어야 한다면서 그러한 조직을 그는 믿음의 조직 혹은 인격적 조직이라고 표현했다. 이렇게 보면 씨올연대주의 관점에서 추구하는 연대 조직은 엄격한 형식을 갖춘 제도적 조직이 아니라 공공선을 추구하는 자발적 결사체에 비교적 가까우면서도 상호 신뢰에 기초한 자발적 협력 관계 혹은 유대 관계를 훨씬 더 강조함을 알 수 있다.

이처럼 씨올연대주의는 씨올의 생활세계에서 연대를 강화하기 위해 신뢰 혹은 믿음이 무엇보다 중요하다는 점을 강조했는데, 그런 관점은 연대적 실천 방식으로 철저히 평화적 방식을 주장한 것과 함께 씨올연대주의 사상의 매우 뚜렷한 특징이라고 할 수 있다.

② 시민사회의 제도: 사회복지, 종교, 교육, 언론

이처럼 씨올의 생활세계에서 연대성을 강화하기 위해서는 무엇보다 상호 신뢰에 기초한 씨올의 자발적 연대의 실천이 중요하지만 그렇다고 해서 씨올연대주의가 시민사회의 제도를 통한 영향을 결코 간과하지는 않는다. 물론 사회 제도는 정치 영역, 경제 영역, 사회문화 영역에 걸쳐 있으며 그러한 제도가 모두 씨올의 생활세계의 연대성에 매우 큰 영향을 끼친다. 그리하여 씨올연대주의는 그러한 제도들에 관해서도 많은 논의를 제공했는데, 그중 정치 영역과 경제 영역의 제도에 관해서는 곧이어 다루기로 하고 여기서는 사회문화 영역의 제도, 즉 시민사회의 제도에 관해서만 간략히 언급하고자 한다.

시민사회의 제도 중 연대와 관련성이 깊은 대표적인 것이 사회복지 제도다. 함석헌은 복지를 국가 이념으로 삼는 복지국가 개념에 대해서는 매우 비판적이었지만 정치개혁과 함께 사회개혁의 중요성을 강조하면서 사회개혁의 핵심을 사회복지로 표현할 정도로 사회복지제도의 중요성을 인식하고 있었다. 그래서 그는 사회복지에 전력하는 일본과 대조적으로 정치개혁과 사회개혁을 함께 추진해야 하는 한국사회의 현실에 대한 안타까운 심정을 토로하기도 했다(함석헌, 1982ㄴ: 295~296; 1970ㄱ: 285).[19]

시민사회의 제도 중 그가 연대와 관련해 매우 중요하게 생각한 다른 것으로는 종교, 학교, 언론 등이 있다. 함석헌은 종교의 목적이 "하나 됨을 이루자는 것"이라고 보았다. 여기서 의미하는 하나 됨이란 개인의 몸과 마음의 하나 됨, 국민의 하나 됨, 만물과 하나님의 하나 됨을 모두 포함하는 것으로, 특히 국민의 하나 됨이 사회 통합과 밀접히 관련되어 있다. 물론 종교의 핵심은 제도에 있지 않다. 하지만 제도 종교의 사회 통합 역할은 매우 중요하며, 특히 심하게 분열되어 있는 한국사회에서는 더욱 많이 기대되는데, 현실에서는 종교계가 그런 역할을 수행하기는커녕 오히려 분열과 갈등을 조장하고 있다고 그는 인식했다. 그리하여 종교계가 진정한 하나 됨의 종교로 새로워져야 한다는 관점에서 종교개혁에 관한 많은 새로운 생각을 펼쳤다(함석헌, 1961ㄷ: 46, 93; 1962ㄷ: 237 이하; 1966ㄱ: 309; 1950ㄴ: 166 이하).

19 함석헌은 사회 제도에 대해 그것의 필요성과 영향력을 충분히 인식하면서도 사회 제도가 굳어지면 고치기 어렵다는 점에서 가능하면 제도를 간략히 만드는 것이 바람직하다는 생각을 지녔다. 즉 제도주의적 관점을 비판하면서 제도의 끊임없는 개혁의 필요성을 강조한 것이다(함석헌, 1983ㄴ: 82; 1959ㄹ: 51). 이보다 더 중요한 점은 씨ᄋᆞᆯ, 즉 민중이 제도보다 강하다는 인식이다. 즉 제도의 영향이 아무리 크다고 해도 제도가 씨ᄋᆞᆯ을 선하게 하지 못하고 근본적으로 타락시키지도 못하지만 씨ᄋᆞᆯ은 결국 제도를 없앨 수 있다는 것이다. "바위에 부서지는 빗방울이 도리어 바위를 부수듯이 칼에 맥없이 찍히는 민중이 도리어 그 칼을 삼켜 녹여버리고 맙니다"(함석헌, 1973ㄷ: 308).

종교와 함께 그가 매우 중요하게 여긴 것이 교육이다. 그는 교육의 목표를 "하나 되는 것"으로 삼았다. 여기서 하나 되는 것이란 내가 하나 되는 인격 통일, 나라가 하나 되는 나라의 통일, 세계가 하나 되는 세계 국가의 세 가지로 그는 그것을 한마디로 삼일교육三一教育이라고 표현했다. 여기서 특히 나라의 하나 됨과 세계의 하나 됨은 모두 사회적 연대와 밀접히 관련된 것이었다. 어쨌든 이처럼 그가 설정한 교육의 목표가 종교의 목적과 공통점이 많음을 알 수 있는데, 그는 실제로 교육과 종교의 밀접한 관련성을 주장하면서 교육을 매우 신성한 일로 여겼다. 하지만 교육 제도로서의 학교 현실은 그러한 교육 목표와 너무 거리가 멀다는 것이 그의 인식이었다. 그래서 그는 학교 현실의 여러 문제점을 지적하면서 "하나 됨"의 교육 목표를 실현하기 위한 교육 개혁에 관한 많은 흥미로운 논의를 제공했다(함석헌, 1959ㅂ: 235 이하, 246 이하; 1973ㅇ: 282 이하; 1959ㄱ: 315; 1979ㅊ: 274; 김영호, 2016ㄴ: 447 이하).

그는 언론도 씨ᄋᆞᆯ을 하나로 묶는 매우 중요한 역할을 하는 것으로 보았다.

> 민중은 구슬입니다. 알알이 전체를 배는 씨ᄋᆞᆯ입니다. 그러나 그것은 속이 뚫린 씨ᄋᆞᆯ이어야 합니다. 구슬이 서 말이라도 꿰어야 보배라고 씨ᄋᆞᆯ도 속이 뚫려 한 꿰미에 꿰어야 합니다. …… 신문 없이 현대사회는 서갈 수 없습니다. 위에서 구슬을 꿰어야 한다는 말을 했습니다만 신문이야말로 씨ᄋᆞᆯ을 하나로 꿰는 실입니다(함석헌, 1972ㄱ: 216~217).

씨ᄋᆞᆯ의 속을 뚫는 것은 사랑과 참을 통해서지만 그들 씨ᄋᆞᆯ을 하나로 만드는 실과 같은 매체는 언론이다. 그런데 한국사회의 언론계는 언론자유의 결핍과 불의와의 타협으로 제 역할을 하지 못한다면서, 함석헌은 언론자유를 쟁취하기 위한 민주화 운동에 헌신하고 참다운 언론인상을 제시하기 위해 많은 노력을 기울였다(함석헌, 1972ㄱ: 216; 1963ㅇ: 135 이하; 1963ㅈ: 147; 1970ㅇ: 280 이하; 1970ㄲ: 305; 김영호, 2016ㄴ: 507 이하).

③ 사회 갈등과 씨울 연대

씨울의 생활세계와 그것을 통해 이루어진 시민사회는 갈등이 없는 곳이 아니다. 자율적이면서도 연대적인 씨울의 생활세계는 기본적으로 믿음, 사랑, 공감, 소통, 협력 등을 중시하는 곳이지만 실제로는 씨울이 거기서 지배, 대립, 분열, 경쟁 등도 많이 경험한다. 위에서는 그것의 이유로 정치권력 집단, 기업가 집단처럼 씨울이 아닌 집단과 그들을 뒷받침하는 사상이 지목되었으나 씨울도 권력이나 화폐를 추구하거나 다른 형태로 이기심을 충족시키려 할 때는 사회적 분열, 대립, 경쟁, 갈등 같은 현상이 뒤따르게 된다. 물론 씨울연대주의는 씨울의 그러한 행태가 당연하거나 불가피한 것이라기보다는 인격적 존재로서의 본성에 어긋나는 것이라고 본다. 그렇기 때문에 그러한 행태와 그 결과로서의 사회 갈등을 마땅히 극복할 수 있다고 여겨 그것을 극복하기 위한 연대의 여러 구체적인 실천 방안을 제시한 것이다.

그렇다고 씨울연대주의가 시민사회에서 벌어지는 모든 갈등을 부정적으로 보는 것은 아니다.

사람은 저항하는 거다. 저항하는 것이 곧 인간이다. 저항할 줄 모르는 것은 사람이 아니다. 왜 그런가 사람은 인격이요 생명이기 때문이다(함석헌, 1967

ㄴ: 109).

씨올연대주의는 씨올을 인격체요 생명체로 여기며 인격과 저항의 원리가 생명을 지배한다고 보기 때문에 결국 저항을 씨올의 중요한 특징이라고 주장한다. 물론 여기서 의미하는 저항과 그 결과로서의 싸움은 기본적으로 거짓과 악에 대한 것이지 사람에 대한 것은 아니며, 정신으로 하는 것이지 힘으로 하는 것이 아니다. 그렇기 때문에 그런 의미의 저항과 싸움은 결국 대적을 자기 것으로 안으려는 사랑의 싸움이지 결코 배척과 미움의 싸움이 아니다. 씨올연대주의는 그러한 정신적이며 포용적인 갈등이 씨올을 더욱 성장하게 하며 세계를 더욱 발전하게 한다고 본다(함석헌, 1967ㄴ: 109 이하; 1964ㄴ: 229~230).

하지만 어쨌든 씨올연대주의는 사회가 분열하거나 대립하는 것을 결국 전체의 뜻에 따라 발전적으로 극복해 하나 되게 하려고 한다. 그래서 그러한 목표가 결코 현실과 동떨어진 허황된 것이 아니며 오히려 시대정신에 부합하는 것임을 보여주기 위해 현대사회가 유기적 사회로 전환되고 있다는 변동 추세에 대한 설명을 제공했다. 뿐만 아니라 인류역사는 비록 고난으로 점철된 역사지만 그러한 과정을 통해 결국 참된 사랑의 의미를 더욱 깨닫고 그것을 점점 더 추구해온 아가페 운동의 역사였다는 역사 해석을 통해서도 씨올연대주의는 그러한 목표의 추구를 뒷받침하려고 했다.

(2) 정치경제, 생태계, 그리고 씨올연대주의

씨올연대주의는 씨올의 연대를 통해 존엄한 인격적 삶을 함께 살아갈 수 있는 생활세계와 시민사회를 추구했다. 그래서 이제까지는 생활세계와 시민사회에서 씨올의 연대성을 강화하기 위해 씨올연대주의가 제시한 개인적인 혹은 조직적인 실천 방안, 연대의 문화, 연대 관련 사회제도 등에 관해 살펴보았다.

그런데 씨올이 그러한 진정한 삶을 살아가기 위해서는 생활세계와 시민사회에서 행하는 노력만으로는 끊임없이 한계에 부딪힌다. 왜냐하면 그들을 둘러싼 정치경제적 환경이나 생태 환경이 그들의 노력을 제도적으로 방해할 수 있기 때문이다. 물론 제도적 환경의 발전을 통해 씨올의 삶의 조건을 개선시킬 수도 있다. 이처럼 제도적 환경이 씨올의 생활세계와 시민사회에 끼치는 영향이 매우 크기 때문에 씨올연대주의는 정치경제적 환경과 생태 환경의 조건을 발전시키는 데도 많은 관심을 기울였다.

① 씨올민주주의와 씨올평화주의

먼저 정치적 환경에 대한 씨올연대주의 관점을 간략히 소개하고자 한다. 그런데 정치적 환경, 특히 국제정치에서는 전쟁 같은 폭력적 갈등이 피할 수 없는 중요한 쟁점이어서 함석헌은 이 문제에 대해 많이 다루었다. 그것은 씨올 평화사상에 해당하는 것으로, 함석헌의 씨올연대주의를 이루는 매우 중요한 부분이기 때문에 여기서 함께 간략히 소개하고자 한다.

가) 씨올민주주의와 한반도 통일론

먼저, 씨올의 정치적 환경에 관심을 갖고 씨올연대주의 관점에서 정치의 개선 방안으로 제시한 것이 씨올민주주의론이다. 앞서 살펴보았듯이 함석헌이 직접 그러한 표현을 쓴 것은 아니지만 그는 철저하게 씨올 중심의 민주주의론을 제시했으며, 그와 함께 사랑의 정치 관념에 기초해 정신적 요소와 세계주의 관점을 중시하는 민주주의론을 펼쳤다. 물론 그의 민주주의론을 구성하는 요소들은 모두 서로 밀접히 관련되어 있다. 그래서 필자는 씨올민주주의라는 표현을 통해 그의 민주주의 사상을 포괄할 수 있다고 본다.

씨올민주주의를 아주 간단히 표현한다면 씨올을 주체로, 사랑을 핵심 이념으로, 전체의 뜻을 추구하는 방향으로, 그리고 세계를 포괄 범위로 하는 민주주의라고 할 수 있다. 그것이 씨올민주주의의 기본 관점이기도 한데, 그렇게 본다면 씨올민주주의는 씨올을 주체로 삼는 연대주의, 즉 씨올연대주의의 기본 정신에 일치하는 정치사상임을 알 수 있다. 어쨌든 앞에서 소개된 그의 정치사상을 바탕으로 먼저 씨올민주주의의 기본 관점을 간략히 정리해 소개하면 다음과 같다.

첫째, 씨올민주주의는 씨올을 철저히 주인으로 여기는 민주주의다. 그런 점에서 씨올민주주의는 전제주의와 권위주의뿐만 아니라 엘리트 민주주의와도 구별된다. 둘째는 전체의 뜻을 실현하는 것을 목적으로 삼는 민주주의다. 그런 점에서 씨올민주주의는 공동선 혹은 공익보다 소수 집단의 이익 혹은 사익을 우선시하는 일체의 정치 노선과 정책 방향을 거부한다. 여기에는 비도덕적 개인주의뿐만 아니라 인종주의, 지역주의, 계급주의 같은 일체의 집단주의 경향도 해당된다. 셋째, 전체의 뜻의 기본 정신과 실현 방법을 사랑에서 찾는 민주주의다. 그런 점에서 씨올민주주의는 철저히 박애주의와 평화주의 노선을 취한다. 넷째, 씨올민주주의는 민족이나 국가의 이익보다 인류의 보편 이익을 우선시해 민족주의나 국가주의를 거부하고 세계주의 노선을 취한다. 그리하여 세계주의와 평화주의 관점에서 세계평화 체제의 구축을 선결 과제로 삼으면서 더 나아가 국제정부기구와 국제비정부기구 사이의 협치와 연방주의 원리에 입각한 세계 정치 체제의 수립을 제시한다. 그리고 기존의 민족국가 체제로부터 세계정치 체제로 나아가는 과정에서 과도기적으로 지역 단위의 정치 제제를 같은 원리에 입각해 수립하고 발전시키는 것이 갖는 긍정적 의미에 대해서도 설명한다. 다섯째, 씨올민주주의가 추구하는 권력 체계는 철저한 분권적 체계다. 그는 무정부주의에 동의하지 않았으나 "최소한의 다스림" 혹은 노자의 "소국과민" 정신을 받아들여 가능한 한 소규모 국가에서 최고 권력 기구의 기능은 협의 기구 정도로 하고 나머지는 대부분 자치가 이루어지는 일종의 지방자치 공동체 형태를 염두에 두었다(함석헌·안병무, 1980ㄱ: 207).[20]

씨올민주주의의 그런 관점은 기본적으로 국내 정치부터 염두에 둔 것이지만 오늘날이 국민국가로부터 세계로 정치의 주요 무대가 이동하는 시대여서 처음부터 세계를 단위로 하는 국제정치 혹은 세계정치에도 타당하게끔 구성된 것이다. 그래서 씨올민주주의 관점은 순수한 국내 정치 차원을 넘어서는 한반도 통일 같은 문제에도 적용될 수 있는데, 함석

20 권력 체계에 대한 씨올민주주의의 관점과 무정부주의, 보다 정확하게 표현한다면 아나키즘 정신 사이에는 공통점이 있다. 그래서 박재순, 안병무, 하승우, 김대식 등은 함석헌 사상을 무정부주의 혹은 아나키즘으로 보거나 그것에 가깝다고 평가하기도 하지만 함석헌 자신은 무정부주의에 동의하지 않았다. 사실 함석헌은 인간 사회에서 정치와 정치 조직의 필요성 자체를 부인하지 않았으며 통치의 필요성도 씨올의 관점에서 최소한도로 인정하는 입장을 지녔다. 그리하여 그는 현실적으로 씨올에 의한 자치와 씨올과 정부의 협치를 발전시키는 방식으로 정부의 일방적 통치를 극복하는 방향을 추구한 것으로 보인다. 그리고 권력 행사가 아닌 전체의 뜻이나 씨올의 행복을 위한 정부의 역할을 씨올의 관점에서 인정하는 것은 국가주의뿐만 아니라 그와 대립하는 자유주의나 아나키즘과도 뚜렷이 구별되는 입장으로 국가의 보조성 원리를 주장하는 연대주의에 차라리 더 가깝다고 볼 수 있다(함석헌, 1963ㄷ: 106; 함석헌·안병무, 1980ㄱ: 207; 안병무, 2001: 76; 박재순, 2003: 86; 하승우, 2008ㄴ: 149~151; 김대식, 2011: 173; 강수택, 2012ㄴ: 311, 523).

헌이 그런 관점을 기초로 한반도 통일 문제에 접근할 때 특별히 중요하게 여겨야 할 것으로 강조한 몇 가지 점을 소개하면 다음과 같다.

첫째, 통일은 결코 남북한의 두 집단주의적 정권에게 기대하기 어렵기 때문에 씨울들이 먼저 전체의식을 회복해 정부에 강력히 요구하는 방식으로, 즉 씨울들이 주체적으로 추진해야 한다는 점이다(함석헌, 1972ㄷ: 75).

둘째, 남북통일은 결코 한반도만의 문제가 아니라 세계적 문제와 밀접히 관련되어 있기 때문에 남북한의 긴장 완화와 통일을 세계평화의 관점에서 접근할 필요가 있으며, 따라서 남북통일을 위해서는 세계평화를 위한 적극적 노력도 매우 중요하다는 점이다(함석헌, 1959ㅂ: 248; 1961ㄴ: 324).

셋째, 남북통일은 힘의 정치를 통해서가 아니라 정신적으로 하나 됨으로써 성공할 수 있다는 점이다. 그는 비록 분단이 정치적 이해관계에 의해 이루어졌지만 남북한의 씨울이 전체의식을 회복해 정신적으로 하나 될 때 비로소 분단의 진정한 극복이 평화롭게 이루어질 수 있다고 본 것이다. 그것을 위해 그는 남북한이 상대방에게 자기 사상을 따를 것을 강요하기보다는 서로 다른 사상이 공존할 뿐만 아니라 나아가 더 높은 제3의 사상으로 그것을 극복할 수 있도록 하는 것이 중요하다고 보았다(함석헌, 1961ㄴ: 314; 1972ㅅ: 158 이하; 1979ㅂ: 328).[21]

넷째, 통일국가의 바람직한 정치 체제는 중앙집권적 국가 체제가 아니라 분권적이며 자치적인 체제라는 점이다. 그런 점에서 그는 한반도의

21 김경재는 함석헌의 씨울사상이 한반도 통일을 위한 그러한 더 높은 제3의 공생적 사상이라고 주장한 바 있는데, 씨울사상이 지닌 씨울민주주의 관점이 그러한 주장을 뒷받침해준다(김경재, 1995: 38).

통일도 지방자치공동체 발전의 관점에서 생각할 것을 제안했다. 그는 미국, 영국 같은 연합 혹은 연방 체제에 대해서는 매우 긍정적으로 생각했으나 그런 체제도 한계를 갖고 있기 때문에 궁극적 해결책이라기보다는 과도적 해결책이라고 이해하면서 최종적으로는 분권적 지방자치 체제가 목표여야 한다는 견해를 보인 것이다(함석헌, 1970ㄷ: 112; 1976ㄹ: 299; 함석헌·안병무, 1980ㄱ: 207; 함석헌·박선균, 1987: 221).

나) 씨올평화주의

씨올민주주의의 관점은 국내 정치를 넘어 민족 문제나 세계 정치에도 적용되지만 남북한 관계나 국제관계를 다룰 때는 특히 군사적 갈등과 전쟁 같은 문제가 현실적으로 매우 중요한 쟁점이 될 수밖에 없다. 그리하여 함석헌의 씨올연대주의는 그러한 문제들에 대해서도 매우 진지하게 다루었는데, 그것은 씨올 중심의 세계평화를 추구하는 그의 사상, 즉 씨올평화주의 사상의 관점에서이다. 그래서 여기서는 5장에서 소개한 그의 평화론을 바탕으로 씨올평화주의 사상의 기본 관점을 생명과 씨올, 세계평화, 전쟁과 군대, 폭력과 비폭력 등과 관련해 소개하고 또한 그것이 씨올민주주의와 그리고 결국은 씨올연대주의와 어떤 관계에 있는지에 대해서도 간략히 설명하려고 한다.

첫째, 평화를 우주와 특히 생명의 내재적 원리이자 생명체로서의 씨올의 본성으로 여긴다는 점이다. 그런 관점에서 본다면 평화는 단순히 국내외의 정치적 주제라기보다는 우주, 생명체, 개인 등과도 폭넓게 관련되어 있는 주제임을 알 수 있다. 그리고 인간 사회에 국한해 볼 때, 이 관점은 평화에 반하는 각종 대립과 갈등이 결코 자연스럽거나 불가피한 현상이 아니므로 그것을 극복하고 평화를 회복하는 것이 궁극적 목표가 되어야 함을 깨우쳐주며, 그러한 평화의 실현은 평화를 본성으로 하는 씨울을 통해 비로소 가능하다는 점도 가르쳐준다(함석헌, 1972ㄴ: 44~46; 1976ㄴ: 97).[22]

둘째, 평화는 인간 사회의 내재적 원리이자 궁극적 목표지만 또한 인류가 가장 시급히 해결해야 하는 당면 과제이기도 하다는 점인데, 그런 의미의 평화는 세계평화를 가리킨다. 씨울평화주의는 강대국이 그동안 개발한 핵무기, 독가스, 세균 등의 무기로 인해 오늘날의 인류가 평화와 멸망 사이의 운명의 갈림길에 서 있다고 진단하면서 강대국 사이의 대립과 갈등을 극복하고 세계평화를 이루는 것이 무엇보다 시급한 시대의 과제가 되었다고 본다. 그러면서 한반도 평화와 동아시아 평화의 중요성에 대해서도 주목했는데, 그것은 한반도와 동아시아에서의 평화가 세계평화와 밀접히 관련되어 있는 문제라는 인식에서였다(함석헌, 1972ㄴ: 46; 1961ㄴ: 324; 1976ㄹ: 298~299).[23]

셋째, 전쟁과 무력을 통해서는 결코 평화를 이룰 수 없다는 점이다. 양차 세계대전과 한국전쟁은 무고한 씨울의 생명을 짓밟은 끔찍한 결과를 낳았는데, 현 시대는 이보다 훨씬 더 심각하게 인류뿐만 아니라 지구상의 모든 생명체가 강대국 사이의 핵무기 경쟁에서 초래되는 핵전쟁으

22 "평화는 구경究竟의 원리인 동시에 또 내재의 원리다. …… 씨울의 바탈이 평화요 평화의 열매가 씨울이다. 그러므로 씨울의 목적은 평화의 세계 이외에 있을 수 없다"(함석헌, 1972ㄴ: 45~46). 박재순은 함석헌의 평화사상이 생명철학에 기초해 있다는 점에 특별히 주목해 그의 사상을 "생명 중심의 평화사상"이라고 표현한 바 있으며, 씨울사상에 기초해 있다는 점에서 "씨울평화사상"이라고 부르기도 했다(박재순, 2013: 252; 2009: 45).

23 함석헌은 세계평화를 위해 우선 시급히 행해야 할 과제로 "세계평화의 세계적 틀거리를 우선 잡도록 하는 것", "세계적인 평화기구를 세우는 일"을 제시하면서, 이 과제를 행할 사람으로 정치인, 종교가, 과학자가 아닌 "일반 보통의 씨울들", 특히 "이른바 후진국, 약소민족하는 세계 바닥의 씨울들"을 지목했다(함석헌, 1972ㄴ: 47~48).

로 인해 멸절될 수 있는 위험을 안고 있다. 이처럼 생명을 위협하는 전쟁을 명백히 거부하는 반전 평화사상이 씨올평화주의다(함석헌, 1965ㄷ: 178; 1958ㄱ: 112; 1972ㄴ: 46).[24]

그런데 전쟁은 결국 군대의 싸움이요, 군사력의 싸움이다. 즉 군대라는 조직과 군사력이라는 수단을 통해 싸우는 것이 전쟁이기 때문에 전쟁을 거부하는 씨올평화주의는 군대와 군사력에 의지해 문제를 해결하려는 군사주의도 거부한다. 물론 함석헌이 군대의 현실적 전쟁 억제력 자체를 완전히 부인하는 것은 아니어서 모든 군대를 일방적으로 폐지해야 한다고 주장하기보다는 씨올의 노력을 바탕으로 결국은 당사국이 함께 군사력을 줄여가는 방식을 추구했다(함석헌, 1972ㄴ: 51; 1968ㅁ: 36; 1958ㄴ: 123~124; 1971ㅅ: 183).[25]

넷째, 무력을 포함한 일체의 폭력 수단을 거부하는 비폭력노선이야말로 비록 어려운 길이지만 우주의 원리와 씨올의 본성에 부합하는 유일하게 올바른 길이요 인류역사가 나아가야 하는 필연적 방향이라고 본다는 점이다. 씨올평화주의의 그러한 비폭력노선은 힘을 사용하는 대신 상대방의 인간성과 양심에 호소하는 방법을 추구하기 때문에 씨올의 자기희생까지 각오하는 깊은 정신적 훈련과 지속적 연대를 매우 중요하게 여긴다. 비폭력노선이 결코 비현실적 공상이나 자기도취가 아닌 역사적으

24 함석헌은 전쟁이 결코 필연적인 것이 아니며 사람이 행한 매우 어리석은 일이라고 보았다. 그러면서 전쟁은 일반 씨올이 아니라 지배자들이 일으키기 때문에 그것을 막기 위해서는 씨올의 평화사상을 확고히 하는 것이 무엇보다 중요하다고 주장했다(함석헌, 1959ㅁ: 22 이하). 함석헌 사상을 반전 평화사상에 초점을 맞추어 소개한 글로는 정지석의 글(2004)을 참고할 수 있다.

25 함석헌은 군대를 소수의 권력 집단이 만드는 "조직적인 폭력"으로 규정하면서, 한반도 평화통일과 더 나아가 세계평화의 중대한 장애물로 여겼다(함석헌, 1989ㅂ: 267; 1972ㄴ: 51; 1971ㅅ: 185).

로 많은 실증이 있는 길이지만 그것을 위해서는 폭력주의자보다 훨씬 더 많은 정신적 훈련과 준비가 씨ᄋᆞᆯ에게 필요하다는 것이다(함석헌, 1969: 91 이하; 1972ㄴ: 54; 1986ㄷ: 229~230; 함석헌·송기득, 1978: 390 이하).

씨ᄋᆞᆯ평화주의의 그러한 관점과 씨ᄋᆞᆯ민주주의의 기본 관점 사이에서는 뚜렷한 공통점이 발견된다. 무엇보다 씨ᄋᆞᆯ을 주체로 여기는 점, 전 세계를 범위로 삼는 점, 궁극적으로 사랑의 정신을 중시하는 점 등이 그것이다. 둘 간의 가장 큰 차이는 씨ᄋᆞᆯ민주주의가 전체의 뜻을 추구하는 권력 체계와 정치적 과정에 관심을 기울인다면 씨ᄋᆞᆯ평화주의는 평화의 실현을 목표로 삼고 그것을 달성하는 방법에 관심을 기울인다는 것이다. 물론 여기서 씨ᄋᆞᆯ민주주의가 평화를 전체의 뜻으로 삼아 그것을 정치적으로 달성하는 데 관심을 기울인다면 씨ᄋᆞᆯ평화주의와 크게 다르지 않다고 할 수 있다.

하지만 씨ᄋᆞᆯ민주주의가 권력 체계와 정치적 과정에 더 큰 관심을 갖는다면 씨ᄋᆞᆯ평화주의는 그러한 정치적 과정뿐만 아니라 그것의 토대가 되는 사회적 과정에도 매우 큰 관심을 기울인다. 그리하여 함석헌은 씨ᄋᆞᆯ평화주의의 가장 중요한 부분인 비폭력투쟁에 대해 설명하면서 그것의 주된 목표가 정치혁명이 아닌 사회혁명이라고 할 정도로 씨ᄋᆞᆯ평화주의는 정치적 과정 이상으로 사회적 과정에 큰 관심을 기울인다(함석헌, 2008: 30~33).

그런데 씨ᄋᆞᆯ평화주의가 목표로 삼는 평화는 연대의 결과이지만 연대의 전제조건이기도 하다. 즉 평화의 실현은 평화를 본성으로 하는 씨ᄋᆞᆯ의 연대적 실천을 통해 이루어지지만 함석헌은 씨ᄋᆞᆯ의 진정한 연대를 위해서도 평화가 필요하다고 본다는 것이다.

평화란 질서 잡힌 고름, 조화의 상태를 의미한다. 물론 여기서 의미하는 질서는 우주와 생명의 질서, 전체의 뜻에 부합하는 질서이지 불의한 힘에 의해 강요된 질서가 아니다. 그렇기 때문에 평화의 실현은 우주와 생명의 질서, 전체의 뜻에 어긋나는 상태를 되돌려 그것들에 부합하도록 만드는 것이다(함석헌, 1972ㄴ: 44~45; 1959ㄷ: 150).

그런데 함석헌은 인류역사에서 국가, 개인주의 사상, 자본주의 경제 등이 출현함으로써 평화의 질서가 깨진 채 대립, 갈등, 전쟁 같은 긴장과 혼란의 역사가 이어져왔다고 보았다. 그리고 그것들이 본래 연대적 존재인 씨ᄋᆞᆯ의 전체의식을 비록 근절시키지는 못했으나 짓밟고 왜곡하는 등의 방식으로 약화시켜 씨ᄋᆞᆯ을 지배와 경쟁 상태로 몰아 왔다고 보았다. 하지만 이제 힘을 통한 경쟁의 시대가 지나가고 세계적 연대와 협력을 필요로 하는 유기적 사회의 시대에 접어들면서 과거의 어느 때보다 더 씨ᄋᆞᆯ의 연대와 협력이 요구되고 있다는 것이다(함석헌, 1969: 91; 1972ㅁ: 28 이하; 1959ㅁ: 25).

그러므로 시대가 요구하는 씨ᄋᆞᆯ의 연대와 협력을 위해 씨ᄋᆞᆯ의 전체의식을 회복하는 것이 중요하다. 여기서 씨ᄋᆞᆯ이 본래의 전체의식을 회복해 지배와 경쟁 상태를 극복하는 것이 평화며, 사회와 세계의 긴장과 혼란을 극복하는 것이 평화다. 그런데 씨ᄋᆞᆯ평화주의는 사회적 평화와 세계평화의 실현에 무엇보다 씨ᄋᆞᆯ의 연대와 협력이 필요하다고 본다. 따라서 결국 씨ᄋᆞᆯ이 전체의식을 회복해 이루는 평화, 곧 씨ᄋᆞᆯ의 평화야말로 씨ᄋᆞᆯ의 연대와 그것을 통한 사회적 평화 및 세계평화의 필수적인 전제조건이라는 것이다.[26] 그리고 이렇게 해서 이루어지는 사회적 평화와 세계평

26 "땅 위에 평화가 온다면 그것은 사람의 가슴속의 평화가 나타남일 것이다. …… 왜? 가슴속이 평안하면 사람과 사람 사이의 문제, 사람과 자연 사이의 문제가 모두 다 없어질 것 같아서다. 그리고 그렇게 해서 과연 얻었다. 그것을 사람들에게 가르쳐도 잘 들으려 하지 않았다.

화야말로 인류가 더불어 함께 살 수 있는 유일한 길이라는 것이다(함석헌, 1959ㅁ: 17).

이렇게 본다면 씨ᄋᆞᆯ평화주의는 씨ᄋᆞᆯ의 사회적·정치적 평화를 실현하기 위해 씨ᄋᆞᆯ연대주의 관점에서 제시한 사상인 동시에 씨ᄋᆞᆯ연대주의의 핵심 주제인 씨ᄋᆞᆯ 연대, 세계연대 등의 평화적 조건에 관한 사상이기도 함을 알 수 있다.

② 씨ᄋᆞᆯ경제와 생명연대주의

다음으로 경제적 환경과 생태적 환경에 대한 씨ᄋᆞᆯ연대주의 관점을 간략히 살펴보고자 한다. 이 둘은 앞에서 다룬 씨ᄋᆞᆯ민주주의와 씨ᄋᆞᆯ평화주의 사이의 관계만큼 밀접한 관계에 있지는 않지만 그래도 경제와 생태적 환경 사이의 관계에 대한 관심이 오늘날 빠른 속도로 커지고 있는 데서 볼 수 있듯이 여기서 함께 살펴보는 것도 나름대로 의미가 있다. 그래서 씨ᄋᆞᆯ경제 사상과 생명연대주의 사상 각각에 대해 소개한 후 양자 간의 관계에 대해서도 간략히 언급하려고 한다.

가) 씨ᄋᆞᆯ경제

씨ᄋᆞᆯ경제론도 씨ᄋᆞᆯ민주주의론처럼 함석헌이 직접 사용한 표현은 아니지만 그가 씨ᄋᆞᆯ의 경제적 환경에 관심을 갖고 씨ᄋᆞᆯ연대주의 관점에서

그러므로 세상은 늘 이러했다. 그렇게 아니 듣게 되는 원인은 주로 현실이 반대하기 때문이었다. 그런데 이제는 역사적인 사실이 인류를 이끌어 그것을 사실로 보여주는 자리에 왔으니 재미있지 않은가. 땅에는 평화가 오고야 말 것이다"(함석헌, 1959ㅁ: 29~30). 함석헌의 평화사상을 체계적으로 소개한 바 있는 안병무와 박재순도 그가 인간 내적 평화를 특별히 중시해 결국은 마음에서부터 반평화적인 것이 없어져야 한다고 보았다는 점에 주목했다(안병무, 1976: 383; 박재순, 2009: 35 이하).

경제의 개선 방안으로 제시한 내용을 살펴본 것이다. 정치와 특히 민주주의에 대한 논의에 비해 그의 경제론은 양적으로 훨씬 적은 편이지만 경제를 보는 그의 기본 관점은 철저히 씨올 중심적이다. 그래서 필자는 여기서 씨올경제라는 표현을 통해 그의 씨올 중심의 경제 사상을 간략히 정리해 보고자 한다.

첫째, 씨올경제는 경제의 기본 원리로 자유주의적 시장경제와 엄격한 통제경제가 모두 뚜렷한 한계를 갖고 있음을 인식해 그것들을 극복한 제3의 대안적 경제를 추구한다. 이 대안적 경제는 기본적으로 경제 활동 주체의 자유로운 경제 활동을 전제로 하지만 그동안 자유주의 시장경제가 초래한 수많은 심각한 문제점을 극복하기 위해 자유로운 경제 활동에 대한 어느 정도의 통제가 필요하다고 본다(함석헌, 1959ㄴ: 19 이하; 1950ㄴ: 160).

여기에는 일차적으로 국가의 입법을 통한 통제가 해당되지만 입법을 통한 통제도 경제 원리를 고려하지 않은 무리한 통제는 효과를 지니지 못한 채 오히려 부작용을 낳는다고 그는 생각한다. 또한 큰 힘을 지닌 대기업 같은 경제 주체가 독단적으로나 담합을 통해 경제 질서를 교란시키는 불공정 행위를 국가가 규제하는 것도 입법 활동과 함께 중요한 통제 활동이라고 본다. 하지만 함석헌은 극단적 개인주의와 개인주의적인 자유주의 이상으로 국가주의를 경계했기 때문에 비록 합법적이라고 해도 국가 통제가 시대 변화를 반영한 도덕의 원리에 부합하는 법률에 근거한 것이어야지 결코 국가권력의 자의적인 뜻대로 이루어지는 것이어서는 안 된다는 점을 분명히 했다(함석헌, 1959ㄴ: 19~20).

씨올경제의 그러한 경제관은 기존의 자유주의 시장경제와 통제경제의 관점에서 본다면 이 두 요소가 혼합된 경제관이라고 볼 수 있을 것이다. 하지만 씨ᄋᆞᆯ경제는 단지 이 두 경제의 요소를 섞은 것에 머물지 않고 두 경제의 한계를 함께 극복할 대안적 경제를 추구한다(함석헌, 1959ㄴ: 19 이하; 1950ㄴ: 160).

둘째, 씨ᄋᆞᆯ경제는 지나친 경쟁주의를 지양하고 자발적 협동의 원리를 중시하는 경제, 곧 협동경제를 추구한다. 함석헌은 사회 구성원을 먹여 살리는 생산 활동을 매우 중요하게 여겼다. 그런데 서구사회에서 자본주의가 출현하고 특히 자유방임형으로 발전하면서 생산에서 경쟁 원리가 지배하게 된 결과, 비록 생산성은 크게 향상되었으나 심각한 부작용도 수반되었다는 점에 주목했다. 대표적 부작용으로는 지나친 경쟁이 전쟁과 사회 갈등을 유발한 점, 수많은 패배자를 낳아 어려움에 빠트린 점, 생태계 파괴를 유발한 점 등을 들 수 있다(함석헌, 1995ㄴ: 256; 1959ㄴ: 20; 1989ㅅ: 216).

게다가 지금까지의 개인주의 시대, 영웅의 시대에서는 그런 경쟁의 논리가 통했지만 인류역사가 이제 새롭게 진입하게 된 전체의 시대, 씨ᄋᆞᆯ의 시대에서는 경쟁의 논리가 더 이상 지속되기 어려운 대신 협력의 논리가 강력히 요구되는데, 그것은 시민사회나 정치에서뿐만 아니라 경제에서도 마찬가지라는 것이다. 따라서 씨ᄋᆞᆯ경제는 경쟁주의를 야기하는 자본주의 경제의 한계를 극복하고 새로운 시대정신에 맞게 협동의 원리에 입각한 생산 활동을 추구한다(함석헌, 1995ㄴ: 256).

그런데 함석헌이 협동의 원리에 입각한 대안적 경제 활동의 구체적 내용에 대해 설명한 것을 찾기는 어렵다. 하지만 그는 "개인이 자유로운 인격으로 완전히 깨어 자진해서 하는 협동체에 의해서 되는 전체"를 새로운 시대의 특징으로 삼았다. 그것은 이제 새롭게 시작되는 시대의 경제 활동, 특히 생산 활동에서도 협동조합과 같은 협동체가 매우 중요한

역할을 할 것임을 시사한다(함석헌, 1971ㅁ: 178).[27]

이처럼 개인의 자유로운 경제 활동을 존중하면서도 자본주의 경제의 경쟁주의적 한계를 극복하거나 보완하려는 움직임은 서구사회에서도 일찍부터 시작되어 협동조합 같은 사회적 경제나 사회적 시장경제 등을 발전시켜 왔다. 그러한 노력은 크게 보아 연대주의 운동에 속하는데, 그 중에서도 자발적 협동의 원리를 특히 강조하는 협동조합으로 대표되는 사회적 경제는 오늘날 연대경제라고도 불리면서 매우 빠르게 발전하고 있다. 이렇게 본다면 자본주의 경제의 한계를 극복하는 대안으로 일찍이 협동경제관을 제시한 함석헌의 씨ᄋᆞᆯ경제 사상은 결코 공상적인 것이 아닌 매우 선구적인 연대경제 사상이었음을 알 수 있다.

셋째, 씨ᄋᆞᆯ경제는 자본주의 경제의 폐해인 노동력 착취, 계급대립, 양극화 같은 문제점을 극복하고 사회의 주인이자 경제 활동의 주체이기도 한 모든 씨ᄋᆞᆯ의 공생을 추구하는 공생경제의 성격을 갖는다. 함석헌은 근로자를 생산 주체로 생각하지만 기업주의 역할도 필수적이라고 여겨 근로자와 기업주의 공생을 주장했다. 그리고 그런 관점에서 기업의 부富는 근로자와 기업주의 공동 노력을 통해 창출된 것이므로 정당하게 배분되고 의롭게 사용되어야 하며, 그것을 위한 의사결정 과정에 기업주와 함께 근로자도 참여할 권리와 의무가 있다고 보았다. 그러면서 기업

27 해방 후 대한민국 사회는 이념 대립으로 분열되어 있었으나 협동경제에 큰 관심을 갖고 있었다. 그것은 당시의 집권당이던 자유당의 창당 선언문과 강령이 잘 보여주는데 자유당은 〈선언문〉에서 소련공산독재와 "이기주의적 자본만능의 사회"를 함께 비판하면서 "협동생활경제 체제에 입각"한 "협동사회를 건립"하는 것을 역사적 사명으로 밝힌 바 있으며 정강 정책에서도 "협동조합경제 체제의 확립실시" 등을 규정했다. 함석헌의 씨ᄋᆞᆯ경제관이 형성되는 데 당시의 지배적인 사회적 관심이 어떤 영향을 끼쳤는지에 관해서는 보다 면밀한 분석이 필요하겠지만 어쨌든 해방 후 한동안 한국사회에서 협동경제에 대한 사회적 관심이 매우 컸던 것은 사실이다(강수택, 2012ㄴ: 373~374).

주에게 기업의 부를 자기 것으로 여기고 근로자를 시혜의 대상으로 간주하는 전근대적 기업관을 그러한 공생적인 기업관으로 극복할 것을 주장했다(함석헌·김재준, 1987: 556).

씨울경제는 기업에 대해서처럼 사회에 대해서도 양극화, 빈곤, 실업 같은 문제를 극복하고 사회의 모든 구성원이 함께 살아갈 수 있도록 부의 불균등한 분배를 적극적으로 시정하는 정책이 필요하다고 본다. 그런 관점에서 사회복지, 누진세 등과 같은 개혁적 재분배 정책의 필요성을 언급한 함석헌은 민중에게 마땅히 돌아가야 하는데도 일부 특권계급이 부당하게 독점하고 있는 소득을 생활이 어려운 하층 사람, 특히 빈민에게 재분배하는 것이 단지 하층 사람만을 위한 일이 아니라 특권계급 사람을 포함한 사회 전체를 위한 일이라고 주장했다.[28] 그러면서 근로자와 특히 기업주에게, 사회의 하층 사람과 특히 상류층 사람에게 그런 공생적 사회 건설의 필요성을 받아들이고 이에 적극 동참할 것을 주문했다(함석헌, 1959ㅂ: 239~240; 1959ㄴ: 20; 1956ㄴ: 115; 1957ㄹ: 151~152; 1975ㄱ: 286 이하; 함석헌·김재준, 1987: 556).[29]

넷째, 씨울경제는 이욕利慾주의, 향락주의, 물질주의에 기초한 사치경제를 지양하고 정신적 가치와 생태계를 중시하는 검약경제를 추구한다. 협동경제가 경제의 생산 측면에 그리고 공생경제가 경제의 분배 측면에

28 그는 "누가 벌었든 부富는 사회의 공유"라고 생각해서 "부를 독점하는 것은 죄악"이라고까지 주장했다(함석헌, 1976ㄱ: 104).

29 함석헌은 부의 지나친 불평등을 시정하기 위한 재분배 정책의 필요성을 언급하면서 그러한 방향의 경제를 "평등경제"라고 부르기도 했다. 하지만 그가 의미한 평등경제란 외적 기준에서 획일적 분배를 추구하는 경제라기보다는 빈부의 지나친 차이를 고르게 해 모든 사람이 함께 조화롭게 살 수 있게 하는 경제다. 그런 점에서 본다면 평등경제라는 그의 표현은 내용면에서 공생경제를 가리킨다(함석헌, 1971ㅇ: 219~220; 1975ㄱ: 286~287).

각각 밀접히 관련된 씨울경제의 특성이라면 이 검약경제는 경제의 소비 측면에 관한 씨울경제의 특성이라고 할 수 있다.

함석헌은 자본주의 시대의 특징으로 노골적 이욕주의와 향락주의를 꼽으면서 사람들이 실리와 쾌락을 두고 서로 쟁탈전을 벌이며 대립하고 있다고 보았다. 그에 의하면 인간 역사에서 자유의 정신이 발전하는 과정에서 등장한 것이 자본주의지만 그것이 자유를 내적·정신적인 뜻으로 취하지 않고 외적·물적인 뜻으로 취한 결과 그런 문제점이 초래되었다. 따라서 오늘날의 경제와 정치가 생활이 아닌 사치를 위한 것으로 변했으며, 특히 기업이 이윤을 추구하기 위해 사치를 조장하고 지배자가 씨울을 속이는 방법으로 사치와 향락을 내세움으로써 사치와 향락이 크게 증가한 결과 그만큼 정신이 약화되었다는 점을 심각하게 우려하면서 사치경제를 비판했다(함석헌, 1959ㄴ: 45 이하; 1962ㅂ: 224~225; 1980ㅂ: 327; 1978ㅁ: 236; 1972ㄷ: 70~71; 1971ㅇ: 219).[30]

그리고는 사치스런 소비와 그로 인한 자원 낭비를 지양하고 간소한 소비 생활을 추구하는 검약경제의 필요성을 주장했다. 그에 의하면 무엇보다 소중한 생명의 가치는 "천하로 더불어 같이함"에 있다. 여기서 천하란 모든 사람, 더 나아가 생태계의 모든 생명을 가리킨다. 그런데 "인간다운 살림의 최저 필수 조건도 갖추지 못한" 사람이 여전히 수두룩한 다른 편에서 사치와 향락의 소비를 하면서 자연 파괴를 일삼는 것은 멸망의 사고방식에 다름 아니다. 따라서 그는 사치와 향락은 "죄악"이며 공존 혹은 공생의 길은 "검儉"에만 있다고 보았다. 사치는 "폭력주의의 불에 기

30 그는 사치란 "필요 없이 하는 것"이라고 정의하면서 결국 사치하는 마음은 나의 욕심에서 나오는 이기적인 것이라고 주장했다. "필요 없이 하는 것은 다 사치입니다. 사치하는 마음은 남을 위하지 않고 나만을 아는 마음에서 나옵니다"(함석헌, 1980ㅂ: 326).

름을 대는 것", 즉 폭력의 원인이며 전쟁과 노동력 착취의 배경이 되기도 하지만 검儉, 곧 간소함은 자체가 생명, 특히 맨 사람인 씨ᄋᆞᆯ의 속성에 부합하는 것이라는 생각에서였다. 그리하여 그는 폭력, 전쟁, 착취를 없애고 모든 사람과 생태계의 모든 생명체가 더불어 함께 살기 위해서는 사치와 향락의 소비 생활을 배격하고 "간소한 생활"을 지향하는 경제, 곧 검약경제가 필요하다고 본 것이다(함석헌, 1976ㄱ: 106; 1977ㅅ: 167 이하; 1978ㅁ: 236).[31]

끝으로, 씨ᄋᆞᆯ경제는 세계자본주의 경제의 제국주의 경향과 그로 인한 세계 경제의 양극화를 극복하기 위해 세계 씨ᄋᆞᆯ경제를 추구한다. 여기서 세계 씨ᄋᆞᆯ경제란 한편으로 국가나 민족 단위의 경제를 넘어선 세계 단위의 경제, 곧 세계주의 경제를 의미하면서 다른 한편으로는 자본가나 정치인 중심의 경제가 아니라 씨ᄋᆞᆯ 중심의 경제를 의미한다.

필자는 함석헌의 자본주의론을 소개한 부분에서 그가 자본주의 경제의 제국주의 경향을 자본주의와 국가주의의 결합의 결과로 인식했다

31 함석헌은 물질주의의 산물인 사치와 향락을 극복하고 간소한 생활, 검약경제를 추구하기 위해서는 씨ᄋᆞᆯ에게 주어진 전체의식을 회복하고 정신을 무장하는 것이 필요하다고 보았다. 물론 씨ᄋᆞᆯ에게는 남에게 무한히 주려는 경향이 있으며 자연에도 "낭비같이 뵈는 점"이 많다면서도 그렇지만 씨ᄋᆞᆯ과 자연의 그러한 속성은 오히려 평화, 관대함, 용서, 사랑 등에 해당하는 것으로 이기심에 근거한 사치와 향락의 물질적 낭비와는 정반대되는 현상이라고 주장했다(함석헌, 1976ㄴ: 97). 필자가 검약경제라고 표현한 그의 그러한 씨ᄋᆞᆯ경제관, 즉 정신적으로는 풍요롭지만 물질적으로는 간소한 살림을 지향하는 그의 경제관은 지역공동체, 소규모 경제, 적정기술 등 작은 것을 지향하는 인간 중심의 경제를 주장한 슈마허E. F. Schumacher의 경제관과 공통점이 많다. 실제로 함석헌이 슈마허의 가장 잘 알려진 책 제목 '작은 것이 아름답다'를 직접 언급한 적도 있다. "앞으로는 남을 지배하는 큰 나라는 없어질 것이고, 서로 취미를 같이하는 조그만 공동체가 늘어갈 것인데, …… 작은 것이 아름답고, …… 강하기보다 부드러워짐이 이기는 길임을 실제로 모범을 보여주는 것이 우리 살림이 돼야지"(함석헌, 1986ㄹ: 255). "어떤 이가 '작은 것이 아름답다' 했습니다. 나는 '약한 것이 아름답다' 하기나 할까요"(함석헌, 1979ㅎ: 351).

고 설명한 바 있다. 즉 시장 확대를 통해 이윤을 추구하려는 자본가의 이해관계가 해외 침략을 통해 강대국을 건설하려는 정치 집단의 야욕과 결합해 나타난 결과가 제국주의라는 것이다. 그러면서 그는 또한 이제는 세계가 하나로 되었고 국제협력이 매우 중요한 시대로 접어들었기 때문에 국가 간의 치열한 경쟁이 약화되고 그러한 경쟁의 결과로 출현한 제국주의도 쇠락의 길로 접어들게 되었다고 보았다. 그리고 그에 따라 자본주의 경제도 개별 국가의 영향력으로부터 벗어난 훨씬 더 자유로운 세계자본주의 경제로 되었다고 보았다(함석헌, 1964ㅁ: 159~160; 1959ㅁ: 22; 함석헌·박선균, 1987: 220).

그런데 훨씬 더 자유로운 세계자본주의 경제가 세계 경제를 지배하면 그만큼 세계 경제에서 자본가의 지배력이 강화된다. 예컨대 함석헌이 "세계적 기업"이라고 표현한 다국적 기업의 영향력이 막강해진다. 그리고 일부 대자본가의 부가 빠르게 증가하는 반면 자본을 갖지 않은 대부분의 사람은 상대적으로 더욱 가난해지는 양극화가 심해진다. 실제로 세계에는 주체할 수 없을 정도의 사치와 향락적 소비를 일삼는 사람이 있는 반면 굶주리는 사람도 여전히 많다. 그런데 세계가 하나로 되고 있는 오늘날의 시대에는 세계 경제의 그러한 양극화와 기아문제가 그로 인해 고통당하는 사람들만의 문제가 아니라 전체 세계시민의 문제이자 온 인류의 문제요 전체 생태계의 문제라는 것이 씨울경제의 인식이다(함석헌, 1973ㄱ: 233; 1984: 166).

그러한 인식에 따라 씨울경제는 세계씨울의 상호 협력에 기초한 세계 씨울경제를 세계자본주의 경제의 한계를 극복하기 위한 방안으로 제시한다. 왜냐하면 기본적으로 천하를 먹여 살리는 진정한 생산적인 경제활동이 바로 씨울에 의해 이루어진다고 보기 때문이며, 게다가 역사의 대세를 만드는 것도 자본가나 정치인이 아니라 "더 높은 정신적인 가치를 바라고 향해 하나로 협조하고 있는 수없고 이름 없는 세계의 씨ᄋᆞᆯ들"이라고 간주하기 때문이다. 그런데 세계가 하나로 되는 시대 변화에 맞추어 씨ᄋᆞᆯ경제가 국가나 민족 단위의 경제를 넘어선 세계 단위의 상호협력경제를 추구한다고 해서 결코 지역 단위의 자율적 경제 활동을 소홀히 여기는 것은 아니다. 오히려 그와 반대로 세계 씨ᄋᆞᆯ경제는 지역 경제를 매우 중시하면서 그것을 기반으로 세계 경제를 지향하는 지역 기반 세계 경제라고 할 수 있다. 왜냐하면 씨ᄋᆞᆯ경제는 기본적으로 씨ᄋᆞᆯ의 삶의 관점에서 경제에 접근하는데, 씨ᄋᆞᆯ의 생활세계는 대부분의 경우 지역성을 띠기 때문이다(함석헌, 1972ㄲ: 80: 1971ㅍ: 148; 1964ㅁ: 160; 강수택, 2015: 62 이하).

나) 생명연대주의

함석헌의 생명론과 하나론을 관통하는 핵심 명제는 "생명은 하나"라는 것이다. 물론 세상에는 다양한 생명체가 있으며 각각의 생명체도 다양한 요소와 속성으로 이루어져 있다. 하지만 함석헌은 생명체에게는 다양하고 때로는 모순되는 요소와 속성이 하나로 통일되려는 경향이 있다고 보았다. 그리고 모든 생명체는 하나의 전체가 나타난 것이기 때문에 결국 세상의 생명체가 하나이기도 하다고 본 것이다(함석헌, 1972ㅈ: 82~83; 1961ㄱ: 65~66).

여기서 하나라는 것은 통일성을 의미하지만 함석헌에게서의 통일성이란 다양성이나 차이를 부인하는 단일성, 획일성 등이 아니라 각자 자기 정체성을 지닌 요소들이 화和와 사랑의 원리에 입각해 이루는 하나를 의미한다. 그렇기 때문에 세상의 생명체가 하나라는 것은 생명체가 각각 고유한 정체성을 지니면서도 화和와 사랑의 원리에 입각해 하나의 전체를 이룬다는 것을 뜻한다.

세상의 생명체가 이루는 하나의 전체를 생명계 혹은 생태계라고 부를 수 있는데, 이 생명계 혹은 생태계에 속한 생명체 간의 관계를 함석헌은 크게 보아 화和와 사랑을 지향하는 밀접한 관계로 인식한 것이다. 생명체 간의 그러한 상호 밀접한 관계는 존재론적 의미에서의 연대관계로 표현될 수 있다. 그리고 생명체 중에서도 특히 의지를 지닌 인간 사이에서 의도적으로 이루어지는 조화 혹은 사랑의 관계는 실천적 의미에서의 연대관계이기도 하다.

어쨌든 함석헌은 인간을 포함한 우주의 전체 생명체 간의 관계를 연대관계로 인식했는데, 그것은 인간 외의 다른 생명체의 존재 의미를 오직 인간의 행복이라는 관점 대신 전체 생태계라는 관점에서 이해하는 생태주의적 사고의 중요한 기초가 되었다. 그리하여 필자는 함석헌의 생태주의 사상을 생명연대주의라고 부르고자 하는데, 그것은 함석헌의 씨ᄋᆞᆯ연대주의가 인간 세계를 대상으로 하는 사회적 연대주의 혹은 인간적 연대주의를 넘어 생태계까지 범위가 확장된 연대주의 사상임을 잘 보여준다.[32]

그는 생명연대주의 관점에서 그동안 인간이 산업주의와 물질주의 문명, 전쟁, 핵기술 등을 통해 자연 파괴를 일삼아온 것을 신랄하게 비판

32 함석헌의 씨ᄋᆞᆯ사상이 지닌 생태주의 관점에 대해서는 김대식, 김영호, 김경재, 박재순 등 많은 학자가 소개한 바 있다. 그들 중 김경재는 일찍부터 특히 함석헌의 생명연대사상에 주목해 그것을 비교적 적극적으로 부각시켜 왔으며, 박재순은 함석헌의 생명연대사상을 평화사상의 근거로 제시하기도 했다(김대식, 2011: 164 이하; 김대식, 2012: 183 이하; 김영호, 2016ㄴ: 562 이하, 584 이하; 김경재, 1995: 37 이하; 김경재, 2003: 98; 김경재, 2009: 161, 167 이하; 박재순, 2013: 262~263).

했다. 그리고 그것을 멈추지 않는다면 인류 문명은 말할 것도 없고 전체 생명계가 멸절될 수 있다고 우려하면서 그것들에 대한 분명한 반대 의사를 표명했다. 그와 함께 그는 인간이 속한 자연계를 그동안 생명체가 아닌 죽은 것으로 여겨 마음대로 대해온 것을 반성하고 자연 앞에서 겸손히 전체의 뜻을 찾으려는 태도가 보다 근본적으로 요구된다고 주장했다(함석헌, 1979ㄲ: 306; 1977ㅅ: 169~171; 1973ㅈ: 311).

> 이젠 세계만이 아니라 온 생명, 동물·식물까지도 한 식구로 생각을 아니 하고는 살아갈 수가 없는 단계까지 왔어. 이제 만약 핵전쟁을 한다면 우리만이 아니라 짐승들조차도, 독사고 호랑이고 간에 다 사라져요. 밉고 곱고가 없어. 어쨌거나 그것들도 다 살려야 하겠는데, 종자가 없어져 가니까(함석헌, 1989ㄴ: 261).

함석헌의 생명연대주의는 앞서 살펴본 그의 씨ᄋᆞᆯ민주주의, 씨ᄋᆞᆯ평화주의, 씨ᄋᆞᆯ경제 사상의 필요성을 한층 더 강력하게 뒷받침하고 있다. 왜냐하면 전쟁은 인간의 생명뿐만 아니라 자연계의 다른 수많은 생명을 파괴해온 대표적 원인이었으며, 게다가 현재 인류가 직면한 핵전쟁의 위험은 과거의 전쟁과는 비교할 수 없을 만큼 엄청난 규모의 살상력을 지니고 있는데, 씨ᄋᆞᆯ민주주의와 씨ᄋᆞᆯ평화주의는 그러한 전쟁을 거부하고 세계평화를 철저히 추구하기 때문이다.

그리고 자연 파괴의 또 다른 중요한 원인인 자원 낭비를 막기 위해서는 한편으로 사치경제 대신 검약경제가 필요하며, 다른 한편으로는 양극화와 기아 문제의 원인이 되는 세계자본주의 대신 세계 연대경제가 필요한데, 함석헌의 씨ᄋᆞᆯ경제 사상이 바로 그러한 검약경제와 세계 씨ᄋᆞᆯ의 연대경제를 추구하기 때문이다.

3 마무리하며

이 시대에 함석헌 사상 중 씨올연대주의에 주목하는 것은 매우 큰 의미가 있다. 그것은 한국사회가 오랫동안 겪어온 심각한 국가주의 문제를 극복하기 위해 무엇보다도 강력한 씨올의 연대가 필수적으로 요구되기 때문이다. 1960년의 4월혁명에서 1987년의 민주화운동에 이르는 일련의 민주항쟁과 2016년 말부터 2017년 초까지 진행된 촛불시민혁명은 아무리 강고한 국가권력이라도 씨올 연대의 힘을 이길 수 없음을 보여주었다.

현재 한국사회는 군사정권 시기를 지나 민간인 정권이 통치하는 사회지만 국가권력에 기반을 둔 각종 억압 구조가 과거의 오랜 군사정권에서 계승된 후 아직도 제대로 청산되지 못한 채 여전히 남아 사회 곳곳에서 힘을 발휘하고 있는 형편이다. 국가권력에 의한 광범위한 억압과 부패의 사례는 최순실의 국정농단을 계기로 진행된 박근혜 대통령의 탄핵 과정에서 여실히 드러났지만 그러한 억압과 부패를 가능하게 한 억압 구조는 대통령 탄핵과 새 정부의 탄생 이후에도 여전히 유지되고 있어 그것을 폐지 혹은 개혁하기 위한 씨올의 연대 노력이 요구된다.

뿐만 아니라 군사정권이 붕괴되고 출범한 문민정부 이후 이어져온 민간정부에 의해, 특히 10년간의 보수정권에 의해 강력한 신자유주의 정책이 실시되면서 사회 전반에 걸쳐 경쟁이 매우 심화되었다. 자본주의 사회의 경제 영역에서 경쟁이 이루어지는 것은 당연한 일이지만 경제뿐만 아니라 교육, 문화, 의료 같은 비경제적 영역에서도 경쟁이 심화된 것이다. 그 결과 사회경제적인 양극화가 심해지고 사회 곳곳에서 분열, 대립, 갈등, 사회의 해체 현상이 확산됨으로써 그것을 극복하기 위한 새로운 정책 방향이 필요해졌는데, 경쟁이 아닌 협력과 연대의 가치를 중시하는 씨ᄋᆞᆯ연대주의가 그것에 기여할 수 있을 것이다.

불필요한 경쟁, 갈등, 대립으로 인한 혼란과 위험은 국내 문제에 국한되지 않는다. 지난 10년의 보수정권 시기에 남북한 간의 긴장과 대립이 더욱 심화되었다. 그런데 남북한 간의 대립과 갈등은 한반도 문제를 넘어 세계평화에도 큰 위협이 된다. 더구나 미국과 중국이라는 거대한 두 패권국가의 경쟁은 둘 사이에 위치한 동북아시아 국가에게 더 큰 위협이 되고 있는 상황이다. 게다가 1980년대부터 강력한 신자유주의 정책을 주도해온 영국과 미국이 각각 유럽연합 탈퇴와 트럼프 정부의 출범을 통해 세계주의에 반하는 국가주의 정책을 강화함으로써 국가 간 경쟁과 갈등을 과거보다 심화시킬 것으로 보인다. 한반도와 세계의 그러한 긴장과 갈등 상황은 신자유주의나 국가주의 대신 연대적 실천을 통한 세계 씨ᄋᆞᆯ의 적극적 역할을 요구하는 상황이라고 볼 수 있다. 그러한 세계 씨ᄋᆞᆯ 연대의 강력한 뒷받침이 있을 때 비로소 핵문제, 세계난민문제 등과 같은 국제적 현안이 평화롭게 해결될 수 있을 것이다.

이처럼 한국사회의 현실과 국제적인 현 상황이 여러 면에서 씨ᄋᆞᆯ연대주의 관점을 필요로 한다는 점에서 볼 때 그러한 관점에 철저히 입각해 있는 함석헌 사상에 주목해 그것을 체계화하고 발전시키는 작업은 현실적 타당성을 충분히 갖고 있다.

게다가 본서의 이 작업은 학술적 면에서도 결코 작지 않은 의미를 갖는데, 그것은 무엇보다도 현대 한국의 사회사상사, 특히 함석헌 사상의 연구사에서 연대사상의 중요성을 특별히 부각시키고 있기 때문이다. 함석헌처럼 민주화에 기여한 인물의 사회사상을 연구할 때는 민주주의 같은 정치적 주제를 중심으로 연구하는 경향이 있다. 실제로 현대 한국의 사회사상 연구에서 민주주의 사상에 대한 연구는 많지만 연대사상에 대한 체계적 연구는 많지 않다(강수택, 2012ㄴ: 211 이하). 더구나 연대사상의 비중이 매우 큰 함석헌 사상에 대한 연구도 그동안 민주주의를 비롯해 종교, 역사, 문명, 동양, 언론, 민족, 민중, 평화, 교육, 생명사상 등 다양한 관점에서 이루어져 왔으나 연대사상의 관점에서는 매우 드물게 이루어졌다. 그런 상황에서 함석헌 사상을 씨ᄋᆞᆯ연대주의 관점에서 체계화하는 작업은 앞으로 현대 한국의 사회사상사, 특히 함석헌 사상 연구에서 연대사상의 중요성에 주목하게 하는 계기가 될 것으로 생각된다.

이 작업이 학술적인 면에서 갖는 또 다른 의미는 연대주의 사상사에서 볼 때 매우 독창적이면서도 포괄적이고 깊이 있는 함석헌의 씨ᄋᆞᆯ연대주의 사상을 체계적으로 제시함으로써 그것을 한국 연대주의 사상의 대표적인 사례로 삼을 수 있도록 하고 있다는 점이다. 물론 함석헌의 씨ᄋᆞᆯ연대주의 사상에는 그가 큰 관심을 갖고 깊이 있게 살펴본 부분도 있지만 그렇지 않은 부분도 있다. 그렇기 때문에 그가 자세히 다루지 못한 부분은 앞으로 후학을 통해 계승, 발전될 필요가 있다.

필자는 개인적으로 현 시대가 요구하는 연대주의 사상을 시민연대주의라고 규정한 후 그것을 모나디즘 비판론에 입각해 제시한 바 있다. 그런데 함석헌의 씨ᄋᆞᆯ연대주의 사상을 연구하면서 그의 사상의 기본 관점이 필자의 모나디즘 비판론 및 그것에 바탕을 둔 시민연대주의론과 많은 점에서 공통점을 갖고 있음을 발견했다. 필자가 명명한 '모나디즘'이란 극단적 개인주의와 집합주의에서 볼 수 있듯이 연대주의와 대립하는 정신 혹은 사상을 함께 일컫는 것이다. 함석헌 역시 국가주의를 비롯한 각종 집단주의를 개인주의와 한 부류로 보면서 비판했는데, 이유는 그것들이 공통적으로 전체의 관점을 무시한 채 자기 이익만 좇는 이기적 경향을 지니고 있다고 보았기 때문이다(함석헌, 1961ㄷ: 92~93; 1968ㄴ: 138; 1976ㄹ: 287; 김경재, 2009: 160; 강수택, 2012ㄴ: 297 이하).

그리고 그는 전체주의를 집단주의 및 개인주의와 대립하는 정신 혹은 사상으로 제시했는데, 앞서 살펴보았듯이 함석헌의 전체주의는 비록 연대주의보다 훨씬 더 포괄적이며 근본적인 사상이긴 하지만 사회사상의 면에서 본다면 연대주의의 특성을 매우 많이 갖고 있다. 게다가 사회사상으로서의 전체주의에서는 씨올이 중심적 역할을 하는데 그것은 필자의 시민연대주의에서 시민이 중심적 역할을 하는 것과 유사하다. 그런 점에서 본다면 전체주의론에 기초한 함석헌의 씨올연대주의와 모나디즘 비판론에 기초한 필자의 시민연대주의 사이에는 기본 인식에서 결코 작지 않은 공통점이 있음을 알 수 있다(강수택, 2012ㄴ: 469 이하).

그리하여 필자는 함석헌의 씨올연대주의를 오늘날의 시대정신에 부합하는 새로운 연대주의 사상인 시민연대주의의 선구적 사상으로 본다. 물론 그의 사상은 단지 선구적이기만 한 것은 아니며 매우 독창적인 사상이기도 하다. 그의 사상의 독창성은 여러 곳에서 발견되지만 가장 중요한 진원지는 씨올사상이다. 필자는 씨올연대주의가 사회사상으로서의 시민연대주의를 넘어 생태학적이며 문명론적인 연대사상으로 발전할 수 있게 하는 커다란 잠재력이 이 씨올사상에 들어 있다고 본다.

물론 함석헌의 전체주의를 사회사상의 면에서 볼 때 연대주의가 아니라 공동체주의 관점에서 파악할 수도 있을 것이다. 그것은 그가 강조한 "전체"가 인간 사회에서 연대성보다는 공공성에 더 가깝다는 판단에 근거한 것인데, 현대 사회사상사에서 연대성, 공생, 상생 등이 연대주의 사상을 통해 강조되어 왔다면 공공성은 공동체주의 사상을 통해 더 강조되어 왔다. 그리고 실제로 함석헌은 소규모 공동체, 생활 공동체, 자치 공동체, 공동체 훈련 등 공동체의 중요성을 여러 면에서 강조하기도 했다. 이렇게 본다면 박재순처럼 함석헌의 사회사상에서 특별히 공공성의 면을 주목해 그의 전체주의 사회사상을 공동체주의의 맥락에서 이해하는 것도 가능하다(박재순, 2001: 118 이하; 박재순, 2013: 292 이하; 김영호, 2016ㄴ: 166 이하).

하지만 함석헌의 씨올사상은 철저히 사랑의 원리에 입각한 인격주의적 사회사상이자 매우 개방적인 사회사상이다. 그래서 국가를 비롯한 각종 인위적 조직체에 대해 그것의 기반이 되는 힘의 원리 때문에 커다란 경계심을 보였다. 또한 민족을 비롯한 여러 공동체에 대해서는 일부 긍정적 의미를 인정하면서도 결국 인격주의와 세계주의 관점에서 그것의 한계를 극복하려고 했다. 이처럼 그의 사상은 공동체나 그것의 잠재적 장場이 되는 사회집단을 언제나 상대화하고 비판하지만 그 속에서 살아가거나 훈련받는 씨올과 이들의 사랑의 관계는 언제나 변함없이 그의 사상에서 중심 자리를 차지하고 있다. 게다가 그의 사상은 앞서 살펴보았듯이 세계 씨올의 연대와 공생, 더 나아가 생명계의 연대와 공생까지도 매우 강조한다. 그런 점에서 함석헌의 전체주의 사회사상은 공동체주의보다 연대주의 사상의 맥락에서 이해하는 것이 훨씬 더 적절하다(김경재, 1995: 37 이하; 김영호, 2016ㄴ: 249 이하, 282 이하).[33]

33 "이 앞에 우리가 새 역사를 짓는 씨올 노릇을 하려면 그렇게 하나가 되기 전에 자기 부근의 가능한 한도 안에서, 크게 욕심부리지 말고 공동체 훈련을 해야 해요. 사랑을 하는 것, 대적을 위해서 기도하는 것, 우리가 악을 대적을 하기는 하지만 그 사람을 미워해서는 안 된다는

것, 그런 것을. 하기는 어렵지만 힘닿는 데까지 해요. 한 급우끼리, 한 가족으로, 또 다른 사람들하고 하면 더 좋고"(함석헌, 1989ㄴ: 269).

참고문헌

강문구(1995), 「민주적 변혁운동 지반의 심화, 확장을 위해: 김세균 교수의 '시민사회론' 비판에 대한 토론」, 『시민사회와 시민운동』, 유팔무·김호기 엮음, 한울, 185~196쪽.

강수택(2007), 『시민연대사회』, 아르케.

강수택(2010), 「반연대주의로서의 모나디즘」, 『사회와 이론』, 제17집: 121~157쪽.

강수택(2012ㄱ), 「탈근대 아나키스트 시민사회론과의 만남」, 『사회와 이론』 제21-2집: 507~533쪽.

강수택(2012ㄴ), 『연대주의 — 모나디즘 넘어서기』, 한길사.

강수택(2013), 「연대의 개념과 사상」, 『역사비평』, 통권 제102호: 10~39쪽.

강수택(2014), 「연대주의란 무엇인가?」, 『협동과 연대의 인문학』, 김창진 엮음, 가을의 아침. 42~63쪽.

강수택(2015), 「지역연대의 의미와 유형」, 『로컬리티 인문학』, 제14호: 55~88쪽.

고지마 군조(1983), 「민주주의의 정신」, 『민주주의』, 이극찬 편, 종로서적, 33~53쪽.

그람시, 안토니오(1993), 『그람시의 옥중수고 II: 철학·역사·문화편』, 이상훈 옮김, 거름 (Gramsci. A.[1971]. *Selections from the Prison Notebooks of Antonio Gramsci*, Q. Hoare & G. N. Smith [ed.]).

김경재(1989), 「함석헌의 씨울사상 연구」, 『신학연구』, 제30집: 77~103쪽. 한신대학 출판부.

김경재(1990), 「함석헌 사관에서의 사실과 해석」, 〈씨울의 소리〉, 제118호: 98~106쪽.

김경재(1995), 「씨울사상에서 주체성과 공생」, 〈씨울의 소리(씨울마당)〉, 제125호: 37~47쪽.

김경재(2003), 「함석헌의 역사 이해: '나선형 진보사관'에 대한 한 신학적 조명」, 〈씨울의 소리〉, 제172호: 80~99쪽.

김경재(2009), 「새로운 문명의 길잡이, 함석헌의 씨울사상」, 『환경과 생명』, 제62호: 156~169쪽.

김기승(2006), 「함석헌의 한국사 인식」, 〈씨울의 소리〉, 제188호: 69~99쪽.

김대식(2011), 「인간의 세계경험과 인식의 성찰, 그리고 아나키스트 함석헌의 생태철학」, 『생각과 실천: 함석헌사상의 인문학적 조명』, 정대현 외, 한길사, 151~174쪽.

김대식(2012), 『함석헌의 철학과 종교 세계』, 모시는사람들.

김삼웅(2013), 『저항인 함석헌 평전』, 현암사.

김상봉(2005), 「함석헌의 '뜻으로 본 세계역사'」, 〈씨올의 소리〉, 제183호: 15~53쪽.
김상봉(2010), 「함석헌과 사회진화론의 문제」, 〈씨올의 소리〉, 제208호: 95~114쪽.
김성국(1996), 「서론: 왜 다시 아나키즘인가?」, 『아나키·환경·공동』, 구승회·김성국 외 지음, 모색, 19~43쪽.
김성국(2001ㄱ), 「한국의 시민사회와 신사회운동」, 『시민사회와 시민운동 2: 새로운 지평의 탐색』, 유팔무·김정훈 편, 한울, 50~102쪽.
김성국(2001ㄴ), 「손호철 교수에 대한 재반론: 자본주의 국가를 넘어서」, 『시민사회와 시민운동 2: 새로운 지평의 탐색』, 유팔무·김정훈 편, 한울, 123~143쪽.
김성국(2003), 「탈근대 아나키스트 사회이론의 모색」, 『한국사회학』 37(1): 1~20쪽.
김성국(2015), 『잡종사회와 그 친구들』, 이학사.
김성수(2001ㄱ), 『함석헌 평전』, 삼인.
김성수(2001ㄴ), 「함석헌의 역사-사회관」, 『한국문화신학회논문집』 5: 342~369쪽.
김세균(1995), 「'시민사회론'의 이데올로기적 함의 비판」, 『시민사회와 시민운동』, 유팔무·김호기 엮음, 한울, 151~184쪽.
김영호(2002), 「함석헌의 같이 살기 운동」, 〈씨올의 소리〉, 통권 164호: 83~99쪽.
김영호(2004), 「함석헌의 비폭력 평화정신」, 〈씨올의 소리〉, 통권 177호: 39~62쪽.
김영호(2009), 「'함석헌저작집' 발간에 부치는 말」, 『들사람 얼』, 함석헌저작집 1권, 한길사, 9~12쪽.
김영호(2016ㄱ), 『함석헌사상 깊이 읽기 2: 생각과 실천』, 한길사.
김영호(2016ㄴ), 『함석헌사상 깊이 읽기 3: 씨올·생명·평화』, 한길사.
김재현(2010), 「함석헌의 초기 사상형성에서 기독교와 사회주의」, 『시대와 철학』 21(1): 99~126쪽.
김정오(2008), 「사회적 교제: 우리는 일상에서 누구를 만나고 사귀는가」, 『일상생활의 사회학적 이해』, 박재환, 일상성·일상생활연구회 엮음, 한울아카데미, 269~301쪽.
김지하(2002), 『김지하 전집 1: 철학사상』, 실천문학사.
김진(2001), 「함석헌의 생애와 사상」, 『이용도, 김재준, 함석헌 탄신 백주년 특집 논문집』, 한국문화신학회 제5집: 263~288쪽. 한들출판사.
김호기(2007), 『한국 시민사회의 성찰』, 아르케.
남궁협(2015), 「한국 언론자유의 위기와 '자유'의 의미에 대한 성찰: 함석헌의 씨올사상 조명」, 『사회사상과 문화』, 제18권 2호: 159~198쪽.
노명식(1989), 「함석헌의 고난사관」, 〈씨올의 소리〉, 제100호: 36~45쪽.
노명식(2002), 「서론」, 『함석헌 다시 읽기』, 노명식 엮음, 인간과 자연사, 12~25쪽.
로랑, 알랭(2001), 『개인주의의 역사』, 김용민 옮김, 한길사(Alain Laurent, 1993, *Histoire de l'individualisme*).
문지영(2006), 「1970년대 민주화운동 이념 연구: 함석헌의 저항담론을 중심으로」, 연세대학교 사회과학연구소), 『사회과학논집』 37(1): 1~27쪽.
문지영(2013), 「함석헌의 정치사상: 전통과 근대, 동양과 서양의 이분법적 대립을 넘어서」, 『민주주의와 인권』, 제13권 1호: 49~78쪽.
박노자(2007), 「함석헌: 국가주의를 극복해 나가는 길」, 〈씨올의 소리〉, 제197호: 64~83쪽.
박재순(1989), 「함석헌의 씨올사상」, 〈씨올의 소리〉, 제105호: 127~138쪽.
박재순(2001), 「씨올사상의 핵심: '스스로 함', '맞섬', '서로 울림'」, 『함석헌 사상을 찾아서』, 함석헌기념사업회 엮음, 삼인, 101~122쪽.
박재순(2003), 「함석헌의 민주정신」, 〈씨올의 소리〉, 제171호: 71~90쪽.
박재순(2005), 「'함석헌의 뜻으로 본 세계역사'를 읽고」, 〈씨올의 소리〉, 제183호: 54~57쪽.
박재순(2009), 「동아시아와 함석헌의 평화사상」, 『일본사상』, 제16호: 21~53쪽.
박재순(2010), 「씨올사상의 역사적 맥락과 철학적 성격: 이승훈, 유영모, 함석헌을 중심으로」, 『생각하는 백성이라야 산다: 유영모·함석헌의 철학과 사상』, 씨올사상연구소 편, 나녹. 14~52쪽.
박재순(2013), 『함석헌 씨올사상』, 가난공동체생명배달학당 엮음, 제정구기념사업회.
박재순(2014), 「함석헌의 역사 인식에 대한 오해와 바른 이해」, 『기독교사상』, 제668호: 42~49쪽.
박재환(2004), 「현대 한국인의 생활원리」, 『현대 한국사회의 일상문화 코드』, 박재환, 일상성·일상생활연구회 엮음, 한울아카데미. 13~67쪽.
배동인(1992), 「시민사회의 개념: 사상사적 접근」, 『한국의 국가와 시민사회』, 한국사회학회·한국정치학회 엮음, 한울, 35~61쪽.
백욱인(1995), 「시민운동이냐 민중운동(론)이냐」, 『시민사회와 시민운동』, 유팔무·김호기 엮음, 한울, 205~211쪽.
벡, 울리히(1998), 「정치의 재창조: 성찰적 근대화 이론을 향해」, 『성찰적 근대화』, 앤소니 기든스·울리히 벡·스콧 래쉬 지음. 임현진·정일준 옮김. 한울, 21~89쪽 (U. Beck·A. Giddens·S. Lash, 1994. *Reflexive Modernization*).
샤르댕, 테야르 드(1997), 『인간현상』, 양명수 옮김. 한길사 (P. T. de Chardin, 1955. *Le Phénomène Humain*).
셸러, 막스(1998), 『윤리학에서 형식주의와 실질적 가치윤리학』, 이을상 외 옮김. 서광사 (M. Scheler, 1980. *Der Formalismus in der Ethik und die Materiale Wertethik*).
셸러, 막스(2011), 『지식의 형태와 사회』, 정영도·이을상 옮김. 한길사 (M. Scheler, 1926. *Die Wissensformen und die Gesellschaft*).
손호철(2001), 「김성국 교수에 대한 반론: 자본인가, 국가인가?」, 『시민사회와 시민운동 2: 새로운 지평의 탐색』, 유팔무·김정훈 편, 한울, 105~122쪽.

안병무(1976), 「함석헌의 평화사상」, 『현대 평화사상의 이해』, 최상용 편, 한길사, 363~392쪽.

안병무(2001), 「씨올과 평화사상」, 『함석헌 사상을 찾아서』, 함석헌기념사업회 엮음, 삼인. 53~78쪽.

이규성(2006), 「심정과 자유의 철학」, 『시대와 철학』, 제17권 1호: 245~290쪽.

이규성(2010), 「내면의 정치학: 함석헌의 정치사상」, 『생각하는 백성이라야 산다.』, 씨올사상연구소 편, 강지연·김명수 외 지음. 나녹. 333~351쪽.

이만열(1991), 「한 역사학도에게 비친 함석헌 선생」, 〈씨올의 소리〉, 제121호: 66~77쪽.

이샤이(2005), 『세계인권사상사』, 조효제 옮김. 도서출판 길 (M. Ishay, 2004. *The History of Human Rights*).

이선미(2006), 「'능동적 시민'과 차이의 정치」, 『한국여성학』, 22(1): 147~183쪽.

이세영(2001), 「우리시대의 고전 -선정도서 2차분」, 〈교수신문〉, 2001년 8월 13일.

이태영(1965), 「낡은 붓은 꺾어야 한다: 함석헌씨류의 창백한 지성인들에게」, 『세대』, 제24호: 132~139쪽. 세대사.

이향순(2000), 「행동하는 시민과 시민사회」, 『월간 참여사회』, 2000년 6월 호.

이황직(2001), 「근대 한국의 윤리적 개인주의 사상과 문학에 관한 연구: 정인보, 함석헌, 백석, 윤동주를 중심으로」, 연세대학교 대학원 사회학과 박사학위논문.

이황직(2003), 「일제말 종교계의 개혁적 신정론 연구: 정인보와 함석헌을 중심으로」, 『한국사회학』, 37(1): 143~170쪽.

정수복(1996), 「한국인의 모임」, 『한국인의 일상문화』, 일상문화연구회 엮음, 한울, 47~76쪽.

정수복(2002), 『시민의식과 시민참여』, 아르케.

정지석(2004), 「함석헌의 평화사상: 반전 평화주의」, 〈씨올의 소리〉, 제176호: 50~68쪽.

정지석(2006), 「함석헌의 민중사상과 민중신학」, 『신학사상』, 제134집: 101~133쪽.

조광(2003), 「1930년대 함석헌의 역사 인식과 한국사 이해」, 『한국사상사학』, 제21집: 507~547쪽.

조영재(2006), 「전자민주주의: 논쟁, 현실, 전망」, 『민주주의 대 민주주의』, 주성수·정상호 편, 아르케, 155~179쪽.

케비어(1994), 『안토니오 그람시의 시민사회』, 이철규 옮김, 백의 (S. Kebir[1991], *Antonio Gramscis Zivilgesellschaft*).

킨(1991), 「시민사회와 국가행위의 한계」, 윤민재 옮김, 『마르크스주의와 민주주의』, 한상진 편, 사회문화연구소, 220~246쪽 (J. Keane, 1988. *Democracy and Civil*

Society).

퍼트남(2000), 『사회적 자본과 민주주의』, 안청시 외 옮김, 박영사 (R. D. Putnam, 1994. *Making Democracy Work*).

하승우(2008ㄱ), 「한국 풀뿌리민주주의의 사상적 기원에 관한 고찰」, 『기억과 전망』, 제18호: 40~72쪽.

하승우(2008ㄴ), 『아나키즘』, 책세상.

한상진(1991), 『중민이론의 탐색』, 문학과지성사.

한완상(1978), 『민중과 지식인』, 정우사.

함석헌(1930), 「프로테스탄트의 정신」, 『먼저 그 의를 구하라』, 함석헌저작집 18권, 한길사, 151~162쪽.

함석헌(1936), 「무교회」, 『먼저 그 의를 구하라』, 함석헌저작집 18권, 한길사, 199~218쪽.

함석헌(1940), 「코이노니아」, 『먼저 그 의를 구하라』, 함석헌저작집 18권, 한길사, 299~309쪽.

함석헌(1950ㄱ), 「『성서적 입장에서 본 조선역사』 머리말」, 함석헌저작집 30권, 한길사, 13~16쪽.

함석헌(1950ㄴ), 「제2의 종교개혁」, 『영원의 뱃길』, 함석헌저작집 19권, 한길사, 139~168쪽.

함석헌(1953), 「살림살이」, 『들사람 얼』, 함석헌저작집 1권, 한길사, 73~100쪽.

함석헌(1954), 「기독교 교리에서 본 세계관」, 『성서적 입장에서 본 세계역사』, 함석헌저작집 17권, 한길사, 239~280쪽.

함석헌(1955ㄱ), 「속죄에 대해」, 『영원의 뱃길』, 함석헌저작집 19권, 한길사, 187~200쪽.

함석헌(1955ㄴ), 「새 시대의 종교」, 『새 시대의 종교』, 함석헌저작집 14권, 한길사, 15~76쪽.

함석헌(1956ㄱ), 「전쟁과 똥」, 『들사람 얼』, 함석헌저작집 1권, 한길사, 193~200쪽.

함석헌(1956ㄴ), 「한국의 기독교는 무엇을 하고 있는가」, 『한국 기독교는 무엇을 하려는가』, 함석헌저작집 16권, 한길사, 103~119쪽.

함석헌(1957ㄱ), 「할 말이 있다」, 『한국 기독교는 무엇을 하려는가』, 함석헌저작집 16권, 한길사, 121~136쪽.

함석헌(1957ㄴ), 「민중의 교육과 종교」, 『한국 기독교는 무엇을 하려는가』, 함석헌저작집 16권, 한길사, 329~334쪽.

함석헌(1957ㄷ), 「말씀 모임」, 『영원의 뱃길』, 함석헌저작집 19권, 한길사, 237~254쪽.

함석헌(1957ㄹ), 「윤형중 신부에게는 할 말이 없다」, 『한국 기독교는 무엇을 하려는가』,

함석헌저작집 16권, 한길사, 137~166쪽.
함석헌(1958ㄱ), 「생각하는 백성이라야 산다」, 『생각하는 백성이라야 산다』, 함석헌저작집 5권, 한길사, 101~116쪽.
함석헌(1958ㄴ), 「「생각하는 백성이라야 산다」를 풀어 밝힌다」, 『생각하는 백성이라야 산다』, 함석헌저작집 5권, 한길사, 117~127쪽.
함석헌(1958ㄷ), 「사자냐 아메바냐」, 『한국 기독교는 무엇을 하려는가』, 함석헌저작집 16권, 한길사, 185~208쪽.
함석헌(1959ㄱ), 「청년교사에게 말한다」, 『새 나라 꿈틀거림』, 함석헌저작집 3권, 한길사, 313~330쪽.
함석헌(1959ㄴ), 「새 윤리」, 『새 나라 꿈틀거림』, 함석헌저작집 3권, 한길사, 15~61쪽.
함석헌(1959ㄷ), 「겨울이 만일 온다면」, 『죽을 때까지 이 걸음으로』, 함석헌저작집 6권, 한길사, 139~152쪽.
함석헌(1959ㄹ), 「사상과 실천」, 『들사람 얼』, 함석헌저작집 1권, 한길사, 45~58쪽.
함석헌(1959ㅁ), 「평화적 공존은 가능한가」, 『평화운동을 일으키자』, 함석헌저작집 12권, 한길사, 15~31쪽.
함석헌(1959ㅂ), 「새 교육」, 『새 나라 꿈틀거림』, 함석헌저작집 3권, 한길사, 229~262쪽.
함석헌(1959ㅅ), 「때는 다가오고 있다」, 『들사람 얼』, 함석헌저작집 1권, 한길사, 213~226쪽.
함석헌(1959ㅇ), 「씨올의 설움」, 『죽을 때까지 이 걸음으로』, 함석헌저작집 6권, 한길사, 77~104쪽.
함석헌(1959ㅈ), 「백두산 호랑이」, 『죽을 때까지 이 걸음으로』, 함석헌저작집 6권, 한길사, 179~198쪽.
함석헌(1959ㅊ), 「정치와 종교」, 『인간 혁명』, 함석헌저작집 2권, 한길사, 81~93쪽.
함석헌(1959ㅋ), 「38선을 넘나들어」, 『죽을 때까지 이 걸음으로』, 함석헌저작집 6권, 한길사, 49~75쪽.
함석헌(1961ㄱ), 「인간 혁명」, 『인간 혁명』, 함석헌저작집 2권, 한길사, 15~80쪽.
함석헌(1961ㄴ), 「민족통일의 종교」, 『한국 기독교는 무엇을 하려는가』, 함석헌저작집 16권, 한길사, 311~328쪽.
함석헌(1961ㄷ), 「생활철학」, 『우리 민족의 이상』, 함석헌저작집 13권, 한길사, 29~95쪽.
함석헌(1961ㄹ), 「국민감정과 혁명완수」, 『인간 혁명』, 함석헌저작집 2권, 한길사, 139~160쪽.
함석헌(1961ㅁ), 「들사람 얼」, 『들사람 얼』, 함석헌저작집 1권, 한길사, 19~43쪽.
함석헌(1961ㅂ), 「한 나라의 갈 길」, 『평화운동을 일으키자』, 함석헌저작집 12권, 한길사, 83~90쪽.
함석헌(1961ㅅ), 「새 나라 꿈틀거림」, 『새 나라 꿈틀거림』, 함석헌저작집 3권, 한길사, 63~142쪽.
함석헌(1961ㅇ), 「간디의 길」, 『오늘 다시 그리워지는 사람들』, 함석헌저작집 10권, 한길사, 79~87쪽.
함석헌(1961ㅈ), 「하나님에 대한 태도」, 『영원의 뱃길』, 함석헌저작집 19권, 한길사, 291~312쪽.
함석헌(1962ㄱ), 「우주인과 세계평화」, 『세계의 한길 위에서』, 함석헌저작집 11권, 한길사, 86~88쪽.
함석헌(1962ㄴ), 「아는 이 말하지 않고」, 『씨올의 옛글풀이』, 함석헌저작집 24권, 한길사, 197~209쪽.
함석헌(1962ㄷ), 「우리의 살 길」, 『들사람 얼』, 함석헌저작집 1권, 한길사, 233~242쪽.
함석헌(1962ㄹ), 「다시 혁명을 꿈꾸어야 한다」, 『세계의 한길 위에서』, 함석헌저작집 11권, 한길사, 51~53쪽.
함석헌(1962ㅁ), 「한민족이여, 더 넓은 곳으로 나아가라」, 『세계의 한길 위에서』, 함석헌저작집 11권, 한길사, 36~39쪽.
함석헌(1962ㅂ), 「사람 다스림과 하늘 섬김」, 『씨올의 옛글풀이』, 함석헌저작집 24권, 한길사, 221~226쪽.
함석헌(1963ㄱ), 「나는 왜 갑자기 돌아왔는가」, 『들사람 얼』, 함석헌저작집 1권, 한길사, 259~275쪽.
함석헌(1963ㄴ), 「우리 민족의 이상」, 『우리 민족의 이상』, 함석헌저작집 13권, 한길사, 97~125쪽.
함석헌(1963ㄷ), 「새 혁명」, 『민중이 정부를 다스려야 한다』, 함석헌저작집 4권, 한길사, 105~114쪽.
함석헌(1963ㄹ), 「구미를 다녀와서」, 『들사람 얼』, 함석헌저작집 1권, 한길사, 277~281쪽.
함석헌(1963ㅁ), 「호소」, 『평화운동을 일으키자』, 함석헌저작집 12권, 한길사, 119~148쪽.
함석헌(1963ㅂ), 「꿈틀거리는 백성이라야 산다」, 『민중이 정부를 다스려야 한다』, 함석헌저작집 4권, 한길사, 15~26쪽.
함석헌(1963ㅅ), 「3천만 앞에 울음으로 부르짖는다」, 『민중이 정부를 다스려야 한다』, 함석헌저작집 4권, 한길사, 165~185쪽.
함석헌(1963ㅇ), 「왜 말을 못 하게 하고 못 듣게 하나」, 『민중이 정부를 다스려야 한다』, 함석헌저작집 4권, 한길사, 135~144쪽.
함석헌(1963ㅈ), 「민중이 정부를 다스려야 한다」, 『민중이 정부를 다스려야 한다』, 함석헌저작집 4권, 한길사, 145~148쪽.
함석헌(1963ㅊ), 「한 발걸음 바로 앞에서」, 『민중이 정부를 다스려야 한다』, 함석헌저작집 4권, 한길사, 123~133쪽.
함석헌(1964ㄱ), 「새해의 말씀」, 『생각하는 백성이라야 산다』, 함석헌저작집 5권, 한길사, 265~296쪽.
함석헌(1964ㄴ), 「성서적 입장에서 본 세계역사」, 『성서적 입장에서 본 세계역사』, 함석헌저작집 17권, 한길사, 19~236쪽.
함석헌(1964ㄷ), 「우리는 알았다」, 『민중이 정부를 다스려야 한다』, 함석헌저작집 4권, 한길사, 149~163쪽.
함석헌(1964ㄹ), 「이 가난한 백성들을 위해」, 『하나님의 발길에 채여서』, 함석헌저작집 7권, 한길사, 221~233쪽.
함석헌(1964ㅁ), 「한국은 어디로 가는가 1」, 『새 나라 꿈틀거림』, 함석헌저작집 3권, 한길사, 149~162쪽.
함석헌(1964ㅂ), 「역사와 민족」, 『성서적 입장에서 본 세계역사』, 함석헌저작집 17권, 한길사, 13~16쪽.
함석헌(1965ㄱ), 『뜻으로 본 한국역사』, 함석헌저작집 30권, 한길사.
함석헌(1965ㄴ), 「싸움은 이제부터」, 『민중이 정부를 다스려야 한다』, 함석헌저작집 4권, 한길사, 61~72쪽.
함석헌(1965ㄷ), 「비폭력혁명」, 『인간 혁명』, 함석헌저작집 2권, 한길사, 161~181쪽.
함석헌(1966ㄱ), 「대중과 종교」, 『한국 기독교는 무엇을 하려는가』, 함석헌저작집 16권, 한길사, 299~310쪽.
함석헌(1966ㄴ), 「조국암행기」, 『들사람 얼』, 함석헌저작집 1권, 한길사, 283~292쪽.
함석헌(1966ㄷ), 「우리 역사와 민족의 생활신념」, 『들사람 얼』, 함석헌저작집 1권, 한길사, 171~183쪽.
함석헌(1966ㄹ), 「레지스탕스」, 『인간 혁명』, 함석헌저작집 2권, 한길사, 117~130쪽.
함석헌(1967ㄱ), 「뜻으로 본 한국의 오늘」, 『들사람 얼』, 함석헌저작집 1권, 한길사, 201~211쪽.
함석헌(1967ㄴ), 「저항의 철학」, 『인간 혁명』, 함석헌저작집 2권, 한길사, 109~116쪽.
함석헌(1968ㄱ), 「평화문제에 대해」, 『평화운동을 일으키자』, 함석헌저작집 12권, 한길사, 33~36쪽.
함석헌(1968ㄴ), 「혁명의 철학」, 『인간 혁명』, 함석헌저작집 2권, 한길사, 131~138쪽.
함석헌(1968ㄷ), 「국제협력의 도전」, 『인생의 시』, 함석헌저작집 20권, 한길사, 263~267쪽.
함석헌(1968ㄹ), 「대화를 통한 평화」, 『인생의 시』, 함석헌저작집 20권, 한길사, 257~261쪽.

함석헌(1968ㅁ), 「평화문제에 대해」, 『평화운동을 일으키자』, 함석헌저작집 12권, 한길사, 33~36쪽.
함석헌(1968ㅂ), 「혁명의 철학」, 『인간 혁명』, 함석헌저작집 2권, 한길사, 131~138쪽.
함석헌(1968ㅅ), 「남한산성」, 『들사람 얼』, 함석헌저작집 1권, 한길사, 293~303쪽.
함석헌(1968ㅇ), 「행주산성」, 『들사람 얼』, 함석헌저작집 1권, 한길사, 305~316쪽.
함석헌(1969), 「현대사의 조명탄 간디」, 『오늘 다시 그리워지는 사람들』, 함석헌저작집 10권, 한길사, 89~94쪽.
함석헌(1970ㄱ), 「민족, 하나의 인격적 존재」, 『성서적 입장에서 본 세계역사』, 함석헌저작집 17권, 한길사, 281~287쪽.
함석헌(1970ㄴ), 「종교에 내린 사명」, 『세계의 한길 위에서』, 함석헌저작집 11권, 한길사, 132~137쪽.
함석헌(1970ㄷ), 「썩어지는 씨ᄋᆞᆯ이라야 산다」, 『생각하는 백성이라야 산다』, 함석헌저작집 5권, 한길사, 167~179쪽.
함석헌(1970ㄹ), 「하나가 된 전체에만 진리가 있다」, 『세계의 한길 위에서』, 함석헌저작집 11권, 한길사, 109~110쪽.
함석헌(1970ㅁ), 「씨ᄋᆞᆯ의 소리」, 『인간 혁명』, 함석헌저작집 2권, 한길사, 289~297쪽.
함석헌(1970ㅂ), 「내나라는 여기 있지 않다」, 『세계의 한길 위에서』, 함석헌저작집 11권, 한길사, 138~144쪽.
함석헌(1970ㅅ), 「새로워지는 세계역사」, 『세계의 한길 위에서』, 함석헌저작집 11권, 한길사, 128~131쪽.
함석헌(1970ㅇ), 「나는 왜 〈씨ᄋᆞᆯ의 소리〉를 내나」, 『인간 혁명』, 함석헌저작집 2권, 한길사, 271~287쪽.
함석헌(1970ㅈ), 「어떻게 새로워질 것인가」, 『한국기독교는 무엇을 하려는가』, 함석헌저작집 16권, 한길사, 77~85쪽.
함석헌(1970ㅊ), 「ᄋᆞᆯ」, 『인간 혁명』, 함석헌저작집 2권, 한길사, 269~270쪽.
함석헌(1970ㅋ), 「씨ᄋᆞᆯ」, 『인간 혁명』, 함석헌저작집 2권, 한길사, 263~268쪽.
함석헌(1970ㅌ), 「사사오입」, 『생각하는 백성이라야 산다』, 함석헌저작집 5권, 한길사, 223~232쪽.
함석헌(1970ㅍ), 「미래를 건져가는 종교, 퀘이커」, 『퀘이커 300년』, 하워드 브린턴 씀. 함석헌 옮김. 함석헌저작집 26권, 한길사, 345~352쪽.
함석헌(1970ㅎ), 「하나님의 발길에 채여서 2」, 『하나님의 발길에 채여서』, 함석헌저작집 7권, 한길사, 41~56쪽.
함석헌(1970ㄲ), 「씨ᄋᆞᆯ의 울음」, 『인간 혁명』, 함석헌저작집 2권, 한길사, 301~306쪽.
함석헌(1970ㄸ), 「속힘이 있는 나라, 영국」, 『세계의 한길 위에서』, 함석헌저작집 11권, 한길사, 111~113쪽.

함석헌(1971ㄱ), 「새 역사로의 도약」, 『성서적 입장에서 본 세계역사』, 함석헌저작집 17권, 한길사, 289~299쪽.
함석헌(1971ㄴ), 「전태일을 살려라」, 『평화운동을 일으키자』, 함석헌저작집 12권, 한길사, 159~166쪽.
함석헌(1971ㄷ), 「역시 씨올밖에 없습니다」, 『씨올에게 보내는 편지 1』, 함석헌저작집 8권, 한길사, 37~46쪽.
함석헌(1971ㄹ), 「유럽의 발달은 자유정신 아래서」, 『세계의 한길 위에서』, 함석헌저작집 11권, 한길사, 175~183쪽.
함석헌(1971ㅁ), 「한국의 기독교는 무엇을 하려는가」, 『한국 기독교는 무엇을 하려는가』, 함석헌저작집 16권, 한길사, 167~183쪽.
함석헌(1971ㅂ), 「한 사람」, 『씨올의 옛글풀이』, 함석헌저작집 24권, 한길사, 455~464쪽.
함석헌(1971ㅅ), 「우리나라의 살 길」, 『새 나라 꿈틀거림』, 함석헌저작집 3권, 한길사, 171~189쪽.
함석헌(1971ㅇ), 「비상사태에 대하는 우리의 각오」, 『민중이 정부를 다스려야 한다』, 함석헌저작집 4권, 한길사, 207~230쪽.
함석헌(1971ㅈ), 「십자가에 달리는 한국」, 『생각하는 백성이라야 산다』, 함석헌저작집 5권, 한길사, 59~70쪽.
함석헌(1971ㅊ), 「문명의 원동력은 어디서 나옵니까」, 『세계의 한길 위에서』, 함석헌저작집 11권, 한길사, 165~174쪽.
함석헌(1971ㅋ), 「종교적 모임」, 『펜들힐의 명상』, 함석헌저작집 15권, 한길사, 267~270쪽.
함석헌(1971ㅌ), 「군인정치 10년을 돌아본다」, 『민중이 정부를 다스려야 한다』, 함석헌저작집 4권, 한길사, 233~265쪽.
함석헌(1971ㅍ), 「북한 동포에게 보내는 편지」, 『생각하는 백성이라야 산다』, 함석헌저작집 5권, 한길사, 139~151쪽.
함석헌(1971ㅎ), 「첫 가을 소식」, 『씨올에게 보내는 편지 1』, 함석헌저작집 8권, 한길사, 27~36쪽.
함석헌(1971ㄲ), 「현대의 고민」, 『인간 혁명』, 함석헌저작집 2권, 한길사, 227~241쪽.
함석헌(1971ㄸ), 「내가 겪은 신의주 학생 사건」, 『죽을 때까지 이 걸음으로』, 함석헌저작집 6권, 한길사, 311~331쪽.
함석헌(1972ㄱ), 「미국 속의 한국이 부끄럽습니다」, 『세계의 한길 위에서』, 함석헌저작집 11권, 한길사, 208~219쪽.
함석헌(1972ㄴ), 「세계평화의 길」, 『평화운동을 일으키자』, 함석헌저작집 12권, 한길사, 37~55쪽.

함석헌(1972ㄷ), 「평화운동을 일으키자」, 『평화운동을 일으키자』, 함석헌저작집 12권, 한길사, 57~82쪽.
함석헌(1972ㄹ), 「앞을 내다보자」, 『민중이 정부를 다스려야 한다』, 함석헌저작집 4권, 한길사, 267~293쪽.
함석헌(1972ㅁ), 「3·1운동의 현재적 전개」, 『생각하는 백성이라야 산다』, 함석헌저작집 5권, 한길사, 27~36쪽.
함석헌(1972ㅂ), 「화이부동」, 『씨ᄋᆞᆯ에게 보내는 편지 1』, 함석헌저작집 8권, 한길사, 75~76쪽.
함석헌(1972ㅅ), 「5천만 동포 앞에 눈물로 부르짖는 말」, 『생각하는 백성이라야 산다』, 함석헌저작집 5권, 한길사, 153~166쪽.
함석헌(1972ㅇ), 「역사는 하나님의 뜻이다」, 『세계의 한길 위에서』, 함석헌저작집 11권, 한길사, 235~245쪽.
함석헌(1972ㅈ), 「삶의 고마움」, 『씨ᄋᆞᆯ에게 보내는 편지 1』, 함석헌저작집 8권, 한길사, 81~85쪽.
함석헌(1972ㅊ), 「민족노선의 반성과 새 진로」, 『생각하는 백성이라야 산다』, 함석헌저작집 5권, 한길사, 71~99쪽.
함석헌(1972ㅋ), 「비약의 새해」, 『씨ᄋᆞᆯ에게 보내는 편지 1』, 함석헌저작집 8권, 한길사, 47~52쪽.
함석헌(1972ㅌ), 「같이 살기 운동을 일으키자」, 『새 나라 꿈틀거림』, 함석헌저작집 3권, 한길사, 191~216쪽.
함석헌(1972ㅍ), 「같이 살기 운동의 알파 오메가」, 『씨ᄋᆞᆯ에게 보내는 편지 1』, 함석헌저작집 8권, 한길사, 73~74쪽.
함석헌(1972ㅎ), 「우직」, 『씨ᄋᆞᆯ에게 보내는 편지 1』, 함석헌저작집 8권, 한길사, 65~68쪽.
함석헌(1972ㄲ), 「생각하는 씨ᄋᆞᆯ이라야 산다」, 『씨ᄋᆞᆯ에게 보내는 편지 1』, 함석헌저작집 8권, 한길사, 77~80쪽.
함석헌(1973ㄱ), 「참 목자의 모습」, 『한국 기독교는 무엇을 하려는가』, 함석헌저작집 16권, 한길사, 229~242쪽.
함석헌(1973ㄴ), 「정치와 미신」, 『씨ᄋᆞᆯ에게 보내는 편지 1』, 함석헌저작집 8권, 한길사, 121~130쪽.
함석헌(1973ㄷ), 「내가 맞은 8·15」, 『죽을 때까지 이 걸음으로』, 함석헌저작집 6권, 한길사, 297~310쪽.
함석헌(1973ㄹ), 「마지막까지 버티는 것이 씨ᄋᆞᆯ이다」, 『씨ᄋᆞᆯ에게 보내는 편지 1』, 함석헌저작집 8권, 한길사, 93~97쪽.
함석헌(1973ㅁ), 「가다 말고 돌아오다」, 『세계의 한길 위에서』, 함석헌저작집 11권, 한길사, 256~263쪽.

함석헌(1973ㅂ), 「내가 겪은 관동대지진」, 『죽을 때까지 이 걸음으로』, 함석헌저작집 6권, 한길사, 255~296쪽.

함석헌(1973ㅅ), 「서풍의 소리」, 『하나님의 발길에 채여서』, 함석헌저작집 7권, 한길사, 119~131쪽.

함석헌(1973ㅇ), 「교육에서 반성돼야 하는 몇 가지 문제」, 『새 나라 꿈틀거림』, 함석헌저작집 3권, 한길사, 281~294쪽.

함석헌(1973ㅈ), 「젊은 세대에게 주는 말」, 『새 나라 꿈틀거림』, 함석헌저작집 3권, 한길사, 295~311쪽.

함석헌(1974ㄱ), 「우물 안 개구리」, 『씨ᄋᆞᆯ에게 보내는 편지 1』, 함석헌저작집 8권, 한길사, 201~208쪽.

함석헌(1974ㄴ), 「잊을 것 못 잊을 것」, 『씨ᄋᆞᆯ에게 보내는 편지 1』, 함석헌저작집 8권, 한길사, 229~238쪽.

함석헌(1974ㄷ), 「이름도 없는 사람들」, 『씨ᄋᆞᆯ에게 보내는 편지 1』, 함석헌저작집 8권, 한길사, 175~183쪽.

함석헌(1974ㄹ), 「우리는 결국엔 이기고야 만다」, 『씨ᄋᆞᆯ에게 보내는 편지 1』, 함석헌저작집 8권, 한길사, 221~228쪽.

함석헌(1974ㅁ), 「모산야우」, 『씨ᄋᆞᆯ에게 보내는 편지 1』, 함석헌저작집 8권, 한길사, 209~220쪽.

함석헌(1975ㄱ), 「국필자벌이후 인벌지(國必自伐而後 人伐之)」, 『씨ᄋᆞᆯ에게 보내는 편지 1』, 함석헌저작집 8권, 한길사, 279~289쪽.

함석헌(1975ㄴ), 「살아나기 위해 죽는 4월」, 『씨ᄋᆞᆯ에게 보내는 편지 1』, 함석헌저작집 8권, 한길사, 267~277쪽.

함석헌(1975ㄷ), 「씨ᄋᆞᆯ의 심판」, 『씨ᄋᆞᆯ에게 보내는 편지 1』, 함석헌저작집 8권, 한길사, 241~257쪽.

함석헌(1975ㄹ), 「절망 속의 희망」, 『하나님의 발길에 채여서』, 함석헌저작집 7권, 한길사, 163~173쪽.

함석헌(1976ㄱ), 「크리스마스 선물」, 『씨ᄋᆞᆯ에게 보내는 편지 2』, 함석헌저작집 9권, 한길사, 101~106쪽.

함석헌(1976ㄴ), 「쭈그렁밤송이의 한숨」, 『씨ᄋᆞᆯ에게 보내는 편지 2』, 함석헌저작집 9권, 한길사, 93~100쪽.

함석헌(1976ㄷ), 「순례의 할아버지들」, 『하나님의 발길에 채여서』, 함석헌저작집 7권, 한길사, 235~246쪽.

함석헌(1976ㄹ), 「세계구원의 꿈」, 『인생의 시』, 함석헌저작집 20권, 한길사, 281~300쪽.

함석헌(1976ㅁ), 「누가 이 참의 바통을 받을 것인가」, 『새 시대의 종교』, 함석헌저작집 14권, 한길사, 77~96쪽.

함석헌(1976ㅂ), 「우리의 내세우는 것」, 〈씨올의 소리〉, 제50호. 2쪽.

함석헌(1977ㄱ), 「평안은 없다」, 『씨올에게 보내는 편지 2』, 함석헌저작집 9권, 한길사, 143~147쪽.

함석헌(1977ㄴ), 「사람노릇·나라노릇·마음대로·뜻대로」, 『하나님의 발길에 채여서』, 함석헌저작집 7권, 한길사, 183~195쪽.

함석헌(1977ㄷ), 「한국 기독교의 오늘날 설 자리」, 『한국 기독교는 무엇을 하려는가』, 함석헌저작집 16권, 한길사, 209~225쪽.

함석헌(1977ㄹ), 「늙은이의 옛날 이야기」, 『우리 민족의 이상』, 함석헌저작집 13권, 한길사, 295~304쪽.

함석헌(1977ㅁ), 「고난받는 형제들을 위해」, 『새 시대의 종교』, 함석헌저작집 14권, 한길사, 291~311쪽.

함석헌(1977ㅂ), 「병신자식을 낳은 마음」, 『씨올에게 보내는 편지 2』, 함석헌저작집 9권, 한길사, 155~164쪽.

함석헌(1977ㅅ), 「자연에 배우자」, 『씨올에게 보내는 편지 2』, 함석헌저작집 9권, 한길사, 165~171쪽.

함석헌(1978ㄱ), 「역사 속의 민족관」, 『우리 민족의 이상』, 함석헌저작집 13권, 한길사, 129~150쪽.

함석헌(1978ㄴ), 「끝없는 깜부기」, 『한국 기독교는 무엇을 하려는가』, 함석헌저작집 16권, 한길사, 243~252쪽.

함석헌(1978ㄷ), 「사랑의 빚」, 『씨올에게 보내는 편지 2』, 함석헌저작집 9권, 한길사, 193~205쪽.

함석헌(1978ㄹ), 「'북괴'는 물러가라」, 『씨올에게 보내는 편지 2』, 함석헌저작집 9권, 한길사, 215~218쪽.

함석헌(1978ㅁ), 「가이사의 것은 가이사에게 하나님의 것은 하나님에게」, 『씨올에게 보내는 편지 2』, 함석헌저작집 9권, 한길사, 233~236쪽.

함석헌(1978ㅂ), 「내가 불교인에게 바라는 것」, 『하나님의 발길에 채여서』, 함석헌저작집 7권, 한길사, 207~214쪽.

함석헌(1978ㅅ), 「예수의 비폭력 투쟁」, 『한국기독교는 무엇을 하려는가』, 함석헌저작집 16권, 한길사, 15~26쪽.

함석헌(1979ㄱ), 「잔디에 들어가라는 나라」, 『세계의 한길 위에서』, 함석헌저작집 11권, 한길사, 311~313쪽.

함석헌(1979ㄴ), 「우리가 어찌할꼬」, 『한국 기독교는 무엇을 하려는가』, 함석헌저작집 16권, 한길사, 87~100쪽.

함석헌(1979ㄷ), 「내 백성을 위로하라」, 『두려워 말고 외치라』, 함석헌저작집 21권, 한길사, 15~47쪽.

함석헌(1979ㄹ), 「흩어져야 참 씨올이 된다」, 『세계의 한길 위에서』, 함석헌저작집 11권, 한길사, 336~338쪽.

함석헌(1979ㅁ), 「넓은 땅으로 나아가자」, 『세계의 한길 위에서』, 함석헌저작집 11권, 한길사, 346~348쪽.

함석헌(1979ㅂ), 「어진 이, 천하에 맞설 자 없다」, 『세계의 한길 위에서』, 함석헌저작집 11권, 한길사, 326~328쪽.

함석헌(1979ㅅ), 「두려워 말고 외치라」, 『두려워 말고 외치라』, 함석헌저작집 21권, 한길사, 49~83쪽.

함석헌(1979ㅇ), 「개전의 정」, 『씨올에게 보내는 편지 2』, 함석헌저작집 9권, 한길사, 288~289쪽.

함석헌(1979ㅈ), 「3·1 운동과 기독교 신앙」, 『한국 기독교는 무엇을 하려는가』, 함석헌저작집 16권, 한길사, 285~290쪽.

함석헌(1979ㅊ), 「부활의 4월과 씨올의 교육」, 『씨올에게 보내는 편지 2』, 함석헌저작집 9권, 한길사, 269~276쪽.

함석헌(1979ㅋ), 「남강 선생님 영 앞에」, 『오늘 다시 그리워지는 사람들』, 함석헌저작집 10권, 한길사, 203~219쪽.

함석헌(1979ㅌ), 「법은 묘사지적」, 『씨올에게 보내는 편지 2』, 함석헌저작집 9권, 한길사, 281~285쪽.

함석헌(1979ㅍ), 「고국에 보내는 편지」, 『세계의 한길 위에서』, 함석헌저작집 11권, 한길사, 346~348쪽.

함석헌(1979ㅎ), 「약한 것이 아름답다」, 『세계의 한길 위에서』, 함석헌저작집 11권, 한길사, 349~351쪽.

함석헌(1979ㄲ), 「너는 혼자가 아니다」, 『세계의 한길 위에서』, 함석헌저작집 11권, 한길사, 304~306쪽.

함석헌(1980ㄱ), 「시대의 낌새를 뚫어보는 지혜」, 『영원의 뱃길』, 함석헌저작집 19권, 한길사, 273~286쪽.

함석헌(1980ㄴ), 「복권, 한길사」, 『씨올에게 보내는 편지 2』, 함석헌저작집 9권, 한길사, 307~314쪽.

함석헌(1980ㄷ), 「오늘 우리에게 4·19는 무엇인가」, 『평화운동을 일으키자』, 함석헌저작집 12권, 한길사, 213~231쪽.

함석헌(1980ㄹ), 「민족적 비전을 기르라」, 『씨올에게 보내는 편지 2』, 함석헌저작집 9권, 한길사, 299~306쪽.

함석헌(1980ㅁ), 「같이살기 꿈틀거림을 부른다」, 『씨올에게 보내는 편지 2』, 함석헌저작집 9권, 한길사, 319~329쪽.

함석헌(1980ㅂ), 「치인사천막약색(治人事天莫若嗇)」, 『씨올에게 보내는 편지 2』, 함석헌저작집 9권, 한길사, 325~329쪽.

함석헌(1981ㄱ), 「내면의 예수」, 『두려워 말고 외치라』, 함석헌저작집 21권, 한길사, 171~211쪽.

함석헌(1981ㄴ), 「이제, 죽어도 좋다」, 『두려워 말고 외치라』, 함석헌저작집 21권, 한길사, 131~167쪽.

함석헌(1981ㄷ), 「태초에 말씀이 있었다」, 『두려워 말고 외치라』, 함석헌저작집 21권, 한길사, 213~247쪽.

함석헌(1981ㄹ), 「수난의 메시아」, 『두려워 말고 외치라』, 함석헌저작집 21권, 한길사, 111~130쪽.

함석헌(1982ㄱ), 「믿음의 내면화」, 『한국 기독교는 무엇을 하려는가』, 함석헌저작집 16권, 한길사, 27~76쪽.

함석헌(1982ㄴ), 「세상의 빛」, 『두려워 말고 외치라』, 함석헌저작집 21권, 한길사, 267~325쪽.

함석헌(1983ㄱ), 「큰 도둑 작은 도둑」, 『평화운동을 일으키자』, 함석헌저작집 12권, 한길사, 277~284쪽.

함석헌(1983ㄴ), 「이제 여기서 이대로」, 『펜들힐의 명상』, 함석헌저작집 15권, 한길사, 63~94쪽.

함석헌(1984), 「배고픈 사람은 없어졌다지만」, 『펜들힐의 명상』, 함석헌저작집 15권, 한길사, 165~167쪽.

함석헌(1985), 「역사의 원점을 찾아서」, 『새 시대의 종교』, 함석헌저작집 14권, 한길사, 157~214쪽.

함석헌(1986ㄱ), 「아직도 못다 한 말」, 『하나님의 발길에 채여서』, 함석헌저작집 7권, 한길사, 197~205쪽.

함석헌(1986ㄴ), 「평상시에 길러두는 정신 있어야」, 『펜들힐의 명상』, 함석헌저작집 15권, 한길사, 237~240쪽.

함석헌(1986ㄷ), 「한국의 민중운동과 나의 걸어온 길」, 『우리 민족의 이상』, 함석헌저작집 13권, 한길사, 223~232쪽.

함석헌(1986ㄹ), 「한민족과 평화」, 『들사람 얼』, 함석헌저작집 1권, 한길사, 243~255쪽.

함석헌(1987), 「정치·사회적 풍토와 폭력」, 『민중이 정부를 다스려야 한다』, 함석헌저작집 4권, 한길사, 313~325쪽.

함석헌(1989ㄱ), 「참 해방」, 『우리 민족의 이상』, 함석헌저작집 13권, 한길사, 183~219쪽.

함석헌(1989ㄴ), 「씨올과 새 역사의 지평」, 『평화운동을 일으키자』, 함석헌저작집 12권, 한길사, 233~276쪽.
함석헌(1989ㄷ), 「웃으면서 싸워봅시다」, 『평화운동을 일으키자』, 함석헌저작집 12권, 한길사, 167~210쪽.
함석헌(1989ㄹ), 「역사 속에서 씨올의 위치와 역할」, 『우리 민족의 이상』, 함석헌저작집 13권, 한길사, 151~181쪽.
함석헌(1989ㅁ), 「새 세대에게 주는 말」, 『평화운동을 일으키자』, 함석헌저작집 12권, 한길사, 285~318쪽.
함석헌(1989ㅂ), 「고난의 의미」, 『우리 민족의 이상』, 함석헌저작집 13권, 한길사, 233~270쪽.
함석헌(1989ㅅ), 「올바름을 갖고 나라를 다스려라」, 『씨올의 옛글풀이』, 함석헌저작집 24권, 한길사, 211~219쪽.
함석헌(1990), 「맨 위에 있는 줄은 알지 못했다」, 『씨올의 옛글풀이』, 함석헌저작집 24권, 한길사, 163~173쪽.
함석헌(1995ㄱ), 「내가 아는 우치무라 간조 선생」, 『오늘 다시 그리워지는 사람들』, 함석헌저작집 10권, 한길사, 223~232쪽.
함석헌(1995ㄴ), 「씨올의 희망」, 『씨올에게 보내는 편지 2』, 함석헌저작집 9권, 한길사, 247~262쪽.
함석헌(2008), 「간디, 인도의 혼을 깨우다」, 『오늘 다시 그리워지는 사람들』, 함석헌저작집 10권, 한길사, 15~39쪽.
함석헌(2009), 「약함이 사는 길이다」, 『하나님의 발길에 채여서』, 함석헌저작집 7권, 한길사, 251~256쪽.
함석헌·김동길(1973), 「한국역사의 의미」, 『함석헌과의 대화』, 함석헌저작집 25권, 한길사, 293~328쪽.
함석헌·김동길(1976), 「씨올의 소리, 씨올의 사상」, 『함석헌과의 대화』, 함석헌저작집 25권, 한길사, 329~371쪽.
함석헌·김영호(1988), 「세계 속의 한국, 어디로 가나」, 『함석헌과의 대화』, 함석헌저작집 25권, 한길사, 231~255쪽.
함석헌·김재준(1971), 「양심의 소리는 막지 못한다」, 『함석헌과의 대화』, 함석헌저작집 25권, 한길사, 181~193쪽.
함석헌·김재준(1987), 「새해 머리에 국민 여러분께 드리는 글」, 『진실을 찾는 벗들에게』, 함석헌저작집 22권, 한길사, 553~557쪽.
함석헌·박선균(1987), 「씨올은 죽지 않는다」, 『함석헌과의 대화』, 함석헌저작집 25권, 한길사, 217~229쪽.
함석헌·송기득(1978), 「인간을 묻는다」, 『함석헌과의 대화』, 함석헌저작집 25권, 한길사, 373~409쪽.

함석헌·송석중(1983), 「새 종교 새 나라. 미래의 한국」, 『함석헌과의 대화』, 함석헌저작집 25권, 한길사, 503~510쪽.

함석헌·안병무(1980ㄱ), 「법의 기본 정신」, 『함석헌과의 대화』, 함석헌저작집 25권, 한길사, 195~208쪽.

함석헌·안병무(1980ㄴ), 「〈씨올의 소리〉는 왜 내고 있는가」, 『함석헌과의 대화』, 함석헌저작집 25권, 한길사, 411~443쪽.

함석헌·오효진(1986), 「싸우는 평화주의자 함석헌」, 『함석헌과의 대화』, 함석헌저작집 25권, 한길사, 41~85쪽.

함석헌·올다이제스트(1964), 「준비 없는 통일 말하지 말라」, 『함석헌과의 대화』, 함석헌저작집 25권, 한길사, 145~154쪽.

함석헌·이삼열(1986), 「나라 꼴이 이래서야」, 『함석헌과의 대화』, 함석헌저작집 25권, 한길사, 87~133쪽.

함석헌·최일남(1980), 「민주화 물결 누구도 거스르지 못해」, 『함석헌과의 대화』, 함석헌저작집 25권, 한길사, 209~216쪽.

함석헌·최일남(1983), 「백성의 기개를 길러줘야 해」, 『함석헌과의 대화』, 함석헌저작집 25권, 한길사, 15~40쪽.

함석헌·한용상(1983), 「퀘이커와 평화사상」, 『함석헌과의 대화』, 함석헌저작집 25권, 한길사, 471~502쪽.

홍찬숙(2015), 『개인화: 해방과 위험의 양면성』, 서울대학교출판문화원.

황경식(1997), 『시민공동체를 향해: 근대성, 그 한국사회적 함축』, 민음사.

후쿠야마, 프랜시스(1992), 『역사의 종말』, 이상훈 옮김, 한마음사(F. Fukuyama, 1992. *The End of History and the Last Man*).

Alexander, J. C(2006)., *The Civil Sphere*, Oxford: Oxford University Press.

Cohen, J. L. & A. Arato(1992), *Civil Society and Political Theory*, Cambridge: The MIT Press.

Darwin, Charles(2009, 1859), *The Origin of Species*, La Vergne: ezreads.

Durkheim, E(1978), "Review of Ferdinand Tönnies, *Gemeinschaft und Gesellschaft*", *Emile Durkheim on Institutional Analysis*, 1978, edited and translated by M. Traugott, Chicago: The University of Chicago Press.

Durkheim, E(1984)., *The Division of Labor in Society*, translated by W. D. Halls. N. Y.: The Free Press.

Etzioni, A(1996)., "The Responsive Community: A Communitarian Perspective", *American Sociological Review*, vol. 61/ no. 1.

Habermas, J(1981)., *Theorie des kommunikativen Handelns*, Bd. II. Frankfurt/

Main: Suhrkamp.

Marshall, T. H(1950)., *Citizenship and Social Class and Other Essays*, Cambridge: The University Press.

Pesch, H(1905)., *Lehrbuch der Nationalökonomie*, Band I. Freiburg: Herdersche Verlagshandlung.

Rammstedt, O(1988)., "bourgeois-citoyen", *Lexikon zur Soziologie*, W. Fuchs u. a. (hrsg.), Opladen: Westdeutscher Verlag.

Riedel, M(1971)., "Bürger, bourgeois, citoyen", *Historisches Wörterbuch der Philosophie*, Bd. 1. J. Ritter(hrsg.). Stuttgart: Schwabe & Co. AG Verlag.

Tönnies, F(1887)., *Gemeinschaft und Gesellschaft*, Leipzig: Fues's Verlag.

Zoll, R(1993)., *Alltagssolidarität und Individualismus: zum soziokulturellen Wandel*, Frankfurt/Main: Suhrkamp.

찾아보기

〈인명 색인〉

〈내용 색인〉

ㅇ

152, 158, 167, 171~173,
187~194, 206~207, 211~212,
275, 357, 400~401